服务管理

供应链管理与运营管理整合方法

Service Management
An Integrated Approach to
Supply Chain Management and Operations

管理学精选教材译丛

〔美〕 森吉兹·哈克塞弗（Cengiz Haksever） 著
     巴里·伦德尔（Barry Render）

陈丽华 王江 等译　蓝颖杰 陈丽华 校

北京大学出版社
PEKING UNIVERSITY PRESS

著作权合同登记号 图字：01-2016-0091

图书在版编目(CIP)数据

服务管理：供应链管理与运营管理整合方法/（美）森吉兹·哈克塞弗（Cengiz Haksever），（美）巴里·伦德尔（Barry Render）著；陈丽华等译. —北京：北京大学出版社，2016.10

（管理学精选教材译丛）

ISBN 978-7-301-27655-6

Ⅰ. ①服… Ⅱ. ①森… ②巴… ③陈… Ⅲ. ①企业管理—供应链管理 ②企业经营管理 Ⅳ. ①F274 ②F272.3

中国版本图书馆CIP数据核字(2016)第246163号

Authorized translation from the English language edition, entitled SERVICE MANAGEMENT: AN INTEGRATED APPROACH TO SUPPLY CHAIN MANAGEMENT AND OPERATIONS, 1E, 9780133088779 by CENGIZ HAKSEVER; BARRY RENDER, published by Pearson Education, Inc., Copyright © 2013 by Cengiz Haksever and Barry Render.

All rights reserved. No Part of this book may be reproduced or transmitted in any form or by any means, electronic or mechanical, including photocopying, recording or by any information storage rerieval system, without permission from Pearson Education, Inc.

本书原版书名为《服务管理：供应链管理与运营管理整合方法》（第1版），作者森吉兹·哈克塞弗，巴里·伦德尔，书号9780133088779，由培生教育出版集团2013年出版。

版权所有，盗印必究。未经培生教育出版集团授权，不得以任何形式、任何途径，生产、传播和复制本书的任何部分。

CHINESE SIMPLIFIED language edition published by PEARSON EDUCATION ASIA LTD., and PEKING UNIVERSITY PRESS Copyright © 2016.

本书简体中文版由北京大学出版社和培生教育亚洲有限公司2016年出版发行。
本书封面贴有Pearson Education（培生教育出版集团）防伪标签，无标签者不得销售。
版权所有，侵权必究。侵权举报电话：010—62782989　13701121933

书　　　名	服务管理：供应链管理与运营管理整合方法 FUWU GUANLI：GONGYINGLIAN GUANLI YU YUNYING GUANLI ZHENGHE FANGFA
著作责任者	〔美〕森吉兹·哈克塞弗（Cengiz Haksever） 〔美〕巴里·伦德尔（Barry Render）　著 陈丽华　王江　等译　　蓝颖杰　陈丽华　校
策 划 编 辑	徐　冰
责 任 编 辑	王　晶
标 准 书 号	ISBN 978-7-301-27655-6
出 版 发 行	北京大学出版社
地　　　址	北京市海淀区成府路205号　100871
网　　　址	http://www.pup.cn
电 子 信 箱	em@pup.cn　　QQ：552063295
新 浪 微 博	@北京大学出版社　　@北京大学出版社经管图书
电　　　话	邮购部 62752015　发行部 62750672　编辑部 62752926
印 刷 者	北京大学印刷厂
经 销 者	新华书店 787毫米×1092毫米　16开本　23.75印张　593千字 2016年10月第1版　2016年10月第1次印刷
印　　　数	0001—4000册
定　　　价	58.00元

未经许可，不得以任何方式复制或抄袭本书之部分或全部内容。
版权所有，侵权必究
举报电话：010-62752024　　电子信箱：fd@pup.pku.edu.cn
图书如有印装质量问题，请与出版部联系，电话：010-62756370

出版者序

作为一家致力于出版和传承经典、与国际接轨的大学出版社,北京大学出版社历来重视国际经典教材,尤其是经管类经典教材的引进和出版。自2003年起,我们与圣智、培生、麦格劳希尔、约翰威利等国际著名教育出版机构合作,精选并引进了一大批经济管理类的国际优秀教材。其中,很多图书已经改版多次,得到了广大读者的认可和好评,成为国内市面上的经典。例如,我们引进的世界上最流行的经济学教科书——曼昆的《经济学原理》,已经成为国内最受欢迎、使用面最广的经济学经典教材。

呈现在您面前的这套"引进版精选教材",是主要面向国内经济管理类各专业本科生、研究生的教材系列。经过多年的沉淀和累积、吐故和纳新,本丛书在各方面正逐步趋于完善:在学科范围上,扩展为"经济学精选教材""金融学精选教材""国际商务精选教材""管理学精选教材""会计学精选教材""营销学精选教材""人力资源管理精选教材"七个子系列;在课程类型上,基本涵盖了经管类各专业的主修课程,并延伸到不少国内缺乏教材的前沿和分支领域;即便针对同一门课程,也有多本教材入选,或难易程度不同,或理论和实践各有侧重,从而为师生提供了更多的选择。同时,我们在出版形式上也进行了一些探索和创新。例如,为了满足国内双语教学的需要,我们改变了影印版图书之前的单纯影印形式,而是在此基础上,由资深授课教师根据该课程的重点,添加重要术语和重要结论的中文注释,使之成为双语注释版。此次,我们更新了丛书的封面和开本,将其以全新的面貌呈现给广大读者。希望这些内容和形式上的改进,能够为教师授课和学生学习提供便利。

在本丛书的出版过程中,我们得到了国际教育出版机构同行们在版权方面的协助和教辅材料方面的支持。国内诸多著名高校的专家学者、一线教师,更是在繁重的教学和科研任务之余,为我们承担了图书的推荐、评审和翻译工作;正是每一位推荐者、评审者的国际化视野和专业眼光,帮助我们书海拾慧,汇集了各学科的前沿和经典;正是每一位译者的全心投入和细致校译,保证了经典内容的准确传达和最佳呈现。此外,来自广大读者的反馈既是对我们莫大的肯定和鼓舞,也总能让我们找到提升的空间。本丛书凝聚了上述各方的心血和智慧,在此,谨对他们的热忱帮助和卓越贡献深表谢意!

"千淘万漉虽辛苦,吹尽狂沙始到金。"在图书市场竞争日趋激烈的今天,北京大学出版社始终秉承"教材优先,学术为本"的宗旨,把精品教材的建设作为一项长期的事业。尽管其中会有探索,有坚持,有舍弃,但我们深信,经典必将长远传承,并历久弥新。我们的事业也需要您的热情参与!在此,诚邀各位专家学者和一线教师为我们推荐优秀的经济管理图书(em@pup.cn),并期待来自广大读者的批评和建议。您的需要始终是我们为之努力的目标方向,您的支持是激励我们不断前行的动力源泉!让我们共同引进经典,传播智慧,为提升中国经济管理教育的国际化水平作出贡献!

北京大学出版社
经济与管理图书事业部

译 者 序

虽然人们对服务管理的研究已经超过30年,但是至今尚未形成一个完整的学科体系,之前更多地是将服务管理作为一种"管理视角"或"管理理念"。而这本书《服务管理:供应链管理与运营管理整合方法》从书名上看,貌似正好相反,是从运营的视角来讲服务管理。这本书的内容也确实更像一本易读易懂的运营指南,这成为本书的第一个特点。

服务管理从营销服务的研究中逐渐发展起来,但涉及其他多个管理领域及学科的研究,比如战略、供应链、国际化、组织管理、经济学、心理学及社会学等。这些相关学科的理论和实践在本书中频繁出现,因此跨学科、跨职能成为本书内容的第二个特点。

虽然服务管理的学科体系还不完整,但是本书将对管理者至关重要的几个话题进行了重点论述,比如服务需求与供给的匹配、服务质量的持续改进、服务绩效度量,以及非营利服务组织的管理等。这些重要议题可以作为本书的第三个特点。

最后,本书还包括了一些量化工具和技巧,读者可以即取即用。

中国的服务业正处于快速发展变革中,虽然将本书所介绍的管理技术与经验照搬到中国情境中可能不合适,但我相信它们能够给我们带来一些参照、一些案例和一些思考,这也是我们翻译团队的初衷。

本书翻译工作主要由北京大学光华管理学院陈丽华教授、王江博士主持,并完成了绝大部分内容的翻译工作,另外还有来自北京大学光华管理学院的其他老师和同学的共同参与,其中:唐暄、华胜亚、戴亦舒、崔晓琳、康靖林、王曼、陈腾、黄潇文、裴学成等同学参与了部分章节的翻译工作,蓝颖杰教授、陈丽华教授主要负责了全书的审校工作。在此,对所有参与者的付出表示由衷地感谢。

在全书的翻译和审校工作当中,特别感谢北京大学出版社经管图书事业部徐冰老师、王晶老师,他们以认真负责的态度,严谨扎实的作风配合完成了此项工作,也正是因为他们的辛勤付出,使得本书内容增色不少。特此向以上各位表示衷心的感谢!

希望我们的工作能不负所托,更令读者满意。本书翻译难免存在错漏之处,希望读者发现后来信告知,编辑部邮箱是 em@pup.cn,另本书可提供部分习题答案,如有需要,也欢迎和编辑部邮箱联系。

前言

本书希望成为在服务组织中工作的专业人士使用的资料和参考书。书中内容包含跨学科的观点,探讨的主题融合了来自多个领域例如运营、市场营销、国际管理、经济学、战略、心理学、人力资源以及管理科学等的概念、理论和实践。作者相信跨学科是有效管理和运营服务组织的最好方式。

本书也可以作为大学课程例如服务管理或服务运营管理的教科书或参考书。尽管第1、第2部分只展现了非定量内容,但第3、第4部分既展示了定量内容也包含了非定量内容,可用于有成效和高效率地进行服务管理。因此,本书既适合定量的也适合非定量导向的服务管理课程。同时,本书也适用于侧重于服务业的传统运营管理课程。

第1部分包含了第1章到第6章并侧重于理解服务。它向读者介绍了服务的概念并提供了一些重点领域的背景材料。第1章"服务业在经济中的重要作用"强调了服务业在当今社会的重要作用。第2章"服务的特性与服务接触"讨论了服务业的特性并分析了服务接触的重要性。第3章"顾客:服务管理的焦点"强调了顾客作为服务消费者的地位以及他们的需求和动机在服务消费决策中的作用。第4章"服务全球化"提供了服务业的全球观点并讨论了国际化带来的挑战。第5章"服务战略与竞争力"为质量、消费者满意度和价值创造三大主题准备了基础框架并着重于竞争力优势战略的影响。第6章"服务管理中的伦理挑战"揭露了管理者特别是服务管理者面对的问题和挑战。

第2部分侧重于利用优质的服务构建创造消费者价值和满意度的系统。第7章"技术及其对服务与服务管理的影响"强调技术在服务管理中的作用。第8章"服务和服务交付系统的设计与开发"展示了服务设计的原理并讨论了成功用于生产以构建服务质量和价值的技术应用。第9章"服务供应链及其管理"侧重于服务组织的供应链。此部分以第10章"设施的选址和布局设计"作为结束,该章讨论了在构建和运营系统时的两个重要话题:设施的选址和布局设计。

第3部分探讨了与运营服务系统和服务组织管理者面临的挑战相关的问题。关于管理服务需求和供给的主要挑战就是第11章"服务的需求与供给管理"的主题。作为第11章的附录,"排队与模拟"包含了两个重要内容:排队与模拟。第12章"服务质量及其持续改进"提供了质量特别是服务质量的基本概念。关于质量保证的技术方面的内容在其附录"全面质量管理的工具与技术"里进行介绍。服务管理者面对的诸多重大挑战之一便是提高服务业员工的效率。这个重要话题以及提高服务组织的效率的方法在第13章"服务生产率与绩效度量"中加以讨论。同时该章还包含关于"数据包络分析"作为测量服务组织效率的一种强有力工具的简短讨论。第14章"公立与私立非营利服务组织管理"通过探讨服务业的一个重要部分：公立与私立非营利组织结束了第3部分。这些组织的性质以及它们的管理者所面对的问题都将加以讨论。

第4部分展现了管理服务运营的工具和技术。该部分包含了第15章"服务的需求预测分析"、第16章"车辆路径规划和调度"、第17章"项目管理"、第18章"线性规划与目标规划在服务中的应用"和第19章"服务库存系统"。

我们要感谢我们的编辑Jeanne Glasser Levine对本项目顺利完成的展望和鼓励。我们同时还要感谢我们的项目编辑Betsy Gratner以及FT出版社的专业工作人员，感谢他们对本书的出版做出的贡献。最后，我们希望本书能帮助您在任何服务组织作为一名成功的管理者和决策者实现您的专业和教育目标。

目 录

第1部分

第1章 服务业在经济中的重要作用 3
1.1 引言 3
1.2 什么是服务? 4
1.3 美国经济的服务业 5
1.4 解释服务业增长的诸多理论 9
1.5 本书概述 12
1.6 总结 12

第2章 服务的特性与服务接触 14
2.1 引言 14
2.2 生产系统的一般概念 14
2.3 服务的特性 16
2.4 服务组织系统 18
2.5 服务接触 20
2.6 总结 27

第3章 顾客:服务管理的焦点 30
3.1 引言 30
3.2 消费者及其需求 31
3.3 消费者行为及其决策模型 33
3.4 服务购买的特殊性 36
3.5 美国消费者文化概述 38
3.6 展望未来 40
3.7 总结 40

第4章 服务全球化 44
4.1 引言 44
4.2 国际服务贸易 45
4.3 为什么服务企业走向全球化? 47
4.4 服务企业的全球环境 49
4.5 全球化的形式 50
4.6 总结 53

第5章 服务战略与竞争力 55
5.1 引言 55
5.2 价值 56
5.3 战略 60
5.4 制定服务竞争战略 64
5.5 总结 68

第6章 服务管理中的伦理挑战 71
6.1 引言 71
6.2 什么是伦理? 71
6.3 私立部门和公立部门有伦理问题吗? 72
6.4 服务业员工和管理者面临的挑战 76
6.5 伦理的哲学理论 76
6.6 商业伦理行为准则 78
6.7 总结 80

第2部分

第7章 技术及其对服务与服务管理的影响 85
7.1 引言 85
7.2 流程技术与信息技术 85
7.3 服务业中的技术 86
7.4 服务企业为何投资技术? 87
7.5 科技作为竞争优势 87
7.6 技术在服务中的应用领域 89
7.7 信息系统 92
7.8 企业系统 93
7.9 技术和未来的服务 95
7.10 总结 96

第8章　服务和服务交付系统的设计与开发　100
- 8.1　引言　100
- 8.2　设计为什么如此重要？　100
- 8.3　设计质量和价值　103
- 8.4　服务设计原则　109
- 8.5　服务设计过程　113
- 8.6　总结　118

第9章　服务供应链及其管理　123
- 9.1　引言　123
- 9.2　促成供应链管理产生的一些发展变化　123
- 9.3　什么是供应链？　125
- 9.4　服务供应链及其特征　129
- 9.5　服务供应链的其他特征　132
- 9.6　服务供应链管理者的挑战　133
- 9.7　总结　135

第10章　设施的选址和布局设计　137
- 10.1　引言　137
- 10.2　地区选择　138
- 10.3　地区选择的定量方法　140
- 10.4　地点选择　143
- 10.5　设施布局的目标　147
- 10.6　布局问题的要素　148
- 10.7　布局策略　148
- 10.8　办公室布局　153
- 10.9　零售店布局　154
- 10.10　仓库和存储布局　156
- 10.11　总结　158

第11章　服务的需求与供给管理　167
- 11.1　引言　167
- 11.2　为什么服务需求与供给的匹配会如此困难？　168
- 11.3　需求管理　169
- 11.4　供给管理　173
- 11.5　总结　176

第11章附录　排队与模拟　178
- S11.1　引言　178
- S11.2　基本的排队系统结构　179
- S11.3　排队系统的绩效度量　180
- S11.4　单通道排队模型　181
- S11.5　多通道排队模型　182
- S11.6　更加复杂的排队模型和模拟的使用　183
- S11.7　作为调度计划工具的模拟　184
- S11.8　计算机在模拟中的作用　185
- S11.9　总结　187

第12章　服务质量及其持续改进　191
- 12.1　引言　191
- 12.2　为什么质量如此重要？　191
- 12.3　质量的定义　192
- 12.4　服务质量的维度　193
- 12.5　服务质量差距模型　194
- 12.6　实现质量　196
- 12.7　实现服务质量的其他方法　198
- 12.8　强化服务质量　201
- 12.9　总结　204

第12章附录　全面质量管理的工具与技术　207
- S12.1　引言　207
- S12.2　计划、试验、研究和施行（PDSA）戴明环　207
- S12.3　全面质量管理的工具　208
- S12.4　流程控制图　212
- S12.5　总结　219

第13章　服务生产率与绩效度量　224
- 13.1　引言　224

13.2 关于生产率的简要背景 224
13.3 生产率为何重要？ 225
13.4 回顾近期美国的生产率增长放缓 227
13.5 提高生产率 228
13.6 服务生产率 228
13.7 用数据包络分析度量服务效率 233
13.8 总结 241

第14章 公立与私立非营利服务组织管理 248
14.1 引言 248
14.2 公立和私立非营利组织的定义 249
14.3 公立和私立非营利组织的意义 251
14.4 公立部门组织的性质 251
14.5 私立非营利组织的性质 254
14.6 总结 259

第15章 服务的需求预测分析 265
15.1 引言 265
15.2 作为运营计划基础的需求预测分析 266
15.3 预测哪种服务产出？ 266
15.4 选择预测方法的影响因素 266
15.5 时间序列预测模型 269
15.6 因果（关联性）预测、回归分析 277
15.7 常用预测方略 278
15.8 总结 282

第16章 车辆路径规划和调度 287
16.1 引言 287
16.2 路径规划和调度问题的目标 288
16.3 路径规划和调度问题的特点 288
16.4 服务车辆路径规划 290

16.5 服务车辆调度 298
16.6 其他路径规划和调度问题 300
16.7 总结 300

第17章 项目管理 304
17.1 引言 304
17.2 项目计划 304
17.3 项目调度 306
17.4 项目控制 307
17.5 项目管理技术：PERT和CPM 307
17.6 PERT/成本 315
17.7 PERT的其他服务应用 316
17.8 PERT和CPM的评价 317
17.9 总结 318

第18章 线性规划与目标规划在服务中的应用 323
18.1 引言 323
18.2 线性规划概述 323
18.3 线性规划问题的图解法 325
18.4 线性规划问题的计算机解法 328
18.5 构造线性规划模型 330
18.6 目标规划 336
18.7 总结 341

第19章 服务库存系统 346
19.1 引言 346
19.2 服务库存的特性 347
19.3 投入材料的决策问题 348
19.4 服务库存控制系统 349
19.5 独立需求物品的库存控制系统 349
19.6 库存计划 351
19.7 需求相关时的需求计划 354
19.8 总结 358

附录 标准正态曲线下的面积 361

第1部分

第1章 服务业在经济中的重要作用
第2章 服务的特性与服务接触
第3章 顾客:服务管理的焦点
第4章 服务全球化
第5章 服务战略与竞争力
第6章 服务管理中的伦理挑战

第1章 服务业在经济中的重要作用

1.1 引言

近些年来,人们对服务管理各个方面的兴趣急剧上升。从20世纪80年代开始,许多有关服务业与服务管理的书籍、文章以及研究论文不断出现在各类商业通俗读物与学术文献中,并且至今仍然持续不断。这一现象产生的原因可以追溯到近期历史中的两大重要发展。第一,20世纪80年代开始的品质运动,让大多数消费者、新闻媒体以及学者意识到,美国的整体服务质量并不理想,在国际市场中不被认可、没有竞争力。第二,服务业不再是经济体中最不重要的(三级)产业,这一事实越来越明显。与经济学家们一度普遍持有的观点相反,20世纪后半期,服务业在美国以及所有工业化国家的经济生活中发挥着越来越重要的作用。

由于服务质量与客户满意度越来越受到人们的关注,许多服务机构的管理者们不得不采取行动。即使是几乎每个人都爱批评的大型联合服务组织——联邦政府,在巨大的压力面前,也未能幸免。大多数服务行业都在20世纪80年代以及21世纪做了大量工作来提高质量与顾客满意度。因此,许多服务的质量都有了显著的提高。但是,不管在美国还是在世界其他国家,服务质量欠佳仍是一个不争的事实。表1-1即可证实这一事实。

表1-1呈现的是1994年至2012年间几个特定年份的美国顾客满意度指数(American Customer Satisfaction Index, ACSI)数据。[1] ACSI旨在根据顾客的评估情况衡量产品和服务的质量。该指数基于对七大主要消费领域、40多个行业里的200多家机构的顾客进行的调查。该指数以要求消费者将其对产品或服务的预期与其实际体验进行比较的方式,来衡量其满意度。从这些数据可以清楚地看出,在过去这些年里,产品与服务的整体顾客满意度一直处于波动之中,却并未发生很大的改变。从表1-1中可以看出,住宿与餐饮服务业、运输业、电子商务(E-Commerce)以及电子商业(E-Business)的顾客满意度在过去这些年里有所提高,而其他服务行业的满意度却起伏不定。实际上,信息、金融与保险以及公用事业的满意度与其基准水平相比甚至有所下滑。在过去这些年里,政府服务的满意度一直处于所有服务业的最低水平。

表 1-1 美国顾客满意度指数(ACSI)

	基准					
	1994	1995	2000	2005	2010	2012
制造业						
耐用物品	79.2	79.8	79.4	78.9	81.3	83.0
非耐用物品	81.6	81.2	80.8	81.8	81.3	81.9
服务业						
住宿与餐饮服务业	73.2	71.6	71.2	74.2	77.3	79.4
运输业	70.3	71.1	70.0	72.4	73.3	73.6
信息	78.5	78.3	69.4	65.8	72.8	71.9
金融与保险	78.5	74.1	74.4	73.9	76.1	75.4
电子商务	缺失	缺失	75.2	79.6	79.3	80.1
电子商业	缺失	缺失	63.0	75.9	73.5	74.2
能源、公用事业	75.0	74.0	75.0	73.1	74.1	76.7
零售业	75.7	74.6	72.9	72.4	75.0	76.1+
医疗卫生与社会援助	74.0	74.0	69.0	70.8	77.0	78.5
公共管理/政府	64.3	61.9	67.0	67.1	66.9	67.0+

+ 表示 2011 年的调查结果。
资料来源：改编自 American Customer Satisfaction Index 1994—2012(http://www.theacsi.org/acsi-results/acsi-results)。

也许,这些 ACSI 数据给我们最重要的启示是,在过去这些年里,没有任何一项服务的顾客满意度指数能与产品持平。满意度指数将来是否有可能达到100%,或者说,是否有某个行业能够做到这一点,现在还不能确定。但是,显而易见的是,不管是私营还是公共服务机构,都有很长的路要走,这些机构的管理者们都面临着巨大的挑战。它们将来是否会接受挑战并将服务的顾客满意度提高到与制造商相同的水平,或者超过它们？我们当然希望如此！作者写本书的目的,是希望能够借此帮助服务机构的管理者们制定战略与实践以提高顾客满意度。在第 1 章中,我们首先对服务进行定义,然后就服务在我们社会中的作用进行探讨。

1.2　什么是服务？

社会的物质财富是通过使自然资源增值的方式实现的。在先进的社会里,有许多这样的机构,它们提取原材料,通过加工的方式使原材料增值,将中间材料与部件转化为成品。但是,也有其他一些机构,有些专门为产品的生产与分配提供便利条件,有些依靠其提供的各种无形资产为生活增添价值。后者的产出被称为**服务**。

　　服务可被定义为生产时间、空间、形式以及心理效用的经济活动。服务是一种行动、行为,或者表现,它们是无形的。女性家政服务可以为消费者节省做家务的**时间**。百货公司和食品杂货店可以在一个方便的**空间**销售许多商品。数据库服务可以以一种更加方便管理者使用的**形式**对信息进行整合。夜晚外出去餐厅或电影院可以让大家在繁忙的工作周放松**心情**。

　　服务也可以对照产品进行定义。**产品**是一种在创造后方可销售或使用的有形物品。**服务**则是无形且短暂的。它的创造与消费是同时（或者近乎同时）的。这些定义可能看似简单，但是产品与服务之间的区别并非一直如此明显。例如，当我们买汽车时，我们所买的是产品还是运输服务？电视机是制成品，但是，如果没有电视广播服务，它又有何用处？当我们来到一家快餐店时，我们所购买的是食品制作服务还是即食产品？

在现实中，几乎每次购买产品时，都附有**辅助服务**，几乎每次购买服务时，都附有**辅助产品**。因此，要理解产品与服务之间的区别，必须认识到这两者并非完全不同，只是分别处于连续性的两极。图 1-1 所示的就是这样的连续性。

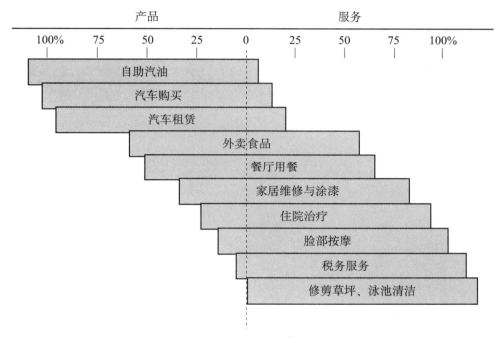

图 1-1　各种产品与服务的比较情况

资料来源：基于 Earl W. Sasser Jr. , R. P. Olsen, and D. Daryl Wyckoff, *Management of Service Operations*（Boston, Allyn and Bacon, 1978）, p. 11.

参考图 1-1，人们可能会由于前三项的高物质含量而将其归类为"产品"。购买自助汽油时，只需要少量的服务；汽车主要是一个物理实体；虽然汽车租赁确实需要一些服务，但是租用的车辆是一件产品。外卖食品可被视为由一半产品、一半服务构成。人们可能会由于剩余几项的高服务含量而将其归类为"服务"，尽管客户可能会收到一些有形物质。例如，餐厅不仅为顾客提供有形的食品与饮料，还为他们提供用餐场所、准备食物的厨师、上菜的服务员以及用餐氛围。税务申报几乎是纯粹的服务，消费者收到的有形物质很少（现在大多数纳税申报单都在网上填写）。

1.3　美国经济的服务业

从宏观上讲，为了便于研究，可将一个经济体划分为三大产业：天然生产业，包括矿业与农业；

产品制造业,包括制造业与建筑业;以及服务业。服务业对美国经济有极大的影响。本节将从以下五个方面讨论这种影响。

就业——服务在就业方面的作用是最容易说明的。如今,美国经济被称为"服务型经济"。这是因为大多数工作人口都受雇于服务业。根据行业趋势分析师 John Naisbitt 的观察,"1956 年,从事技术、管理以及办公室文书工作的白领工人在数量上超过蓝领工人,这在美国历史上是第一次。工业美国开始给新社会让路,在那里,我们中的大多数人在历史上首次告别产品生产,开始从事信息化工作。"[2] 20 世纪 90 年代中期,服务性岗位所占的比例稳步增长至 76%,如表 1-2 所示,该比例在 2010 年达到 84%。换句话说,如今计划进入职场的人将来在服务性组织中工作的概率约为 84%。图 1-2 说明了 1970 年以来服务性岗位急剧增加的情况。

表 1-2 美国各产业的就业情况(单位:百万)

	1970		1980		1990		2000		2010	
天然生产业	4.14	6%	4.44	5%	3.99	4%	4.35	3%	4.17	3%
农业	3.46		3.36		3.22		3.75		3.42	
矿业与伐木业	0.68		1.08		0.77		0.6		0.75	
产品制造业	21.5	30%	23.18	25%	22.96	20%	24.06	18%	17.04	13%
建筑业	3.65		4.45		5.26		6.79		5.52	
耐用品	10.76		11.68		10.74		10.88		7.06	
非耐用品	7.09		7.05		6.96		6.39		4.46	
服务业	46.1	64%	66.26	70%	85.77	76%	107.1	79%	112.12	84%
批发贸易	3.42		4.56		5.27		5.93		5.45	
零售业	7.46		10.24		13.18		15.28		14.44	
公用事业	0.54		0.65		0.74		0.6		0.55	
运输和仓储业	缺失		2.96		3.48		4.41		4.19	
信息	2.04		2.36		2.69		3.63		2.71	
金融活动	3.53		5.03		6.61		7.69		7.65	
专业和商业服务	5.27		7.54		10.85		16.67		16.73	
教育与医疗卫生服务	4.58		7.07		10.98		15.11		19.53	
休闲和住宿	4.79		6.72		9.29		11.86		13.05	
其他服务	1.79		2.75		4.26		5.17		5.33	
政府(联邦、州、地方)	12.69		16.38		18.42		20.79		22.49	
就业总人数	71.74	100%	93.88	100%	112.7	100%	135.6	100%	133.33	100%

资料来源:Bureau of Labor Statistics, Employment, Hours, and Earnings from the Current Employment Statistics survey(National), http://data.bls.gov/cgi-bin/surveymost? ce(Accessed on 07/5/12).

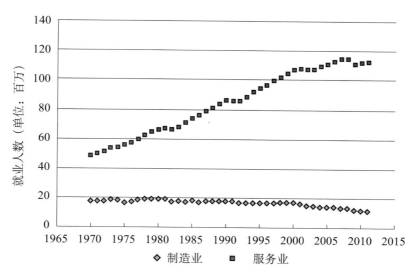

图1-2 服务业工作岗位的飙升情况

资料来源：Bureau of Labor Statistics, Employment, Hours, and Earnings from the Current Employment Statistics survey (National), http://data.bls.gov/cgi-bin/surveymost? ce (Accessed on 07/5/12)。

国内生产总值——国内生产总值（gross domestic product，GDP）指的是美国产品和服务的总产出根据市场价格计算出的值。换句话说，GDP代表的是美国境内劳动力与资源所产出的产品和服务的总值。在今后一些年里，服务业的总产值将超过GDP的82%。表1-3显示的是1970年以来GDP产业构成及其变化的统计分析数据。从该表可以清楚地看出，美国的GDP大部分来源于服务业。这并不意味着制造业终将消失或者越来越不重要，但是，这确实说明，经济活动将会集中出现在服务业中。如表1-3、图1-3所示，在过去的30年里，天然生产业在GDP中所占的比例一直在2.5%左右徘徊。而产品制造业在GDP中所占的比例，已经从1970年的27%逐年下降至2010年的15%。

表1-3 美国GDP产业构成（单位：十亿美元）

	1970		1980		1990		2000		2010	
天然生产业	42.4	4%	152.9	5%	184.1	3%	204.5	2%	396.5	3%
农业、林业、渔业、狩猎业	27.3		62.1		95.7		95.6		157	
矿业	15.1		90.8		88.4		108.9		239.5	
产品制造业	285.1	27%	689.9	25%	1 212.5	21%	1 882.9	19%	2 213.5	15%
建筑业	49.5		131.5		243.6		467.3		511.6	
制造业	235.6		558.0		968.9		1 415.6		1 701.9	
服务业	711.0	69%	1 945.3	70%	4 404.1	76%	7 864.1	79%	11 916.5	82%
批发贸易	67.7		186.3		347.7		617.7		797.3	
零售业	83.0		198.3		400.4		686.2		884.9	
公用事业	21.7		61.0		145.5		173.9		264.9	
运输和仓储业	40.2		102.6		172.8		301.4		402.5	
信息	37.4		108.3		235.6		417.8		623.5	

续表

	1970	1980	1990	2000	2010
金融、保险、房地产、租赁	152.8	446.8	1 049.2	1 997.7	3 007.2
专业和商业服务	52.0	173.1	516.5	1 116.8	1 782.8
教育服务、医疗卫生、社会援助	40.3	134.1	376.7	678.0	1 272.3
艺术、娱乐、休闲、住宿、餐饮服务	29.8	83.0	199.6	381.6	555.8
其他服务(不包括政府)	27.8	68.5	153.9	277.6	356.8
政府	158.3	383.3	806.2	1 215.4	1 968.5
GDP 总计(*)	1 038.3 100%	2 788.1 100%	5 800.5 100%	9 951.5 100%	14 526.5 100%

* 由于进位关系，天然生产业、产品制造业以及服务业之和可能与总计值不完全相等。

资料来源：Bureau of Economic Analysis, "GDP by Industry." http://bea.gov/iTable/iTable.cfm?ReqID=5&step=1(07-06-2012).

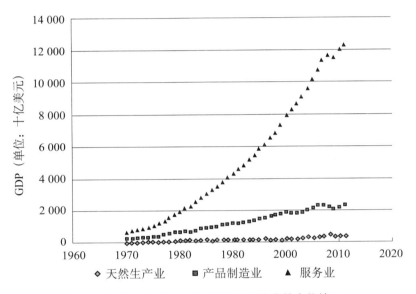

图 1-3　1970—2011 年间 GDP 产业构成的变化情况

资料来源：Bureau of Economic Analysis, "GDP by Industry." http://bea.gov/iTable/iTable.cfm?ReqID=5&step=1(07-06-2012).

创办企业数量——有些新的就业机会是现有组织在其发展过程中创造的，而另外一些则是由新企业在其成立时创造的。服务业是新企业成立最多的产业。在所有新成立的私营企业中，服务性企业所占的比例约为 73%。换句话说，服务业是当前最具发展潜力的产业，也是创业精神最旺盛的产业。

国际贸易——服务业在美国的国际贸易中也发挥着重要作用。20 世纪 60、70 年代，服务出口额在美国出口总额中所占的比例约为 22%。但是，在 21 世纪的头 10 年里，服务出口额在出口总额中所占的比例已达到 30% 左右。美国也从国外进口服务，目前，进口服务在进口总额中所占的比例约为 20%。然而，最重要的是，服务出口额自 1971 年以来始终超过服务进口额。换句话说，出口服务所带来的收入超过从其他国家进口服务所支出的成本。自 1976 年以来，美国一直处于贸易逆差状态,也就是说,我们从其他国家购买产品及服务时向它们支付的费用总额超过我们向它们出售产品及服务时向它们收取的费用总额。表1-4列出的是近些年来的国际贸易差额数据。从表中反映的情况来看,如果不是服务贸易顺差,这种贸易逆差的幅度可能会更大。

表1-4 美国贸易差额 （单位：十亿美元）

年份	贸易总额	产品	服务
1960	3.51	4.89	-1.38
1970	3.90	2.58	-0.35
1980	-19.41	-25.50	6.09
1990	-80.87	-111.04	30.17
2000	-376.75	-445.79	69.04
2010	-516.90	-645.12	150.39

资料来源：Bureau of Economic Analysis, Table 1 U.S. International Transactions, http://www.bea.gov/international/xls/table1.xls (07/10/2012).

对制造业的贡献——我们通常将经济分成三大产业,但是这三大产业之间并非完全相互独立。其中,制造业与服务业之间的关系最为紧密,任何一方都不能脱离另一方而单独存在。如果不是因为产品,许多服务将无法存在。例如,如果没有汽车,汽车修理服务根本不会存在。同样,如果没有服务,许多产品也不会存在。例如,如果没有人踢足球,没有人打棒球,就不会有人建造体育馆；如果没有研发服务,也就不会有治疗疾病的药物。

制造业与服务业之间的关系远远超出了一方使用另一方产出的简单关系。大部分制造企业离开许多服务的支持,根本无法生产产品。这些服务中,通常有一部分由内部提供,例如会计、设计、广告以及法律服务,另外一部分则由银行、通信、运输、治安、消防领域的外部供应商提供。

1.4 解释服务业增长的诸多理论

多年以来,经济学家一直在研究服务业增长的原因。最早对这方面的研究做出贡献的是A.G.B.费希尔(A.G.B. Fisher),他提出了第一、第二和第三产业的概念。[3] 第一产业被定义为农业、牧业、渔业、林业、狩猎业和矿业。第二产业由制造业和建筑业构成。有些作者将矿业归入第二产业。第三产业则由运输业、通信业、贸易、政府以及个人服务构成。费希尔表示,可以根据三大产业的就业人数比例描述出一个经济体的特征。此外,他还主张,随着收入的增长,需求将逐渐从第一产业转移到第二产业,然后转移到第三产业。社会学家丹尼尔·贝尔(Daniel Bell)则将人类社会的发展划分为三大阶段。[4]

前工业社会——前工业社会阶段经济活动的主导特征是天然生产业,即农业、渔业、林业以及矿业。生活基本上是同自然界竞争。技术水平较低或者根本不存在；人们依靠原始的体力生存,因此生产率低下。他们能否取得成功主要取决于以下因素：季节、雨水以及土壤的性质。社会生活围绕家庭与家族组织。由于生产率低和人口众多,就业不足的现象在农业与家政服务业中均比较显著。由于这一阶段的大部分人都以不挨饿为目标,他们的劳动所得往往只够勉强维持生活。因此,有很大一部分人从事或者准备从事个人或者家政服务(见表1-5)。

表1-5 前工业社会

经济部门	职业	技术	意图	方法论	时间观	核心原理
第一产业: 天然生产业 ● 农业 ● 矿业 ● 渔业 ● 林业	● 农民 ● 矿工 ● 渔民 ● 非技术工人	● 原始 ● 原材料	● 同自然界竞争	● 常识与经验	● 面向过去 ● 特定反应	● 传统 ● 资源的局限性

资料来源:改编自 Daniel Bell, *The Coming of Post-Industrial Society: A Venture in Social Forecasting* (New York, Basic Books, 1973), p.117.

工业社会——工业社会阶段经济活动的主导特征是产品制造业。生活是同经过加工的自然界竞争。经济与社会生活变得机械化,并且更有效率。机器以及为机器提供动力的能源主导着生产,它们已经取代了体力。生产率得到迅速提高,利用更低成本创造更高收益的技术受到重视。最大化与最优化成为当时的经济口号。劳动分工得到进一步的扩展。由于技术进步而涌现出来的更快速、更专业化的新机器,不断地提高着生产率,并且取代越来越多的工人。工作场所就是为了高效生产并销售产品而将男女工人、材料以及机器组织起来的场所。它是一个计划与调度的世界,在那里,用于生产的组件将会在适当的时间、以适当的比例被放置在一起,以加速产品的流通。同时,它也是一个根据官僚关系与组织层级进行协调的世界。在那里,人被当成"物",因为与人相比,对物进行协调要容易得多。社会生活的单位是自由的市场经济社会里的个人。个人所拥有的产品数量是判断其生活水平的指标(见表1-6)。

表1-6 工业社会

经济部门	职业高低	技术	意图	方法论	时间观	核心原理
第二产业: ● 产品制造 ● 制造业	● 半技术工人 ● 工程师	● 能源	● 同经过加工的 自然界竞争	● 经验主义 ● 实验	● 特定适应 ● 计划	● 经济增长:国家或私人对投资决策的控制

资料来源:改编自 Daniel Bell, *The Coming of Post-Industrial Society: A Venture in Social Forecasting* (New York, Basic Books, 1973), p.117.

后工业社会——后工业社会阶段经济活动的主导特征是服务业。生活现在变成了人与人之间的竞争。现在的问题不再是体力、机器动力或能源,而是信息与知识。经济生活的中心角色是专业人士。他们拥有这个社会越来越需要的各种技能和知识。工作场所对技术知识和技能的需求日益增长,这使得高等教育成为进入后工业社会以及享受美好生活的先决条件。个人所能支付的卫生保健、教育与娱乐服务的数量与质量是判断其生活水平的指标。公民对于医疗保健、教育、艺术等越来越多服务的需求以及市场机制在满足这些需求时体现出的不足促进了政府的发展,尤其是州政府与地方政府的发展(见表1-7)。

表1-7 后工业社会

经济部门	职业	技术	意图	方法论	时间观	核心原理
第三产业： ● 交通运输 ● 娱乐业 第四产业： ● 商业 ● 金融业 ● 保险业 ● 地产业 第五产业： ● 卫生保健 ● 教育 ● 研究 ● 政府	● 专业人员与技术人员 ● 科学家	● 信息	● 人与人之间的竞争	● 抽象理论：模型、模拟、决策论、系统分析	● 面向未来 ● 预测	● 理论知识的集中与整理

资料来源：改编自 Daniel Bell, *The Coming of Post-Industrial Society*: *A Venture in Social Forecasting* (New York, Basic Books, 1973), p. 117.

从工业社会向后工业社会的过渡包括几个子阶段。首先，为了促进行业发展以及产品配送，必须快速发展交通运输与公用事业等服务。其次，随着产品消费量与人口数量的增加，必须迅速发展批发与零售服务以及金融、房地产、保险等服务。最后，随着个人收入的增长，人们在食品方面的投入比例逐渐下滑。增加的收入首先用于购买房屋、汽车以及家用电器等耐用消费品。后来增加的收入则用于购买教育、卫生保健、度假、旅游、餐饮、娱乐、体育等服务。这种消费行为趋势推动了个人服务业的发展。

还有许多其他原因可以解释服务业的发展；有些受本书之前已经讨论过的理论启发，有些则是各种不同的研究人员独立提出的。现将其中一部分总结如下。[5]

● 农业与制造业效率的提高导致大量劳动力流向服务业。
● 农业以及其他天然生产业的就业人口逐渐转移到制造业中，然后转移到服务业中。
● 在国际贸易中利用比较优势。
● 在高收入的发达国家里，投资在GDP中所占的比例下降，而在低收入国家里，投资在GDP中所占的比例提高。
● 人均收入增加。
● 城市化进程加剧。
● 放松管制。
● 人口老化。
● 国际贸易增加。
● 服务业与制造业的共生共荣。
● 信息与通信技术的发展。

1.5　本书概述

　　本书涵盖了服务机构管理与运营中的一系列问题,主要讲述创造价值与客户满意度。因此,本书全面地涵盖了与此相关的各种话题。本书的内容完全不同于传统的运营管理教材,尽管我们也讲述了此类书籍所涵盖的一些话题。在讨论时,我们利用了商业中不同领域的知识与经验以及商业以外其他学科的知识。例如,我们在讨论时频繁地引用战略、营销、国际化管理、人力资源、管理学、经济学、心理学以及社会学的理论与实践。希望这种跨学科、跨职能的方法能够帮助管理者以及未来的管理者对服务业与服务管理的复杂性有一个全面、深入的了解。

　　本书共分为4个部分。第1部分,第1—6章,从本章引言部分开始,旨在让读者对服务业有一个深入的了解。第2章讨论服务的特性与服务接触。第3章考察顾客及其需求,以及影响顾客服务购买决定的因素。第4章讨论服务全球化以及全球化形式。第5章讲述与价值创造及服务战略有关的问题。第6章针对服务管理中出现的伦理问题以及管理者面临的伦理挑战展开讨论。

　　第2部分涵盖了与服务系统开发相关的内容。要想打造一个极具竞争力并且能够创造价值、提高顾客满意度的服务系统,必须有效地利用特定的投入。这些投入包括技术(第7章)、服务设计与开发(第8章)、服务供应链(第9章)、服务设施选址和布局设计(第10章)。

　　第3部分关注对管理者至关重要的话题,即运营效益与效率并重的服务系统。这一部分涵盖的主题包括需求与供给管理(第11章)、服务质量及其持续改进(第12章)以及服务生产率与绩效度量(第13章)。第14章简要介绍了公共与私立非营利服务组织的管理情况,因为这些组织在我们的经济与社会生活中发挥着越来越重要的作用。

　　第4部分介绍了用于服务运营管理的各种量化工具与技巧。这一部分所包含的章节主要讨论在制造企业与服务组织的运营管理中最强大、最常用的一些量化管理技巧。第15章讨论预测,第16章主要讲述车辆路径规划优化技巧,第17章讨论项目管理,第18章讨论线性规划与目标规划,第19章,也就是这一部分的最后一章,主要讲述服务运营的库存系统。

1.6　总结

　　本章首先从宏观的角度检视了服务的概念,给出了服务与服务经济的定义,并且阐述了服务在我们社会中的重要性。紧接着,本章就服务业在美国经济的以下方面所发挥的重要作用展开了讨论:就业、GDP、创办企业数量、国际贸易以及对制造业的贡献。其次为理论解读:一些理论对服务业在20世纪后半期工业化国家经济中迅速发展的原因进行了解释。最后,本章针对与三大产业(即第一、第二、第三产业)相关的理论以及社会主导产业的更替情况展开了讨论。

问题讨论

1. 为什么难以对"服务"进行定义?辅助产品是指什么?

2. 讨论服务业对美国经济至关重要的原因。
3. 什么是第一、第二、第三产业？
4. 前工业社会的特征是什么？
5. 工业社会的特征是什么？
6. 后工业社会的特征是什么？
7. 服务业经济的发展必然追随工业经济的原因是什么？
8. 哪些因素表明美国已成为服务业经济体？
9. 别的国家正在发生怎样的变化？例如，日本是否也正在向服务业主导型经济体转变？
10. "根本不存在服务业……只存在一些行业，其服务内容多于或少于其他行业。"请对此给予相应的解释。你同意还是不同意此观点？

尾注

1. Claes Fornell, Michael D. Johnson, Eugene W. Anderson, Jaesung Cha, and Barbara E. Bryant, "The American Customer Satisfaction Index: Nature, Purpose, and Findings," *Journal of Marketing*, Vol. 60 (October 1996), pp. 7–18.

2. John Naisbitt, *Megatrends: Ten New Directions Transforming Our Lives* (New York, Warner Books, 1982), p. 12.

3. A. G. B. Fisher, "Economic Implications of Material Progress," *International Labour Review* (July 1935), pp. 5–18; and "Primary, Secondary and Tertiary Production," *Economic Record* (June 1939), pp. 24–38.

4. 关于前工业社会、工业社会和后工业社会的讨论改编自：Daniel Bell, *The Coming of Post-Industrial Society: A Venture in Social Forecasting* (New York, Basic Books, 1973), pp. 123–129.

5. 关于解释服务业增长的各种理论的更多细节可参见：P. W. Daniels, *Service Industries in the World Economy* (Oxford, UK, Blackwell Publishers, 1993), Chapter 1, pp. 1–24; Steven M. Shugan "Explanations for the Growth of Services," in Roland T. Rust and Richard L. Oliver (Eds.), *Service Quality: New Directions in Theory and Practice* (Thousand Oaks, London, Sage Publications, 1994), pp. 223–240; and J. N. Marshall and P. A. Wood, *Ser-Services and Space: Key Aspects of Urban and Regional Development* (Essex, England, Longman Scientific and Technical, 1995), Chapter 2, pp. 9–37.

第 2 章　服务的特性与服务接触

2.1　引言

对于生产系统的学生而言,定义服务企业或者服务组织一直是个问题。一般以制造业为出发点,根据与制造组织的差别将服务组织区别开来。这种方法试图从一些针对产出、过程或者对于产出的消费的评判标准来与制造组织形成对比,从而识别什么是服务。

本章考察了生产系统的一般概念和服务独有的特性。还讨论了服务接触,它在顾客和服务组织的关系中发挥着关键性的作用,并对服务质量的感知、顾客满意度以及重复购买决策有着重要影响。

2.2　生产系统的一般概念

系统可以简单地定义为致力于共同目标的一组要素,其方式是把投入转换成产出。在这个投入到产出的转换过程中,生产系统需要从经济或者其他意义上实现价值增加。一个具有普遍代表性的生产系统如图 2-1 所示。

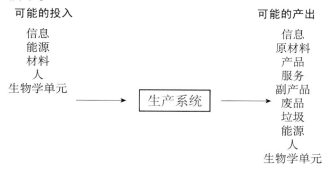

图 2-1　一般生产系统

一个生产系统由相互关联的物理要素组成。分别有五种生产系统:
1. 从环境中提取材料或能源
2. 生物生长和改变

3. 有形产出转换系统
4. 无形产出转换系统
5. 混合转换系统

每一种系统的例子如表2-1所示。通常意义上的服务隶属于最后两组。例如,一家餐厅通常被视为一种服务,但餐厅的产出由有形和无形成分组成。尽管顾客消费的食物是有形的,但愉快的用餐体验是无形的。制造组织则属于第三和第五两个组。制造组织专有的产出不能是无形的(第四组)。然而多数制造企业提供的是有形和无形产出的组合。一家定制汽车制造商在整个生产过程中要与顾客进行沟通,那么这家企业到底是制造商还是服务企业呢?

表2-1 生产系统的类型

提取	无形产出转换系统
开采地球(或月球)表面	咨询
海下开采	电影
处理海洋或其他水体(如盐湖)	无线电广播
从大气中提取气体	体检
生物的	混合转换系统
农业	餐厅
动物和鱼养殖	图书出版
生物生长和微生物的基因改变	理发店
	汽车修理
有形产出转换系统	外科手术
单元或定制生产	
批量生产	
连续生产(长期生产个体产品)	
过程生产(产品的个体性丢失,如化学品、纺织品、橡胶、电力产品)	

如前所述,不太容易将组织简单地二分为"服务"与"制造"。更确切地说,随着有形和无形产出相对数量的变化,组织形成了连续的光谱,见图2-2。无形性是服务的一项重要特性,下面将探讨无形性和其他识别服务的重要特性。

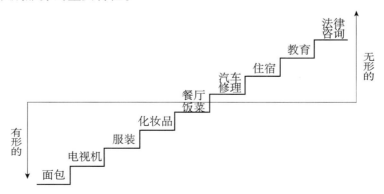

图2-2 有形—无形光谱

资料来源:改编自 G. Lynn Shostack,"Breaking Free from Product Marketing." *Journal of Marketing* (April 1987)。

2.3　服务的特性

近年来,研究者和分析人员使用了一个或者更多的标准来描述服务的特性。他们给出了多数服务共有的许多特性。[1] 以下五个特性是最为常见的服务基本特性,它们将服务与制造业产品区分开来:

1. 无形性
2. 缺乏所有权
3. 不可分性
4. 易逝性
5. 多变性

尽管不是所有的服务都有这些特性,它们还是会体现出其中的大部分,其他的一些特性往往也是这些特性导致的结果。接下来将探讨更多关于以上特性的细节,这些讨论还对服务运营经理遇到的某些独特问题有所启发。

无形性

大多数服务都是无形的。联想到产品的有形性,这一特性很容易理解。**产品**作为实体,可以被触摸、感知,有时可以闻到味道,如果是食物还可以被品尝。**服务**虽然可能需要借助实体或体现在实体中,但其本身并不是实体。例如,软件由一组操作计算机的指令组成,它由计算机语言写成,而且其指令只能被计算机识别。这些指令通常记录在 CD 中或可以从网上下载到硬盘中。因此,软件开发者提供的服务通过实体(CD 或硬盘)来体现,而且使用时不能离开另外一种实体(计算机)。

大多数服务都是行为表现。一项服务如法律咨询通常包括给出建议和在法庭上代表委托人。这样的服务通常没有有形的产出。即便存在有形的产出,也不是服务本身,而是服务产出传递给客户的媒介。例如,针对客户的商业问题给出的解决方案报告并不是咨询服务的实际产出,报告所传递的解决问题的想法才是真正的产出。其他一些服务结合了无形产出和有形产出,如餐厅、加油站、室内装饰。尽管制造也包括无形产出(诸如保证、技术情报、所有权的声誉),但其主要产出还是有形产品。无形性比其他特性更加简要地描绘了服务的独特性。

缺乏所有权

无形性对多数服务带来的一个重要结果是,购买服务并不像购买产品那样可以获得所有权。例如,当顾客购买了立体声音乐带就成了其所有者,并且可以做很多事:可以听音乐,可以将其作为礼物赠送给别人,可以用来和电视机交换,或者卖掉它。而大多数服务的购买者却没有这些选择。例如,如果你买了一张百老汇歌剧的票,你获得的是在特定的日期和时间坐在观众席中的权利。如果你观看了演出,那么就行使了权利,并且权利也随之消失了。你无法要求再看一次演出,除非另外买票。换言之,演出过后你没有拥有任何有价值事物的所有权。你持有的过期的票还有价值吗?这一限制的例外是当服务嵌入实体产品时。例如,当你购买百老汇演出的录像时,你将拥有与产品所提供的一样的选择。

不可分性

多数服务的供应和消费是不可分的,它们只能在生产的时候被消费。对大部分物品而言,这两个过程在位置上和时间上都是可分开的。电视机可以在一个地方的工厂生产,然后被运到世界各地的批发商和零售商那里,再在许多不同的地方被消费。电视机的购买者不必立即使用它,它可以无限期地待在包装箱里。而医生给病人的建议则有很强的时效性。

不可分性的第二种表现形式是服务传递过程与顾客的不可分性。也就是说,大多数服务不能储存起来以备将来使用,当服务提供时顾客必须亲自参与。电视机生产时不需要顾客亲自参与,而体检时病人则必须到场。另外诸如教室里的讲座、足球赛、摇滚音乐会、乘坐火车都是同时体现不可分性的两种形式的例子。这些服务的表现和消费是同时发生且不可分的,顾客必须亲自参与来享受服务。当然,可能的例外是,球迷可以在赛后通过录像来观看比赛。

不可分性的第三种表现形式是某些服务的共同消费。一些服务是面向一大群顾客的,如戏剧、音乐会、游轮度假等服务的对象都是一个群体。虽然每个人在这些服务中的体验可能不同,但是整个群体都可能受到醉酒和不守规矩的顾客的影响。因此,在这些服务中单个顾客的体验不能从整个群体的体验中分离出来。

易逝性

因为多数服务的生产和消费是同步的,所以容易消逝而不能储存。电话即时服务、酒店房间、航班或剧场的座位、律师的一小时时间都不能储存和收回以备之后使用。

然而,这里的易逝性可能与顾客的理解有所差异。尽管顾客不能把生产出来的服务带回家,但可以在购买服务后相当长的一段时期内享受服务的"效应"。例如,外科医生实施的一次心脏移植手术不只是一次手术,它带给病人的好处可以延续一生。即使一部电影,也可以被沉浸在回顾之中,或者提供的教育意义远远超出电影本身呈现的时间。

服务的易逝性,加上大部分服务过程面临的高度变化的需求模式,需要管理者谨慎地分配服务能力并尝试积极地管理服务需求。

多变性

多数服务是人提供给人的,可能针对顾客的身体、心理或财产。无论哪种情形,顾客和服务提供者都需要互动。服务的结果取决于互动的结果和顾客对服务的感知。当人们互动时,结果往往呈现高度的变化性,并且难以预测。美容院、定制服装设计公司、猎头公司所提供的服务随着客户个体的变化而变化。

在一个层面上,这意味着即使是同一个人用同样的方式对几个顾客提供一种服务,不同顾客的感知也可能有所差异,即体验到不同的服务满意水平。在另一个层面上,同一个人提供同样的服务也可能难以做到每次表现都传递出完全相同的服务水平。服务提供者的身体和心理状态都对服务传递有重要影响,而这些状态不可能每天都一样。

服务提供者表现的多变性与顾客感知的多变性对服务管理者提出了重大挑战。这一挑战的一个重要结果是,多数服务使得标准化尝试备受挑战。产出标准化是很困难的,因为每一个客户的需要与欲望在服务提供前和服务过程中都是变化的。在许多服务中,服务的设计是由服务的实际提供者决定的,如顾问、房地产中介、医生。个体服务提供者必须把服务和客户的需要与欲望匹配起来。服务产出的多变性使得其质量控制和保证比较困难。最后,多变性就生产率评估对服务组织的管理者们提出了挑战。

2.4 服务组织系统

本章开篇即讨论了生产系统的一般概念。现在我们将这一概念更详细地应用到服务组织中。在第 1 章中,服务被定义为"生产时间、空间、形式以及心理效用的经济活动"。换言之,服务是通过一个或更多的流程所创造的行动、行为或者表现。对许多服务而言,系统的流程和产出是一致的或密切相关的。这些流程的设计和运用是通过服务组织中的各种要素的协同努力完成的。就我们的目的来说,这一系统最重要的要素如图 2-3 所示。我们把服务组织作为系统来加以详细考察。

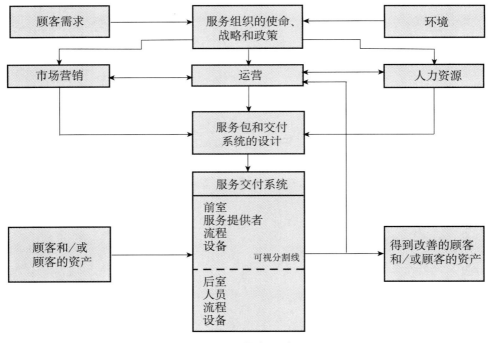

图 2-3 服务系统

服务组织在于为其顾客提供某项服务或服务组合。这是由组织的使命、战略和政策决定及形成的。**运营系统**在设计服务包和交付系统时会考虑与营销、财务和人力资源的协作。运营系统的其他功能包括系统的日常运行、调配资源来提供服务以及为员工培训提供投入。**营销系统**管理组织与顾客的联系,包括广告、销售、促销、分销和市场研究。运营和营销功能在很多情况下是相互重叠的。例如,在一些情况下当运营人员提供某项服务时,同时也可能扮演营销人员的角色销售企业的其他服务。一般而言这两种功能必须密切配合才能获得成功。而合作中最重要的部分可能还是**服务与服务交付系统**的设计。

营销系统收集数据并向运营系统提供涉及顾客需求和要求的信息。这是设计过程的主要投入。服务设计还应该考虑组织的使命、战略、竞争力和资源。服务设计的其他投入包括环境因素,例如法律和政府规定、习俗和规范。服务设计的目标是确定带给顾客什么利益。交付系统设计的目的在于确定在什么地点、什么时间以及用什么方式将这些利益提供给顾客。服务交付系统由设备和实体设施、流程以及人员组成。服务人员在服务交付和组织的成功中起着关键作用。对服务提供者的挑选、雇用和培训属于**人力资源**的功能。在第8章中,将详细讨论服务与交付系统的设计。

服务交付系统可以从以下两部分来考虑:前室和后室。前室,又叫前台,是交付系统中顾客可以看见的部分。这是顾客与服务提供者交互以及接触设施与流程的地方。后室(后台),对顾客来说常常是不可见的,它包括支持前端人员和流程的所有人员、设施、设备以及流程。一个想象的"可视分隔线"将交付系统的两部分分离开来。顾客通常对"可视分隔线"以下的部分并不关心;然而,后室中的失误常常会严重影响前室活动和客户满意度。万豪国际酒店集团的主席和首席执行官 J. W. "Bill" Marriott, Jr., 这样描绘一个大型酒店的后室:

> 每个大型酒店里都藏匿着一个难以被人察觉的隐形城市。但它却无所不在,无论是在门后、地下,还是在迷宫一样错综复杂的走廊里——它们连接着厨房和装卸台、家政清洁和洗衣房、会计和通信中心。随时候命的厨师团队、管家、工程师、服务员、洗碗工、电工和其他在走廊大厅忙碌的工作人员,各司其职,确保他们负责的酒店事务顺利运行。酒店业对这个隐藏的世界有一个专有术语——"房屋之心"(heart of the house)。[2]

最后,在图 2-3 所示的模型中,顾客以及他们的财产,都是作为投入进入服务过程的。服务可能包括有形的行动,如服务于顾客的身体(比如牙医服务),服务于他们的物品或实体财产(比如汽车维修),以及无形的行动,比如用于顾客思想(比如娱乐项目)或用于无形资产(比如投资银行业务)。表 2-2 中进一步举出了相关实例,并更细致地讨论了以上内容。[3]

1. 客户处理:服务于顾客身体的有形行动——这类服务需要顾客实际出现在服务过程中。比如像心脏移植手术或航空旅行这样的服务就需要顾客在场。在这些情况下,顾客和服务组织及其雇员、设施之间建立起密切的联系,且通常需要维持较长的时间。

表 2-2 服务和服务过程

投入	有形	无形
	客户处理	**精神刺激处理**
	客运	娱乐
顾客	心脏移植	教育
	防疫注射	艺术展览
	物理治疗	音乐会
	刑事司法体系	电视节目
	财产处理加工	**信息处理加工**
	维修保养	网络服务
	干洗	银行
资产	房屋清洁服务	金融服务
	景观美化	保险
	包裹寄送	软件开发

资料来源:改编自 Christopher Lovelock & Jochen Wirtz, *Services Marketing: People, Technology, Strategy*, 7th Edition, Prentice Hall (NJ, Upper Saddle River, 2011), p. 19.

2. **财产处理加工：用于顾客的物品和其他实物资产的有形行动**——这类服务需要服务接受者提供服务对象，但顾客不需要到场。在许多情形中，顾客将物品交给服务提供者，或者由服务提供者自行到物品所在处提供服务。顾客只需要提供服务必需的信息和指示，直到服务完成都不再需要做任何事情。汽车维修和景观/草坪美化就是两个典型例子。在这两种例子中，顾客和服务提供者见面的时间常常很短，除非顾客自愿要求参与服务过程。

3. **精神刺激处理：服务于顾客精神上或思想上的无形行动**——当这类服务被交付时，顾客必须在精神上接受服务，但不需要实际出现在服务场所。对于一些服务而言，比如说电视或广播，讯息是顾客和服务组织之间唯一的联系。而在其他一些服务中，比如传统教育机构、音乐会和咨询，则需要顾客出席。因此，对于后者，服务提供者的表现和行为将决定顾客对于他们所接受的服务的认知。此外，如果顾客在场，那么实体环境、服务组织的政策和其他顾客也将会很大程度上影响他们的这种认知。

4. **信息处理加工：用于无形资产的无形行动**——这类服务处理顾客的金钱、记录、数据等类似的无形资产。在客户联系服务组织并要求服务之后，他们就不再需要出现或参与。这类服务的性质和技术水平使得客户与服务组织之间的实际联系几乎不再必须。比如，许多银行服务可以通过网络、手机、邮件或 ATM 实现。但是，仍然存在许多服务是人们更愿意亲身接受的，比如到银行开户或者申请房屋抵押贷款。

服务体系的产出是得到改善的顾客或者价值得到提高的资产。服务运营管理者的作用在于通过服务体系的反馈来监控服务流程，以确保顾客和服务人员的需求得到满足。换言之，顾客和雇员的反馈使质量保证成为可能。

2.5 服务接触

Leonard L. Berry 将服务描述为"一种行为，一种表现，一种努力"。[4] 尽管一些服务的成果是实体的产品，比如一份咨询师的报告，但是所有服务中一个不变的重要事实是，顾客的身体、精神、资产或信息发生了转变。一系列有目的的行为，也就是通过一个**流程**，促成了这些转变。当顾客的身体、精神、资产或信息被处理时，就与服务组织发生了接触，这就是通常所知的"服务接触"。顾客对于服务体验是否满意取决于服务接触的结果。一个服务接触不仅包括顾客和服务雇员，也包括其他顾客、服务交付系统和服务的有形展示。

服务接触，也称作"关键时刻"（moment of truth），其定义是：

> 顾客与服务组织的任何方面发生联系并对服务质量留下印象的事件。[5]

术语"关键时刻"源自斗牛时的术语，表示的是斗牛士面对公牛做出最后一击并结束战斗之前的那一刻。这个术语被 Richard Normann[6] 引入服务管理文献中用来强调顾客与服务组织接触的重要性。斯堪的纳维亚航空公司（Scandinavian Airlines System，SAS）前任董事长 Jan Carlzon，在努力将这个亏损的公司变成运营最佳的航空公司之一的过程中普及了这个概念。他这样阐述服务接触的重要性：

> 去年，我们的 1 000 万个顾客中的每一个都与 SAS 的大约五位雇员建立起联系，这种接触平均每次持续 15 秒。这样，SAS 每年会在我们顾客的大脑中被"创造"5 000 万次，每次 15

秒。这5 000万次的"关键时刻"就是最终决定SAS成败与否的时刻。这些时刻也正是我们必须向顾客证明我们是最优选择的时刻。[7]

必须强调的是，一个服务接触实际上可能发生在任何时间和任何地点。一些明显的服务接触就像下面描述的那样：一位走进服务设施，向服务雇员寻求指导的顾客，被要求填表或者在服务的过程中与服务提供者进行接触。另一些顾客经历服务接触的情形有：当他看到服务组织的广告牌、电视广告或街上属于服务组织的汽车时，当他在报纸上读到服务组织的新闻时，当他听到一些人谈论服务组织及它们的服务时，或者当他收到服务的账单时。可能对于管理者而言最重要的是，应当记住，对服务接触中的顾客来说，无论他们接触到什么或与谁在接触，他们都会将其视为这个服务组织本身。换句话说，当一个顾客受到某雇员恶劣的对待时，他不会认为自己仅仅接触了为该公司工作的一个粗鲁的员工，而是认为他正在和一个粗鲁的公司打交道。当一个顾客坐在没有打扫干净的等待区里时，她看到的会是一个脏乱的公司而非失败的维护服务。当一个技术人员未能按照预约提供有线电视维修服务时，顾客会认为这个有限电视公司是不可靠的。简言之，大多数顾客将服务失误和质量问题等同于为服务负责的组织的问题。因此，正如Carlzon所说的，通过每一次服务接触，他的公司便在顾客的脑海中被"创造"一次。

多数顾客不会在服务接触之外再想起某项服务或服务组织，即使他们想起了，也仅仅持续一小段有限的时间。因此，一个服务组织仅有为数不多的短暂时间的机会来给顾客留下好的印象。然而，这里却有很多犯下错误和失去顾客的可能。很显然，如果一个服务组织想要保证顾客的满意度和忠诚度，它就不能对服务接触不管不顾。因此，服务组织必须小心细致地设计和管理服务接触。自然地，在我们讨论服务接触的设计和管理之前，我们需要很好地了解这些服务接触事件。

服务接触的性质

服务接触可能是简单或复杂的过程。通常它不只是单一的事件，而是包括一系列的事件，涉及一个服务组织的多个方面。比如说，考虑一个音乐爱好者去听摇滚音乐会的例子（如表2-6所示）。很显然，这个例子中本来可能包含更多的接触，但是这个摇滚音乐迷有14个服务接触。这其中大多数服务接触是和摇滚乐团之间发生的，但在音乐会中还有一些其他的服务组织。比如，举办音乐会的体育场很可能不是乐团或主办方所有，而是租用的。除了给音乐会提供场所以外，体育场的所有者与管理者可能还会提供门票、停车和安保服务。类似地，售卖乐团T恤的商贩可能是另一个向乐团支付特许权使用费以使用其名字的组织。小卖部可能也是由另一个组织所有。明显地，其他一些服务组织的行为表现会对顾客的总体感受产生影响。如果顾客与其中任何一个组织之间出现问题，他可能不会区分它是否与摇滚乐团的组织表现相关，并因此得出"音乐会很好但组织很差"的结论。然而，如果所有环节都进展得很顺利，顾客甚至不会意识到这个过程中大多数的接触。

上述例子中的服务接触相对简单。更加复杂的服务接触包括类似于一位律师与客户接触或者一位医生诊断患者的病情等情况。这些服务接触的复杂性来源于服务所需的知识和技巧以及其中包含的风险和顾客的情绪。

对许多组织而言，"成败在此一举"的服务接触是发生在顾客和服务提供者之间的。我们可以将这类接触视为具有以下特征的人际互动。[8]

1. **服务接触是有目的性的**——不管是谁发起的，大多数服务接触都是由目标驱动的。一位病人走进医院寻求诊断和治疗。一则电视广告是为了吸引当前或潜在的消费者。一辆棕色货运大卡车上的 UPS 标志的目的在于告诉人们美国联合包裹服务公司(UPS)正在送货,并为之进行广告宣传。

表 2-3　服务接触:参加摇滚音乐会

1. 一个音乐爱好者在报纸上看到一个流行摇滚乐团即将在当地体育场举行音乐会的广告。
2. 她给体育场打电话,询问时间安排、价格和具体事项,得到了预约所需的相关信息。
3. 她拨打另外一个号码,用信用卡预订门票。
4. 在一个当地电视新闻节目中,她在一则报道中看到该乐团已经抵达这个城镇。
5. 音乐会当天,她开车去了体育场,在入口处看到乐团的宣传标语。
6. 安保人员指引她找到停车场的入口。
7. 她交费并停车。
8. 她到达票务窗口,报上她的名字并领取了门票。
9. 她走向入口,看到一些人群和安保人员。
10. 她向服务人员出示门票,进入了体育场。
11. 为了庆祝和纪念这次音乐会,她买了一件 T 恤。
12. 她到小卖部买了一瓶苏打水。
13. 一名引座员帮助她找到了座位。
14. 她非常享受这场音乐会。

2. 服务提供者不是利他的——大多数的服务接触至少是服务提供者日常工作的一部分。服务提供者最主要的目的是为他们所得的工资履行职责。因此,对他们来说服务接触实际上就是"工作"。当然,在服务接触的过程中顾客也有可能在工作。比如,一位秘书给服务技术人员打电话说需要维修她办公室里的打印机。在此例中,服务接触的双方都在工作中。当然也有许多例外,比如某位律师无偿地提供公益法律服务,或是某个志愿者在食物施舍处帮忙。

3. 不要求事先认识——在大多数情况下,顾客和服务提供者是陌生人,正常情况下他们不会在服务接触之外出现交集。尽管如此,他们在互动过程中多数时候都会感到舒适融洽,就算之前没有相互介绍也如此。相关例子包括到剧院的售票处买票,乘客在公交系统向公交车司机问路,或者在快餐店购买三明治等。这些服务接触通常没有长期影响。但是,其他一些服务接触不仅需要正式的介绍,还需要更多的信息,这通常由顾客提供。例如,一个病人在第一次看牙医的时候不仅需要告诉医生自己的姓名,还需要其他重要信息,包括住址、电话、年龄、是否有过敏症、是否在进行药物治疗、保险公司、之前的牙科治疗记录,等等。因此,病人和牙医就不再是陌生人了。

4. 服务接触的范围有限——尽管问候、礼节和闲谈可能是服务接触的某一部分,但花在与主旨无关的事情上的时间常常很短。顾客和服务提供者之间互动范围是有限的,这是由服务工作的性质所决定的。一位医生正常情况下不会和病人讨论他是如何修理自己的汽车的,而一名汽车机修工正常情况下也不会在服务接触中提供医疗建议。

5. 以任务相关的信息交换为主导——多数有服务提供者参与的服务接触要求进行信息交换。尽管在一些不正式的场合中存在与工作不相关的信息交换,但与工作任务相关的信息是必不可少且绝对优先的。例如,在美容院里,顾客和美容师之间的多数对话可能是关于天气和时尚的。但是,任务相关的信息比如顾客想要的头发长短、发型或者是否需要洗发水,应当首先被考虑到。在另一个极端中,比如一位财务咨询师和客户之间的电话接触,可能会完全集中在客户的要求上。有时候,要将任务的相关信息与不相关信息区分开可能是困难的。考虑这样一个例子,一个旅行社代理员在为一对夫妇制订旅游计划。除了和假期计划相关的信息之外,在讨论这对夫妇将要旅游的目的地时,她可能也会谈谈自己假期曾到过这些地方的感受。这样的对话被认为是"闲谈",但会向顾客提供有用的信息。

6. **客户和服务提供者的角色界定明确**——顾客和服务提供者在服务接触中的互动需要有一些行为准则来确保服务绩效效率高且效果好。相关的准则通常是从经验中总结出来的;否则,服务提供者可能需要引导顾客遵守相关规则。比如一个景观美化项目中,顾客告诉承包人他想要的草坪与花园的形态,需要种植的花的品种等,承包商就应当遵循这些指示。在医生和病人的接触中,角色则有不同,此时,病人应当回答医生的问题,同时遵守医生的指示。

7. **可能发生暂时的地位差异**——在一些服务接触中,比较重要的一个特点是参与双方"正常"的社会地位可能暂时失效。例如,一位通常被认为拥有较高的社会地位的律师,会为一个社会地位比他低很多的罪犯工作。或者一位因交通违章被警察制止的法官必须听从警察的指示。

从不同视角看服务接触

服务接触可能会有多种表述方式,这取决于交换过程所处的环境。很显然,一个包含人际互动的接触拥有社交动机,而同样也可以从经济、生产、合同和雇佣的角度来看待它。[9]

- **社交接触**——社交接触是指顾客与服务提供者建立起联系,并由此进行的人际交往。这类接触的参与者应当遵守一定的社会规范准则,这些准则适用于类似的人际互动。在许多国家,一个恰当的问候、礼节和对人的基本友好待遇是参与双方都理应做到的最低标准。一些接触还包括闲谈,比如天气和最近的体育活动,但多数的交流还是与任务相关的。另一个关于社交接触的认识是,顾客应当受到平等的对待,所有的顾客应当得到相同的或同一水平的服务。

- **经济交换**——有些服务接触具有经济交换的特征。在这类接触中,顾客和服务提供者之间交换资源。更具体而言,一个服务组织以劳务、技能、技术或信息的方式交出其资源来满足顾客的需要或提供帮助。作为回报,顾客牺牲自己的某些资源,比如金钱、时间和劳动。

- **生产过程**——顾客向服务组织寻求服务以满足需求,比如食物,或者获取好处,比如教育。为满足这些需求,服务组织必须调配资源。资源包括劳动力、技术、信息、设施;合理运用资源会实现预期的效果。因此,一个服务接触是一个生产过程,在这个过程中,资源被转化为客户的满意度和利益。尽管大多数的资源是由服务组织提供的,但有时顾客也会提供资源。

- **合同**——另一种看待服务接触的方式是将其视为服务组织和顾客之间的契约或合同关系。顾客雇用服务组织来代表他完成某种服务。通过该合同,顾客授权服务组织或服务提供者为他或他的财产做出决定。因此,双方都根据隐含的合约协议行事。比如一位外科医生在得到病人允许后为病人做手术。在手术过程中,病人多数时候是无意识的,而医生就需要做许多决定。由于病人已充分授权给医生,因此医生有权做出许多必要的决定,并确保时刻从病人的利益出发。

- **部分雇佣**——有些服务需要顾客积极参与到开展服务的过程中,比如一位老主顾在沙拉吧准备一份沙拉。这些情况下,顾客提供必要的劳动,因此在某种意义上,顾客是被服务组织雇用的。显然,这并非常规意义上的雇佣关系,尽管如此,这对双方都是利好的:餐厅节省了劳动力成本,节省下来的成本以更低的用餐成本的形式被转移到顾客身上。这样看来,餐厅为顾客付出的劳动"支付"工资。

服务接触的要素

一个服务接触由四个要素组成:顾客、服务提供者、交付系统和有形展示。

- **顾客**——顾客是服务接触最重要的要素。一个服务接触最根本的目标是让顾客满意。顾客对于服务质量的认知、她对于服务的总体满意程度以及她是否会再次购买的决定很大程度上都取决于她对于服务接触的认知。所以,服务及其交付系统必须设计得能以最有效率和有效果的方式满足顾客的需求。之前对服务接触的特征的各种描述告诉我们,顾客首先是人,她应当得到礼遇和尊重。同时,她也应当和其他顾客一样受到公平对待,得到完全相同或同水平的服务。无论服务性质怎样,这是一个服务接触最基本也是最低的要求。

然而,在许多情况下,为了使服务接触更加成功,服务组织必须超越最低要求,尤其是当服务包含有形服务,或直接作用于顾客的身体的时候。"客户处理"中的接触应当以对客户最大程度的关心来设计和管理。这样做的一个主要原因在于,顾客实际出现在了服务设施里,可能持续较长的时间,这使顾客有机会观察服务绩效并对服务质量做出判断。因此,顾客的舒适度、安全和总体幸福感应当是服务组织主要关心的事情。如果被加工或处理的是顾客的财产,而客户不需要出现在服务流程中,服务组织关注的重点应当在高效的运营上,以给客户提供最大的便利,同时最小化需要他花费在这项服务上的时间和精力。

当顾客需要为服务提供劳动时,她可能会期望从她对服务生产的贡献中获得好处。既然这样,服务组织必须明确说明顾客所期望得到的,同时确保顾客使用的设备运行良好,便于操作。不能成功教会顾客恰当的程序可能造成无效的运营和令人不满意的接触,此外,顾客的行为也会对服务接触的成果产生显著的影响。如果一位顾客不能提供必要的信息,听从指示,或遵照她应当扮演的角色,或者总体而言,如果她是一个执拗麻烦的人,那么她会使得服务提供者的工作变得很困难,使得参与双方甚至其他顾客都感到不满意。

- **服务提供者**——服务提供者或雇员是服务接触中另一重要的人的要素。作为一个人,他期望得到顾客和其他同事的关照,也想要得到顾客和管理者的认可。他需要掌握必备的知识,拥有足够的训练以完成自己的工作。但是,这些对于一个成功的接触而言通常是不够的。

服务雇员通常代表了服务组织,她同时也是保持交付系统运行的动力。在顾客眼中,她的语言和行动实际上就代表了服务组织的语言和行动。正如之前提到的,她应当代表顾客且以顾客利益最大化原则来行动,因为顾客将自己或自己的财产委托给她来照料。这种双重身份对雇员来说有时会存在问题,尤其是当顾客的利益与企业的政策发生冲突,或者当她必须严格按照规定能做什么和不能做什么时。当然还可能存在许多其他对雇员和顾客都有压力的情况。例如,当服务对顾客来说存在风险时(像外科手术),或对顾客的财产有风险时(像干洗等),雇员除了技术能力之外,还应当声明更多,她必须有技巧和能力来宽慰顾客对服务过程的担忧,这意味着她必须具备人际交往能力。

另一个需谨记的要点在于,一次服务接触对顾客而言仅仅是唯一一次或少有的几次接触之一,而对提供者来说却是一周或一个工作日中的上百次中的一次。多年来重复同样的工作可能会使雇员仅仅关注服务接触的效率和效果,而忽略了客户在整个过程中的体验。理解顾客可能会缺乏经验,感到焦虑,担心服务过程,并不时地表示感同身受,对使接触过程能让顾客满意大有帮助。管理部门应当承担责任来帮助提供服务的雇员提高人际交往能力,比如亲和力、热情、关怀和感同身受的能力。有时他们应当克制住自己的情绪,牢记服务组织的目标和顾客的利益,与顾客进行互动。简言之，服务提供者必须从顾客的角度来对待服务接触和流程。所以，应当训练雇员发展以上的行为模式。显而易见地，这些不是很容易掌握的特质，仅仅训练是不能保证达到预期效果的。在选拔员工的时候，管理层必须尤为关注谁能够与顾客良好地交流互动。

一些服务的生产和消费的同时性与大多数服务的无形性使质量控制变得困难。和制造产品不同的是，服务不能在被生产或交付之前进行检查。甚至在交付之后，对多数服务进行质量评估仍具有挑战性。"你的律师用最有效的方式阐述你的情况了吗？你的报税员找到你所有可减免的税款了吗？你的医生准确无误地诊断了你的病症还是你的症状自行消失了呢？"这些类似的问题或许永远不会有人回答。管理者确保服务交付质量的普遍方法是控制投入，也就是说，选择为谁服务，并认真地挑选最合适的人来负责该工作，考察他们的能力和可信度，提供恰当的训练，并给出清晰的指导方针，说明对他们的期待。

虽然对于服务组织来说，满足顾客可能是最重要的事情，然而与之密切相关并且也十分重要的事情则是满足服务提供者。一些企业甚至做得更好。美国最成功的航空公司之一的西南航空（Southwest Airlines）的前任首席执行官 Herb Kelleher，这样解释说：

> 它曾经是商业难题："应当最先考虑谁？是雇员、顾客，还是股东？"……那对我来说从来不是问题。最优先考虑雇员。如果他们开心、满意、专注、精力充沛，他们就会真正关心顾客。当顾客开心了，他们就会再来。而这些就能让股东开心了。[10]

● **交付系统**——交付系统包括设备、供给、流程、项目、程序，以及规则、规范和组织文化。许多服务组织都认为如果它们各部门和功能都能根据相关领域公认的完善原则去以效率最高、效果最好的方式运行，就能保证让顾客满意。例如，一个服务组织确信如果其流程设计得能准确收集和保存会计记录，那么它们的顾客就会在这样的系统中获得最好的服务。或者一个医院管理部门会认为，如果它们的设施设计合理，而且程序运行良好，那么它们的测试实验室就能高效运营，这样就能确保病人得到最好的医疗照顾。令人遗憾的是，这种方式往往让顾客失望，并促使他们最终选择其他竞争者。

当然，这仅指可视分隔线以上的那部分，即顾客直接与服务组织接触的部分（参见图2-3）。设计和运营这部分系统的出发点应当是顾客及其需求。而后室或后台的运行，应当合理设计以支持可视分隔线以上部分的运行。当这些前提条件得到满足时，全力支持后台运行的效率就比较容易了。

交付系统设计的另一个重点在于核心服务。许多服务由一个核心服务和一些补充服务构成。顾客满意的一大先决条件就是核心服务准确无误地交付。如果服务组织在核心服务上出现失误，补充服务就算完成得再好，对顾客而言都不算什么。

因此尤为重要的是，交付系统的设计和管理应当着重于核心服务交付的完美设计。之后补充服务可能用来支持和加强核心服务。我们将在第8章详细讨论这个问题。

● **有形展示**——有形展示包括顾客所体验到的服务及服务组织中所有有形的方面。后室设施或者可视分隔线以下的设施，不属于有形展示的部分，因为顾客不能亲身感知它们。有形展示的一个子集，也称服务场景[11]，是服务交付和消费的有形设施。例如，服务组织所在建筑的外部设计、停车场、园林，以及内部的家具和固定装置、设备、引导标志、灯光、温度和设施内部的噪声水平、设施的整洁度等组成了这个"服务场景"。其他服务流程中用到的表格和材料、手册、员工着装和制服，组成了有形展示的剩余部分。

有形展示对于服务接触的成功尤为重要,特别是在"客户处理"中。首先,由于多数服务的生产和消费具有同时性,一般而言,服务场景将提升或降低客户满意程度。如果顾客的身体是有形行为的接受者,那么顾家的舒适度和安全就是有形展示设计中的首要重点。通常来说,顾客处在设施中的时间越长,有形展示就越重要。

此外,有形展示对顾客和雇员两者的行为都会产生影响;客户调查表明,服务场景会影响顾客的行为和购买决定。例如,拥有和经营一系列连锁书店的 Barnes & Noble 书店,在店铺设计中采用了一个具有变革意义的概念。它的大型超市设有沙发、长椅和书桌,以供顾客休息和读书,还设有咖啡屋,以便顾客享用美味的咖啡和点心。书店行业的一名主管人员对 Barnes & Noble 书店的这种方式有了下述发现:"Barnes & Noble 书店理解到了书店的社会意义。他们明白咖啡、天花板高度、沙发和坐椅的意义所在。他们知道书店可以是人们起居室的延伸。"[12]

服务提供者大多数的工作时间都是在服务设施内度过的,因此他们的工作满意度以及工作积极性和绩效也会被有形环境所影响。应当将服务场景设计得能使员工在工作过程中受到最小的妨碍并加速系统中顾客的流动。比如,在大型设施中,像提供全方位服务的医院、大型机场、地铁系统或游乐园等,恰当的引导标示有助于减少迷路的人,避免拥堵,并减轻员工费时地帮助指路的负担。

服务接触中其他顾客的作用

许多服务是设计给一大群体人使用和消费的。其中,有些服务顾客可以单独在家享受,不需要和其他顾客有任何接触,比如网络服务、录制音乐、广播和电视播放等。但是其他一些服务比如航空或乘火车旅行、游轮度假、现场演出、运动会和传统教育则需要顾客实际出席并近距离接触其他顾客。在这些情形中,一个顾客或一群顾客的行为将会影响其他顾客的服务接触。一趟航班上一名醉酒的乘客可能使其他乘客和服务提供者的旅途都不愉快。一群有相似的兴趣爱好和社会背景的游轮度假者可能因为群体中的交往而更加享受这次旅行。确保服务接触让每个人都很愉快很大程度上是管理者的责任。为了做到这一点,管理者可能采取以下的办法。[13]

1. **挑选合适的顾客**——服务组织可能利用正式或非正式的规则来限制服务只提供给那些能够给彼此带来积极体验的顾客。正式的标准可能包括年龄限制,像仅限成年人的度假地;着装要求,像一些餐厅要求着正装出席;或者一些俱乐部的会员要求。非正式的标准包括有限的定向广告、定价和服务场景的设计等。例如,城郊商场一直以来都是青少年喜欢的活动场所,但是年轻人的聚集常常引发不愉快的事件,这是成年购物者所不喜欢的,像大声地谈话、在美食街打架甚至枪击等。因此,商场开发商和管理公司为了控制顾客类型,通常会挑选不会吸引青少年的专卖店,提供较少的青少年能聚集的场所,创建大量的内部腹地来吸引豪华酒店入驻。[14]

2. **设定顾客应当遵循的行为规范**——管理者可以在服务设施中设立明确的规章制度并与顾客沟通,确保所有顾客都对服务接触满意。公共交通工具上的禁止吸烟标志,游泳池的禁止跑步、禁止潜水和禁止恶作剧标志就是典型的预防不良行为发生的例子。

3. **促进顾客之间的良性互动**——与他人的互动可能会提高对某些服务的享受程度,比如旅游胜地度假和游轮度假等。管理者可以组织一些集会和活动来促进顾客间的社交与沟通,增加共同的乐趣。在一个完全不同的环境中,比如医院,生相同的病的病友间的交流能减轻病人的焦虑感和认知的风险程度。多伦多的肖尔代斯医院(Shouldice Hospital)专为患者做外科疝气手术。从病人到达医院的那一刻起,肖尔代斯医院就创造许多机会并组织许多活动让病人见面、交流并分享经历。其中一项活动是为手术前的病人和当天顺利完成手术的病人举办的茶点晚会。

2.6 总结

生产系统的定义是通过投入到产出的转变来为实现创造价值的共同目标而工作的一组要素。总共有五种生产系统：从环境中提取材料或能源、生物生长和改变、有形产出的转换系统、无形产出的转换系统及混合转换系统。服务属于最后的两类。服务具有不同于产品的重要特性：服务是无形的和易逝的，由于服务有人的参与，与人的各类需求、认知和预期相关，因此服务产品具有多变性。对大多数服务而言，服务生产和消费是不可分的。另一个服务的突出特点是顾客能参与到服务交付中。由于以上特点，服务质量和生产率不易衡量，而对有效性的测量往往是主观的。

服务组织作为一个系统包括三个主要的子系统：运营、营销和人力资源。运营系统，即生产和交付服务的系统，包括一个前室和一个后室，由一条虚构的可视分隔线将两者分开。服务及其交付系统分为四类：(1)客户处理：服务于顾客身体的有形行动；(2)财产处理加工：用于顾客的物品和其他实物资产的有形服务；(3)精神刺激处理：服务于顾客精神上或思想上的无形服务；(4)信息处理加工：用于顾客的无形资产的无形服务。

服务接触定义为"顾客与服务组织的任何方面发生联系并对服务质量留下印象的任何事件"。这些服务接触对服务组织尤为重要，因为它们会显著影响顾客满意度。因此服务接触也被称为"关键时刻"。对于服务管理者来说，能理解服务接触的性质和动态性(dynamics)尤为重要。多数服务接触是发生在顾客和服务提供者之间有目的的互动。在这类互动中，服务提供者并不需要是完全利他的。互动对服务的雇员而言也是工作。服务接触的范围有限，不要求双方之前认识彼此。在服务接触中，任务相关的信息交流占主导。客户和服务提供者的角色界定明确，有时顾客和服务提供者之间可能存在暂时的地位差异。

可从多个角度认识服务接触，这取决于观察者的利益。它可以被视为社交接触或经济交换。同时，也可以被视为一个生产流程，或者服务组织和顾客之间的合约。最后，由于一些服务需要顾客完成一些服务生产环节的工作，服务接触也可被视为对顾客的部分雇佣。

服务接触有四个基本要素：(1)顾客；(2)服务提供者；(3)交付系统；(4)有形展示。服务系统中的"其他顾客"可作为第五要素，因为他们有时也会影响顾客的服务体验。当设计有效地为顾客创造价值的服务系统时必须牢记这些要素及其内在的联系。

问题讨论

1. 你如何定义服务？
2. 怎样描述服务产品的特征？可能确定服务产品的单位吗？
3. 阐述以下特征是如何描述服务的：
   a. 分散性
   b. 顾客接触
   c. 顾客参与
4. 服务企业和制造企业在以下几个方面分别有何区别？
   a. 效益的衡量
   b. 生产率的测量
   c. 质量控制
5. 服务能被大量生产吗？为什么？
6. 为什么服务比大多数制造企业更加劳动力密集？这会造成怎样的管理问题？
7. 讨论服务提供者的作用。服务雇员个人的表现将如何影响企业的表现?

8. 讨论"服务系统"的概念。服务系统的组成要素将如何影响一个服务接触的结果?

9. 前室和后室运营分别指什么?如何区分这两者?为何将两者分开尤为重要?

10. 谈谈服务接触的性质。

11. 讨论顾客在服务接触中的作用。顾客的行为将如何影响"关键时刻"?

12. 讨论服务提供者在"客户处理"的服务接触中的作用。在这类服务接触中,需要怎样的行为表现和技能?

13. 讨论服务提供者在"信息处理加工"的服务接触中的作用。在这类服务接触中,需要怎样的行为表现和技能?

14. 什么是服务交付系统?描述一个你所熟悉的服务交付系统。

15. 将服务接触描述为"人际互动"有什么含义?

16. 讨论有形展示在"客户处理"的服务接触中的作用。

17. 讨论有形展示在"财产处理加工"的服务接触中的作用。

18. 其他顾客在服务接触中起何作用?谈谈当许多顾客出现在服务过程中时,管理者可以采取哪些措施确保实现预期的效果。

尾注

1. W. Earl Sasser, R. Paul Olsen, and D. Daryl Wycoff, *Management of Service Operations: Text, Cases, and Readings* (Boston, MA, Allyn and Bacon, 1978), pp. 15–18; Roland T. Rust, Anthony J. Zahorik, and Timothy L. Keiningham, *Service Marketing* (New York, NY, Harper Collins, 1996), pp. 7–10.

2. J. W. Marriott, Jr. & Kathi Ann Brown, *The Spirit to Serve: Marriott's Way* (New York, NY, Harper Business, 1997), pp. xvii-xviii.

3. Christopher Lovelock and Jochen Wirtz, *Services Marketing: People, Technology, Strategy*, 7th Edition, Prentice Hall (NJ, Upper Saddle River, 2011), pp. 18–20.

4. Leonard L. Berry, "Services Marketing is Different," *Business* (May–June, 1980).

5. Karl Albrecht, *At America's Service* (New York, NY, Warner Books, 1988), p. 26.

6. Richard Normann, *Service Management* (Chichester, John Wiley & Sons, 1984).

7. Jan Carlzon, *Moments of Truth* (Ballinger, 1987).

8. J. A. Czepiel, M. R. Solomon, C.F. Surprenant, and E.G. Gutman, "Service Encounters: An Overview," in J. A. Czepiel, M.R. Solomon & C.F. Surprenant, (Eds.), *The Service Encounter: Managing Employee/Customer Interaction in Service Businesses* (Lexington, MA, Lexington Books, 1985), 3–15.

9. P. K. Mills, *Managing Service Industries: Organizational Practices in a Postindustrial Economy* (Cambridge, MA, Ballinger Publishing Company, 1986), pp. 22–24.

10. Kristin Dunlap Godsey, "Slow Climb to New Heights," *Success* (October 20, 1996).

11. Mary Jo Bitner, "Servicescapes: The Impact of Physical Surroundings on Customers and Employees," *Journal of Marketing*, Vol. 56 (April 1992), pp. 57–71.

12. Patrick M. Reilly, "Street Fighters: Where Borders Group and Barnes & Noble Compete, It's a War," *The Wall Street Journal* (September 3, 1996).

13. Adrian Palmer & Catherine Cole, *Services Marketing, Principles and Practice* (Upper Saddle River, NJ, Prentice Hall, 1995), pp. 110–111.

14. Louise Lee, "To Keep Teens Away, Malls Turn Snooty," *The Wall Street Journal* (October 17, 1996).

第 3 章 顾客:服务管理的焦点

3.1 引言

现在对于一个成功的制造或服务企业有一个公认的说法,那就是顾客是最有价值的企业资产。多年前,一位在欧洲实现了伟大企业转变的首席执行官用令人信服的方式将这个认识表达出来,他就是斯堪的纳维亚航空公司(Scandinavian Airline System,SAS)的前首席执行官 Jan Carlzon:

> 看看我们的资产负债表,在公司资产方面,你可以看到越来越多的飞机价值连城,但这只是表面现象,如果我们只看到这个表面现象,就是在愚弄我们自己。我们最应当考虑的公司资产就是上一年 SAS 是否承载了更多的愉快的乘客,这其实是我们唯一拥有的资产:那些对我们的服务感到满意的人,他们会乐于回到我们这里,再次接受我们的服务并付费。[1]

作为畅销书 *Service America* 的作者之一,Karl Albrecht 使这个论述更进了一步,他将顾客称为"升值资产"。他讲到"升值资产"是一份随着时间而升值的资产,而这种升值正是伴随着顾客的满意度和忠诚度上升而形成的。[2] 当然,也有很多相关研究能够证实这些论述。Frederick F. Reichheld 和 W. Earl Sasser, Jr.[3] 在他们的研究中做出粗略的估计:如果企业能够留下多过 5% 的顾客,那么就能够提升 100% 的利润。同时,他们也针对特定的服务类型,对顾客忠诚度的价值进行了估计。例如,如果一个信用卡公司将客户的流失比例从原先的 20% 降低到 10%,那么顾客接受公司服务的平均时间长度从原先的 5 年延长为 10 年,从而使这家信用卡公司的一个消费者的价值就从原先的 130 美元增长为 300 美元。如果这家公司能够再将顾客流失率进一步降低 5%,那么这时一个顾客的价值就会增长为 500 美元,会再得到一个 75% 的提升。在表 3-1 中展示了一家名为 L. L. Bean 的传奇服务公司是如何定义其顾客的:

表 3-1　L. L. Bean 公司的顾客理念[4]

什么是顾客?
顾客是公司最重要的组成部分,无论是面对面的时候,还是在邮件中。
顾客并不依靠我们,而是我们依靠我们的顾客。
顾客永远不会打断我们的工作,因为他们就是我们工作的目的。
我们向我们的顾客提供服务并不是在帮他们的忙,恰恰是顾客在帮我们的忙,因为他们给了我们机会来向他们提供服务。
顾客是不能与之争吵或斗心眼的,我们绝不会赢得和顾客之间的争论。
顾客是带给我们他们需求的人,我们的工作就是给他们所想,然后得我们所得。

与其他的管理理论相比,消费者的重要性得到最大限度的凸显是在兴起于 20 世纪 80 年代的美国的质量与持续改进的运动中。这场运动毫无疑义使"消费者"成为其聚焦的中心。在联邦政府和私营业者的共同努力下,马尔科姆·波多里奇国家质量奖(Malcolm Baldrige National Quality Award,MBNQA)在 1987 年得以建立,这时质量与持续改进理论已经产生了很大的影响力。"消费者驱动的质量"是 MBNQA 的一个核心理念。消费者的满意度是影响公司参评能否获得该奖的主要标准。

无论是制造业企业还是服务业企业,杰出企业都了解它们的顾客。它们应当对于消费者的需要和诉求了如指掌。每家企业可能通过不同的方式来了解和发现消费者的需求,但是通常来说它们都会花费很大的精力来获得相关的信息。有时候消费者往往不能把他们的需要和诉求表达清晰,但这不代表企业就可以对追寻消费者价值的目标置之不理。在第 2 章中我们讨论服务接触,或者"关键时刻",大部分服务接触者涉及与顾客的面对面的互动,这有别于产品生产过程,如在工厂生产电视机并将其最终产品运送到零售店中,零售店可能将其卖给无名无姓的消费者。几乎所有服务提供商都会与其顾客有所接触,或者是通过文字进行沟通,或者是进行物理接触。所以,服务业企业的顾客不是无名无姓的。他们可能会表现出特定的感情,也可能会表现出快乐或者生气的表情,但无论何时何地,他们的这些信息都不应当被忽略。因此,我们所谈的了解顾客在服务管理中可能与以前有所不同。了解顾客的需要和诉求并不仅仅是为了在与其面对面时让他们满意,同时这也能够帮助服务业企业据此来设计服务和配送系统,从而改善效果、提升效率,并以此来使顾客满意,更有效地定位,以及预测和管理顾客需求。

想要了解消费者以及他们的需求和要求有很多方式,比如通过问卷调查、访谈、焦点小组访谈或者是市场试销。对于这些方式的讨论超出了本书的范围。但是本章能够提供一个整体框架来帮助读者了解消费者需求,这种对于消费者的了解建立在对于消费者行为理论和人口统计等方面的了解。虽然组织也是服务的重要客户,但本章重点研究的服务对象,仍然是个体,或者是由若干个体组成的小群体(比如家庭)。

3.2　消费者及其需求

消费者通过购买产品和服务来满足他们的需求。临床心理学家马斯洛博士(Dr. Maslow)[5],建立了人类需求层次模型来帮助解释人类的动机。马斯洛指出需求是由 5 个层次的需求类型构成的,这 5 个层次依照其优先度递减顺序列出如下:生理性需求、安全性需求、社交需求、受尊敬的需求和自我实现的需求。人类首先满足低层次需求(优先度高),然后再满足高层次需求。但是这不代表低层次需求就要彻底被满足。对于大部分的人来说,没有哪一个层次的需求是被百分之百满足的。实际上随着层次的提升,他们的被满足程度往往会随之下降。需求层次模型指出,人类的行为是受到这些需求被满足程度的影响的,如果一些需求没有被满足,就会激发人类的相应行为。必须指出的是,人类行为一般不会被一个单一类型的需求所驱使,而且不是所有的行为都是被这些基本需求所驱使的。需求层次模型如图3-1所示。虽然模型中这些不同层次的需求层次在图示中是相互独立的,但是在马斯洛的需求层次模型中明确说明这些需求之间存在重叠。在马斯洛的理论中,对于某个需求的满足能够促使人们满足其他的需求。例如,当一个人认为自己饥饿的时候,他可能实际上是想要寻求舒适性或者寻求陪伴,而不是获取生存必需的营养。

图3-1 马斯洛需求层次模型

生理性需求是那些人类维持生命的必需品,比如食物、空气、水、性、衣服和住所,这些组成了最基础的需求层次。当这些需求长期未得到满足的时候,它们就会占据主导地位。当生理性需求得到一定的满足之后,**安全性需求**则开始出现并处于主导地位,直到安全性需求又得到满足。安全性需求包括个人的身体安全,远离猛兽攻击、犯罪、极端温度或者自然不可抗力带来的灾难。同时,还包括人们对于健康、生活秩序、稳定、规律作息及熟悉的环境和人的追求。马斯洛需求层次模型中第三个层次的需求是**爱的需求**,但**社交需求**可能是更为人们所熟悉的需求,因为这不仅包括对爱的追求,同时也包括对于关爱、归属感、友情和友好的社交关系的追求。大部分人对"被人认可、自我尊重、自我认知和受人尊敬"的追求被称为**受尊敬的需求**。这类需求包括对于力量的追求,以及对于成就、富裕、信心、独立、自由以及受到他人尊敬而得到的良好声望、被人认可、被人关注、成为关注点和被人欣赏等的追求。人们对于自己要成为怎样的人的这种追求被称为**自我实现的需求**。这种需求能够帮助人们充实自我,释放自身潜力,成为自己能够成为的人。这种层次的需求只有在其余四种需求得到满足的时候才会出现。根据马斯洛的观点,大部分的人一般无法满足前四种需求以实现第五个层次的需求。

马斯洛需求层次理论给出了一个有用的能帮助管理者们理解人类一般行为的框架,尤其是消费行为。很多类型的服务的存在就是要满足相应层次上的需求。例如,健身中心帮助人们保持一个长期健康的身体;健康保险或者财产保险的目的是帮助满足人们的安全性需求;而婚介服务中心,以及健身中心,则有助于使单身人士有机会认识其他单身人士,满足其社交需求;而学习技能或者获得大学文凭等则可帮助一个人满足受人尊敬和自我实现的需求。

3.3 消费者行为及其决策模型

虽然被广泛应用和接受,但是马斯洛的理论远不能充分解释当代消费者的购买行为。现代消费者在生活方式、品味、期望和诉求方面都有着很大的区别。想要将这些消费者区分为几个被严格定义的消费者组群是很难的。他们可能拥有一些共同的特点,然而他们也表现出很大的多样性。另外,消费者特征会随着时间而不断改变。消费者的生活方式、品味、期望及诉求会持续不断地变化并一直保持多样性。在第二次世界大战之后,产品推出加速,而且生产周期变短,人们更加关注环境,对保护消费者的要求提升,更加关注公共政策,市场中非营利的服务和组织数量增长,国际市场影响加大,这些变化都使得对消费者行为的研究上升为一个独立的领域。消费者行为专家针对个体如何进行购买选择进行研究,他们调查消费者买什么、为什么买,以及在何时地以怎样的频率进行购买。[6] 消费者行为研究领域吸取了在其他研究领域的概念和理论,比如心理学、社会学、社会心理学、文化人类学以及经济学等。

专注于消费者行为的市场学专家已经建立了各种模型来描述消费者选择行为。在本节我们将回顾 Hawking、Best 和 Coney[7] 的消费者选择行为的一般模型。这类模型属于描述性模型,用以刻画消费者进行选择时,他们在日常生活中形成的各种需求被满足的过程。消费者的生活方式在消费者需求和态度形成上扮演着核心的角色。生活方式代表着人们如何生活,包括消费者购买怎样的产品和服务,消费者如何看待它们,以及消费者对自身的看法。一个人或者一个家庭的生活方式是多种因素塑造的结果,如图 3-2 所示。这些因素可以归为两个方面:外部因素和内部因素。

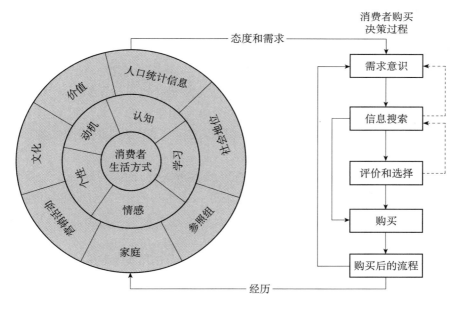

图 3-2　消费者行为模型

资料来源:改编自 Del I. Hawkins, Roger J. Best, and Kenneth A. Coney, *Consumer Behavior*, 5th ed. (Homewood, IL. Irwin, 1992), p. 22.

外部因素

外部因素在个体影响力范围之外,却塑造了个体行动的环境。因而,这些因素将影响个人的生活方式,同时也影响该个体对周围环境的观察方式、思维方式、决策行为方式,包括购买选择在内。

文化是社会的性格,是广泛影响我们思想和行为的因素。文化是后天习得的,并且不是一成不变,而是不断发展的,尽管通常发展缓慢。但是,文化并不是由一些指定行为构成的一套规范,而只是给出了绝大多数人的思想和行为的界限。显然,文化为我们的思想和行为提供指导及方向,因此对我们最终的消费选择行为有着非常重大的影响。

价值观是我们文化的一部分,是我们从父母、家庭、宗教组织、学校以及我们的生存环境之中学习而得的。价值观帮助我们识别什么是对的,什么是值得追求的。价值观可能是自我取向的、人际取向的,或者是环境取向的。自我取向的价值观关注个体,反映个人的生活目标和对待生活的方式。人际取向的价值观反映了追求个体和组织之间关系的社会需求。环境取向的价值观表达了对经济和自然环境之间的相互关系的社会观念。

统计的特征因素,比如年龄、性别、教育、收入、职业以及人口的分布和密度等共同组成了社会的**人口统计特征**。人口统计特征被市场研究专家和管理者广泛用作识别潜在消费者的客观标准以及揭示人口重要特征的发展趋势,比如年龄、收入分配和人口迁移。

社会地位是个体相对于总体人口可衡量的人口统计特征的相对位置,比如教育、职业和收入等因素。相同或者相似的位置上的那些个体会被划分为一个社会阶层。一般来说,处在相同社会阶层中的个体会拥有相似的价值观、信念、生活方式、喜好和购买习惯。识别和了解不同阶层之间的区别会帮助企业建立针对每个阶层不同需求的差异化服务。例如,银行会根据顾客的财富提供不同级别的服务。

一个**组群**由两个或多个个体构成。组群之所以建立,是因为组群中的人们拥有相似的兴趣、目标、价值观和信念,因而愿意相互往来,互通信息,或为共同的目标而奋斗。大多数人会属于各种不同的组群。影响消费者购买行为的组群被称为**参考组群**。参考组群可能包括家庭、朋友圈、正式社交圈和工作伙伴群等。企业在宣传其产品和服务时往往针对某个组群,诱导其成员把购买作为符合该组群的规范和价值的必然要求。

家庭由两个以上的个体构成,它既是一个重要的参考组群,同时也是一个消费单元。它影响着其成员的购买行为,并且其自身也购买产品和服务。这些服务包括电话、电视、电力、垃圾回收、安保、警力以及防火等为家庭提供的服务。因此,家庭统计特征的改变和消费方式的变迁往往比普通的人口统计特征的变化对这些服务的提供更为重要。

营销活动[8]关注于和客户建立及维护一种互利关系。营销活动会同时运用外部因素与内部因素。营销者必须了解那些能够影响消费者购买行为的内部因素。由于服务的无形性,这显得尤其重要。你可能注意到,为了充分调动某些甚至所有内部因素,服务组织会让无形的服务有形化,如通过"伸出手去抚摸别人"这类的促销活动。

内部因素

发源于个体的身体或精神的影响因素称为内部因素。这些因素自然可以对外部环境做出反应,但是每个个体都是独一无二的,也就是说,相同的事件会导致不同的个体做出不同的反应。

情感是既强大又难以控制的感觉,通常是因外界刺激而产生的。恐惧、生气、愉悦、悲伤、接纳、恶心、期待以及惊奇被认为是基本情感。[9] 生理变化,比如心跳加速、汗液增多、呼吸加速,通常在情感之前出现。情感可能是正面的,也可能是负面的。大部分情况下,消费者会寻找那种可以激起正面情感的产品或服务。然而,让我们悲伤的一部电影或者一本书并不代表就是负面的体验。冒险旅行、电影、书籍、音乐以及所有娱乐服务都会激发起消费者的情感。

个性是全部心理特征的综合体,使个体独一无二。个性往往能够在消费者进行购买决策或是回应广告信息的过程中扮演重要的角色。然而,一般认为这种因素只在宽泛的产品类别方面有影响,而对品牌的偏好基本不起作用。

动机是一种内在动力,来源于能刺激和驱使人们行动的需求及欲望。这种内在动力一般产生于某种未被满足的需求;因此,个体就会采取行动来降低这种因为未被满足的需求而产生的紧张感。回顾马斯洛需求层次模型中提到的需求,一些动机是源于生理的,另一些是源于社交和心理的。对于市场经理来说,了解他们的产品和服务能够激起的动机是很重要的。例如,社区里盗窃率的上升可能会刺激人们的安全需求,而这种需求会刺激人们产生购买房屋安保系统和服务的动机。

人们对多种事务进行学习来维持他们在社会中的生活和作用。**学习**是指人类获得知识的过程,它能够改变人们的长期记忆。当我们获得的信息成为长期**记忆**的一部分时,我们就进行了学习。我们大部分的价值观、态度、喜好、品味和行为都是学习而得的。能够满足我们需要的那些产品和服务的知识也必须靠学习来获取。消费者在进行购买选择之前必须了解现有的产品选择、价格、产品特征和质量等。用于购买目的的信息来源有很多,比如家庭、朋友、大众媒体、广告、相关机构或者个人体验等。

认知是我们看待我们周围世界的方式。它是我们从环境中选择、组织和感知刺激的一种过程。刺激是输入,比如声音、光线、图像、气味,等等,这些将作用于我们的感官,如眼睛、耳朵、鼻子、嘴以及皮肤。知觉是主观且因人而异的,一系列的刺激会在不同的人身上产生不同的知觉。因为消费者是根据他们的知觉购买产品,所以营销者们总是努力让他们的产品和服务在消费者的脑海里产生正面的感知。

态度和需求

态度代表我们对环境中的事物的取向,不管是喜好还是厌恶,例如对产品、服务、零售卖场或者广告的取舍。态度是我们从环境中习得的,它形成于我们之前讨论的内部与外部因素作用的结果。同时,一些需求也同样是习得的,但一些需求是天生的,比如我们对于食物和水的需求。一个人的态度和需求既会受到他的生活方式的影响,同时也是他的生活方式的反映。

消费者的决策过程

Hawkins、Best 和 Coney 的模型指出,消费者的**生活方式**是内部与外部因素作用的结果。消费者的生活方式反过来也会影响消费者的态度和需求,从而触发消费者的决策过程(参见图 3-2)。必须强调的是,这种影响往往是间接而微妙的。想要深入了解这种关系并将其应用于市场营销的需求,催生了**心理刻画**(psychographics)及相关研究的发展。心理刻画试图从多个心理维度来描述消费者并对他们进行分类。心理刻画起初注重对活动、兴趣以及观念的研究,然而近年来心理刻画的研究开始包括态度、价值观、人口统计、媒介模式以及使用率等方面。[10]

需求认知和信息收集——当消费者意识到一种需求的存在后,如何满足这种需求就成为他要面对的问题。如果能够通过购买某种产品或者服务来解决这个问题,那么消费者的选择过程就开始了。首先,消费者会搜寻相关信息。这包括两类信息——形成有效选择的评价标准所需的信息和目前现有品牌的信息。这个阶段所需要的时间因人而异,并且取决于需求本身的性质。例如,一个高年级的高中生会花费相当多的时间来选择大学。再比如,一位需要清洗西装的消费者就不会花费那么多的时间来选择一家干洗店。

评价和选择——消费者需要一个评价的标准来帮助他们选择能够满足他们需求的产品和服务。同时,他们需要将选择数量降低到能够控制的范围。这样做是有必要的,因为大部分消费者只拥有有限的时间、精力和筛选信息的能力。最后经筛选留下的选择或品牌被称为**参考集合**(evoked set)。消费者选择产品和服务的标准就被称为**评价标准**。评价标准是消费者在衡量相互竞争的产品和服务的优劣时所采用的标准。[11]消费者实际上可能在信息收集的过程中同时开始形成参考集合和评价标准,并且很可能在收集到足够多的信息后继续加以改进。消费者的评价标准的属性、数量和重要性受到消费者及其需求性质的影响。一些常见的对于服务的评价标准包括价格、质量、便捷性、是否方便获取、服务人员是否友善以及服务公司的口碑是否良好等。

服务站点选择和购买——在很多情况下,对于服务和服务组织的选择是同时发生的。当然也有可能消费者会先选定品牌,再来选定进行购买的地点。显然,在服务要素中,销售人员在协助购买过程中的态度,以及店铺的大小、摆设和氛围都会在消费者选择过程中扮演重要角色。

购买后的流程——在购买和使用了产品或服务之后,有可能会出现以下情形之一:(1)产品或服务的使用体验和预期一致,从而满足了消费者相应的需求,产生一种中立的态度;(2)产品或服务的体验超出了预期,使消费者感到很满意,这种情形是一种**正面预期差异**;(3)产品或服务的使用体验低于预期,从而让消费者很不满意,这种情形就是一种**负面预期差异**。当消费的体验存在正面预期差异或者与预期一致时,消费者可能选择再次购买。一般情况下,消费者对于服务的购买后评价和信息收集会多于产品。并且消费者对于服务的售后评价会多于售前评价。这是因为服务只有在体验之后才能对其质量做出相应的评价。消费者对产品或服务的体验会成为其生活方式和未来购买决策的参考(参见图3-2)。这些反馈和购买后评价信息对于运营经理和市场经理来说是非常重要的,因为这些信息影响着产品战略和设计方面的决策。

3.4 服务购买的特殊性

我们前面回顾的模型是相当普适的模型,它们可以应用到大部分的产品和服务上。然而,消费者对服务进行购买的选择过程会呈现出一些值得我们思考的重要差异特征。

不同的评价标准

消费者对服务的评价与产品不同。这种不同源于服务的不可感知性和人的介入,它们造成了服务效果上的差异性,参考消费者用于评价的下面这三类属性(图3-3)有助于对此有所理解。[12]

1. **搜索品质**——这类属性在购买决定之前就可以明确。大部分产品都有很多搜索品质,所以

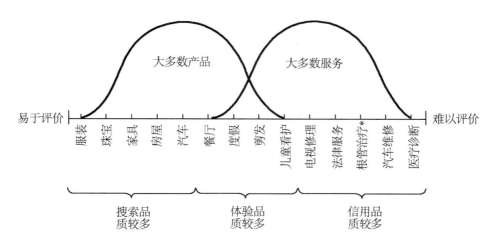

图 3-3 消费者对产品和服务评价的连续性

* 根管治疗为治疗牙病的一种方法。——译者注

资料来源：Valarie A. Zeithaml, "How Consumer Evaluation Processes Differ Between Goods and Services," in N. H. Donnelly and W. R. George（eds.）, *Marketing of Services*, Proceedings of the 1981 Conference on Services Marketing（Chicago：American Marketing Association, 1981）, p. 186. Used with permission.

也相对容易衡量。经常被用于评价标准的搜索品质包括产品的价格、样式、颜色、尺寸规格、适合程度、触感以及气味等。对于服务而言，搜索品质相对较少，可能只包括价格、位置、可选项目、服务等级和可用性（比如服务时段）等。

2. 体验品质——体验品质是那些只有在实际消费过程之中或者之后才能衡量的属性，比如味道、耐磨损性、对服务提供商的满意程度等。

3. 信用品质——这类属性是消费者也许没有意识到或者是缺乏必要的技术知识来加以衡量的属性，甚至在消费过程之中或者之后仍然如此。由专家提供的服务，比如医疗、金融和法律服务，以及需要特殊知识和技能才能提供的服务，如汽车修理，都是富有信用品质的服务。这类服务的消费者通常既没有技术专业知识也不具备所有相关信息来进行评价，他们常常即使在接受服务之后也无法评价服务的质量和必要性。

图 3-3 从多搜索品质到多信用品质展示了消费者评价产品和服务的连续性。

不同的信息来源

消费者有五种基本信息来源[13]：**记忆**（个人经历）、**私人来源**（来自朋友或家人）、**独立来源**（消费者组群）、**市场营销来源**（销售人员或广告）以及**体验来源**（比如检视或者试用）。当购买服务时，消费者往往更加依赖于记忆和私人来源这些信息来源，这是因为大众媒体作为信息来源可以提供有关搜索品质的信息，但却很难提供体验品质方面的信息。而对服务熟悉的朋友和专家则能提供可靠的体验品质方面的信息。另外，非私人信息可能很难获得，因为很多服务机构一般都是当地的小型企业，它们可能没有足够的资金和专业知识去打广告。

更小的参考集合

之前我们提到，一个消费者所考虑的有限的购买选择被称为参考集合。服务的参考集合往往比普通产品的参考集合小。主要原因是一个品牌的产品可以在许多不同的零售店购买到,但是服务企业往往只提供一种品牌的服务——就是它们自己的品牌。因此对大多数服务来说,当决定选择某种品牌后,一般只有一个地方能够买到相应品牌的服务。一些服务企业,比如银行,可能在不同地点都有分支。这种情况下,在决定选择某家银行之后,剩下的问题就是选择一个地点最为方便的分支。有限参考集合的另外一个原因是,任何一个给定地域的需求量只能支持较少数量的服务企业,因此消费者不大可能找到许多能够满足自己服务需求的企业。

品牌转换和重复购买行为

与产品相比,服务的品牌转换并不那么经常发生。消费者在一生中就某项服务只会进行很少次数的购买决策,如果不出现什么大事件或问题,消费者也不会重新考虑他们的选择。比如,在消费者决定了自己的存款账户银行后,只有当他搬到另外一个城市,或者是不满意现有银行所提供的服务时,才会改变原有的银行。有些时候,如果一个企业所提供的服务是消费者仅有的选择,那么消费者的决策就只是购买或者不购买。大部分公共设施类的服务就是这种情况,比如天然气、电力、水或电话服务。服务品牌转换极少的另外一个原因是,服务的转换成本和感知到的风险。服务的转换成本可能要比产品的转换成本更高。转换成本可能是金钱上的,比如安装费用或者会员费用,也可能是非金钱上的,比如品牌转换之后带来的生活方式上的改变,以及信息收集、衡量不同品牌、决策过程和学习新的服务系统及其相应要求所花的时间和精力。

感知风险

研究表明,消费者在服务消费过程中感知到的风险会高于购买和使用产品的过程。[14] 消费者对服务的感知风险在许多方面显得比产品更高,例如在时间、绩效、经济、社交和心理等方面。一些研究表明,消费者对产品和服务在物理风险上的感知并无不同。这种更大的感知风险主要来自服务的无形性以及服务的生产和消费的同时性。如果消费者对服务并不熟悉,或者并不经常使用这项服务,他将会面对很多的不确定性,而这些不确定性会造成风险。另外一个高感知风险的原因是许多服务本身不够标准化。即使由相同的企业、相同的服务提供者来提供相同的服务,服务的绩效和结果都可能是不同的。还有一个原因是,一些服务不能提供担保或者相关保证或保障,或者即使有意义也不大:如果牙医拔错了牙,不满意就退款的保证也基本没有什么用处。由于以上这些原因,一些服务购买甚至变成习惯性的(例如总是找同一个理发师理发),而一些服务购买则是自动化的(例如电话服务)。

3.5 美国消费者文化概述

前面的小节在微观层面对消费者进行了研究,也就是说,我们针对某一个消费者,研究在他的生活方式的形成过程中,外部和内部因素是如何发挥作用的,而生活方式又会影响他的购买选择。这些当然对理解消费者和设计合适的服务系统是至关重要的。但是我们同样也应当从群体的角度去了解消费者,了解消费的群体行为,以及他们如何改变自己的消费行为。在这一节中,我们将探讨美国民众的文化特征。

美国为人所熟知的一个特征是,它是由来自世界各地的移民组建成的国家。因此,美国拥有丰富多样的文化和种族背景。这导致一个明显的问题："这样一个由不同种族背景拼凑而成的众多人口的特征能够精确地用为数不多的文化特质来概括吗？"就目前的研究而言,这个问题的答案应当是肯定的。下面这11种特质可以基本概括美国民众的文化特征。[15]

1. **成就和成功**——成就和成功是相关却不同的概念。成就本身就是一种直接的收获。完成大学学业并获得高级的学位证书就是成就。这种核心价值观的历史根源可以追溯到新教伦理对劳动的观念,认为努力工作是好的,并且能带来精神上的回馈。成功,代表着外在的收获,比如获得财富和产业,通常是成就带来的结果。这二者都对消费产生影响,它们都能成为享受产品和服务的理由（"你配你的所得"）。

2. **活跃**——美国人把活跃看得异常重要。保持忙碌被视为美国生活方式中的一种健康而必要的组成部分。这种观念导致人们对那些能够节约时间的产品和服务产生兴趣并进行购买。

3. **效率和实用**——效率为美国人所重视是因为效率能够节省时间和精力。美国人同时也崇尚实用,他们赞赏能够解决问题和节省时间的东西。因此他们喜欢那些易用的产品和服务。

4. **进步**——这是另一个美国人极其喜爱的口头禅,因为美国人有一个核心信念:人们可以不断提升自我,明天必然胜过今天。这种价值观似乎和前三个密切相关。这就能解释为什么美国人喜欢那些能够更好地满足他们需求及欲望的新型的产品和服务。这也许能基本解释为什么广告商总喜欢用"新的"和"改进的"这样的词汇来形容许多的产品和服务。

5. **物质享受**——虽然获得物质产品不一定代表拥有幸福,但是拥有大量产品和享有服务确实能够让生活更加方便和舒适。大部分美国人把物质享受作为拥有快乐生活的重要标志。

6. **个人主义**——自力更生、自谋利益、自信、自尊和自我实现是美国人的普遍追求,这些反映了美国人的个人主义价值观。因此他们喜欢寻求那些能够减少对他人依赖的产品和服务。

7. **自由**——言论自由、信仰自由、选择自由、按照个人意愿生活的自由,这些都是美国社会中根深蒂固的价值观。比如,企业为消费者提供产品和服务的多种选择,很可能就是为了满足消费者对于选择自由的追求。

8. **社会趋同**——虽然这种价值观看上去和个人主义及自由选择相悖,但是它对个人适应社会来说是必不可少的。虽然个人主义导致人们选择他们的朋友所没有的产品和服务,社会趋同使人们在他们的社交群体里与他人相似。

9. **人道主义**——美国人经常会慷慨地帮助那些没有他们那么幸运的群体和灾难事件中的受害者。美国人对于 Sandy 飓风的受难人群和对于 2012 年发生在康州小镇 Newtown 的 Sandy Hook 校园枪击案的受害者的家属倾注的巨大怜悯和援助就是最近的例子。

10. **保持年轻**——像"年轻的心灵"和"年轻的精神"这样的表达方式体现出美国人热衷于保持年轻的外表和充满活力的心态,不管他们的真实年龄如何。保持像年轻人一样的外表和活力刺激了市场中许多健身和健康类的产品和服务的开发和营销。

11. **健康健美**——就像刚才所提到的那样,美国人对于保持年轻的狂热让他们进行锻炼、保持健康饮食以及服用维生素和补养品。保持身体的健康健美是很多美国人选择的一种生活方式。因此,这种保持身体健康健美的意愿激发许多企业去提供品类丰富的产品和服务,比如健身器材或健身中心。

3.6 展望未来

展望21世纪初期,存在几个与对服务和产品的消费相关的趋势。[16]

年龄分布

最重要的一个趋势可能要数美国的人口老龄化,或者说"成熟化"。1970 年,"60 岁及以上"的年龄群体少于 2 000 万,然而这个群体在 2050 年预计将翻 4 倍以上,达到 8 800 万,占美国人口的 20.2%。换句话说,那时每 5 个美国人里就会有 1 个人超过 65 岁。这种在年龄分布上的变化会对美国的社会、经济和政治产生非常重大的影响。

在医疗保健之外,年长的人需要很多其他的服务。必须指出的一点是,65 岁以上的人群并不是同质的,他们由于不同的健康状况而需要不同的服务。他们往往是见多识广的、成熟的,也是拥有良好教育的消费者。他们中的很多人可能仍然拥有年轻的心态以及积极的生活方式。他们旅行、在餐厅吃饭并且经常度假。这会促进娱乐业、航空业、医疗业、旅游业和游轮业的发展。很多事务年长的人不再亲自去做,而是会去购买服务,比如除草、做饭、做家庭清洁、除雪或者进行各种维修活动。随着他们年龄的进一步增长,他们将不像以前那样到处活动,而会需要更多类似的服务以及和医疗护理相关的服务,同时他们也将额外需要一些其他服务,例如为了购物和看病所需要的交通服务、杂货送货上门以及在家进行的各种产品的购买。另外,他们将需要更多的身体上和心理上的保障。

家庭

家庭是一个重要的消费单元。家庭性质和成员的多少以及家庭成员的年龄会对产品和服务有相应的需求。根据一些推测,家庭数目在 2015 年将达到 1.29 亿个,到 2025 年将达到 1.43 亿个。[17]家庭数目的增加会产生更多的对家庭相关产品和服务的需求。这些服务涉及除草、除雪、环境美化、电话、供水、垃圾回收、电力、有线电视、卫星广播、包裹和报纸投递等。与此相关,对于由各级政府提供的服务的需求也会增加,比如邮政、治安、防火、公园及娱乐设施等。

教育、职业和收入

美国的消费者会逐渐拥有更高的教育水平和更丰富的资讯。随着经济越来越向知识经济演变,只有拥有更高的教育背景和技能,才会拥有高薪资、高品质的工作。另外,可以肯定的一点是,未来的技术将会改变教育的传授方式,甚至可能改变教育的本质。远程学习、网络、视频、卫星连接,这些技术是在教育系统几乎所有的层面中被广泛使用的例子。随着知识和技术推陈出新的加快,终身教育和学习将会成为趋势。这些趋势所引发的日益增长的教育需求将导致革新的、更加有效和高效的教育工具和方法,来帮助人们学习、更新、提升知识和技能。

3.7 总结

这一章给出了和消费者行为相关的基本概念,同时也提供了美国消费者的文化和人口统计趋势概览。马斯洛需求层次模型可以帮助我们解释消费者的部分需求。马斯洛需求层次模型指出人类的需求存在不同的层级。生理性需求或者说与生俱来的需求，比如饥饿或者口渴，就是第一层次的需求。安全性需求、社交需求、受尊敬的需求以及自我实现的需求的优先级依次降低。人们试图按照这个优先级次序去满足这些需求。然而，有时即使较低层次的需求还没有被完全满足时，较高层次的需求也有可能出现。

Hawking、Best和Coney的消费者行为模型解释了消费者的生活方式是怎样由内、外部的影响因素共同作用而形成的。外部因素包括价值观、人口统计特征、社会地位、参考组群、家庭以及营销活动等。内部因素包括情感、个性、动机、学习和记忆以及认知等。这个模型将生活方式描述成消费者的态度和需求的一个决定性因素，然后解释消费者在最终通过购买来满足其需求之前通常会经过哪些步骤来完成其购买选择过程。这个选择过程始于需求认知，然后是信息收集、评价，接着是选择产品品牌和购买场所。最后一步是对产品价值和满意程度进行购买后评价。

对服务的购买选择很大程度上不同于对产品的购买选择。消费者趋于将购买选择降低到较小的数目，得到所谓的参考集合。服务的参考集合一般比产品的参考集合小。服务含有较高的体验品质和信用品质；而产品则含有较高的搜索品质。消费者对于服务往往有更高的感知风险，他们不会轻易转换他们的服务品牌。

本章同时也提供了美国消费者的文化特征，以及未来的发展趋势。美国在未来最重要的人口发展趋势之一，就是人口趋于老龄化。

问题讨论

1. 解释哪类服务能够让消费者满足马斯洛需求层次模型中各个层次的需求。

2. 解释生活方式是什么以及它如何影响消费者购买服务的决策过程。

3. 解释外部因素如何影响消费者产生对服务的需求。

4. 解释内部因素如何影响消费者产生对服务的需求。

5. 消费者在产品消费和服务消费的决策过程中有何异同？

6. 参考本章中提供的马斯洛需求层次模型和消费者购买选择过程的行为模型。下面这些服务能满足马斯洛需求模型中哪个层次的需求？这些服务的购买选择过程如何？
    （1）大学教育
    （2）休闲娱乐（如电影、音乐会，或体育比赛）
    （3）牙医服务
    （4）为特殊聚会（如生日、婚宴，或成人仪式）租借地方（如餐馆、宾馆的舞厅）
    （5）飞机航行

7. 分析以下服务的搜索品质、体验品质和信用品质。参考图3-3并指出每项服务大致落在服务评价连续体的何处。
    （1）比萨店
    （2）消防站或其他急救服务
    （3）管理讨论会
    （4）汽车租赁
    （5）工商管理硕士（MBA）项目

8. 请回忆五个购买产品和服务时可能的信息来源：记忆、私人来源、独立来源、市场营销来源以及体验来源。试举一些服务的例子，使每个信息来源都能成为某个购买选择过程中最主要的信息来源。

9. 服务组织能够采取哪些策略来帮助降低消费者对他们服务的感知风险？

10. 消费者自己降低感知风险有哪些策略？

11. 你认为哪些服务能够帮助消费者保持或增强

3.5 节中提到的那五个美国消费者特征？

12. 参考 3.6 节中提到的有关未来美国消费者的展望。请分析哪些现有的服务将会在未来具有更高的需求？你认为在 21 世纪初期会需要哪些新服务？

尾注

1. Jan Carlzon, *Moments of Truth* (Ballinger, 1987).

2. Karl Albrecht, *At America's Service* (New York, NY, Warner Books, 1988), p. 24.

3. Frederick F Reichheld and W. Earl Sasser, Jr., "Zero Defections: Quality Comes to Services," *Harvard Business Review*, September-October 1990, pp. 105–111.

4. L.L. Bean Website, http://www.llbean.com/customerService/aboutLLBean/company_values.html?nav=s1-ln (08/10/2012).

5. Abraham H. Maslow, "A Theory of Human Motivation," *Psychological Review*, Vol. 50, 1943, pp. 370–396.

6. Leon G. Schiffman and Leslie L. Kanuk, *Consumer Behavior*, Tenth Edition (Upper Saddle River, NJ, Prentice-Hall, 2010), p. 5.

7. Del I. Hawkins, Roger J Best, and Kenneth A. Coney, *Consumer Behavior*, Fifth Edition (Homewood, Illinois, Irwin, 1992), pp. 16–23.

8. 关于服务营销的更多信息可参见：Christopher H. Lovelock and Jochen Wirtz, *Services Marketing*, 7/E (Upper Saddle River, NJ, Prentice Hall, 2011).

9. R. Plutchik, *Emotion: A Psychoevolutionary Synthesis* (New York, NY, Harper & Row, 1980).

10. Hawkins, Best, and Coney, pp. 327–328.

11. Michael R. Solomon, *Consumer Behavior: Buying, Having, and Being*, Ninth Edition (Upper Saddle River, NJ, Prentice Hall, 2011), p. 325.

12. Valarie A. Zeithaml, "How Consumer Evaluation Processes Differ Between Goods and Services" in Donnelly, J. H. and George, W. R. (Eds.), Marketing of Services, Proceedings of the 1981 Conference on Services Marketing (Chicago: American Marketing Association, 1981), pp. 186–190.

13. Hawkins, Best, and Coney, p. 471.

14. 关于该研究发现的综述的例子有：William R. George, Marc G. Weinberger, and J. Patrick Kelly, "Consumer Risk Perceptions: Managerial Tool for the Service Encounter," in J. A. Czepiel, M. R. Solomon, and C. F. Surprenant (Eds.), *The Service Encounter: Managing Employee/Customer Interaction in Service Businesses* (Lexington, Ma, Lexington Books, 1985), pp. 83–100.

15. 选取自：Leon G. Schiffman and Leslie L. Kanuk, in collaboration with Joseph Wisenblit, *Consumer Behavior*, Tenth Edition (Upper Saddle River, NJ, Prentice-Hall, 2010), pp. 361–367.

16. U.S. Census Bureau, Statistical Abstract of the United States (Washington, DC, U.S. Department of Commerce, 2012).

17. George S. Masnick and Eric S. Belsky, "Household Projections in Retrospect and Prospect: Lessons Learned and Applied to New 2005–2025 Projections," (Joint Center for Housing Studies, Harvard University, 2009). (http://www.jchs.harvard.edu/sites/jchs.harvard.edu/files/w09-5_masnick_and_belsky.pdf).

第4章 服务全球化

4.1 引言

当国家、城市甚至村落将自身当作独立的实体,并与其他实体进行交易时,就形成了对外贸易。早在4 000年前,中东和小亚细亚(现在的土耳其)就有了贸易活动;埃及人与那里的各民族进行贸易;居住于现在的伊拉克的苏美尔人与小亚细亚和叙利亚交易。[1]当今的国际贸易非常活跃,而且逐年增加。这些年来,国际服务贸易伴随着商品的贸易而存在,没有服务,国际商品贸易将不可能实现。

本章重点介绍服务全球化。服务全球化不只包含国际服务贸易,更包含了在其他国家投资的、为当地的居民提供的服务。国际贸易已经为人们所熟知,但是外商对服务的直接投资最近才成为世界经济中的一种重要现象。[2]

服务全球化在美国经济中也有着重要的地位。1960年,美国出口了价值197亿美元的商品和63亿美元的服务,同时进口了价值148亿美元的商品和77亿美元的服务。[3]

到2011年年底,这些数字有了惊人的增长(见图4-1):商品出口增加至1.50万亿美元,服务出口增加至6 060亿美元。同样地,商品进口增加至2.24万亿美元,服务进口增加至4 270亿美元。同时,根据国际贸易的详细统计数据,我们可以看到,在2011年,美国有接近7 380亿美元的商品贸易逆差、1 785亿美元的服务贸易顺差。从1971年到2011年,美国的国际贸易净值为负(1973年与1975年除外),但是这期间的服务贸易一直为正。换句话说,如果不是因为有服务贸易顺差,那么很多人担心的贸易逆差将会比现在还高得多。服务除了构成了GDP的82%之外,对对外贸易也有极其重要的影响,从而在美国整体经济中具有举足轻重的地位。

本章探讨国际贸易和外商对服务的直接投资、全球化服务企业的运作环境、全球化的不同形式,以及服务全球化的最新趋势。

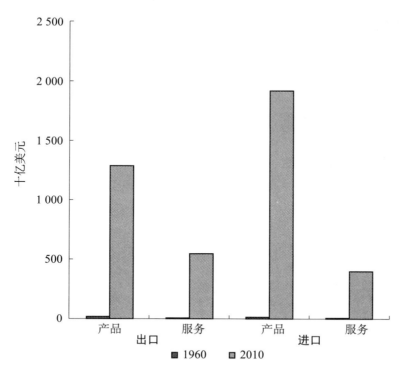

图 4-1 美国产品和服务的国际贸易的增长

资料来源：Bureau of Economic Analysis, Table 1 U. S. International Transactions, http://www.bea.gov/international/xls/table1.xls(07/10/2012).

4.2 国际服务贸易

没有服务，就没有国际贸易。无论是国内服务还是国际服务都可以这么说。国际商品和服务的交换所必需的服务包括运输、网络、通信、保险、法律和银行服务。当一个国内的企业利用这些服务将产品或者服务出口到其他国家，或者一个外国企业利用这些服务将产品或服务进口到美国时，就发生了国际服务贸易。举个例子，如果美国的一个航运公司将美国的一个制造商生产的机床运输到俄罗斯，它就是在向俄罗斯出口运输服务。或者如果由俄罗斯的一个航运公司来运输这些机床，那么，这个俄罗斯的公司就是在向美国出口运输服务。同样地，为这次航运投保的公司，为这次采购提供贷款的公司，为买卖双方转移支付和提供通信交流的公司，都参与到了国际贸易中。所以很明显，如果缺少了各种各样的服务辅助，我们就不能进行国际贸易。

在上述例子中，服务都是间接参与到国际贸易中的。当然，服务还可以进行直接的进出口。例如，美国的制片人将她的电影在欧洲公映的版权卖给英国的电影分销商，那她就是在出口服务。美国的汽车制造商雇用意大利的设计师为他设计下一款车型，则他是在从意大利进口服务。简而言之，从外国购买服务或者向外国销售服务的时候，我们就是在进行国际服务贸易。

在过去的几十年间，国际服务贸易的交易额一直在增长。这种增长的原因主要有两个：一是各国对服务的需求普遍增加，二是国际商品贸易不断增加。

服务需求的普遍增加

数十年来,服务在很多国家经济中的作用稳步增强。20世纪90年代初期,在很多工业化国家,服务占GDP的比例达到甚至超过65%,而对非工业化国家,服务也有重大的影响。家庭和企业都需要更多、更好的优质服务。服务需求的增长可以用以下四个变化来解释[4]:对服务功能的潜在需求的增长;以前在家庭内部进行的服务活动转移给外部专业化的服务提供商;公共服务的私有化;计算机和通信技术的进步。

服务需求的增长——很多国家的生活水平都有所提高,这引起了生活方式的许多改变,例如城市化;更多对交通、教育、度假、娱乐的需求;对更优质的医疗服务的需求;更多对家政服务的需求。商业企业对各种服务的需求也有所增加。随着竞争的加剧,对于广告、咨询、法律和投资等服务的需求不断增加,这为美国企业在其他国家提供了新的机遇。例如,苏联阵营的国家和发展中国家在广告、会计/咨询、投资银行业务等领域尚未有充足的经验和成熟的机构。所以,经验丰富的国际服务机构将在这些国家发现一片尚未开发的市场。此外,由于商品的复杂性和技术的先进性提高,对设计、培训和维护保养服务的需求也在增加。规则的改变和技术的进步也将产生新的服务,例如危险废弃物处理和检测服务。

服务活动的剥离——不管是发达国家,还是发展中国家,都有很多双职工家庭。这种情况的出现伴随着经济的日益繁荣,不仅使从外部购买一些以前由家庭成员完成的服务成为必要,而且也有能力做到。例如,双职工家庭可能需要更多的外卖或送餐服务。这是美国的快餐店在很多国家急速扩张的原因之一。例如,达美乐目前在美国以外多达60个国际市场上有超过3 500家店面;星巴克在56个国家有超过17 000家店面;美国的另一个标志——肯德基,在109个国家有超过1 500家门店。同样地,很多企业还将一些以前由内部完成的非核心的服务外包,例如薪资处理、安保、办公楼的保管与维护等。很多时候,将这些服务外包给专业的服务企业的主要原因是实现企业的成本节约。专业的服务企业能通过设备、流程、方法的标准化,以及批量采购设备和用品,实现服务运营中的规模经济。大型企业将这些服务外包时,给专业从事这些服务的外国企业打开了一个很有吸引力的市场。

公共服务私有化——服务需求增长的第三个原因是,不管在工业化国家还是发展中国家,政府的一些服务都开始私有化。例如,很多发展中国家和苏联阵营的国家开始将通信、医疗和教育服务私有化。

计算机和通信技术的进步——计算机、通信网络的语音和数据传输能力、因特网等的进步让人们的生活发生了翻天覆地的变化。这些技术也对服务贸易产生了深远的影响;这些技术进步使得很多服务的贸易变得越来越简单,加快了数据交换的速度,为新服务的诞生创造了机会。这对依赖于数据和信息的交换和处理的服务,如新闻和财经数据的收集和传播、数据库和软件的分销等的影响是最明显的。

这些进步不仅促进了服务贸易的增加,更促进了服务业的外商直接投资。不管是通过收入和生活方式的改变,还是通过服务活动的剥离,随着各个国家对不同服务的需求的增加,这些市场对国际服务企业越来越有吸引力。在私有化之前,像通信、教育和医疗等很多服务的市场都没有开放竞争。它们都是政府垄断的。由于这些服务逐渐不再被政府垄断,这些服务的市场变得越来越具有竞争性,而且也开始对国际企业开放了。

产品国际贸易的增加

随着国际贸易总额的增加,某些服务的需求也随之增加。运输、通信、保险、银行和法律服务是国际贸易最不可或缺的服务。国际贸易中的商品在国与国之间运输必须借助轮船、火车、卡车和飞机。参与到这些交易中的人们也需要出行到别的国家,他们也需要旅行服务,例如飞机、租车和酒店。交易的发生和完成都需要通信,提供电话和网络服务、邮件和包裹寄送服务、快递服务的企业使得在不同地区的企业可以进行沟通。在国与国之间运输的货物必须投保,防止运输过程中的损坏和盗窃,所以需要保险公司。转让商品或者服务需要兑换货币,这个服务由银行提供。在准备必要的贸易文件,或者处理与贸易国相关的法律法规事件时,需要法律服务。除此之外,国际贸易还需要广告专业人士、会计、客户专家、翻译等提供的服务。显然,这些复杂的国际服务,还需要一个对国际事务管理非常精通的运营经理来有效地组织和管理。

4.3 为什么服务企业走向全球化?

本节讨论服务企业通过国际贸易或者外商直接投资的形式走向全球化的原因。首先要说明的是,表 4-1 给出了一些重要术语的简单定义。从这些定义中可以看出,不同类型的企业最主要的区别是它们的竞争战略和它们的组织结构。考虑到这些区别,我们不加区分地使用**全球化**(globalization)和**国际化**(internationalization)这两个术语来指称一个企业以这样或那样的方式进入国际舞台的过程,假设它会最终进化成一个"全球"企业,甚至成为一个"跨国"公司。

表 4-1 国际视角下的企业类型

国内企业 在本国境内运作,主要向国内的供应商采购、销售给当地的顾客。	**出口商/进口商** 出口商通过独立的分销商将它的产品和服务销售至别的国家。进口商在自己的国家销售国外企业的产品。
国际企业 在其他国家有销售、分销或者生产机构和设施。在各国的单元独立运作,与当地的企业竞争。然而,它们的战略、技术、资源配置是集中的。技术转移是总部与各国单元之间最重要的联系。	**多国企业** 企业在不同国家复制自己,并由当地的管理者运作。多国企业希望被看作民族企业,以此获得竞争优势。在当地的运作通过全球的资源、技能和技术得到补充。
全球企业 将全世界看作一个单一市场,企业在这个市场采取同一种运作策略。它有标准化的全球产品。它的产品可以在全世界任何地方生产、在任何地方销售。它在全世界的运营和竞争都采用同一种协调和集中化战略。	**跨国公司** 跨国公司整合了国际企业、多国企业和全球企业的优势。它有国际企业的技术转移能力,有多国企业的地方责任感,有全球企业的效率。换句话说,跨国公司设法同时超过其他三种类型的企业。

资料来源:改编自 Stephen H. Rhinesmith, *A Manager's Guide to Globalization*, 2nd ed. (Chicago, Irwin Professional Publishing, 1996), pp. 5–11;以及 Christopher A. Bartlett and Sumantra Ghoshal, *Managing Across Borders: The Transnational Solution* (Cambridge, MA, Harvard Business School, 1989).

企业通过在其他国家投资以降低成本、扩大市场,或者作为战略部署。随着国内的市场趋于饱和,很多服务企业向国外寻求新的商业机会。很多服务企业坚信它们在国内市场的成功,可以在更改服务理念或者服务提供系统之后,复制到其他国家的市场。这种假设并不一定成立。很多国际企业发现,走向全球化的过程充满相当大的挑战。Lovelock 和 Yip[5]提出了服务企业走向全球化的八大原因,下面我们来讨论这些原因。

共同的顾客需求

Theodore Levitt 大概是第一个提出世界上各国消费者的品位趋于同质的人,他写道:"各个地方的各种产品都会和其他地方的同类产品越来越相似,因为全球消费者的偏好结构不断地趋于同质化。"[6]

能够在多国之间进行标准化的服务只限于那些不需要顾客参与的服务,或者虽有顾客参与却能够很好地加以控制的服务,以及服务企业能够限制个性化程度的服务。快餐和航空服务是全球服务的两个例子。在这两个例子中,顾客的参与都是很好控制的,而且个性化的选择非常有限。有的服务企业在全世界范围内提供一种标准化的核心服务,然后根据各国情况附加一些精心选择的个性化服务作为补充。例如,Club Med 用当地的艺术工作者来补充它的全球核心服务——Club Med 度假服务。

全球顾客

当一家全球企业在国外开一家商店时,一些其他的服务企业就会跟着进入这个市场。福特汽车公司在匈牙利建了一家企业之后,美国会计师事务所 Coopers & Lybrand 就是这么做的。[7]它们很快就跟着在这个新市场成立了会计师事务所的分支机构,因为它们担心一个已经在匈牙利扎稳脚跟的竞争对手,可能会与它们的老客户福特公司建立关系。在其他行业,客户也会寻求服务的一致,例如,航空公司寻求一致的飞机维护,全球化制造商则寻求一致的设备保养和维修服务。

此外,很多出国旅游的美国人会觉得到一家麦当劳用餐比到一家当地的餐厅用餐要放心。类似地,他们也更倾向于从他们熟悉的美国企业那里租用汽车。

全球渠道

互联网为很多服务的销售和分销创造了一条全球渠道。几乎所有的商品和如银行业务、娱乐、软件和旅游安排这样的很多信息处理服务,都可以通过这种电子渠道进行购买。因此,就算是很小的服务企业也可以通过互联网销售它们的服务,而不需要在别的国家设立实体机构。

全球的规模经济

服务产业很难实现规模经济,主要原因是大多数服务的需求都是分散在不同地域中的,因此建设大规模的服务设施以实现运营中的规模经济通常是不可能的。多数企业的服务能力和雇用的劳动力往往会超过平均需求水平,所以,在服务机构中出现闲置的服务能力并不罕见。正因为全球化有可能实现规模经济,所以鼓励了服务组织走向全球。

良好的物流体系

多年来,旅行和运输的成本一直在降低。这使得一些以前不能从其他国家获得的服务,现在能够非常经济地获得了。更低成本的航空旅行使得全球的旅游业实现了增长。同时,一些特殊的服务,如发达国家的医疗和高等教育,也成了很多发展中国家的新兴中产阶级所能负担得起的服务。例如,很多中东地区的病人会选择到伦敦的医院就医。同样,美国的医院和美国的大学吸引了来自全世界的病人和学生。

技术进步

对很多产生、处理或者使用信息的服务而言,计算机和通信技术的发展不仅消除了服务国际化的很多障碍,而且为新的服务或新的服务生产和提供方式的出现提供了机会。这些技术进步也促进了服务产业的外商直接投资。举个例子:

> 德州仪器(TI)在印度的班加罗尔进行初始投资之后,这片区域周边逐渐形成了繁荣的计算机软件产业,然后美国数字设备公司(Digital Equipment Co.,DEC)、惠普、西门子和摩托罗拉也都跟着到这里建厂,因为这里有说英语的印度软件工程师,他们的成本很低、技术很高。……同样地,一些中国香港地区的传呼服务是由中国内地的雇员操作的。在澳大利亚西部的城市珀斯,EMS控制系统监控着新加坡、马来西亚、斯里兰卡、印度尼西亚和中国台湾地区的办公大楼中的中央空调、照明系统、电梯和安保系统……[8]

政府政策和法规

政府能够限制在它们国家的外贸和外商直接投资,实际上它们也这么做了。政府为此采取了很多措施,例如关税和进口配额、国内企业的出口补贴、本国含量要求、货币和资金流约束、所有权约束等。这些限制的主要目的都是保护当地企业,改善贸易平衡和外汇储备。加强这些限制可能会降低贸易额和外商直接投资。相反,减少和消除这些限制将刺激服务的全球化。目前全世界的主流趋势似乎是减少和消除这些限制。

可转移的竞争优势

很多服务企业走向全球化的一个重要原因是,它们可以将在自己国家成功的服务理念和服务提供系统复制到其他国家。当服务企业开发了一种新的服务或者服务提供系统时,它们不会像很多制造商那样,有专利保护。服务企业的优势在于它们所拥有的网络和管理秘诀,否则,实际上任何的服务和服务提供系统都是可以效仿的。例如,任何的银行和金融机构都可以提供信用卡,但是如果这张卡不属于现存的任何网络(维萨信用卡、万事达信用卡、美国运通信用卡,或者发现卡),那么它很可能不会成功。建立这样一个网络是一项有挑战性的任务,而且代价很高。此外,像美国运通这样的知名企业在国外引进新的服务会相对容易一些,因为它们有多年在国际市场运营中积累的现成的网络、管理经验和诀窍。

4.4 服务企业的全球环境

进入国际商业舞台的任何企业,不管是出口商、进口商,还是外商直接投资,都必须认识到自身不同的运营环境,例如政治环境、政府的角色、经济环境、社会和文化环境和技术环境等。在很多情况下,国际企业是无法改变这些环境的,因此们需要接受这些环境,学会降低在这些环境中的运营风险。国际企业在国际市场上获得成功,常常是因为它们所处的国际环境以及它们自身对环境的适应性。致力于走向全球化的服务企业必须以全球化的方式思考、行动和作为。全球化企业必须时刻铭记,它们并不仅仅面临单一的文化、单一的宗教信仰、单一的规章制度,因此必须抛弃迎合单一民族习惯的服务方式。英国航空公司前首席执行官 Robert Ayling 正在尝试将他的企业转型为一家全球航空公司,他说:"我们并不期望让全世界都接受我们的英式风格。"[9] 下面几段将讨论这些环境因素。

政治环境——很多国际企业在一个国家开始运营或者投资之前,政治稳定性是它们寻求的最重要的环境之一。政治不稳定,例如内战或者不确定的未来政府,将增加国际企业的运营风险。

政府的角色——政府可能会对贸易和外商直接投资施加很多限制。很多地方的政府在面对国际企业时的主要目标是最大化收益的同时最小化风险(例如国家安全风险)。政府经常要求外国的企业与当地的企业合作。另外一个常见的要求是国际企业必须从当地居民中雇用一定比例的员工,并为这些员工提供培训项目。政府还可能在某些专业服务领域,例如工程、会计、金融服务等,施加一些许可要求。

经济环境——一般而言,服务的需求会随着收入水平的增加而增加。当国际服务企业评估一个新市场的吸引力的时候,它们会分析如 GDP 等数据。该国当前的经济发展水平和未来经济发展的预期也是非常重要的。最后,在对外投资之前另外一个重要的考虑因素是行业中竞争的激烈程度。

社会和文化环境——因为要和顾客打交道,所以对服务行业的运营经理来说,理解一个国家的文化和社会环境是非常重要的。如果服务接触没有进行精心策划,没有仔细考虑别国的社会和文化情况,很可能会产生文化冲突,甚至导致服务企业的经营失败。

技术环境——提供优质可靠的服务依赖于可靠的现代交通和交流设施、其他提供服务所必需的设备设施,以及维护这些设备设施的服务。发达的金融服务体系,如银行体系,对国际企业在其他国家的成功运作也有重大影响。

4.5 全球化的形式

正如制造企业一样,服务企业进入国际商业世界的形式也很多样。通常我们将它们划分为国际贸易和外商直接投资。本部分将介绍这些形式以及哪些服务可能采用这些形式。

国际贸易

出口商/进口商——国内的一家服务企业向外国的居民销售服务,就是服务出口。同样地,当你们国家的居民从国外购买服务时,就是在进口服务。服务的性质(特别是无形性、不可分性、易逝性和顾客的接触与参与)在一定程度上限制了服务的进出口机会。基于信息和知识的服务,或者能远距离传输的服务更有可能被用于国际贸易。一些这样的服务被具体化成实物,如 CD 中的音乐、DVD 中的电影,以及磁盘或者 CD-ROM 中的软件。例如,印度班加罗尔的软件工程师就在向不同国家的顾客出口他们的服务。服务贸易还有其他的形式。出国旅游是在向你到达的国家进口服务。进出口的另一种形式是服务的提供商到顾客所在的国家,例如一个咨询师到别的国家举办研讨班或者提供咨询服务。

许可证经营/特许经营——许可证经营是两个企业之间的一种协议,让获得许可证的人使用许可证颁发者的专利、技术或者商标来生产和销售商品和服务。许可证颁发者因授予这些权利而收取特许权使用费。特许经营是国际服务贸易的另一种形式。

管理合约——对于拥有管理特定服务系统的专业知识的服务企业,管理合约是服务出口的另一种形式。服务出口企业提供运作服务系统设施的管理技能和管理团队并收取一定的费用。管理合约已经出现在酒店管理、航空制造业和零售业中。

外商直接投资

如果服务的性质决定了它很难或者不可能出口,那么服务企业就必须在国外建立服务机构以销售它的服务。由于在大多数经济体中,服务都变得越来越重要,所以在过去的20多年里,外商直接投资的服务一直在增长。

服务的国际贸易和外商直接投资之间的主要区别在于,在服务的国际贸易中,销售收益、佣金、手续费或利息费用是通过将服务销售给外国获得的;但是外商直接投资是从位于国外的股本中获取利润的。[10]当然,有时也存在一些有趣的例外。例如,一家保险公司——纽约人寿,连夜将医疗保险索赔送到爱尔兰,[11]等那边处理完毕,再通过专用的通信线路将处理结果返回给纽约的企业数据处理中心,然后从那里将支票或者答复邮寄给顾客。在国外设立设施主要是为了降低劳动力成本,而不是为了从海外的投资股权中获利。不管外商直接投资的目的是什么,都意味着在其他国家建立服务机构和雇用员工,这将持续地承担比单纯出口服务更大的风险。

外商直接投资可以采取多种形式。直接投资的一种形式是拥有外国企业的少部分所有权,投资者在管理企业上有一定的话语权,但是他并不控制该企业;第二种形式是所有权平等对分;第三种形式是国际企业拥有大部分的所有权和控制力。在上述三种形式中,所有权、管理和风险都是由两个或两个以上的企业来分担的。外商直接投资的第四种形式是拥有外国企业的全部所有权,在这种形式中,投资者对这个企业有完全的控制权,同时也承担完全的风险。

联盟

20世纪90年代,服务行业的一个重要发展是不同企业之间,包括竞争者之间的联盟的增长。很多联盟之间并没有股权交易,但是它们进行网络和资源的共享。在很多时候,合作伙伴之间对对方竞争力和资源的不足进行相互补充。我们都知道,微软就与(美国)全国广播公司联合,建立了微软全国有线广播电视公司(MSNBC)的新闻频道。

联盟对航空业来说尤其重要。例如,全球第一个也是最大的航空联盟——星空联盟,由5家主要的航空公司在1997年成立。从那时起星空联盟就迅速地成长,现在有27家成员航空公司,每天总共有超过21 100次启运。这些航班能到达全球193个国家的1 356个机场。[12]航空业的很多联盟都在20世纪90年代成立。这些联盟给成员企业能使用其他成员企业的航线网络的权限,使得共享乘客资源和收益成为可能,让成员企业能够协调日程表、票价、机票套票、折扣、常飞旅客计划,甚至一部分地面业务。[13]对旅客来说,这些联盟意味着到达全世界的很多地方都非常便捷,包括不同航班之间的行李转移。

服务全球化的趋势

在服务全球化的探讨中,一些服务比较容易进行国际贸易,而另一些服务则只能通过在其他国家建立服务机构才能为当地的居民提供。在这一节里,我们将对服务进行分组来明晰当前的服务全球化趋势,指出哪些服务可以通过国际贸易进行全球化,哪些需要通过外商直接投资进行全球化。

Vandermerwe 和 Chadwick[14]从全球化的可能性、倾向于采用的全球化形式出发,界定了六种服务群组。他们用了两个维度来组织这些服务群组:产品相对参与程度和顾客/服务提供者互动程度(见图4-2)。第一个维度刻画了产品对服务提供的重要程度,第二个维度刻画了服务提供者和顾客之间的互动对服务的重要程度。

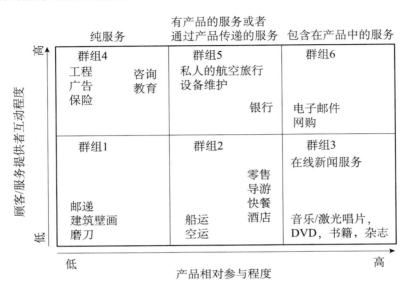

图4-2　服务集群和国际化模式

资料来源:改编自 Sandra Vandermerwe and Michael Chadwick,"The Internationalization of Services."*The Service Industries Journal* (*January* 1989), pp. 79-93.

群组1:低产品,低互动——第一群组由一些"纯服务"构成,顾客/提供者的互动很少,而且产品在服务提供中的作用很小。这些服务走向全球化的可能性很小,因为它们可以在任何国家生产,对国际企业来说这个市场几乎没有利润潜力。

群组2:中产品,低互动——这个群组中的服务需要一点互动,而产品的作用稍微大一些。这个群组的服务走向全球化的可能性要大些,因为这些服务的辅助产品容易带到其他国家。

群组3:高产品,低互动——这些服务要么被包含在产品中,要么能够通过通信网络或者互联网进行传送,而且它们几乎不需要在顾客与生产者之间进行互动。它们是最容易出口的服务。

群组4:低产品,高互动——这个群组中的服务大多数是专业服务,以提供者和顾客之间的高度互动为特征,但是产品在服务过程中并不占据主要地位。这类服务的全球化需要人的流动,通常是服务的提供者出行到顾客所在的国家,或者需要在顾客所在国有办事机构,一般是提供服务的企业的分公司或者子公司。

群组5:中产品,高互动——顾客/提供者的互动在这个群组的服务中仍是非常重要的,产品也有比较重要的作用。而且,在服务过程中通信设施和技术也非常重要。这类服务的全球化有很多形式,例如外商直接投资、特许经营、许可证经营或者管理合约。

群组6:高产品,高互动——这个群组的服务的两个维度都处于最高的水平,一般来说通信网络和技术在服务过程中也具有非常重要的地位。这个群组的服务的全球化潜力在于技术的进步。

初步看来,这些服务归属于全球化形式的三个集群之一(参见图 4-2)。第一集群是由那些包含在产品中的服务构成的,是"适宜出口"的服务。这类服务几乎不需要太大的投资,也不需要进驻目的国,它们也无须控制服务的分销和使用。第二集群的服务可以通过特许经营、许可证经营或者管理合约,较为容易地进行全球化。这种形式需要一定的进驻,通常服务企业的管理者需要驻扎在外国才能提供服务,也需要一定的投资。对第三集群的"纯服务"来说,外商直接投资无疑是最合适的形式。

4.6 总结

本章主要关注服务的全球化和相关问题。服务全球化以国际贸易或者外商直接投资的形式实现。本章回顾了全球化的原因、全球化服务企业需要面对的运营环境、走向全球化的不同形式,以及服务全球化的当前趋势。服务需求的增长和产品国际贸易的增长是国际服务贸易增长的主要原因。服务企业利用共同的客户需求、全球顾客、全球渠道、规模经济、良好的物流体系、东道国政府友好的政策法规环境、技术进步、可以转移到其他国家市场的竞争优势等走向全球化。

我们也讨论了在一个服务企业决定是否走向全球化,或者在其他国家设立运营机构之前,它必须知道的国际竞技舞台上的情况和因素;还讨论了服务企业走向全球化的三种不同形式:国际服务贸易、外商直接投资和国外联盟。本章以讨论服务全球化的趋势结尾。

问题讨论

1. 讨论如何将服务"出口"到别的国家,以及如何从别的国家"进口"服务。给出个人和企业参与服务进出口的例子。
2. 服务的"跨国贸易"和"外商直接投资"之间有什么区别?它们在资源投入和风险方面有什么不同?
3. 描述服务跨国贸易的形式。
4. 描述外商直接投资的形式。
5. "共同的客户需求"的含义是什么?这些需求对服务国际化有什么重要意义?
6. "全球顾客"如何促进服务企业的全球化?
7. 服务的全球化如何实现规模经济?
8. 计算机和通信技术对服务的全球化有什么影响?
9. 讨论东道国的政府在鼓励或者抑制服务全球化中所起的作用。
10. 服务企业的"全球环境"的含义是什么?这些环境的构成要素是什么?
11. 商业联盟是什么?这样的联盟有什么好处?给出一个当前服务企业联盟的例子。
12. 从全球化的不同形式的角度,讨论服务的三个集群。

尾注

1. R. Vernon, L. T. Wells, and S. Rangan, *The Manager in the International Economy*, Seventh Edition (Upper Saddle River, NJ, Prentice Hall, 1996), pp. 3–4.
2. K. P. Sauvant, "The Tradability of Services," in P. A. Messerlin and K. P. Sauvant (Eds.), *The Uruguay Round, Services in the World Economy* (Washington, D.C., The World

Bank, 1990), pp. 114–122.

3. 本部分数据来自：Bureau of Economic Analysis, Table 1 U.S. International Transactions, http://www.bea.gov/international/xls/table1.xls (07/10/2012).

4. 前三个变化由以下论文提出：Michael E. Porter, *Competitive Advantage of Nations* (New York, The Free Press, 1990) p. 242.

5. Christopher H. Lovelock and George S. Yip, "Developing Global Strategies for Service Businesses," *California Management Review*, Vol. 38, No. 2 (Winter 1996), pp. 64–86.

6. Theodore Levitt, "The Globalization of Markets," *Harvard Business Review*, May–June 1983.

7. Gary W. Loveman, op. cit.

8. *The Economist*, September 30, 1995.

9. R. B. Lieber, "Flying High, Going Global," *Fortune*, July 7, 1997.

10. J. J. Boddewyn, M. B. Halbrich, and A. C. Perry, "Service Multinationals: Conceptualization, Measurement, and Theory," *Journal of International Business Studies* (Fall 1986), pp. 41–57.

11. B. M. Hoekman and P. Sauvé, *Liberalizing Trade in Services* (Washington, D.C. The World Bank, 1994), p. 6.

12. From Wikipedia, the free encyclopedia (http://en.wikipedia.org/wiki/Star_Alliance) (07/11/2012).

13. S. McCartney, "Airline Alliances to Alter Overseas Travel," *The Wall Street Journal*, June 11, 1996; S. McCartney, "AMR and British Air to Share Profits, As Well as Passengers, From Alliance," *The Wall Street Journal*, June 12, 1996; and A. Q. Nomani, "Airline Pacts' Antitrust Question Sparks Controversy," *The Wall Street Journal*, January 3, 1997.

14. 该部分很大程度上建立在以下论文的基础上：Sandra Vandermerwe and Michael Chadwick, "The Internationalization of Services," *The Service Industries Journal*, January 1989, pp. 79–93.

第 5 章　服务战略与竞争力

5.1　引言

　　企业要想生存和发展就需要持续地为它的利益相关者们提供价值。企业的利益相关者包括顾客、雇员、股东、供应商以及更大范围的企业所在的社区。当企业提供的价值等于或者大于其竞争者的时候，它会成为一个有竞争力的企业。为什么创造价值这么重要呢？一个认为他接受的是优质甚至卓越的服务的顾客会成为一位满意的顾客。一位满意的顾客会成为一位忠诚的顾客，一位忠诚的顾客意味着他会在将来的几个月和几年中给企业带来重复的业务。一位满意的顾客也会给企业带来新的顾客。满意的顾客更倾向于购买该企业的其他服务。最终，满意的顾客不仅是企业收入的长期来源，而且他们还以口碑的形式为企业提供免费的广告和营销服务。总的来说，顾客在服务中得到的价值越多，她愿意出的价格越高。只要企业保证其顾客满意，企业的收入将会持续增长。

　　为了使企业具有竞争力，服务企业必须同时为其他利益相关者提供价值。举例来说，服务企业会以分配利润和（或）提高股票价值的方式为其股票所有者们创造价值。满意的顾客会为服务企业带来收入，但管理者们必须在控制成本的同时保证不破坏企业创造价值的能力。

　　公立服务组织的情况是不同的。一个公立服务组织没有股东，但是却有很多利益相关者，例如纳税人、政府官员、协会或任何使用其服务的人。许多利益相关者同时也是顾客。当然，利益相关者并不会从公立服务组织的运营中获得收入。然而，他们确实收获了诸如高质量的服务、更低的税收负担（高效运营的结果），或者是更加多元的、范围更广的服务。许多公立服务组织只产生少量的收入，有的甚至没有收入，所以这些组织依靠公共资金生存。警察、火警、十二年义务教育体系就是这样的例子。像美国邮政这样的公立服务组织虽然产生大量的收入，但是仍然需要依赖公共资金来运营。不管是哪种情况，使利益相关者满意是公立服务组织持续生存的最佳保障。

　　最后，当雇员被视为组织的内部顾客而感到满意时，企业往往能够创造更多的价值。如果员工喜欢他们的工作、工作环境，拥有工作保障，以及对于收入和福利感到公平和充足，那么他们就会满意。满意的外部顾客为企业提供收入，这些收入被用来提供有吸引力的薪金、更稳定的工作，从而使企业的员工更满意。满意的员工更能取悦内部和外部顾客并使他们满意。这样就形成了一个良性循环。

5.2　价值

价值的简要历史背景

在过去的2 000多年里，经济价值的概念一直是哲学家和经济学家研究和争论的话题。[1]亚当·斯密（1723—1790）定义了两种价值：使用价值和交换价值。在著名的《国富论》中，他写道：

> 一个有最大的使用价值的物品经常有很少的甚至根本没有交换价值；相反地，那些有着最大交换价值的物品经常没有使用价值。没有什么东西比水更重要，但水却买不到什么东西：为了得到水，你只需要付出很少的代价。相反地，一颗钻石几乎没有什么使用价值，但是为了得到它，你经常需要付出很多其他的东西。[2]

另一位著名的经济学家阿尔弗雷德·马歇尔（1842—1924）用微观经济学中的边际效用和边际成本定义了价值。马歇尔将价值定义为当边际效用与边际成本相等时的均衡价格。[3]所以，边际分析说明了交换价值不是由某一件物品的总效用决定的，而是由消费最后一件该产品时的效用所决定的。市场上所形成的产品价格不仅反映出该产品对消费者的边际效用，也反映出生产最后一件产品的边际成本。

最近，不同领域的管理学和工程学的学者们对价值的概念和衡量越来越关注，同时也不可避免地给出了很多不同的定义。这些定义的跨度很大，有的简单地把价值定义为"价格"，有的则给出了更详细的定义。例如，迈克尔·波特将价值定义为：

> ……那些购买者们愿意付钱的东西，……那些额外的价值有两个来源：在与竞争者提供相同品质的同时收取更低的价格，或是与竞争者定价相同的时候为顾客提供更好的产品或服务。[4]

从另一方面来看，德·玛尔则从另外一个很不同的角度来定义价值。他的方式根植于科学和工程学，并且专注于产品的设计：

> 价值是激发人类行为的主要力量。它是个矛盾统一体，围绕着人们与其想要的事物。价值是我们与自己需要的事物之间潜在的能量场。它将我们吸引到环境中我们认为有趣的事物那里。当这种吸引力很强时，我们会使用我们的能量去获得、拥有、使用和交换这种有益的事物。[5]

价值的定义

在本书的讨论中，我们给价值下的定义如下：

价值是一个产品或服务满足顾客需求或为顾客提供利益的能力。

基于这个定义，只有当一个产品或服务能够满足顾客（个人或组织）需求或者为顾客提供利益的时候才能认为它是有价值的。价值是主观的，它的存在依赖于顾客的感知和特定需要。对于一个需要交通工具的人来说，一辆轿车可能很有价值。但是对于那些住在尚未铺过路的小岛上的居民,同样的轿车就几乎没什么价值。

更重要的是,存在于物品或服务中的价值要么存在于顾客中,要么根本不存在;如果事物对顾客没有价值,则即使改进它的属性(例如提升质量或是降低价格)也不会使它变得有价值。一块牛排可能正是一个饥饿的人所需要的,所以对她来讲牛排就很有价值。但是同一块牛排对于素食者来说就没有价值,不管这块牛排在非素食者眼中是多么高品质、烹制得多么可口,或者多么廉价(甚至免费)。对于有小孩的单亲家庭或是夫妇来说,社区幼儿园可能是个有价值的服务。但是对于那些单身或是没有孩子及孩子已经长大的夫妇来说,社区幼儿园就没有价值了。

服务价值模型[6]

本书中的服务价值模型是对蔡特哈姆尔(Zeithaml)模型的改良,它关注顾客的价值。[7]该模型中感知价值的组成成分包括感知质量、内部属性、外部属性、货币价格和非货币价格。我们加入"时间"作为第六个服务价值的组成成分,形成了扩展后的服务模型(参见图5-1)。

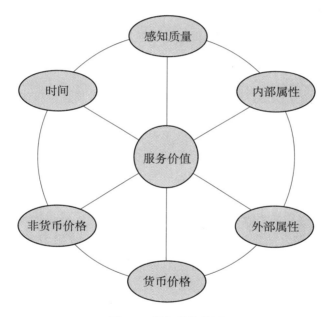

图5-1　服务价值模型

感知质量——质量经常被定义为"适于顾客使用"。这个定义既能应用于制造业也可以应用于服务业。但是,对服务质量更合适的定义可以是"顾客的满意"或者是"外部顾客和内部顾客的满意"。[8]这个定义着重强调了质量存在于顾客的眼中这个事实,所以捕捉到了服务质量的本质。顾客是质量好坏最终的决定者;质量依赖于顾客对服务的感知。顾客的期望通过口碑交流、个人需要、过去的经验以及与服务机构的沟通形成。

很清楚的是,如果顾客感知到的既得价值等于或高于他们的预期,那么他们就会对服务满意,也就是服务为顾客创造了价值。顾客感知到的质量越高,服务的感知价值就越高。

内部属性——服务的内部属性是这项服务提供给顾客的利益。内部属性可分为两个部分:核心服务和辅助性服务。核心服务是顾客能够得到的最基础的或最起码的利益。例如,对于航空运输业的乘客来说,核心服务可以被定义为"将顾客从一个机场安全且舒适地运送到另一个机场";

辅助性服务包括预留座位,提供食品和饮料、报纸、电影服务、枕头和毛毯,以及转机过程中航班人员在登机口提供的航班信息。

一些辅助性服务对于提供核心服务十分必要,没有它们服务就不可能进行。还有一些辅助性服务能够提高为顾客服务的价值。辅助性服务的相对重要性依赖于服务的本质。显然,一个不能提供核心服务的服务组织存续的时间不会长,所以成功地提供核心服务,并且达到顾客的预期要求是一个组织为顾客创造价值最首要和最基础的一步。可是这些还不足以让这个企业具有竞争力。所以,服务组织要为顾客创造更多价值,可以增加顾客喜欢的辅助性服务种类,并且在提供这些服务时至少要达到顾客的期望。

外部属性——服务的外部属性和服务本身有关,但是却存在于服务包之外。如果一所大学的某一学科被公认为是最好的,那么这种好的声望就为这所学校该学科的文凭增添了外部价值。如果一个服务设施位于繁华的闹市区,它就可能在提供核心服务和辅助服务之外,额外地为顾客创造更多的价值。简而言之,所有服务能给顾客带来的精神附加值都是外部品质。一个服务机构通常对于这些品质没有直接的、立即的影响或控制。然而,在长期它可以创造这些品质,并为顾客创造价值。

货币价格——顾客为了获得某项服务所支付的货币总额称为货币价格。这包括服务机构收取的费用,也包括顾客为了能够得到此项服务而花费的其他支出。一位需要做心脏搭桥手术的患者必须奔赴一个很远的城市去找专家做手术。除了住院费和手术费之外,这个病人也需要考虑其他的支出,比如他自己和同伴的飞机票和食宿费用。货币价格有时候对于顾客做出购买决策是最重要的因素。一个常见的现象是顾客经常把"价值"等同于"低价"。所以,如果一个服务机构可以在保证质量的条件下降低价格,那么它就能为顾客创造更多的价值。

非货币价格——任何为了获取和接受服务而产生的非财务付出都可以算在非货币价格里。非货币付出包括:寻找正确的服务和服务商所花费的时间,访问服务提供商时的诸多不便,在前往服务地点和回来的路上所花费的时间,等候服务以及接受服务所花费的时间。非货币价格还可能包括心理成本,诸如感知的风险,在服务之前、之中以及之后所经历的焦虑感。例如,病人在手术前感到焦虑不安是很正常的。接受服务之前和之中所经受的压力,诸如在队列中仿佛无穷无尽的等候,在牙医的治疗椅中所受的痛苦,这些都可能被消费者看作它们所付出的非货币价格的一部分。

时间——时间从三方面为服务创造价值:

1. **使用服务的时间**——有些服务要求顾客最低限度地参与,顾客所花费的时间往往不重要。比如在新的地址建立电话服务经常需要花费顾客几分钟的时间来测试电话。然而一些服务需要顾客花费很多时间。比如大学教育通常需要花费四年时间来完成。在获取、等候、接受服务的过程中所花费的时间可能意味着付出了很大的机会成本,这可以从错过的其他活动或者失去的收入来体现。一般来说,使用服务所必需的时间越少,那么对顾客来说服务的价值就越高。

时间和服务质量之间有着重要的联系。例如,衡量服务质量的一个维度是"响应能力",其定义是"热情主动地帮助顾客并提供及时的服务"。[9] 时间是许多服务失败的关键原因。当服务失败的时候,即使服务企业采取适当措施来弥补过失,顾客还是会失去宝贵的时间,而失去的时间是无法追回的。例如,由于机械故障而取消航班意味着浪费旅客的时间,直到航空公司修复故障或者找到替代航班。这种延误对有些旅客来说也许极其重要,特别是在错过重要的商务会议或者重要的事件(比如婚礼之类的)时。

正如刚刚谈到的,在感知非货币价格时,时间也是很重要的因素。顾客在做出购买决策时会考虑他们需要花费的时间。比如周末的时候游乐场通常很拥挤,所以想要玩娱乐项目也要排很长时间的队。这意味着顾客要么在公园中花费比平时更长的时间,要么放弃玩一些有趣的项目。这样的结果是很多顾客计划在非周末时去游乐场。对很多顾客来说,减少服务的时间可以为服务增加价值;有时候这种附加价值很高,以至于有些顾客愿意花费额外的钱来节省时间。比如,一架从纽约飞往巴黎的喷气式客机需要大约7个小时;而一架同样的超音速协和式飞机飞同样的航线只需要3个半小时,但费用却是普通航班的3倍。显然,对于一些顾客来讲,时间更加重要,所以他们甚至愿意花费更多的钱来节省服务时间。

2. 比其他服务更为省时的替代服务——许多服务本身就是为了替代其他的服务而产生的;它们可以创造出重要的价值;它们为顾客以更快、更省时的方式提供相同的服务内容。许多此类服务被顾客热情地接受。联邦快递公司(FedEx)为传统邮政提供了额外选项;信件和小型包裹的投递能够在隔天完成,而通过美国邮政则需要很多天。传真机则提供了比电话更为快捷的选择。同时,在合适的条件下,通过互联网传送文件可以即时到达,而且完全免费。航空服务出现时,则提供了地面运输的替代选择,并且具有显著的优势。许多人因为想节省时间而选择乘坐飞机进行国内旅行,而不是选择火车、公交或者开车。当然,对于洲际旅行,飞机几乎是那些对时间敏感人群的唯一选择。

3. 从时间视角审视服务提供的益处——服务为顾客带来益处,其所创造的价值在时间上会有所不同,这有四种可能的情况:

A. 价值即刻收到,持续时间很短——一些服务为顾客提供即时的益处,这些益处持续的时间很短。比如理发这个服务对顾客来讲能够很快得到益处,并且可以持续几周,但服务带来的益处会随着时间的推移而减少。酒店可以提供即时的住宿服务,但是只要顾客退房之后这种便利就没有了。

B. 价值即刻收到,持续时间很长——像电话、电视广播、警察保护、邮递服务、营养咨询、疾病预防等服务,能够即时提供,而且在很长一段时间内为顾客提供价值。

C. 价值未来收到,持续时间很短——有一些服务会在未来的某段特定时间内为顾客或潜在顾客提供价值。社区内新建的一所小学可能会花费镇上的财政收入;但是对某些人来说,新学校只会在将来的某个时间段为他们提供价值。对于没有学龄孩子的夫妇来说,如果他们今后有学龄前儿童或是打算将来生孩子,那么他们会在将来收获到此项服务的益处。当服务的益处发生时,它只能持续一段时间——从孩子入学到孩子毕业。

D. 价值未来收到,持续时间很长——像大学教育或者是对年轻人的牙齿矫正服务,通常需要很久的时间,但是服务带来的益处会伴随终生。主要的服务益处在服务结束之前一般不会显现。比如,一个大学生在毕业之前通常不会找到一份他所学专业的全职工作。当然,顾客偶尔还会再回来寻求服务升级(比如让毕业生掌握最新技术的课程等),但是大部分服务能够持续地为顾客提供价值,即使不需要知识的更新换代。

总的来说,一个服务机构能够通过提升服务质量为顾客创造价值。它能够以设计核心服务来满足顾客的基本需求,同时又能提供辅助性服务让顾客倍感超值。服务机构还可以创造出让顾客感受得到的内部品质,为顾客提供间接价值。这通常是经过多年持续地提供优质、可靠的服务而达到的。这还可以通过广告来建立一种高价值的服务形象达到。当一项服务的货币价格降低时,顾客通常会觉得服务的价值提升了。最后,如果获取、等候、接受服务的时间能够减少,能够更快获益并且持续更久,顾客就会感觉得到了更多的价值。比如,新泽西摩托车协会在工作日之外,还增加了周六车检的时间,从早上7点到中午,这样就不会耽误用车顾客的上班时间了。加拿大多伦多的肖尔代斯医院十分擅长疝气手术,患者在手术后恢复的时间只是其他医院的一半。同时,术后的复发率是0.8%,而整个美国疝气手术的平均复发率是10%。这说明肖尔代斯医院的患者从他们的手术中得到了更长时间的价值。

这个服务价值模型为我们呈现了一个建立服务战略的理论框架,我们可以通过设计、开发、提供服务,为顾客创造价值。第8章将会详细讨论如何设计和开发服务。本章余下部分将关注服务的战略及其相关问题。

5.3 战 略

顾客购买产品和服务,并且感知到其中的价值。只要消费者感到满意或者愉悦,他们就会持续购买。服务机构的生存和繁荣与这个结果紧密相连。那么一个服务组织怎样完成这个最重要的任务呢?他们的战略应该是什么?显然不是出于偶然或者随机的方式;任何服务企业的成功都不是偶然的;这些企业中的员工和管理者们不懈努力,并始终一贯地以顾客满意为目标。当然,仅仅只是有个战略,并不能保证成功。这个部分回顾了竞争战略的几个基本概念,并讨论了怎样发展一个为顾客创造价值的服务战略。首先,这里是一些基础的概念和定义。

战略的定义

布鲁斯·D. 亨德森为战略提供了以下的定义和视角:

> 战略是对行动方案的深思熟虑的探索,以发展和强化企业的竞争优势。对任何企业来说,这项探索都是一个反复迭代的过程,这个过程始于对企业当前位置和现有资源的确认……你和你的竞争对手的差异就是你的竞争优势的基础。[10]

从这个定义可以清晰地看出,组织需要对自身的环境有清晰的认知才能制定有效的战略。然后企业才能着手制订计划来应对和改造环境,发展自身优势。在本章后面的部分会讨论如何制定有效战略;但是,有必要指出并不是每个企业都会遵循一个组织严密的、一步一步的过程来制定竞争战略。战略本身就可能以多种不同的形式展现出来。[11]

- **作为规划的战略**——战略可以被设计成一个规划方案,用来指导和实施达成目标的行动。这种形式可以让管理层控制组织未来的发展方向。
- **作为策略的战略**——战略有时候可以作为一种策略出现,体现为某种以智取胜的具体手法。
- **作为模式的战略**——在一系列行动中表现出来的前后一致的模式,或者一个不变的主题,可以被认定为存在战略的依据,不论这些行为模式是否经过事前策划。
- **作为定位的战略**——这个定义暗示了一个组织是定位在它所处的环境中的,或者说组织将自身嵌入环境的利基市场中。战略说明了组织是怎样与它的对手竞争并存的。
- **作为远景的战略**——战略也可以被定义为组织的"性格",也就是说,"组织对于这个世界根深蒂固的看法"。

战略甚至可以同时以上述一种或多种形式呈现。与单个定义所承载的信息相比,这些定义的组合一同提供了对于战略更为全面的描述。以下是更多讨论战略时会用到的定义。

- **战略目标**——目标源于战略,并且细化了组织努力的具体方向。换句话说,战略目标定义了组织为了生存与竞争,应该做到什么。
- **战术**——战术是行动导向的计划,通常其时间跨度短于战略。战术主要集中于更为具体的任务,这些任务的完成有助于整体战略目标的达成。战略和战术的区别可以由所属部门级别、行动规模、领导的构想等方面决定。比如,首席执行官眼中的战术可能是下级管理者的战略。[12]
- **政策**——政策定义了组织运营、商业行为、解决目标冲突等方面的各项规定。

为什么组织需要战略?

关于组织为什么需要战略,明茨伯格定义了四个主要的原因。[13]

首先,组织需要战略来构建路径以达到想要的结果,即在激烈竞争中保全自己,保持竞争性,并且达到繁荣。从这个角度上,战略提供了企业努力的方向和目标。其次,战略帮助组织将其精力集中在特定的活动上,并同时提高这些活动的协调性。这提供了一种目的性和方向性。或者说,战略可以将整个组织拉向同一个方向。再次,战略定义了组织,正如性格定义了个人一样。在这个意义上,战略为组织内部和外部的每个成员提供了意义。最后,明茨伯格认为组织需要战略最明显的理由是战略能"提供一致性"。一项设计合理的战略能够帮助组织和它的成员降低不确定性。它能帮助他们以一致的方式组织、阐释和处置经验和不断涌现的信息。降低不确定性能帮助组织成员更加高效率地工作并且减轻所感受到的压力。在这个意义上,战略也简化了组织成员的各种任务。比如,战略降低了学习应对每一个新情况的必要;战略为组织成员提供了应对大多数情况的标准方式。

以上论述解释了为什么组织需要战略,但是这些也同时意味着为服务组织设计竞争战略,以及设计服务和服务系统提供了指导。

理解竞争环境

对于组织所处环境的深刻理解是制定有效战略的前提。一个不知道自己的对手、不懂得自身所处行业和竞争规则的企业是不可能发展出有效的竞争战略的。对任何行业而言,波特[14]给出了定义竞争环境的五种力量:新来的竞争者、替代品的威胁、买方的议价能力、供应商的议价能力和现有对手间的竞争激烈程度。组织制定战略是为了确定如何应对竞争者,更好的是,如何朝有利于自己的方向改变自身所处的环境和竞争规则。

新来者——行业中的新来者经常代表了对现有企业新的竞争挑战。如果新的进入者带来了原有行业没有的设备或者劳动力,那么它可能为这个行业带来额外的产能。新的进入者意味着新的挑战或者可能增加的竞争,因为除了新的产能之外,新的进入者还可能为该行业带来新的创意、新的技术和新的服务。对于已有的企业来说,这意味着顾客、市场份额的流失和利润的降低。

对一个企业来说,这一类威胁的严重性既取决于行业的进入壁垒,又取决于该企业自身的竞争优势和迎接挑战的决心。波特定义了以下几种进入壁垒。[15]

- **规模经济**——当产能扩大的时候,单位成本随着生产总量的提高而降低(比如大型工厂)。这个现象不仅可以在制造业中观察到,也可以在服务业中观察到。规模经济的主要原因是均摊到每个顾客头上的固定成本会随着顾客数量的增加而降低。
- **产品差异化**——如果行业中现有的企业已经获得了品牌的认可、忠诚的顾客和产品的差异化,那么潜在进入者就可能面临极高的进入壁垒。许多银行进入信用卡市场时都是以一段时间内免维萨卡或万事达卡的年费及降低的利息作为吸引顾客的手段,从而与其他信用卡产品竞争的。

- **资本要求**——想要加入有些产业必须拥有雄厚的初始资金投入。投资可能不仅应用于工厂设备与设施,也会应用于广告宣传、研发、建立一个订单接收和处理系统等。显然,大规模的投资使得很多服务行业,比如航空和医疗产业,只对那些有着雄厚的资金来源的企业开放。
- **转换成本**——新来者可能会面临的另一个壁垒是行业内现有消费者出于成本考虑而不愿意转换他们的服务商。顾客还可能因为其他原因不愿意转换,比如不愿意放弃已经适应的常规程序,或者改变自己已经养成的日常习惯等。
- **获得分销渠道**——找到分销渠道或者建立新的分销渠道对于新来者来说是很大的一个壁垒。行业内现有的竞争对手可能已经和自己的分销商达成排他性的合作协议,这些分销商不会接受其他新来的或是已存在的竞争者的业务。比如,截至2004年,发行维萨卡和万事达卡的银行都不被允许发行美国运通公司的信用卡。
- **与规模无关的成本劣势**——新来者的另外一个壁垒是现有企业在规模经济之外所取得的成本优势。这样的优势有一些是源于企业的学习曲线效应,时间越长的企业在学习曲线效应上的优势会越明显。
- **政府政策**——联邦、州或是当地政府可能为新来者造成进入壁垒。比如医疗行业、法律行业、教育行业的营业执照等。
- **预期中的反击**——另一个很重要的制止进入行业的因素是能够预料到的现有企业针对新来者的反击行为。如果一个行业中曾经有过对新进入的企业迎头痛击的历史,那么新来者在进入市场之前就要仔细考虑可能遇到的行业巨头的敌意行为。

现有对手间的竞争激烈程度——竞争者之间的竞争可能以多种形式呈现,包括价格战、广告、新产品的引入、提升消费者服务和保障。有很多原因可以解释现有对手间的竞争激烈程度。[16]

- **实力相当的竞争者**——当一个行业中的企业规模与资源相当时,它们的竞争将会持续很久并且很激烈。
- **缓慢的行业发展**——在缓慢发展行业中的竞争意味着一些企业的市场份额提高,另一些企业的市场份额就要下降。
- **极高的固定成本**——固定成本太高迫使企业要以全部产能运行,这可能会导致激烈的价格战。
- **无差异化或转换成本**——如果服务被认为是相同的,那么可能会导致价格战。
- **产能的大幅增加**——如果产能增加的幅度足以打破行业中现有的供求平衡,那么这可能会导致产能过量,这会反过来导致价格战。
- **多元化的竞争对手**——当对手的战略、目标或是特点与自己差异很大时,它们通常不能理解对方的意图,这样会导致直接冲突的结局。
- **重大战略意义**——一些多元化的企业可能把某个行业中的成功作为整个集团战略的重中之重。
- **高退出壁垒**——特殊资产、劳动合同、政府、社会规则可能导致退出壁垒。

替代品——一项服务的替代品是提供同样的功效的另一项服务。哪些功效重要或有价值是依赖于顾客的需求的。如果以充饥为目的,那么超市中冷冻的晚餐或是熟食店中的三明治可能是餐厅中一顿正餐的替代品。但是冷冻的晚餐或是三明治并不是那些寻求有同伴陪伴并且在愉悦环境中进行的晚餐的替代品。替代品降低了行业的潜在利润。

购买者(顾客)——顾客寻求价格低、质量高或者是更多的服务,并且让竞争者相互争夺,这就对行业中的企业造成了竞争压力。如果顾客的购买支付占到企业总销售收入的大部分,这些顾客行为将会对企业产生巨大影响。

供应商——同样地,供应商可能要求更高的价格,或者降低所供应产品的质量,从而对行业中的成员造成压力。服务行业中一个重要的供应群体是劳动者(蓝领、白领工人或专业运动员)。有组织的劳工可能在整个行业中起很大的作用,比如近年来的足球和篮球运动员罢工。

通用竞争战略

形成战略需要对以上五种力量以及它们的相互关系进行评估。具体来说,组织要制定战略必须评估它的优势和劣势,包括它的竞争优势和资源,以及行业中的机遇和挑战。[17]其他相关的因素包括组织共享的价值观,特别是那些战略实施者的价值观,还有一些社会影响因素,如政府政策、社会关注、不断演变的道德风俗。[18]所以每个组织的战略都应是独一无二的。然而,战略选择还是有一定的模式可以遵循的。波特确定了三种通用竞争战略,它们在获得竞争优势的方式上完全不同。[19]本部分基于他对这些通用战略的分类和描述。

成本领先战略——某个企业如果追求成为行业中成本最低的生产者,那么这个企业所采用的就是成本领先战略。典型的情况是,一个低成本的企业提供一系列标准化的平价产品(商品或服务)。这种方式覆盖了行业的许多角落,并不局限于某一个细分市场。低成本的制造商可能有多重途径降低成本,比如规模经济、学习曲线效应、科技创新或合理应用技术、获得原材料的优先权等。然而,对于成本的关注并不意味着对竞争差异化的忽略;为了保持竞争优势,成本领先企业也要在差异化方面与其竞争对手相当或接近。如果成本领先的企业没有在差异化方面做到势均力敌,那么它至少应该足够接近竞争对手,这样才不至于在保持或增加市场份额时不得已的降价中使成本优势消失殆尽。一个成本领先的企业一定要格外留心成本控制和管理费用最小化,同时还要努力发掘和运用学习曲线效应。

成本领先可以从多方面对抗行业中的五种力量以保护企业。顾客不能给压低价格更多压力了——价格已经最低了。对于由规模经济而达到低成本的制造商来说,供应商并没有很大的议价能力,因为这些制造商是很重要的客户。成本领先也为企业提供了对抗新来者和替代品的保护。

本章末有一个例子,讨论美国西南航空公司的运营。从那个例子可以看出,成本领先的确是西南航空战略的有机部分,它的每条航空路线均提供低价航空服务。

差异化战略——差异化战略要求组织能够以与众不同的方式为顾客提供价值。独特性是针对整个行业范围来说的,可以涵盖产品属性、交付系统,或营销手段,去满足一群顾客的特定需求。差异化战略的基本假设是顾客愿意支付更高的价格去购买企业独特的产品。通常,差异化会导致企业的成本增加。然而,组织不能完全忽略成本;如果价格太高了,竞争者的低成本对顾客的吸引可能会大于独特性对顾客的吸引。

这个战略也能对抗行业中的五种力量来保护企业。如果企业成功地在顾客的脑海中树立了它的产品或服务的差异化,就可以获得顾客的忠诚,降低顾客的议价能力,同时对潜在的新来者造成进入壁垒,也有利于企业抵御竞争者和替代品。一般来说,这个战略会导致较高的利润,但是市场份额会降低。

专一化战略——这个战略建立在为有限的潜在细分市场提供良好服务的概念之上。通过专注于有限的细分市场,企业可以特别制定其产品、运营以及其他相关活动,以便效益和效率兼顾地服务选定的顾客群体。此战略有两种形式:**成本专一化**和**差异专一化**。这两者与之前两种战略的区别是,之前那两种战略包括了市场上几乎所有的细分市场;而成本专一化和差异专一化的范围则十分有限。制定这两种战略是为了在选定的细分市场中通过成本领先和差异化达到竞争优势。

任何一个专一化战略要取得成功,企业所选定的细分市场一定是被竞争对手出于某种原因所忽略的,而对手们是想服务于整个行业或者主体市场的。如果一个企业能够辨认出那些以廉价成本就能服务的客户,那么成本专一化有可能成功。比如加拿大多伦多的肖尔代斯医院,他们只做腹股沟的疝气手术,而且只接受健康的患者,所以这些被医院选择的顾客花费的成本更低。因为如此,医院的就诊费用是其他医院价格的三分之一。

如果市场中有一部分顾客有特殊的需求可以被企业识别,并且他们致力于服务这些有特殊需求的顾客,那么差异专一化就可能成功。Jiffy Lube、Midas Muffler 和 AAMCO 都满足各自服务的车主的特定需求。当然,对于同一个市场细分,同时追求成本优势和差异化来实现专一化战略是可能的,就像肖尔代斯医院那样。

碎片化行业——与服务特别相关的一个现象是碎片化行业。一个行业中如果没有占主导地位或者显著市场份额的企业,那么就被认为是碎片化的行业。这些行业经常有很多中小型企业,没有一个企业能够影响整个行业的惯例。这是许多服务行业中的常见现象,比如干洗和汽车维修行业。这种行业碎片化的原因包括低进入壁垒、缺乏规模经济或学习曲线效应、高库存成本、与买方和供应商交易中缺乏能力、产品高度差异化、退出壁垒和政府规章制度。

5.4 制定服务竞争战略

当一项服务满足顾客的需求或者为顾客提供益处时,就为顾客创造了价值。顾客从一项服务中看到的价值越高,他们就越愿意出更高的价格购买这项服务。那些从服务中感受到了价值的顾客会成为满意的顾客,而满意的顾客就像是对服务机构未来的保险。所以,服务战略的目的是为顾客创造更多的价值。这一节主要集中在制定和完善服务战略,为顾客创造价值上。这一节还会讨论战略性服务构想,西南航空公司会作为一个应用例子来介绍。

James L. Heskett 在他的 *Managing in the Service Economy* 一书中提出了"战略性服务构想"(strategic service vision)的概念。[20]战略性服务构想包括四个基础要素和三个整合要素。

战略性服务构想的基础要素

目标细分市场——像大部分产品一样,绝大部分服务仅仅对于一部分人是有价值的;一个服务组织不能满足所有人。所以企业需要慎重地选择自己能够和愿意服务的对象,这叫作**市场细分**。市场细分试图识别一群有着相似特征、需求、购买行为或消费模式的人。有效的市场细分是该细分市场内的顾客彼此相似,而又区别于其他细分市场中的顾客。市场细分可以基于地理、人口统计、消费者心理以及其他相关标准。

服务概念——服务概念描述了对顾客、雇员以及其他利益相关者的服务。一项服务必须以它为顾客提供的结果或收益来定义。服务概念源于组织对自己的生意业务的定义。换言之,回答"我们在做什么生意?"这个问题的同时也就定义了我们的服务概念。一个组织业务的定义应该足够宽广,这样即使以后科技发展、购买模式转变或出现其他机会,也不会限制企业未来的拓展。而一个狭隘的定义会使企业暴露于相关行业中的企业的突然袭击。从另一方面讲,它也不应该过于宽泛,以至于涵盖组织能力和竞争力达不到业务范围。

运营战略——运营战略是与组织的运营、财务、营销、人力资源、控制相关的一系列的战略、规划和政策,有了这些,服务概念才能够被具体实施。它包括招聘、组织政策、质量和成本控制、运用价值成本杠杆的方法等。

服务交付系统——服务交付系统决定了企业如何预备以及如何在服务接触中表现自己。它包括设施布置、所使用的技术和设备、提供服务的过程、工作职责描述,以及在服务接触过程中服务人员和顾客扮演的角色。一个服务系统应该达到顾客的最大满意度。许多服务概念可以被竞争者模仿,但是一个设计良好的服务系统不是能够被轻易模仿的,所以就成为潜在竞争者的进入壁垒。

战略性服务构想的整合要素

整合要素帮助基础要素互相融合为一个整体的服务战略。它们为实施服务构想的计划行动提供指导,包括服务定位、运用价值成本杠杆,以及战略/系统整合。

服务定位——组织如何将自己区别于其他竞争者就是定位。服务定位要求深刻认识和理解顾客需求、组织的能力、竞争者提供的服务和它们的能力,以及服务概念满足顾客需求的能力。当理解清楚这些要素之后,组织会找到一套独特的属性来使得服务概念和所选定的细分市场的特性相匹配。独特性可以在成本、服务特征、广告与促销、分销渠道、交付系统等方面体现出来。

价值成本杠杆——设计与定位良好的服务概念可以为顾客提供独特的效用,从而创造价值,甚至比竞争对手创造更多的价值。总的来说,这种独特性使更高的服务价格合理化,但是它的创造成本也更高。如果一个组织能够设法为顾客提供更高的价值感受而没有大幅提升服务成本,那么就可以说它成功运用了价值成本杠杆,从而比竞争对手享受更大的利润空间。换言之,当所感受到的附加值的价格远远大于为此付出的成本时,价值就被杠杆效应提升而高于相应的成本了。显然,这需要很强的技能。为了取得价值成本杠杆效应,企业需要采取大量的战术策略,包括为顾客定制他们最看重的服务特性,而对其他服务特性做标准化处理,认真管理服务过程中关键点的质量进行供需管理,让顾客参与服务创造过程。

战略/系统整合——除了目标细分市场和服务概念、服务概念与运营战略的一致之外,运营战略还必须和服务交付系统相一致,并形成一个整体。一个出色的服务组织能够从精心设计招聘制度、服务过程、设施等方面入手,使它的运营战略和服务交付系统相一致。这些企业同时也关注员工福利与晋升、奖励政策等方面。优秀的服务企业懂得满意的员工是满意的顾客的前提。

例子:西南航空

我们通过一个优秀的服务组织是如何通过战略获得成功的例子来结束本章。虽然并没有证据表明西南航空是有意识地运用了战略性服务构想,但它的实际做法完全符合这个模型。[21]西南航空的做法在表 5-1 中有总结,其中描绘了战略性服务构想的要素以及它们之间的关系。

表 5-1　应用于西南航空的战略性服务构想

目标细分市场	服务定位	服务概念	价值成本杠杆	运营战略	战略/系统整合	服务交付系统
价格敏感的旅客（商务人士、个人和家庭）。	短途、点对点的航线（而不是轴辐式空运系统）。在目标城市之间有数量庞大的航班。"爱逗趣、有叛逆精神的航空公司"的企业形象。在每一次大型活动中都保持企业文化的核心地位。	安全、简朴、经济的航空旅行——"批量运输"。方便的行程时间。靠点对点的航线和准时到达为乘客节省时间。让飞行充满乐趣。	素有"简朴"的形象，仍要为乘客提供标准餐，并可以选择软饮和标有"格调"的一小包花生。点对点的航线既省时间又省费用。幽默的乘务员招待和逗乐乘客。帅气的工作服（以前是热裤，现在是短裤）。	快速登机和离机以便准时到达和节省乘客时间，同时又提高飞机的使用率。用单一机型以降低（培训、记录、零部件库存、维修、乘务人员调度）成本。员工至上。员工利润分享计划。工作保障。公司像个大家庭。招聘有幽默感、知道如何打趣的员工。员工必要的技能培训。营造责任感和主人翁精神。鼓励员工进行新的尝试，只要无损安全。有规律且财政上谨慎的扩张降低财务成本。鼓励员工像企业家那样去思考。	借助疯狂离奇的事件大做免费广告和促销活动。无须机票；有预订的乘客在登机口出示带照片的证件。为加快登机过程并降低成本，不用对号入座。塑料牌上的数字决定登机次序。以30个乘客为批次快速登机。登机和离机只需20分钟。公司语言："爱的配方"（饮料），"爱溢齿间"（花生），"爱心机器"（售票机），"溢爱之词"（员工快讯）。培养强大的企业文化：兑现"我们关心你"的承诺，让员工持有约13%的股份，享受利润分成。	高效的维护、登机和离机系统。只用单一机型（波音737），可谓服务系统标准化的极致。在服务过程中员工不乏幽默感。

美国西南航空公司由罗林·W.金所创建，当时公司被许可在德州的三个最大的城市即达拉斯、休斯敦和圣·安东尼奥之间飞行。西南航空把总部设在达拉斯的 Love Field 机场，然后购买了三架崭新的波音737，并于1971年6月18日开始在那三个城市之间飞行。单程价格一律只要20美元，而竞争对手的价格分别是27美元和28美元。公司建立了一个与竞争对手完全不同的企业形象。

到1975年，公司的航线扩张到另外8个城市。到1978年，公司就成为全美最盈利的航空公司之一。到2011年年末，西南航空已经连续39年保持盈利，从未解雇过任何员工，从未有过死亡事故。公司1971年开始时共有195个员工；到2012年员工数达到了37 000人，并且其中82%的员工加入了工会。起初靠三架飞机运行在德州的三个城市之间的区域航线 1989 年的收入超过了 10 亿美元的里程碑。到 2012 年,西南航空拥有超过 550 架波音 737 并在 73 个城市间飞行,每天运行超过 3 200 个航班。根据美国交通部的数据,以美国国内载客量计算,截止到 2011 年 3 月 31 日,西南航空已经是全美最大的航空运营商。

西南航空公司的使命是"致力于最高质量的顾客服务,伴以热情、友善、自豪和企业精神"。霍华德·帕特南——一位咨询师,曾是公司早期时的首席执行官,是这样描述公司的:"我们不是航空公司,我们是批量运输。"[22]西南航空之所以能够获得高额利润,关键在于压低运营成本和有控制的扩张。保持低成本则在于高效率的运营系统,包括售票、维修、行李托运、培训及飞机例行维护。比如,一架飞机停靠在登机口之后,西南航空可以让它在 20 分钟内掉头并再次飞行,而整个行业的平均耗时需要 45 分钟。

西南航空只有波音 737 这一种型号的飞机,这使得在必要的时候可以在不同的航班之间切换飞机的全体乘务员。使用单一型号的飞机也使得培训、记录、维修和库存成本保持在很低的水平上。西南航空大部分航班的飞行时间都约为一个小时,这意味着不必提供用餐服务。它的售票系统也极为精简。乘客预订好机票后,既可以从网上在飞机起飞前 24 小时内直接获取登机牌,也可以到机场的自助值机台获取。西南航空并不为乘客指定座位。在登机牌上有一个字母和数字,分别代表相应的登机批次和登机序号。当轮到一个登机批次的时候,乘客就按照登机序号来登机。这种做法使得成本降低、操作简化。航空公司不必打印登机牌,登机牌可以被反复使用,登机口也只需要较少的雇员。

大型航空公司会使用轴辐式空运系统,先把乘客从外围机场输送到中央机场,然后让他们从那里转机到达目的地。而西南航空绝大多数是那种迅捷、点对点的航班,这样乘客就可以直接飞到目的地。再加上飞机在机场只需 20 分钟的调转时间,这为乘客和公司都节省了时间和金钱,因为飞机在空中飞行的时间更长、使用率更高。乘客不用在中央机场转机,可以节约很多时间。西南航空在行业中取得了成本上的竞争优势地位。例如,不算燃油和特殊项目,2011 年平摊到每个乘客头上的飞行成本是 7.61 美分每英里,而其他大型航空公司的成本都更高。西南航空的劳动力效率也极高,无论是从每个雇员平均服务的乘客数,还是从每架飞机平均需要的雇员数来看,都是如此。此外,西南航空的票务销售系统也有助于降低其成本。大多数大型航空公司使用计算机预订系统,让旅行社通过该系统为乘客订票。西南航空不使用这样的系统,乘客直接通过西南航空的网站订票。

西南航空高效率运营系统的另外一个重要结果是它的准时性。根据 2012 年 2 月发布的《美国交通部航空旅行消费者 2011 年终报告》,西南航空的顾客满意度在整个行业中名列首位。还是在 2012 年,西南航空位列 J. D. Power and Associates 顾客服务年度总冠军。

西南航空的招聘政策和企业文化都很独特。前任主席和总裁赫布·凯莱赫通过把员工放在第一位来明确强调了这一点。他的理由是,如果他们高兴、满意、工作投入,就会让乘客高兴和满意;满意的顾客会再次光顾,这将使得股东们高兴。[23]

西南航空的招聘政策要求员工富有幽默感;招聘手册和雇用广告强调,公司寻找的员工是那种自我感觉良好,知道如何打趣的人。公司有员工利润分享计划;每年都会把一部分利润汇入"员工利润分享账户"里用来回馈员工。员工招进来后,会经过技能和团队协作培训。公司尽力培养员工的责任感和主人翁精神。鼓励员工进行新的尝试,只要无损安全。轻松愉快的企业文化和员工们爱打趣的态度并不意味着西南航空是随意运作的。公司的扩张有审慎的管理,避免扩张得太快。

其他的航空公司试图模仿西南航空的成功战略,却不太成功。例如,美国联合航空曾于1994年在加州启动了"联合航空班车"项目,希望能够复制西南航空成本低和调转快的优势。经过16个月的试运行后,美国联合航空只能达到平均每座位每英里8美分的成本水平,显著高于西南航空每座位每英里7.1美分的水平。[24]结果美国联合航空不得不撤销加州的许多航班,而西南航空则增加了在加州的业务。凯莱赫论及竞争的时候是这么说的:

> 他们可以效仿我们的飞机型号。他们可以模仿我们的票务柜台以及所有其他的硬件设施。但是他们无法复制我们西南航空的人和态度。[25]

5.5 总结

服务组织的生存和繁荣取决于它为顾客、员工、供应商和股东创造价值的能力。满意的员工带来满意的顾客;满意的顾客意味着重复光顾带来的生意和繁荣。服务组织的繁荣发展使得供应商有生意可做,并且让股东满意。所以,服务组织的主要战略应该是创造价值。

价值是一个产品或服务满足顾客需求或为顾客提供利益的能力。本章描述的服务价值模型为服务企业如何为它的顾客创造价值提供了指导。这个模型有六个组成部分:感知质量、内部属性、外部属性、货币价格、非货币价格、时间。如果顾客感知的所得大于或等于他们对服务的预期,那么顾客就会满意。感知质量越高,服务的感知价值也越高。服务的内部属性是服务为顾客提供的利益。为了给顾客创造价值,服务组织必须正确地、可靠地提供核心服务。外部属性与服务有关,但独立于服务包之外;也就是说,是与服务有关的所有心理效用。

顾客为得到服务的所有花费就是货币价格。在服务质量不变的条件下,货币价格越低,顾客得到的额外价值就越多。顾客所感知到的,任何为了获得和接受服务而发生的非货币付出,都叫作非货币价格。

时间是服务价值创造过程中的重要因素。要为顾客创造价值,服务组织可以减少使用服务的时间,也可以提供比其他服务更为省时的替代服务,或是延长服务让顾客受益的时间。

服务组织的生存和发展与服务价值创造过程的结果密切相关。为了达到这个目的,服务组织必须要有服务战略。战略是对行动方案的深思熟虑的探索,以发展和强化企业的竞争优势。战略也可以被看作规划、策略、模式、定位或远景。

一个行业的竞争环境中有五种力量:新来的竞争者、替代品的威胁、买方的议价能力、供应商的议价能力和现有对手间的竞争激烈程度。

在本章中讨论了可作为战略制定起点的三种通用战略:成本领先、差异化、专一化战略。然后,"战略性服务构想"作为一个特定的为服务企业制定战略的方法被提出。这个模型用四个基础要素(目标细分市场、服务概念、运营战略、服务交付系统)和三个整合要素(服务定位、价值成本杠杆、战略/系统整合)来把各个要素结合成一个整体。最终,西南航空公司的例子被用来解释这个模型是怎样应用于服务组织的。

问题讨论

1. 试解释使用价值和交换价值的不同。交换价值这个概念是否对服务也适用？请解释。
2. 什么是服务的价值？为什么它是主观的？
3. 请简要描述本章给出的服务价值模型。
4. 解释感知质量，说明它为什么在服务中重要。
5. 解释服务的内部属性和外部属性。
6. 解释服务的非货币价格。它如何影响顾客的购买决定？
7. 解释时间是如何在服务的价值创造过程中发挥作用的。
8. 解释战略对服务组织的意义。
9. 任何服务组织都需要战略吗？解释理由。
10. 为什么对一个服务组织而言，理解它所处的竞争环境很重要？
11. 简要解释竞争环境中的几种力量。
12. 有哪些进入壁垒？试从服务行业中举例说明。
13. 解释成本领先战略。
14. 解释差异化战略。
15. 解释专一化战略。
16. 成本专一化战略和成本领先战略之间有何不同？
17. 描述战略性服务构想的基础要素。
18. 描述战略性服务构想的整合要素。它们在模型中的作用是什么？

尾注

1. 例如，可参见：Hannah R. Sewall, *The Theory of Value Before Adam Smith* (New York, NY: Augustus M. Kelley Publishers, 1968) and Jeffrey T. Young, *Classical Theories of Value: From Smith to Sraffa* (Boulder, Colorado: Westview Press, 1978).

2. Adam Smith, *An Inquiry into the Nature and Causes of the Wealth of Nations* (New York, NY: The Modern Library, 1937), p. 28.

3. Phyllis Deane, *The Evolution of Economic Ideas* (London: Cambridge University Press, 1978), p. 118.

4. Michael E. Porter, *Competitive Advantage: Creating and Sustaining Superior Performance* (New York, NY: The Free Press, 1985), p. 3.

5. David J. De Marle, "The Value Force," in M. Larry Shillito and David J. De Marle, *Value: Its Measurement, Design, and Management* (New York, NY: John Wiley & Sons, 1992), pp. 3–4.

6. 关于价值创造的更多讨论可参见：Cengiz Haksever, Radha Chaganti, and Ronald G. Cook, "A Model of Value Creation: Strategic View," *Journal of Business Ethics*, Vol. 49, No. 3 (February 2004), pp. 291–305.

7. Valarie A. Zeithaml, "Consumer Perceptions of Price, Quality, and Value: A Means-End Model and Synthesis of Evidence," *Journal of Marketing*, Vol. 52 (July 1988), pp. 2–22.

8. J. M. Juran and Frank M. Gryna, *Quality Planning and Analysis* (New York, NY: McGraw-Hill, 1993), p. 5.

9. Valarie A. Zeithaml, A. Parasuraman, and Leonard L. Berry, *Delivering Quality Service:*

Balancing Customer Perceptions and Expectations (New York, The Free Press, 1990), p. 26.

10. Bruce D. Henderson, "The Origin of Strategy," *Harvard Business Review*, (November–December 1989).

11. Henry Mintzberg, "Five Ps for Strategy," *California Management Review* (Fall, 1987).

12. James B. Quinn, *Strategies for Change: Logical Incrementalism* (Homewood, IL, Richard D. Irwin, 1980).

13. Henry Mintzberg, "The Strategy Concept II: Another Look at Why Organizations Need Strategies," *California Management Review* (Fall, 1987), pp. 25–32.

14. Michael E. Porter, *Competitive Advantage*, pp. 4–5.

15. Michael E. Porter, *Competitive Strategy: Techniques for Analyzing Industries and Competitors* (New York, The Free Press, 1980), pp. 7–14.

16. Michael E. Porter, *Competitive Strategy*, pp. 17–21.

17. 例如：可参见：Chapter 3, in Kenneth R. Andrews, *The Concept of Corporate Strategy* (Homewood, Illinois: Irwin, 1987).

18. Michael E. Porter, *Competitive Strategy*, pp. xvii–xvii.

19. Michael E. Porter, *Competitive Advantage*, pp. 12–20, and *Competitive Strategy*, pp. 34–46.

20. James L. Heskett, *Managing in the Service Economy* (Boston, MA: Harvard Business School Press, 1986).

21. 除非特别说明，该案例的信息来源于：Southwest Airlines homepage: www.southwest.com/ (accessed on 07/12/2012); Kristin Dunlap Godsey, "Slow Climb to New Heights," *Success* (October 20, 1996); Kenneth Labich, "Is Kelleher America's Best CEO?," *Fortune* (May 2, 1994); "Southwest Airlines (A)," Harvard Business School Case 575-060 Rev. 2/85.

22. Scott McCartney, "Turbulence Ahead: Competitors Quake as Southwest Air Is Set to Invade Northeast," *The Wall Street Journal* (October 23, 1996).

23. Kristin Dunlap Godsey, "Slow Climb to New Heights."

24. Scott McCartney and Michael J. McCarthy, "Southwest Flies Circles Around United's Shuttle," *The Wall Street Journal* (February 20, 1996).

25. Kristin Dunlap Godsey, "Slow Climb to New Heights."

第 6 章 服务管理中的伦理挑战

6.1 引言

似乎没有一天没有国内外的各种丑闻,被报纸、电视新闻或其他新闻机构报道出来。这些事件的数目和种类之繁多真的让人感到惊讶。我们读到和听到的一些事件也许就像:
- 某国会议员或高级政府官员的婚姻不行为;
- 某财务主管欺骗投资者;
- 某财务主管把内部消息泄密给他的朋友;
- 某制药公司隐瞒其生产的某种药物的无效性或者不良副作用;
- 某政府官员或国会议员接受贿赂,对某人或某公司给予特殊照顾;
- 某运动员服用兴奋剂类药品;
- 某承包商篡改要供给军方的设备的检测结果;
- 某广告商对于某产品或某服务的益处做出虚假宣传;
- 人体器官买卖;
- 在某些国家的供应商大量使用童工。

上述清单只是一个很小的取样,完全可以列举出更多令人不愉快甚至震惊的事件。大部分事件中的行为明显是不合法的,但全部都是不符合伦理的。它们违反了一条或者多条人们深信不疑的伦理规范。

很多组织的管理者和员工,无论是从事制造业还是服务业,是私立的还是公立的,都可能需要在面临伦理两难困境的情况下做出决定。某些情况下可能存在一些很明显是不合法的和/或不符合伦理的选择,另一些情况则更具挑战性,因为难以清楚地界定某些选择到底是否合乎伦理。本章集中论述一些私立或公立组织机构的管理者或员工所面临的伦理挑战。

6.2 什么是伦理?

伦理的定义可以在字典或是百科全书中找到,《韦氏大学词典》[1] 有如下解释:"1:能够区别好坏并明确道德责任与义务的准则。2 a：一系列的道德原则或价值观念；b：关于道德价值的理论或系统；c：个人或群体的行为准则；d：行为导向的哲理。"

哲学家和伦理学者们对什么是伦理做了详细的解释。伦理有两种含义：第一种，这是一个关于道德的哲学研究领域，要"探索能够对我们力求实践的道德标准做出解释的原则"。[2] 换句话说，伦理是一门学术学科，它考察人或社会的道德标准，以及这些标准如何应用于人或社会。不管这些道德标准是否合理，它都加以考察。[3]

伦理的第二种含义是关于道德哲理在人类某个活动领域中的实践，例如营销伦理、法律伦理、医疗伦理，等等。在这个意义上，伦理指的是适用于特定活动领域的道德标准的集合，以及在这个领域中工作的人对这些标准的运用。因为不符合伦理的行为会从身体上、经济上或者心理上伤害人们，或者危害环境，实践意义上的伦理的定义是避免对人或环境的危害或潜在危害。[4]

显然，道德和道德标准是上述两种含义下的伦理的核心。道德标准包含一些行为规范，即一般性的行为准则，例如"偷东西是错的"，或者"你要永远讲真话"。大多数人从小就开始从父母、学校、宗教机构或者社会环境中学到这些道德标准。随着人们变得成熟和生活经验的增加，他们会修正或抛弃其中的一些标准，或学到一些新的。人们掌握的道德标准影响他们的生活方式并且指导他们的行为。

我们也应该提到伦理和法律的关系。法律的颁布是要限制人或组织的行为活动。因此，人们必须遵守他们居住的或者访问的国家的法律，这也是伦理的要求。很多法律是在看到某些不符合伦理的行为对人（例如《萨班斯-奥克斯利法案》）和环境的有害影响之后才制定的。然而，考虑到数量庞大的各种情境都可能导致不符合伦理的行为，因此法律不可能涵盖所有可能性。更进一步地，有些法律可能干脆就是不符合伦理的、不人道的，例如在美国早期的历史阶段，法律是允许拥有奴隶的，或者有些国家的法律允许童工（或缺乏相关法律）。

6.3 私立部门和公立部门有伦理问题吗？

2010 年发表在《经济学人》上的一篇文章开篇就如此评论道：

> 自从 Moisés Naím 创造著名的短语"腐败爆发"已经有 15 年了。但如今这种爆发没有丝毫衰败的迹象。实际上，现在到处可见的是熔岩和硫磺烟灰，甚至覆盖了不少的世界级大企业。[5]

近日，由伦理资源中心（Ethics Resource Center，ERC）发布的《国家商业伦理调查报告》（National Business Ethics Survey，NBES）似乎证实了这种观点。[6] 基于来自营利性企业员工的 4 683 份反馈，这篇报告在其前言中将它的发现非常清晰地归纳总结如下：

> 一方面，不端行为已达到一个历史低点，并且遇见不端行为的人比以前更愿意举报。虽然有这些好消息，我们还是能看见一些十分不祥的预兆——伦理的文化正在被侵蚀，并且员工们对领导者的伦理印象正在不断滑坡。另外，因来自雇主的压力而违背伦理标准进行妥协的现象创最高纪录，同时报复行为也以惊人的速度增长。

相比于过去的调查，NBES 在商业伦理方面发现了一些积极的发展趋势：

- "员工在工作中目击不端行为的比例下降到了一个新的低点：45%。作为对照，2009 年为

49%，而 2007 年的 55% 则是最高记录。

- 那些见到不端行为的人中进行举报的比例达到最高记录：65%。相比于两年前的 63% 有所提高，更是比最低记录（2005 年的 53%）高了 12 个百分点。"

这些鼓舞人心的迹象的出现被认为是由于 2008 年美国爆发的金融危机。历史经验表明，每当经济出现危机时，企业及其领导层似乎会表现得更加符合伦理。随着经济的复苏，不端行为开始增多，同时对于不符合伦理的行为的举报似乎也有所减少。NBES 还发现了一种新的趋势：相比于那些不大参与社交活动的员工而言，在社交活动中花费较多时间的员工会大量举报在职场中见到的不符合伦理的行为。而且，这些热衷于建立社会关系网络的人更有可能在某种压力下违背伦理标准，对不好的行为进行妥协，同时成为报复的对象（见表 6-1）。

表 6-1 国家商业伦理调查的主要发现

- 对于举报者的报复越来越多。多于 1/5（22%）的不端行为告发者称遭到了各种形式的报复。
- 感觉在工作中受到胁迫而违反伦理标准的员工的比例增加到了 13%，几乎达到了一直以来的最高点：2000 年的 14%。
- 拥有较弱的伦理文化的企业增加到了几乎要破记录的 42%。
- 社交活动频繁的人较那些不活跃甚至不参与社交活动的人而言更有可能经受违背伦理标准的压力，这个比例相对高出接近 32 个百分点。
- 大部分举报过不端行为的社交活动频繁的人表示他们曾经遭到过报复：其比例高达 56%，但那些不活跃甚至不参与社交活动的人遇到这种情况的比例仅为 18%。

进行调查的作者认为以下所观察到的情况是因为正处于经济困难时期：

- 大约 1/3（34%）的员工表示管理人员对他们的监管更严了。
- 10 个中有超过 4 个（42%）员工说他们的企业更为努力地提高伦理意识。
- 30% 的员工认为在企业中的行为不端者因为担心经济不景气的影响而行事低调。

资料来源：2011 *National Business Ethics Survey*：*Workplace Ethics in Transition*（Ethics Resource Center，Arlington，VA，2012）。

NBES 的一个令人担忧的发现是对于举报者的报复增多；与 2009 年的调查相比，在 2011 年每一种类型的报复都有所增加（见表 6-2）。另外一个令人不安的趋势是迫使员工打破伦理标准甚至违反法律的压力越来越大；13% 的员工感受到了这种压力，自从 2000 年的调查以来，达到了最高点。也许是因为压力的增大，目击某些类型的不符合伦理和不合法行为的员工的比例明显增加。例如，员工发现内部交易的比例从 2009 年的 1% 增加到了 2011 年的 4%。相似地，2011 年发生性骚扰事件的比例从 2009 年的 7% 增加到了 2011 年的 11%（见表 6-3）。

表 6-2 前六种对举报者的职场报复形式：遭遇过某种类型的报复的员工百分比（%）

报复类型	调查年份	
	2009	2011
排除出决策性工作活动	62	64
被同事排挤	60	62
遭受领导/管理者的言语谩骂	55	62
几乎丢掉工作	48	56
没有升职或加薪	43	55
遭受同事的言语谩骂	42	51

资料来源：改编自 2011 *National Business Ethics Survey*：*Workplace Ethics in Transition*（Ethics Resource Center，Arlington，VA，2012）。

表 6-3　职场中不端行为的增加：发现某种不端行为的员工百分比（%）

不端行为的类型	调查年份	
	2009	2011
性骚扰	7	11
滥用药物	7	11
内部交易	1	4
非法政治捐赠	1	4
盗窃	9	12
破坏环境	4	7
不正当的合同	3	6
违反合同	3	6
不正当运用竞争者信息	2	5
反竞争实践	2	4
破坏健康或安全	11	13

资料来源：改编自 2011 *National Business Ethics Survey*：*Workplace Ethics in Transition*（Ethics Resource Center, Arlington, VA, 2012）．

领导在使员工逐步遵循伦理这事上有着非常重要的作用，正如在很多其他事情中那样，如抱持一个新的想法，实施一个新的商业流程，或者努力达到某个商业目标。毫不奇怪，早前的一些调查就表明伦理文化的两个主要驱动力就是高层领导和主管。遗憾的是，NBES 发现员工对于高层领导和主管都缺乏信心。对于高层领导的信心大概为 62%，这是自 2009 年以来的最低值。34% 的员工认为他们的领导没有表现出符合伦理的行为（见图 6-1）。

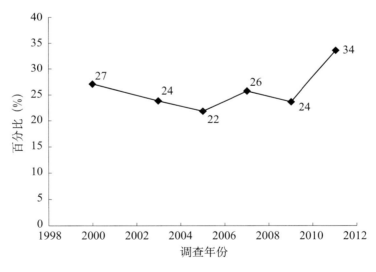

图 6-1　员工对其主管伦理的看法：认为主管未表现出符合伦理的行为的员工百分比

资料来源：改编自 2011 *National Business Ethics Survey*：*Workplace Ethics in Transition*（Ethics Resource Center, Arlington, VA, 2012）．

NBES 还考察了组织中伦理文化的一些关键因素，包括管理层的可信度，各层管理人员是否强调伦理并以身作则，以及员工在多大程度上重视和支持符合伦理的行为、问责机制和透明度。NBES 发现 42% 的员工认为他们组织的伦理文化薄弱，这很可能是由于对高层管理人员缺乏信心

（见表6-4）。

表6-4　自2000年以来企业的伦理文化的强度：
员工对于其所在企业的看法（%）

强度	2000	2003	2005	2007	2009	2011
弱	9	9	9	11	9	11
偏弱	34	30	29	28	26	31
偏强	48	52	48	44	44	40
强	9	9	14	17	21	18
总计	100	100	100	100	100	100

资料来源：改编自 2011 *National Business Ethics Survey*：*Workplace Ethics in Transition*（Ethics Resource Center, Arlington, VA, 2012）。

NBES 不可避免地提出了如下令人感到不祥的警告：

经济复苏后传统模式很可能重现：

历史的教训往往在甘甜中夹杂着苦涩，因为它往往带着好的兆头：当经济开始复苏时，一些企业便开始轻视伦理，某些员工会再次铤而走险，不端行为又重新抬头。事实上，愈演愈烈的报复行为，迫使员工违反伦理标准的越来越大的压力，以及伦理文化的日益衰落均表明，至少就企业层面而言，已经在走下坡路了。这就为下一步的演变埋下了伏笔：一旦经济强劲发展起来，企业将不再关心伦理，而员工也不再那么担心职业保障，那时不端行为势必要泛滥成灾。

在此应该强调的是，大多数大型企业、公立组织和非营利性机构都具有一定的伦理标准。大多数职业机构，如美国医学会、美国律师协会、美国注册金融理财师协会、美国护士协会、国际社会工作者联盟、美国注册会计师协会以及所有的美国工程协会均制定了与其职业实践相关的伦理标准。2012 年，美国司法部颁布了《美国海外腐败行为法资源指南》（*A Resource Guide to the U. S. Foreign Corrupt Practice Act*，FCPA）。尽管属于非正式的概要性文件，且不具任何约束力，但其"致力于为各类不同规模和形式的企业——从首次在国外进行交易的小型企业到在世界各地都拥有分公司的跨国公司提供有用信息。"[7] 甚至大多数国际组织也有各自的伦理准则，如联合国（UN）与经济合作与发展组织（OECD）。

但遗憾的是，虽然有准则、标准或符合伦理的行为的培训，却并不足以防止各类组织中不良行为的发生。例如，美国能源企业安然（Enron）曾经制定了 64 页的伦理政策，但这未能阻止其最高管理层与其咨询和审计公司安达信（Arthur Anderson）实施欺诈行为并严重毁坏许多人的生活。股东们遭受近 110 亿美元的损失；员工失去的不仅仅是工作，还有投资于企业股票的退休储备金。就连非营利机构，如慈善机构联合劝募会（United Way），也饱受欺诈和资金滥用的侵扰。已故的威廉·阿拉莫尼，于 20 世纪 90 年代担任联合劝募会的首席执行官，被判欺诈罪并遭到其他几项指控。他过着奢华的生活；据估算，在 10 年任期中他滥用公款的数额达 60 万—120 万美元之多。

你自然会问："是什么导致人们表现出不符合伦理甚至是违法的行为？"其实不难猜测出一些答案，但美国管理协会下的人力资源学会所做的调查提供了一长串可能的原因。[8] 不出意料，"不现实的业务目标或截止期限带来的压力"比所有其他原因都被提及得多得多。此外，希望个人事业得到发展和确保生计是另外两个提及最多的导致不符合伦理的行为的动机（见表6-5）。

表 6-5 导致不符合伦理的行为的十大动机

哪些重要因素最有可能导致员工违背组织的伦理标准?
1. 69.7% 不现实的业务目标或期限的压力
2. 38.5% 希望个人事业得到进一步的发展
3. 33.8% 确保个人生计
4. 31.1% 工作环境中多是愤世嫉俗或士气低落的氛围
5. 27.7% 培训不足/没有认识到当前行为是不符合伦理的
6. 24.3% 即使被抓到,也没有什么
7. 23.5% 必须遵守老板的命令
8. 14.9% 同行压力/希望成为团队中的一员
9. 9.5% 意图偷窃或损害企业利益
10. 8.7% 希望帮助企业得以生存

资料来源:改编自 The Ethical Enterprise: A Global Study of Business Ethics 2005—2015(American Management Association / Human Resource Institute,2006)。

6.4 服务业员工和管理者面临的挑战

本章讨论的伦理问题与所有组织的管理者和员工均有关,其中包括私立或公立、营利或非营利,以及制造业或服务业企业。显然,由于工作性质的不同,有些管理者和员工相对而言会更频繁地面临要承担伦理后果的局面。例如,企业管理者进驻其他国家做生意时,就可能需要应付那些期望甚至索要贿赂的腐败的政府官员。除了制造业的员工和管理者所面临的伦理挑战外,从事服务业的员工和管理者还面临着其他一些额外的挑战。

制造业和服务业之间的主要区别在于行业各自所处理的对象不同。制造业主要是将原材料转换成产品;换言之,它们主要与非生命物打交道。当然,在制造业中也存在诸多的人与人之间的互动,比如某位管理者与其下属,或与其他管理者以及上司之间的关系。在这些互动过程中,以及在与供应商、顾客或其他利益相关者打交道时都可能产生伦理问题。

此外,服务业企业则几乎只针对人及他们的财产或信息;如果涉及任何材料,也只是附带性的,用来实现服务的效果。正如第 2 章中所讨论的,服务接触的结果取决于顾客与服务提供者之间的互动。服务提供者必须以尊重、公平和公正的态度对待顾客,并且时刻牢记顾客利益至上。任何与此相悖的行为或决定都是不符合职业伦理的,属于劣质服务。

显然,如果服务的效果可能对顾客的健康和幸福造成不良影响,就应该引起首要的关注。同时,服务提供者还必须照看好顾客的财物,其中可能包括汽车之类的物品或金钱。另一项极为重要的东西是顾客的信息,比如社会保障号、信用卡号码和密码;如果服务提供者能够接触到这类信息,则必须极为谨慎地予以保密。特别是电子设备不断发展并得到广泛应用,如智能手机和平板电脑,这为违背伦理的行为创造了潜在条件。众所周知,某些手机应用程序在顾客不知情或未征得其同意的情况下收集他们进行互联网搜索以及移动轨迹的信息,如他们平时访问的商店或地址。出卖这类客户信息或从中获利完全是不符合伦理的行为。

6.5 伦理的哲学理论

本节对一些伦理方面的著名理论进行简单回顾。

美德伦理学

美德可以定义为一种特殊的卓越道德品质。三大宗教(犹太教、基督教和伊斯兰教)都提出了其信徒必须要具备的许多美德。"隐藏在美德伦理学背后的观点是,我们应该确定什么样的特性是社会所需要的,然后努力在大众中间去推广这些特性。"[9]

美德伦理学可以追溯至孔子的教导,孔子"中庸之道"的理念可以表述为"美德是两种极端之间恰到好处的中道"。[10]根据孔子的观点,有美德的人是"仁慈的、善良的、慷慨的,最重要的是平衡,一切都谨守中庸"。[11]换句话说,一个有美德的人的行为通常是合理、适中的,避免极端。然而,需要强调的是,此处的"中庸"不应理解为两种极端之间的中点,而应理解为平衡两种极端的调和点。

古希腊哲学家亚里士多德也曾提出类似的观点,但是他更加强调人的品质而非行为。在亚里士多德之前,另一位古希腊哲学家柏拉图曾提出四种基本美德:节制、正义、勇敢、智慧。[12]亚里士多德认为,节制或者中庸,是应被遵循的首要美德。例如:勇敢是懦弱和鲁莽的中道,节制是自我禁欲和自我放纵的中道,良好的性情是冷漠与易怒的中道。

主观主义或主观相对论

同意主观主义或主观相对论理论的人认为,对与错的衡量没有普遍的真理,也没有放之四海而皆准的标准。对于同一个道德问题,不同的两个人的看法可能完全相反,并且这两人的看法可能都是正确的。这种哲学理论也可以理解为,善良的人的观点也可能互相冲突,对于有些道德问题可能永远无法解决或达成一致。例如:几十年以来,堕胎问题一直是美国社会争议颇多的话题,持不同观点的双方至今没有达成一致意见。反对主观相对论的主要观点认为,这种理论为某些被多数人认为不符合伦理的行为提供了理想的最后防线或者逃匿路线。主观相对论对善与恶不作道德区分,让每个人自己决定对或错。"假如阿道夫·希特勒和特蕾莎修女都曾终其一生去做他们自己认为正确的事,你会赞许他们两者的人生都是美好的吗?"[13]

文化相对论

文化相对论的观点认为,"对"与"错"取决于一个社会的道德导向。也就是说,什么符合伦理取决于特定社会的文化。在美国,向公职人员行贿以获取优惠待遇,不论是国内的还是国外的,都违反美国法律。但是在有些国家,贿赂政府官员却很平常,并被人们当作一种生活中的常态来接受,尽管事实上这种行为可能是违法的。在这些国家从事商业活动的部分管理人员认为,由于贿赂行为在文化上被社会所接受,因此在这些国家行贿是从事商业活动的必要之举。当然,很清楚的是,虽然在这些国家行贿是一件平常的事,但并不意味着这些国家的大众认为行贿是符合伦理的行为。因此,向政府官员行贿是不"对"的,并且对这些国家的人民不公平。

心理利己主义

心理利己主义由托马斯·霍布斯创立,也被称作伦理利己主义,这种理论建立在人类天性是自利的信仰之上,认为人总是会追求他们自身的利益。霍布斯描述了政府存在之前自然状态下的人生是"孤独、贫困、污秽、野蛮而短暂的"。霍布斯解释道,政府的形成是"一种社会契约"——人们愿意放弃一些他们自然享有的自由,以换取安全。"从短期来看,我们可能有所损失;但是,在一个鼓励合作的环境中能够实现长期利益,这样看来却是值得的。因此大前提是,要如此建立社会机构和制度,以便利用每个人的利己天性来使全体福利最大化。"[14]一种批评这种理论的主要观点认为,人类是复杂的,所以很难确定某些行为的动机到底是什么。有的人可能并不是出于自利的动机而采取某种行为,却很有可能存在其他动机。另一个问题是,这种理论可能将利己与自私混淆,并不是所有追逐自利的行为都是自私的行为。例如:学习一种新技能(比如读书和写字)是一个人的自利行为,却不是自私行为。

功利主义或神学伦理学

功利主义理论或神学伦理学的基本原则由杰里米·边沁和约翰·斯图亚特·密尔所创立。"这种理论认为,评判人们的行为在道德上是对还是错,不在于行为本身,而在于这些行为所产生的结果。因此,没有哪种行为本身就是对的或错的。"[15]这种理论建立在"最大幸福"原则或者"效用"原则的基础上——该原则假定,所有人的净效用最大化才是道德的善。根据这种理论,没有哪种动机是好的或者是坏的,是这些动机所产生的结果决定了其是符合伦理的还是不符合伦理的。因此,如果谎言所产生的结果是好的,那么在道德上就不应被视为是错的。原始的功利主义则理论被称为"行为功利主义",而后来的"规则功利主义"则是一个修正版,规则功利主义的基础性前提假设是,模式或共性可以被人们所认识,足以用于在绝大多数情况下的决策。这样,人们就可以从这些共性中建立道德规则,最终使功利或幸福最大化。"因此,规则功利主义将功利原则应用于道德规则,而行为功利主义则将功利原则应用于个体的道德行为。"[16]批评功利主义理论的一种观点认为,人们行为的结果很难毫无疑问地确定下来。另一种反对功利主义理论的观点认为,该理论采用单一的方法去衡量不同类型的结果。

义务伦理学或责任伦理学

义务伦理学或责任伦理学由德国哲学家伊曼努尔·康德所创立,其建立的基础是被他称为**绝对命令**的道德原则,即所有人都必须遵守的某些道德权利和道德义务。"绝对命令"是任何人在任何情况下都必须遵守的规则或原则。与功利主义理论相反,康德认为,有些道德要求并不必然产生良好的结果;不论结果如何,人们都必须遵守这些道德要求。他认为,人应当被视为终极目标,而不是实现目标的手段。根据这种理论,要确定某种行为或决定是否符合伦理,我们可以扪心自问,我们是否愿意让这样的行为施加到自己的身上。"仅按照这样的准则行事:如果你能并且同时希望这个准则成为普遍的法则。"[17]对康德的"绝对命令"持批评态度的一种主要观点认为,该理论不允许存在任何例外情况;虽然例外情况是罕见的,但通常几乎所有的规则都存在例外情况。另一种反对的观点认为,该理论没有指明规则冲突时我们应该如何去做。[18]

6.6 商业伦理行为准则

在回顾了一些最为著名的伦理学理论之后,我们可能很自然地想知道,这些理论如何才能帮助服务业组织的管理者和员工在千变万化的情况下,做出道德上正确的选择?换句话说,"商业活动中符合伦理的行为的原则是什么?"遗憾的是,我们所回顾的这些理论并没有为我们提供所需要的答案;也没有一种可以运用于所有商业活动的具体实用的原则。但是,从另一方面来说,这些伦理学理论对人们了解人类几千年来对伦理认识的发展却是大有裨益的；更为重要的是，这些理论为实用理念提供了丰富的背景，这有利于我们从中获得一些有益的启示。

商业伦理的核心问题是"在自由市场社会的商业活动中，什么才是符合伦理的行为？"本书第5章指出，所有的组织，不论是私立的还是公立的，都存在利益相关者。一个组织的利益相关者是受该组织活动影响的个人或团体，或者是其活动可以对组织造成影响的个人或团体。一个私立企业的利益相关者包括股东/业主、员工、顾客、供应商、政府机构、竞争者和一般大众。

私立企业的主要任务就是为其股东/业主以利润和增加股价的形式创造价值。因此，很自然的希望是，企业、管理者和员工能按照以上使命来决策和行动。但是，私立企业也不能完全忽视其他的利益相关者。如果私立企业的某一决定或行为可能会对其他的利益相关者造成经济上或身体上的伤害，那么这个决定或行为就有可能对企业造成反弹冲击。其结果是，私立企业可能会失去顾客、市场份额和利润，无助于私立企业完成其使命。举个简单的反弹冲击的例子：2011年，美国银行决定向借记卡用户收取5美元的月费，结果导致消费者怒气冲天，最后美国银行不得不放弃该项决定。不符合伦理的行为或腐败行为不仅会对某一类利益相关者造成负面影响，其负面影响的规模可能更大。例如：《美国海外腐败行为法资源指南》前言部分就贿赂文化对企业和社会大众的伤害进行了如下简要阐释：

> 腐败对民主制度有腐蚀影响，造成公共责任破坏，并会将公众资源从医疗、教育和基础设施等重要领域转移。如果一个企业成败的标准在于行贿的多少，而不在于其产品和服务质量的好坏，那么遵守法律的企业就会处于不利的竞争地位，消费者也会蒙受损失。[19]

因此，所设定的企业使命……是资本主义企业的使命。商业的伦理问题因而也就变成如何使资本主义商业行为更符合伦理（也就是说，对其利益相关者的潜在伤害更小）。[20]

公立组织的利益相关者包括纳税人、员工、法律制定者、商业企业、供应商、使用公立组织服务的所有人，以及普通大众。公立组织的主要任务是，通过向特定的群体提供服务，为利益相关者创造价值，并遵守相关的法律和规定。公立组织的管理者和员工在履行其义务的过程中，必须避免对其利益相关者造成伤害，必须尊重并且平等、公正地对待每个人，必须做到决策透明，不得浪费纳税人的钱。

商业活动中可能导致不符合伦理的行为发生的一个因素是，企业的利益相关者与企业的管理者和员工之间的权力差异。这种权力差异可能源于不同的渠道。当然，最主要的原因是利益相关者通常无法获得组织可能拥有的知识和/或信息。对于那些主动探索信息的人来说，因特网和万维网在一定程度上缩小了这种差异，然而一些有关企业的具体信息，如成本，或者某个在研发过程中的产品或服务的潜在有害影响，通常不为公众所了解。造成这种权力差异的另一个原因是组织可能拥有的资源。一家大企业可能对小供应商施加巨大的压力，要求供应商降低所提供的材料或服务的价格，这可能导致产品或服务质量恶化，最终对消费者造成伤害。例如：航空公司的管理者可能对负责飞机维护和检修的企业施加压力，要求其降低成本或者伪造安全检查报告——这可能导致灾难性的后果。

如前所述，符合伦理的行为可以定义为避免对人和/或环境造成伤害——这可视为伦理的使命。很明显的是，利益相关者是最有可能受到组织决策或行为伤害的团体，它们也是受益最多的团体。"因此，伦理的使命就是改善滥用权力的状况并减少其在人们日常生活中造成负面影响的机会。从现实的角度来说,在自然形成的'人类丛林'中改善利益相关者的境况是对商业伦理的有效测试。"[21]

本章前面的小节中曾提到,大多数专业组织和大型机构都为其成员和员工制定了特定的伦理准则。其结果是,对于那些想遵守法律和伦理的人来说,这并不难,只要遵守法律、遵守组织和职业的伦理规范就行了。如果你发现自己身处法律或组织的伦理准则没有涵盖的情境,或者你所在的组织没有制定这样的伦理准则,我们在此提供以下几点通用准则:

1. 避免自己的行为或所做出的决定(在身体、经济、心理或其他任何方面)对别人或环境造成伤害;
2. 尊重别人;
3. 保持公正。

6.7 总结

本章讨论的主题是商业伦理,指出伦理的违背在各种类型的组织中都会出现,并对社会和经济生活造成不良影响。本章开篇即列举了一连串的、来自社会各个部分的、为人所熟知的各种不符合伦理的行为的例子。伦理有两种含义:(1)关于道德的哲学研究领域;(2)关于道德哲理在人类某个活动领域中的实践。我们采用的伦理定义是"避免对别人或环境造成任何伤害"。

在第6.3节中,我们陈述了一些来自国家商业伦理调查报告的令人信服的证据。该报告指出,在营利性企业中普遍存在不符合伦理的行为。特别令人担忧的发现包括:(1)2009年以来,对员工的举报进行报复的现象大幅度增加;(2)自2000年以来,因经受压力而违背伦理标准的人员的比例已达到最高水平;(3)伦理文化薄弱的企业比例达到42%,接近历史纪录;(4)员工对高层领导的信心降至2009年以来的最低水平,超过1/3的员工认为他们的领导没有表现出符合伦理的行为;(5)42%的员工认为其所在的企业伦理文化薄弱。NBES对美国企业未来伦理文化的预测同样令人担忧——随着经济的复苏,不符合伦理的行为可能快速增加。历史的证据表明,强劲的经济会降低企业对伦理建设的关注程度,同时也会缓解员工在职业保障方面的担忧。

第6.4节讨论了服务业企业的管理者和员工所面临的特殊挑战,这些挑战与他们在制造业企业的同事所面临的挑战不尽相同。其中指出,主要不同在于他们工作中所处理的对象不同。制造业企业处理的是材料,也就是说,非生命物;而服务业企业处理的是人、他们的财产或信息。其结果是,服务提供商存在不符合伦理的行为的潜在可能,并可能会对服务消费者造成伤害。

本章对一些最著名的伦理学的哲学理论进行了论述,为重要的伦理学概念提供了背景。然后讨论了一些可能有助于组织的管理者或员工形成实用的伦理准则的观念。随后指出,大多数大型组织和专业机构为其特定工作领域制定了具体的伦理准则来让员工遵守。如果管理者或者员工所在的组织没有成文的伦理准则,或者他们发现自己身处法律或组织的伦理准则没有涵盖的情境,我们建议以下三点通用准则,以便指导他们的行为和决策:(1)避免自己的行为或所做的决定对别人或环境造成伤害;(2)尊重别人;(3)保持公正。

问题讨论

1. 伦理的两个定义是什么？它们之间有什么区别？

2. 实践中的伦理可以定义为**避免对别人和/或环境造成伤害或形成潜在伤害**。你是否同意这是服务业管理者和雇员可以采用的较好定义？为什么？请解释原因。

3. 因为许多法律和规定已经对商业活动中的不良行为进行了限制，你认为是否还需要伦理标准？

4. 为什么腐败（比如贿赂公职人员）对经济和社会有害？

5. 国家商业伦理调查报告揭示了营利性企业的哪些伦理问题？

6. 国家商业伦理调查报告报告做出了哪些预测？如果这些预测成真，消费者是否应该有所担忧？

7. 当经济不景气的时候，为什么商业人士会表现得更符合伦理？为什么在经济发展状况良好时会发生更多违反道德的行为？

8. 人们在商业活动中违反伦理准则的主要原因是什么？

9. 对下列伦理的哲学理论进行解释：
   a. 美德伦理学；
   b. 主观主义（主观相对论）；
   c. 文化相对论；
   d. 心理利己主义；
   e. 功利主义（神学伦理学）；
   f. 义务论理学（责任伦理学）。

10. 本书提出了以下有助于管理者和雇员在其工作中表现出符合伦理的行为的通用准则：
    a. 避免自己的行为或所做出的决定（在身体、经济、心理或其他任何方面）对别人或环境造成伤害；
    b. 尊重别人。
    c. 保持公正。
    你同意这些准则吗？为什么？请解释。

尾注

1. *Merriam Webster's Collegiate Dictionary*, 10th Ed., Merriam Webster, Inc. Springfield, MA, 1996.

2. Jeffrey Reiman, "Criminal Justice Ethics," in Paul Leighton and Jeffrey Reiman, Eds. *Criminal Justice Ethics* (Prentice-Hall, Upper Saddle River, NJ, 2001), p. 2.

3. Manuel G. Velasquez, *Business Ethics: Concepts and Cases*, 7th Ed. (Pearson Education, Inc. Upper Saddle River, NJ, 2012), p. 13.

4. D. Robin, "Toward an Applied Meaning for Ethics in Business," *Journal of Business Ethics*, Vol. 89 (2009), pp. 139–150.

5. Schumpeter, "The Corruption Eruption," *The Economist*, April 20, 2010.

6. Michael G. Oxley and Patricia J. Harned, *2011 National Business Ethics Survey: Workplace Ethics in Transition* (Ethics Resource Center, Arlington, VA, 2012).

7. *A Resource Guide to the U.S. Foreign Corrupt Practices Act* (U.S. Department of Justice and U.S. Securities and Exchange Commission, Washington DC, November 12, 2012).

8. *The Ethical Enterprise: A Global Study of Business Ethics 2005–2015* (American

Management Association/Human Resource Institute, 2006), p.55.

9. Brett S. Sharp, Grant Aguirre, and Kenneth Kickham, *Managing in the Public Sector: A Casebook in Ethics and Leadership* (Longman, Pearson Education, Inc. Upper Saddle River, NJ, 2011), p. 12.

10. Clifford G. Christians, Mark Fackler, Kathy B. Richardson, Peggy J. Kreshel, and Robert H. Woods, Jr., *Media Ethics: Cases and Moral Reasoning*, 9th Ed. (Allyn & Bacon, Pearson Education, Inc. Upper Saddle River, NJ, 2012), p. 11.

11. Daniel Bonevac, William Boone, and Stephen Williams, Eds. *Beyond the Western Tradition: Readings in Moral and Political Philosophy*, (Mountain View, CA, Mayfield Publishing, 1992), pp. 264–269.

12. Clifford G. Christians et. al. *Media Ethics: Cases and Moral Reasoning*, p. 10.

13. Michael J. Quinn, *Ethics for the Information Age*, 5th Ed. (Addison-Wesley, Pearson Education, Inc., Upper Saddle River, NJ, 2013), p. 59.

14. Sharp, Aguirre, and Kickham, *Managing in the Public Sector: A Casebook in Ethics and Leadership*, p.5.

15. Sharp, Aguirre, and Kickham, *Managing in the Public Sector: A Casebook in Ethics and Leadership*, p.6.

16. Michael J. Quinn, *Ethics for the Information Age*, p. 80.

17. Immanuel Kant, *Groundwork of the Metaphysic of Morals*, trans. by H.J. Patton (Harper Torchbooks, New York, 1964), p.70.

18. Sharp, Aguirre, and Kickham, *Managing in the Public Sector: A Casebook in Ethics and Leadership*, p.12.

19. *A Resource Guide to the U.S. Foreign Corrupt Practices Act* (U.S. Department of Justice and U.S. Securities and Exchange Commission, Washington DC. November 12, 2012).

20. Robin, "Toward an Applied Meaning for Ethics in Business."

21. Robin, "Toward an Applied Meaning for Ethics in Business."

第2部分

第7章 技术及其对服务与服务管理的影响
第8章 服务和服务交付系统的设计与开发
第9章 服务供应链及其管理
第10章 设施的选址和布局设计

第 7 章　技术及其对服务与服务管理的影响

7.1　引言

我们每天在电视和报纸上了解到科技的进步,例如:

人造器官	自动语言翻译
克隆	数码、无线通信、智能手机、平板电脑
软件服务	太空旅行
远程学习	远程办公
智能卡	基因工程
3D 打印	全球定位系统(GPS)
云计算	社交网络(Facebook、LinkedIn 和 Twitter)

技术就是将科学实际应用于人类从事的任何活动。技术包括实现一个目标所需要的资源和知识。因此,当早期人类用燧石生火或者用弓箭捕食动物时,他们就是在使用技术。我们在最广义的情况下使用技术这个词。我们试图通过我们的活动去实现很多目标或解决很多问题,随便举几个例子:太空探索、生产我们所需的商品和服务、保护环境、治愈疾病、以经济的方式生产能源、与他人交流。当我们将科学用于这些目的时,我们就创造了人类在这些方面的技术,比如太空技术、制造技术、环境技术、医疗技术和通信技术。当然,所有这些技术都影响着我们的生活以及生产商品和服务的组织。然而,在所有技术中,信息技术可能是对如何创建和提供服务影响最大的。因此,本章意在讨论信息技术及其对服务和服务管理的影响。本章也讨论了服务组织如何将技术变成有力的竞争武器。

7.2　流程技术与信息技术

流程是指任何有目的并导致特定结果的活动或一组活动。一个流程必须有输入,比如人的智能、信息、机器和原料,并可能生产出实物或者输出服务。在制造业中,许多不同的技术被加以利用,如使用计算机辅助设计技术(CAD)来设计产品,然后使用化学技术、电子技术、冶金技术或者机械技术把它们生产出来。根据要生产的产品以及需要生产的数量,我们可以分别使用分批、连续或者大规模生产的流程。流程对服务的创建和提供也很重要。实际上,任何服务都是流程的结果。但是,服务流程不能像在制造业中那样简单分类或贴上标签。服务流程变化多端,服务流程所需要的活动和输入种类取决于服务本身。比如,外科医生在医院给病人做手术的时候会用到关于病人和医学技术的信息,并且遵循一套已建立的医疗程序。再比如,一个投资银行家使用金融信息和信息技术,并且遵循在她的专业领域里建立起来的一套规则和相关法律。很明显,以上两类专业人员使用了不同的流程技术,但是他们都依赖于信息技术。

信息技术包括计算机应用技术和电信技术。**计算机技术**是基于硬件和软件的,对于存储和处理数据及信息必不可少。**电信技术**包括设备和软件,用于传播声音、数据和信息。

7.3 服务业中的技术

对服务企业的一种刻板印象是劳动密集型的小规模机构,它的工艺简单,只需要很少甚至不需要在科学技术方面的投资。这种对服务过时的看法与实际并不相符。自20世纪80年代以来,服务企业在信息技术上进行了大量的投资。比如,据估计美国健康信息技术的投资在2008年是272亿美元,预计到2012年会增长到328亿美元。[1]另外,据估计所有信息技术软件的投资中大约85%都是用于服务的。有趣的一点是,虽然在制造业中资本和技术方面的投资通常会带来更高的生产力[2],但是关于信息技术的投资对企业绩效的影响却有争议。服务生产力在大量的信息技术投资下仍然缓慢增长的现象被称为"**信息技术悖论**"。[3]美国国家科学院[4]下的一个委员会曾给出一个报告,对这个所谓的悖论提供了一些解释:

1. **信息技术的浪费和低效使用**——虽然信息技术在各种层面上都能为服务工作者提供有力的工具,却无法保证这些工具被适当和正确地使用。很多时候在系统还没有流程化的情况下就用信息技术来自动化低效的系统或流程。

2. **其他问题的影响**——也许信息技术确实提高了服务的生产力,但是其他部分的问题可能导致生产力增长的缓慢,因为信息技术不是影响生产力的唯一因素。

3. **过时的生产力测量方式**——第三种可能性是信息技术确实对服务生产力有积极的影响,但是现在的测量方法漏掉了对这些提高的测量。比如,现有的生产力数据并没有包括服务质量中的重要因素。

4. **滞后效应**——信息技术可能确实对服务生产力有积极影响,但是需要时间让这种影响显现出来。

5. **整合的层次**——最后,第五种可能的解释是我们应该从更低的层次(企业层面)来总结和看待信息技术的支出对生产力的影响而不是从宏观的层面看。

彼得·F.德鲁克(Peter F. Drucker)可能是我们这个时代最有影响力的管理学思考者,他从另外的角度考虑了这个问题:"……在知识和服务工作中,资本不能替代劳动(即工人),同样,新技术本身也不能在这些工作中产生更高的生产力。用经济学家的术语来说就是,在制作和移动产品时,资本和技术是**生产要素**。在知识和服务工作中,它们是**生产工具**,它们对生产力是有利还是有害取决于人们用它们做什么,取决于用它们的目的是什么,或者取决于使用者的技能。"[5]然而,最新的研究有证据表明,信息技术的投资带来了绩效的提高,不过时间上有滞后。具体说来,研究表明公司平均在投资的 3 到 4 年后才能实现最大的绩效提升。[6]

7.4 服务企业为何投资技术?

可以肯定地说,整个服务行业都采用一些技术。但是在不同的行业中技术的复杂程度和对技术的利用程度是不同的,这很大程度上取决于业务性质。有些组织,比如电话企业、软件开发者和互联网服务提供商的职责是发展信息技术,而另外一些组织由于其他的原因而投资技术,其中主要是为了保持竞争力。比如,FedEx 和 UPS 每年都在技术研究上投资超过十亿美元。[7] 另外一个例子是银行:"……在某种意义上,银行是技术企业。很多银行有成百上千的员工在信息技术部门工作。"[8]

第 7.6 节会对服务领域的技术应用有一个概览,但我们首先来考虑一下为什么很多服务组织投资技术并且依赖技术。以下这些是美国国家科学院下的一个委员会在采访过很多服务行业的管理人员后所总结的原因。[9]

1. **保持或增加市场份额**——虽然有些时候市场份额可能不是合适的甚至是误导性的指标,但市场份额仍被一些企业作为衡量业绩的一项重要标准。市场份额也被作为获得市场支配能力、从供货商那里获得优惠条件和提高规模经济或范围经济的基础。有些服务企业感到很有必要在技术上进行大量投资以保持市场份额,尽管这并不一定提高它们的产出和盈利能力。

2. **避免风险或意外成本**——有些组织投资技术以减少或规避风险。比如,医院会投资尖端技术以避免医疗事故诉讼,同时也得益于由新技术带来的诊断和治疗能力的提高。机场安装炸药探测设备以对抗恐怖袭击,类似地,很多机场安装先进的雷达系统以探测风切变,因为许多在机场及其附近发生的空难事件都可归咎于风切变。

3. **建立灵活性,应对多变的商业环境**——在当今的商业世界中似乎唯一不变的就是改变。政府管制的改变(包括增加和撤销管制)、加剧的竞争、全球化、运营的复杂性和一直变化的消费者偏好都加剧了服务组织运营环境的不确定性和复杂性。灵活的信息技术系统常常能帮助服务组织应对快速变化的环境。

4. **改善内部环境**——很多组织投资技术是为了让它们的员工工作起来更容易,并且通过消除烦琐的任务、使得工作更有趣来创造一个更快乐的工作环境。而且,信息技术的使用提高了组织的数据收集、处理和预测的能力,从而为组织的运营提供了更高的稳定性。

5. **改善服务质量以及与顾客的互动**——如今质量和顾客满意度是很多服务组织关注的核心。客户满意度和服务质量的主要因素包括可靠性、一致性、准确性和服务速度。如果合理高效地使用信息技术,服务组织就可以提升这些主要因素以获得顾客的长期忠诚。在技术上的投资同时也提高了顾客和员工对组织及其服务的正面印象。

7.5 科技作为竞争优势

尽管对于科技投资是否和盈利能力或生产力有正相关性尚存疑虑,但是科技已经无可置疑地并且将来还会继续通过各种产品和服务对我们的日常生活产生重大影响。想想现代生活中的各种便利,如电视、互联网、传真机、智能手机、平板电脑、语音邮件、电子邮件、自助取款机(ATM)、航空旅行、现代医学,它们都是科技进步的结果。因此,即使信息技术并不能保证盈利,但它显然为许多消费者带来了好处。此外,很多组织在信息技术上投入巨大并且获得了伟大的成功。这部分讨论服务企业能如何利用科学技术作为竞争优势并且盈利。

如果第一个使用新技术,并且适当地使用它,服务性组织可以获得相对于其竞争对手非常重要的竞争优势。**竞争优势**就是把一个组织同它的竞争对手区分开的东西。这种不对称性对服务的潜在买家形成吸引力。竞争优势可以是更快的服务速度、范围更广的服务包、更低价格下提供同样的服务质量,或者更适合消费者,而科技能帮助组织实现这些目标。

信息技术能帮助一个服务组织将它的服务和其他竞争对手区分开来。比如,FedEx 和 UPS 能够让顾客在它们的网站上准备并打印自己的邮寄标签,或者发送上门取包的请求。随后,顾客可以在网站上查看包裹的状态。这些服务组织在信息技术的帮助下将它们的服务与对手的服务区分开来。

科技上的进步也可能带来以前不可能的商业实践。一个合适的例子就是很多大型服务组织的战略**联盟**。这些联盟可能是由来自同一行业中的组织组成的,也可能是由来自不同行业的组织组成的。航空公司的联盟就是第一种联盟的例子,这在航空业内是很普遍的。客运航空公司之间的联盟有三个:星空联盟(28个成员)、天合联盟(17个成员)和寰宇一家(12个成员)。航空公司的联盟通常包括建立代码共享系统。代码共享包括连接航班行程安排并互售联盟航班的机票以帮助航空公司把自己的旅客推介给联盟公司的航班。代码共享帮助航空公司将它们的网络扩展到全国甚至全世界,而不需要投资新的飞机或航线。这种联盟也给乘客带来好处,包括转机便利、行李转接,并且会员飞行里程积分能在联盟内的所有航空公司间通用。此外,有证据表明有些联盟会减少乘客的选择,导致更高的价格。[10] 联盟也能由来自不同服务行业的组织组成,比如银行发行可以赚取特定航空公司里程积分的信用卡。

现在的企业通过密切监视新技术的进步或者进行应用研究来积极地寻求竞争优势。对于如何利用科技来增加获得竞争优势的机会,Leonard L. Berry[11] 提供了下面的一些指导原则:

1. **从全局出发**

科技本身不是目的,它应该作为工具帮助服务组织实现它的目标和目的。换言之,科技的采用应该支持组织的总体战略。这要求对组织未来的发展方向、优劣势和能力有清晰的认识。组织的高层管理人员必须参与到科技战略的制定中来,确保它支持组织战略并监管它的实施。"管理人员必须告诉技术人员技术应该用来做什么。管理人员,而不是技术人员,应该掌握技术战略。"

2. **自动化有效的系统**

技术本身并不能使得低效的服务流程或系统高效。像很多组织从不成功的技术执行中学到的一样,自动化一个已经过时的、低效的系统并不能显著地增加产出或者盈利。在对技术做出任何投资之前,组织应该先研究已有的服务系统和流程,找出这样一些任务或惯例,它们没有给顾客带来价值,或造成无谓的延迟,或使得员工的工作产生不必要的困难和乏味感。特别要注意跨越传统组织和部门界限的流程,或者包括很多转接的流程。在引进先进技术之前,必须重新设计这些具有不良性质的系统或者流程,在这个过程中,要始终把顾客和员工的满意度放在心中,如果有可能,还需把他们的意见作为一种输入。

3. **解决真正的问题**

要产生实际效益,技术应该被用来解决顾客的真正问题,不论是内部的顾客还是外部的顾客。

这要求确定顾客身份,发现他们的需求,获得他们的意见来决定技术和系统设计的选择。"仅仅用技术投资来降低运营成本很少能获得最佳效果。用户也需要获益,而不仅仅是投资者。技术应该帮助服务提供商的运行产生更多的效益,使之有更多的权力、自信、创造力、敏捷性和知识。或者这项技术应该为外部的顾客提供更多的便利、更高的可靠性、更多的控制、更低的价格或者其他增值属性。"

4. 提供更多而不是更少的控制

发展技术最重要的原因就是提高已有技术能带来的益处,或者为用户带来新的益处。技术能给员工和顾客提供的最大的益处之一就是给他们更多的选择和更多的控制。顾客应该有更多的选择,从而让他们能自由选择自己想要的。员工应该有更多的权力来控制自己的行为,从而能更好地为顾客服务,或者快速解决问题。简而言之,技术应该赋予员工和顾客更大的权力。

5. 优化基础技术

每个服务系统或流程,不管它的技术有多么复杂,都会有一些低技术含量的部分。这些低技术含量部分的失效或低效会显著地影响组织服务于其顾客的能力。因此,我们应该重点关注系统中作为创造服务和提供服务的基础部分,它们应该最先从先进技术中获益。即使在使用了先进技术以后,仍会存在低技术含量的部分。技术实施者必须确保高技术含量的部分和低技术含量的部分是兼容的,能很好地整合在一起,让顾客得到所要的结果。下面这段引用描述了一个整合失败的例子。

谈谈我在一家旅馆办理退房手续的经验。接待员迅速地从她面前的显示屏上算出了我的账单,在旁边的一台打印机上打印出了纸质版,让我签信用卡消费存根。但是紧接着她拿着信用卡消费存根走到了那张长长的接待台的另一端。她在那里停留了几分钟,站在她的几个同事旁边。我开始担心我的信用额度发生了什么可怕的事情。其他站在我后面的顾客在窃窃私语。最后接待员回来了,她说:"您的一切都办好了!"我问:"发生了什么?"她给了我一个疲惫的微笑:"我们桌子上只有一个订书机,所以我得排队去把您的账单和信用卡消费存根订在一起。"因为缺少一个价值3美元的低技术含量的订书机,那花费了成百上千倍的计算机系统在员工生产力和客户满意度上带来的潜在收益竟然损失了大部分!(当然,首先得假设纸质收据是必要的,一个更好的解决方法是把账单和信用卡收据合并到一个单独的文件中。)[12]

6. 结合高技术与高服务接触

当合适有效地使用技术的时候,技术将提高服务的速度(当速度是合意的时候),并且提高产出的精确性和一致性。然而,有些顾客是技术厌恶者,即使技术提供了一些好处,他们仍然更愿意跟人而不是跟机器和电脑打交道。而且,当顾客不得不通过机器测试或者走一些流程的时候,有些顾客会觉得服务不够人性化。技术在这些场合中可能被视为罪魁祸首,但是当组织或服务提供者想办法在高技术的环境中加入有人参与的服务接触时,技术就能成为强有力的工具。技术可以通过减少服务时间和/或减少单调的工作,给服务提供者腾出更多的时间去关注消费者。

7.6 技术在服务中的应用领域

技术在服务行业中有非常多的应用领域,如表7-1所示。比如银行业,它仅仅是金融服务的一部分,广泛应用电子资金转账(EFT)、电子成像、ATM、编码支票的磁墨字符识别(MICR)读取器等技术,以提升生产力。在其他服务领域也有很多类似的技术进步。在医疗服务领域,像电脑断层扫描仪和胎儿监护仪这样的技术本质上是诊断方法,而像心脏起搏器和血液透析机这样的技术则用来帮助控制病情。

技术可以通过提高已有的服务流程来创造竞争优势。这些提高可能是在速度方面,也可能是在给顾客提供更多的选择或者更好的品质方面。比如,**办公自动化**通过将信息技术整合进流程使得员工们变得更高效。文字处理软件减少了打字、校订、拼写检查、打印所需的时间,提高了文档准备的效率。类似地,电子制表软件减少了收集、分析和操作大量数值数据所需的时间以帮助决策。

技术还可以通过**替代**改变整个流程。首先,这样的例子包括宽银屏电影院、光纤传输信息,或者桌面排版。替代的例子包括电子邮件替代纸质信件,电视机替代收音机,航空旅行替代火车旅行,电话会议替代航空旅行或面对面交谈,自动洗车替代人工洗车,电脑程序化的股票交易替代主观判断交易。

表 7-1 在服务中使用技术的例子

服务行业	举例
银行业	支票存款,查余额,转账,用移动设备付款,借记卡,电子转账,电子成像,磁墨字符识别
教育	远程学习,多媒体展示,交互式智能白板,课程管理系统(比如 Blackboard),互联网
政府	美国国家海洋与大气管理局(用卫星采集天气信息),联邦航空管理局(空中交通管制),北美防空联合司令部(北美的航空警告和航空管制,对来自空中的攻击进行警告)
餐饮	光学扫描仪结账,服务员用无线网络将点单信息传到厨房,餐厅呼叫系统,餐厅除噪声技术
通信	电子出版,智能手机,电子邮件,语音邮件,Wifi
酒店	电子住房、退房系统,电子钥匙/锁系统,在房间内的电视机上结账
批发/零售业	电子终端销售点,电子数据交换系统,条形码扫描器
交通	电子收费系统(比如 E-ZPass),卫星导航系统
医疗健康	磁力共振扫描仪,电脑断层扫描仪,声波图,病人监护系统,网络医生
航空业	航班排程,计算机预订系统,自助值机台

技术在服务业中可能被用于四种目的:
- 顾客处理;
- 顾客财产处理;
- 信息处理;
- 服务创新。

顾客处理

顾客处理是典型的个人服务,比如医疗健康、美容、交通、教育和娱乐。顾客处理是服务业越来越大的挑战之一,这是由很多原因造成的。一个原因是顾客越来越讨厌排队等候服务,另一个原因是要满足高峰时刻的服务需求要花费很高的人力成本。因此,服务组织有时候会减少员工数量以降低成本。还有一个原因是在一天中的需求是不均匀的。这个问题在机场尤其突出,主要是由于对乘客和行李的安检。有些航空公司正在尝试各种高科技创新帮助乘客更顺利地通过机场到他们的飞机上去。这种方法的实质在于将那些没有问题要在值机柜台解决的乘客疏导到不同的通道中。比如,在网上购买电子机票的乘客可以在机场的自助值机台办理值机手续,只需要一分钟。有些自助值机台还能分发行李的条形码标签。航空公司的另一个已经实现的创新是给顾客服务代理商配备手提电脑,并在他们的腰带上拴一个微型打印机,他们可以当场给乘客办理登机手续并发放登机牌。[13]这些创新帮助航空公司缩短了顾客在值机柜台前排队和等待的时间,这些都在先进的信息技术的帮助下才成为可能。

顾客财产处理

第二个在技术应用清单上的领域涉及处理顾客的设备或者材料。一个将技术应用到顾客财产处理方面的典型例子是 SensAware。[14]它首创了提供接近于实时反馈包裹信息的服务,包括实时温度、货物的具体位置、物品是否暴露在光下。这些信息即使货物在 FedEx 的飞机上也是可获得的,并帮助顾客跟踪货物在地面的运输情况。很明显,这种信息对医疗和生命科学领域是很有用的,因为这些货物通常具有非常高的价值(比如捐赠器官)并且/或者极具时效性。最初,这种服务是专为医疗健康和生命科学领域设计的,现在可以用于所有领域了。

信息处理

可以用技术来提高服务的第三个领域是数据和信息处理。这个话题非常重要,我们稍后还会在本章详细讲解。大体来说,企业获得信息,编辑加工,再转换成标准格式。然后复制很多副本,分发到不同工作序列中以便执行各种操作。这些副本最后会变成文件,被送到一些外部人员和顾客、供应商手中,或者被销毁。可以提高技术水平的一些机会包括电子数据交换(EDI)、电脑至复印机再现(computer-to-copier reproduction)、当电子监测仪检测到需求时自动生成订单。我们来看下面的例子。

联合服务汽车协会(United Services Automobile Association, USAA)是使用科学技术最成功的美国企业之一,它是一家为美国现役或退役军人提供各种金融服务的互助保险和金融服务公司。[15]前任首席执行官 Robert F. McDermott 在 1968 年接手了这家公司并且使它成为保险业最成功的公司之一。联合服务汽车协会从一家价值 2 亿美元、拥有 65 万名会员的公司到 2011 年发展为一个价值 199 亿美元、拥有 880 万会员的公司。McDermott 做了四个重要的决定并且实现了它们:(1)自动保单生成系统;(2)以自然消耗的方式减少人员;(3)实施教育和培训计划;(4)分散决策。简而言之,联合服务汽车协会通过信息技术(向它们所服务的顾客提供其所需的所有数据和信息)、教育培训(向它们所服务的顾客提供其所需的必要的知识)和分散决策(向它们所服务的顾客提供其所需的解决问题和做决定的权力),授予它的员工更大的权力。

联合服务汽车协会还使用电子成像存储和处理它们所有的文档。**文件影像系统**(document imaging system)把文件和图像转换成数字化形式并将它们存储在计算机数据环境中。大部分文档甚至都不会离开邮件收发室,它们被扫描并存储在光盘上,能立即被公司服务代表所用。2007 年,公司用 Deposit@ Home 的方式彻底变革了个人银行业务,它使得顾客在家就能用他们的个人扫描仪将支票存入账户。最近,它推出了 Deposit@ Mobile 服务,会员可以用诸如 iPhone 和安卓的移动设备对支票拍照并把它传送到公司,将支票存入银行。

服务创新

最后,通过开发新产品或新流程,技术将创造全新的服务。电视技术的发展创造了电视播放服务;随后是有线电视和卫星电视。录像机的发明带来了音像出租商店时代。知识和信息是很多新服务的本质。比如软件、电子游戏、像道琼斯新闻服务社(商业/金融)这样的信息服务、Lexis(法律)、网络医生、音乐下载服务、电子阅读器都是信息技术进步的产物。试想一下互联网给我们带来的服务和好处。你能在网上买到任何东西,新车或二手车、汽车贷款、房屋贷款、房子和杂货,你几乎能找到关于任何东西的信息。你能读报、看杂志,从政府机关或其他来源检索信息。这些只是信息技术进行服务创新的几个例子而已。

7.7 信息系统

很多研究人员和商业观察员都同意美国和其他发达国家的经济是"知识和信息的服务经济"。很多经济活动都要求信息作为一种输入。然而,信息在服务中发挥着关键作用。几乎所有服务项目都要求信息作为一种输入,并且作为服务的一部分,几乎所有服务项目都产生信息,甚至对于有些服务,信息就是其产出。没有信息,服务就无法进行。信息是通过信息系统从数据中产生的。

信息系统可以定义为"由收集(或检索)、处理、存储和分发信息的各部分紧密联系起来的,用于支持一个组织的决策、协调和控制的系统。信息系统也能帮助管理者和员工分析问题、可视化复杂的对象和创造新的产品。"[16]

信息系统包括三个基本活动:输入、处理和输出。事实、数字、词汇、字符串,或者待解释的观察结果都是**数据**。数据就是**输入**,或者说是信息系统的原材料。**信息**是信息系统的**输出**,即已转换成对人类有用和有意义的格式。将数据转换成信息就是信息系统的**处理**功能在发挥作用。

信息系统在电脑和通信技术发明以前就存在于所有的组织当中。然而,如今在发达国家,没有这些组成部件的信息系统很少见,甚至无法想象。因此,当我们提到服务组织中的信息系统的时候,我们指的是基于**计算机的信息系统**。

大多数服务组织都有多套信息系统。这些系统往往是在不同的时候为达到不同的目标而建立的。因此,一个服务组织内运营、营销、财务、会计和人力资源这些不同的职能可能有各自的信息系统。不同的组织层次也可能有不同的信息系统:交易处理系统(运营层面)、管理信息系统、决策支持系统(中级管理层)和主管支持系统。图 7-1 总结了各种可能的情况。[17]

运营层系统

运营层系统通过提供每日运营和交易的信息来支持运营层次的管理者,包括销量额、收据、现金存款、工资单和材料采购。这些系统称为**交易处理系统**。它们收集必要的数据,为基层管理者提供信息以帮助他们进行日常活动并做出常规决定。这个层次的业务流程是高度结构化和明确化的。比如,对于是否同意提高某位客户的信用卡额度,基层管理者通过简单地查看这位客户是否满足预设的条件即可做出决定。

管理信息系统

管理信息系统(management information system,MIS)支持中层管理人员。MIS 使用交易处理系统产生的数据来提供关于一家企业的基础运营的周度、月度或者年度的总结报告。现在大部分这样的报告都可以在网上获得。MIS 通常为预先设定的常规问题提供答案。

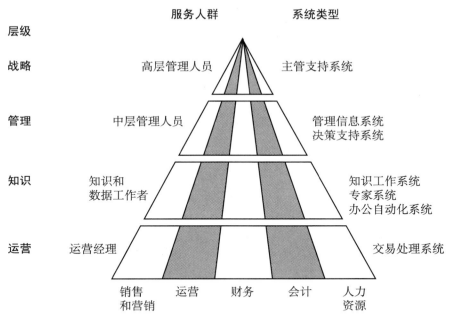

图 7-1　信息系统类型和服务人群

资料来源：改编自 Kenneth C. Laudon and Jane P. Laudon, *Management Information Systems*, 5th ed (Upper Saddle River, NJ, Prentice Hall, 1998), pp. 37–39.

决策支持系统

这些系统也为中层管理人员服务，为他们提供职责内诸如规划、控制和非常规决策支持。决策支持系统(decision-support system, DSS)比管理信息系统更进一步，主要表现在它可以帮助管理者做决定而不仅仅是提供信息。这些系统是交互式、用户易于使用的基于电脑的系统，同时使用内部和外部的数据及数学模型来帮助解决非结构化的或者半结构化的问题。用户可以在考虑一个决策的各种假定潜在情景会产生什么样的结果（称作"假设分析"，"What if" analysis）时询问DSS，这也是DSS的一个重要属性。[18]

主管支持系统

主管支持系统(executive support system, ESS)是为高层管理人员服务的，目的在于跟踪发现策略性问题和长期趋势，比如需求模式、材料成本和雇佣水平。高层管理人员处理和关注与组织长期发展相关的问题，包括外部问题和内部问题。ESS处理非结构性决策，同时提供组织内部和外部的信息。这些系统使用高级图表和交流软件，并且是用户友好的。

7.8　企业系统

正如前一节中所讨论的，很多组织已经在不同时期开发了功能不同的信息系统。这些系统的主要问题是它们通常不会互相"讲话"，或者说，它们互不兼容。这导致了数据和信息的无效率和不准确,因为同一类型的数据是由不同的系统收集和存储的,并且来自这些不同系统的信息通常存在不一致。**企业应用程序**被用于解决这一问题,即为整个组织及其各个功能和部门建立整合性的信息系统,将不同来源和功能的信息进行整合,以提供无缝的完整信息。有四种不同的企业应用程序:企业资源计划(enterprise resource planning, ERP)系统、供应链管理(supply chain management, SCM)系统、客户关系管理(customer relationship management, CRM)系统和知识管理系统(knowledge management system, KMS)。

企业资源计划系统

企业资源计划系统包括"一系列整合的商业应用程序,或者模块。每一模块都发挥特定的商业功能,包括应收账款、应付账款、总账会计、存货控制、材料需求计划、订单管理和人力资源等"。[19] 一个企业资源计划系统使用公共的数据库和数据定义,因而它的各个模块可以互相沟通。企业资源计划系统的各个模块构成一个整合的系统,如果一个交易在某一模块领域内得到处理,这个交易的影响就会在所有相关模块领域中体现出来。例如,如果一个订单被接收和处理了,所有相关的领域,例如会计、存货、生产安排和采购都会记录下这次交易,并且相应数据都会更新。

企业资源计划系统很重要的特征是它们要求组织沿用一个特定的经营模式。企业资源计划系统所采用的业务流程通常反映了相应领域的最新潮流,并体现了最好的行业实践。因而在企业资源计划系统运行之前,组织必须改变它的商业实践,并按照系统设定的模式经营。拒绝做出改变通常会成为系统实施过程中最大的障碍。

供应链管理系统

这些系统帮助企业处理和供应商、运输商以及顾客之间的关系。它们使得企业可以和供应商、批发商和物流公司共享其订单、生产安排、存货水平和发货安排的信息。及时准确地共享信息可以帮助供应链中所有的成员提高绩效。

客户关系管理系统

客户关系管理系统用于和客户之间维持紧密关系。它为企业提供了一个和顾客在业务中的方方面面进行沟通的整合方案,如销售、市场营销和支持等方面。客户关系管理系统旨在最大化收入、客户满意度和客户忠诚度。

知识管理系统

任何进行研发的组织都会涉及知识创造问题。一些组织把新的知识转变成新的服务和产品。例如,制药企业每年都花费数十亿美元来研究、开发和测试新药物。如果药物是有效的,并得到食品和药物管理局的批准,那么新药物就代表着知识向产品和相关服务的转化。制药企业也会生产药物,但是,最重要的是,它们是创造知识的企业。企业创造新知识还有很多其他的方式。大体上所有的高科技企业比如谷歌、微软、苹果、摩托罗拉,都是在创造新知识,它们的市场价值主要取决于它们的"知识资产"。显然,创造知识也属于服务行业。

"知识管理系统帮助个人和组织增强学习能力,提高绩效,并且最好能产生长期的、可持续的竞争优势。简单来说,知识管理系统就是用来管理组织知识的系统。"[20] 知识管理系统收集所有相关的知识和经验,并且进行信息传播或者使需要的信息随时随地都可以得到。许多信息系统都是用来为知识工作者服务的。其中的一些系统根据它们所支持的特定功能在图 7-2 中被分类列举出来。比如，工程咨询公司的工程师所使用的计算机辅助设计的工作站和软件就是最常用的系统之一。

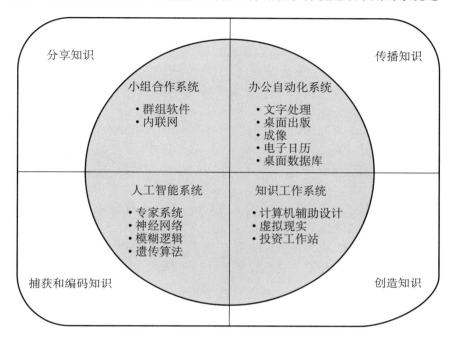

图 7-2 支持知识工作者的现代信息系统

资料来源：Kenneth C. Laudon and Jane Laudon, *Management Information Systems: New Approaches to Organization and Technology*, 5th ed. (Upper Saddle River, NJ, Prentice Hall, 1998). Printed and electronically reproduced by permission of Pearson Education, Ins., Upper Saddle River, New Jersey.

用在服务组织中的另一个知识层次的系统是专家系统(expert system，ES)。简单来说，**专家系统**就是一个能够捕获一个确切界定的狭窄领域内的专家知识和经验的计算机程序。专家能解决困难的问题，解释结果，从经验中学习，重新构建自己的知识，以及在决策过程中确定特定数据信息的相关性。在解决问题或者做决策时，一个设计良好的专家系统会模仿专家在解决特定问题时的推理过程。专家系统能被专家当作训练工具或者知识丰富的助理。[21] 专家系统几乎在所有的行业和功能领域都得到了应用。专家系统在决策过程和服务训练中的重要角色似乎随着这些系统的改进而越发重要起来。

7.9 技术和未来的服务

"到这个十年结束的时候，我们的主要收益将来自目前还没有发明的服务和产品"[22]，这是Tele-Communication 公司的前首席执行官 John C. Malone 在 1993 年宣布和 Bell Atlantic 合并的新闻发布会上说的。以过去 30 年来令人炫目的技术发展速度来看，这个预言对许多服务组织而言似乎实现了。技术发展是人类智能(或人的智力)的胜利和产物，它将成为 21 世纪推动经济的动力。传统制造业和采矿业、农业仍将继续存在，但是人类创造的基于"人的智力"的这些行业及它们的知识创造将成为推动美国和其他发达国家经济进步的动力。

19 世纪和 20 世纪初期，自然资源如煤、石油、矿物和木材给了一些国家相对的经济优势并且使它们变得富裕。资本的可得性也是一个国家繁荣的重要因素。然而,现在已经不再如此了,经济学家 Lester C. Thurow 说:"如今知识和技能是比较优势的唯一来源。在 20 世纪后期的经济活动定位中它们变成了关键要素。硅谷和 128 号公路是经济最活跃的地方,就是因为'人的智力'在那里,而与其他东西都无关。"[23] 他还强调知识已经成为获得长期的可持续竞争优势的唯一来源。

Thurow 教授不是唯一一个持有这种观点的人。管理哲学家彼得·F. 德鲁克在数年前从微观层面做出过同样的评价:"基础的经济资源——用经济学家的术语来说即'生产手段'——已经不再是资本,也不是自然资源(经济学家的'土地'),也不是人力,而是知识——现在和将来都是。……价值如今是被生产力和创新创造出来的,这两者都是知识在工作中的应用。……实际上,如今知识是唯一有意义的资源。传统的'生产要素'……没有消失,但是它们变成了次要的东西。只要有了知识,它们很容易就能得到……不管你喜不喜欢,这些发展顺应了一个不可逆转的变局:知识如今正被应用于知识本身*。"[24]

未来的蓝图似乎清晰了。将来我们的生活和我们的繁荣将越来越多地依赖于知识的创造和使用。制造业、采矿业和农业肯定会被技术的发展影响,但是大部分的服务业将仅仅依赖于人的智力和知识。比如,考虑像软件开发、电子通信、生物技术、制药学等服务行业,以及计算机和电子通信硬件制造商、医疗设备制造商,都是创造和应用知识(技术)的企业。除了人的智力之外,知识创造和应用的另外两个要素是数据和信息。信息技术专家 Don Tapscott 用下面的预言加以概括:

新经济完全是关于未来的竞争,要获得能力来创造新产品和服务,以及将企业转变成昨天还无法想象而后天却会被淘汰的实体。[25]

7.10 总结

服务向来被认为生产效率低下并且难以用机器替换人力。这也许是服务业中存在"生产力悖论"的主要原因。在过去的 30 年里,服务业和制造业企业在信息技术上投资巨大但在服务业中的生产力并没有明显的提高。对这个悖论的一个最可能的解释是技术对生产力和利润发挥的作用取决于管理者和服务员工是如何使用它们的。或者说,技术不是可以被糟糕的设计和低效的系统或流程挥动的魔法杖。然而,最近的研究显示这种益处并不能立即被观察到,而需要至少 3—4 年的时间。

很多服务组织(比如,联合服务汽车协会、FedEx、UPS)在技术的使用方面取得了成功。这些公司通过技术获得了竞争优势并且在流程中获利。

信息技术能帮助企业获得竞争优势,但应注意一些指导原则:从全局出发,只自动化有效的系统和流程;解决顾客真正的问题,不管是内部还是外部的问题;给顾客和员工更多的控制权;优化基础技术;结合高技术与高服务接触。

技术在服务业中有很多应用。最主要的应用类别有顾客处理、顾客的设备和材料处理、信息处理、创造新的服务和产品。信息处理很明显是一项重要的应用,因为很多服务创造并且出售信息,但是所有的服务都使用信息,它们需要信息系统。信息系统可以被定义为"由收集(或检索)、处理、存储和分发信息的各部分紧密联系起来的,用于支持一个组织的决策、协调和控制的系统"。本章讨论了一些服务业中常见的信息系统。信息系统可能用于组织的运营层、知识层、管理层,或者战略层,其中包括交易处理系统、管理信息系统、决策支持系统和主管支持系统。另外一种被很

---

* 暗示知识大爆炸。——译者注

多大型组织采用的信息系统是企业系统。有四种类型的企业系统：企业资源规划系统、供应链管理系统、客户关系管理系统和知识管理系统。

知识将成为 21 世纪推动经济发展的驱动力。传统制造业、采矿业和农业将继续存在，但我们的生活和繁荣将越来越依赖于知识的创造和使用。除了人的智力，数据和信息也是知识创造的重要原材料，但是它们也是知识创造流程的产出。能够创造新知识并将其变成客户需要的新产品和服务的组织将在新的世纪幸存下来并且繁荣发展。

问题讨论

1. 信息技术悖论指的是什么？
2. 关于信息技术悖论，能给出哪些可能性解释？
3. 从哪几个方面可以说科技对于服务业是非常重要的？
4. 为什么服务性组织会对科技进行投资？
5. 为通过科技创造竞争优势，服务性组织应该做些什么？
6. 科技在服务业中存在哪些应用领域？
7. 如何将科技应用于处理客户相关事项？
8. 如何将科技应用于保管客户财物？
9. 如何将科技应用于信息处理？
10. 请对信息系统进行定义。将信息和数据区分开来。
11. 决策支持系统与管理信息系统有什么不同？
12. 决策支持系统在哪些方面与专家系统不同？
13. 服务性组织能否同时在四个层面（运营、知识、管理和战略）拥有信息系统？
14. 为什么专家系统非常适用于服务业？
15. 企业资源规划系统是什么？其产生的原因是什么？
16. 近来电信行业在改变人们工作方式方面进展如何？
17. 某些作者将 21 世纪的美国经济定性为知识经济。知识经济意味着什么？请给出相应的解释。科技在新经济形态中将扮演什么角色？

尾注

1. Gartner U.S. Healthcare, "Provider IT Spend Was $27.2B in 2008 Growing to $32.8B by 2012," in J.D. Lovelock, *Forecast: Healthcare Provider IT Spending, Worldwide, 2006–2012* (Stamford, Conn.: Gartner Group, 9 September 2008).

2. 生产率可以被简单地定义为产出除以用来生产这些产出的投入，第13章将讨论关于生产率的更多细节。

3. 已经有一些文章证实了这种现象，例如：Gregory P. Hackett, "Investment in Technology—The Service Sector Sinkhole?," *Sloan Management Review,* Winter 1990, pp. 97–103; Stephen S. Roach, "Services Under Siege—The Restructuring Imperative," *Harvard Business Review,* September–October 1991, pp. 82–91; and Paul A. Strassmann, "Will Big Spending on Computers Guarantee Profitability?" *Datamation,* February 1997, pp. 75–85.

4. *Committee to Study the Impact of Information Technology on the Performance of Service Activities, Information Technology in the Service Society* (Washington, DC, National

5. Peter F. Drucker, *Managing for the Future: The 1990s and Beyond* (New York, NY, Truman Talley Books/Dutton, 1992), pp. 95–96.

6. Mahmood M. Adam & Garry J. Mann, "Information Technology Investments and Organizational Productivity and Performance: An Empirical Investigation," *Journal of Organizational Computing & Electronic Commerce* (2005), Vol. 15, No. 3, pp.185–202; Matt Campbell, "What a Difference a Year Makes: Time Lag Effect of Information Technology Investment on Firm Performance," *Journal of Organizational Computing & Electronic Commerce* (2012), Vol. 22, No. 3, pp. 237–255.

7. Claudia H. Deutsch, "U.P.S. Embraces High-Tech Delivery Methods," *The New York Times*, July 12, 2007.

8. "Special Report: International Banking: Retail Renaissance," *The Economist*, May 19, 2012.

9. *Information Technology in the Service Society*, pp. 12–13.

10. Scott McCartney, "Airline Alliances Take Toll on Travelers," *The Wall Street Journal*, February 18, 1998.

11. Leonard L. Berry, *On Great Service: A Framework for Action* (New York, NY, The Free Press, 1996) pp. 147–155.

12. Christopher Lovelock, *Product Plus-How Product + Service = Competitive Advantage* (New York, McGraw-Hill, 1994), p. 181.

13. Scott McCartney, "Amid the Kiosks, Elite Treatment From a Gate Agent," *The Wall Street Journal* (Thursday, July 26, 2012).

14. From FedEx News, http://news.van.fedex.com/senseaware (07/20/2012).

15. 除非特别说明，关于USAA的信息都基于：Thomas Teal, "Service Comes First: An Interview with USAA's Robert F. McDermott," *Harvard Business Review*, September–October 1991, pp. 117–127; and www.usaa.com/ (07/20/2012).

16. Kenneth C. Laudon and Jane P. Laudon, *Essentials of Management Information Systems, Ninth Edition* (Upper Saddle River, NJ, Prentice Hall, 2011), p. 13.

17. 除非特别说明，关于信息系统的资料改编自：Laudon and Laudon, *Management Information Systems*, 9th edition (Upper Saddle River, NJ, Prentice Hall, 2011), pp. 47–51.

18. 关于DSS的更多信息可查看：Efraim Turban, Ramesh Sharda, and Dursun Delen, *Decision Support and Business Intelligence Systems*, 9th edition (Upper Saddle River, NJ, Prentice Hall, 2011).

19. Carol V. Brown, Daniel W. DeHayes, Jeffrey A. Hoffer, E. Wainright Martin, and William C. Perkins, *Managing Information Technology*, 7th Edition (Upper Saddle River, NJ, Prentice Hall, 2012), p. 198.

20. Brown, et.al. p.237.

21. EfraimTurban, Ramesh Sharda, and Dursun Delen, *Decision Support and Business Intelligence Systems*, 9th edition (Upper Saddle River, NJ, Prentice Hall, 2011).

22. Edmund L. Andrews, "When We Build It, Will They Come?" *The New York Times*, October 17, 1993.

23. Lester C. Thurow, *The Future of Capitalism: How Today's Economic Forces Shape Tomorrow's World* (New York, NY, William Morrow and Company, Inc. 1996), p. 68.

24. Peter F. Drucker, *Post-Capitalist Society* (New York, NY, Harper Business, 1993), pp. 8 and 42.

25. Don Tapscott, *The Digital Economy: Promise and Peril in the Age of Networked Intelligence* (New York, McGraw-Hill, 1995), p. 43.

第8章 服务和服务交付系统的设计与开发

8.1 引言

　　服务的设计与开发是创造价值和提升顾客满意度的重要步骤。在第2章中提到的"服务接触"被定义为"任何顾客与服务组织的任何方面发生联系并对服务质量留下印象的事件"。对服务接触的定义也强调了顾客是在服务接触的过程中在头脑中建立了服务组织的形象。最重要的服务接触是提供服务的过程,该过程包括了顾客、服务人员(雇员)、服务交付系统、服务的有形展示,以及服务本身,即服务人员或服务交付系统的设备的行为和表现。毫无疑问的是,既然服务接触的意义如此重大,就不能随便对待。服务接触以及任何与之相关的因素都要仔细地被设计、计划和执行。换句话说,服务、服务交付系统和服务的有形展示必须仔细地加以设计,服务人员必须为服务接触做好准备。本章主要讨论前三个问题。

8.2 设计为什么如此重要?

　　在第5章中,我们讨论了价值和为顾客创造服务价值的概念,这是一个组织生存与繁荣的关键。顾客其实不是要购买物品或服务,而是要解决他们的问题、满足他们的需求,或者享受到益处。因此,一个服务组织创造的价值应该是顾客的解决方案、满意度和收益。提供这些价值的流程统称为**服务**。为了达到这些目标,服务必须是一个经过细致考虑和计划的流程。换句话说,服务需要精心设计,而不能随意处置。设计本身会影响成本、质量、服务形象,以及企业形象。

　　如此看来,一个成功的服务组织必须从一个设计优良的服务开始。然而,服务设计并不是可以一次性完成的工作。服务组织必须不断创造新的服务或者改善现有服务,因为顾客的需求是在不断迅速变化的,而且会出现新的需求。顾客喜好或生活方式的改变使得现有服务无法满足他们的需求。因此,服务组织的生命力和竞争力常常有赖于组织对顾客需求的变化和更新的洞察能力,以及通过改良现有服务或推出新服务来迎合顾客需求的能力。

　　除了上述这些原因,服务组织设计开发新服务还有其他的动机。这些原因在本章稍后会加以讨论,不过我们首先来明确服务的"设计与开发"这个概念。服务设计包括服务概念的开发和服务交付系统的设计,而这两者都是进化的过程,需要在设计开发过程不断调整、演化。当我们提到"设计与开发"时,我们同时包括了服务概念和服务交付系统,因为两者不可分割。我们现在来关注另一个重要的问题:服务的"新"是指什么?或者说,服务到底怎么"新"?

产品创新的种类

我们经常听到广告宣传其产品是"新的""全新的"或"新改进的"。自然而然地,熟悉了这些产品之后,顾客并不会被这些广告词所打动,甚至反而会对这些说法产生困惑,因为根本就不清楚宣传的这些产品到底新在哪里。既然本章讨论的主题是设计"新的"或"改进的"服务,因此我们可以适当说明,广告商使用那些广告词可能要表达什么意思,或者换个角度来说,一个组织在考虑设计新服务的时候会有哪些选择。[1]

1. **重大创新**。这类新服务可谓是"新生事物",甚至连它的市场都还没有明确界定。这样的新服务常常是高度不确定的和高风险的。FedEx 推出的小包裹隔夜快递服务就属于这类新服务。

2. **新开业务**。这类新服务是指对顾客普遍存在的需求提供创新的解决方案,虽然这些需求原来已经有相应的服务。这类新服务可能是对已有服务进行捆绑,从而形成新服务包,比如医疗组织将全科医生和专科医生进行组合,并将化验、X 光射线以及药物全部合并到一个屋檐下,病人只需一次就诊即可享受全套服务。

3. **针对现有市场的产品创新**。这类新服务是服务组织以前没有,现在才提供给原有顾客的服务。比如银行推出维萨卡业务、万事达卡业务,或者随同其银行卡、共同基金、资金市场基金一起提供航空公司飞行常旅客里程积分或者保险服务,再如博物馆为顾客提供礼品和纪念品商店或餐饮服务。

4. **产品线拓展**。服务组织在现有服务之外增加服务来增强现有服务产品线就是产品线拓展。比如说,通信公司除了常规通话业务之外,还提供呼叫等待、来电显示、重新拨号等服务;航空公司开通新的航线或者大学开设新的课程。

5. **产品改进**。产品改进表现为改变服务的某些特征来向顾客提供更高质量的产品或更大价值的服务。改进的形式可能是使现有服务更快,或者是使服务更丰富多彩,也就是增加更多额外的小恩惠。例如,ATM 机在存款或提款之后打印用户结余;汽车经销商在提供服务的同时,提供免费汽车清洗服务。

6. **样式更新**。这种是最小的,但也是最容易看得见的改进,主要包括整修或翻修服务场所、员工的新制服、新标志等。

本章对服务设计与开发的讨论将限制在以上新产品类别的前三种。然而,本章内容也适用于其他产品创新种类。

设计与开发新服务的驱动因素

第 4 章中提到服务的全球化趋势,全球化不仅增加了世界各国对现有服务的需求,而且增加了对新服务的需求。本章前面提到服务组织设计与开发新服务是为了迎合顾客不断变化和更新的需求。此外,服务组织设计与开发新服务还有其他驱动因素,下面将介绍其中最重要的一些因素。[2]

财务目标。很多服务组织的管理需要考虑利润、市场份额,或者收益的财务目标。这些目标可能通过改进服务质量和提升顾客对现有服务的满意度来实现。另一种方式则是引进新服务。就像刚才提到的,"新"可以有不同的程度。然而,只有前三种创新是最有可能增加市场份额和收益,并帮助服务组织实现财务目标的。

竞争行为。设计与开发新服务的最强有力的动机之一是竞争者推出了新服务。如果不采取任何行动,组织通常会面临市场份额减小、利润下降的窘境。因此设计与开发新服务会促使竞争者采取相似的行动。例如,美林证券公司提供了现金管理账户服务,该服务将经纪、借记卡和支票服务合成一个服务包,之后其竞争者不得不采取了相似的做法。

全球化。全球贸易和外商直接投资的增加、欧盟的建立,以及苏联的解体创造了新的市场,为很多服务企业带来了新的商机。这些变化促进了新服务的设计与开发,以及对现有服务的调整,以满足不同国家和文化的不同需求。

技术。随着技术推动新产品和新功能不断涌现,人们就产生了新的需求,要求新的服务来满足。第 7 章中讨论了技术进步如何推进新服务的产生。现在我们来系统地了解技术导致服务创新或现有服务改进的几种可能的方式。

1. **新的消费品**。当新产品出现的时候,比如录像机(VCRs)、DVD 或蓝光光盘播放器、个人电脑,这些新产品都需要相应的服务支持,如光盘租赁服务和相关设备修理服务等。最近出现的新产品,比如便携式音乐播放器(iPod 等)引领了音乐下载服务;电子阅读器(如 Amazon 的 Kindle、Barnes & Noble 的 Nook 等)的出现,带来了电子书市场;平板电脑(如 Apple 的 iPad 等)则开创了 App 应用服务、电子报纸杂志的下载和阅读服务等。

2. **新设备**。工程技术的进步帮助制造商和服务企业引进新的设备或者对现有设备进行多种改进。这种进展使现有服务变得更快,同时也有助于开发新的服务。比如,更高速的电脑使得数据存储和数据处理的速度大大提升,同时也促进了新的、复杂的软件的开发;自助取款机的发明,使得银行实现了 24 小时服务。

3. **电子网络**。电子网络,比如因特网和万维网;电子数据银行,比如由联邦政府和私人企业提供的统计、经济、人口统计方面的信息;以及像维基百科这样的在线信息系统,都是近年来非常重要的技术发展,它们使得许多新服务可以被创造和提供。

管制与解除管制。在 20 世纪最后的 30 年中,美国有几个重要的行业被解除管制,比如航空业、卡车运输业、通信业,以及银行和金融服务业。管制的解除使得很多企业进入到以前不对其开放的市场中去,向消费者提供新的服务或者将已有服务以全新的方式组成服务包。比如我们之前提到的美林证券公司提供的现金管理账户服务。尽管一些行业的管制被解除,但一些新的管制规则又被制定,比如环境保护条例和消费者权益保护条例等。这些规定通常会导致对消费品和制造设备进行改进的需求,或者带来对新产品或新设备的需求。它们还可以带来对新服务的需求,比如有关环保或安全的法律服务、工程服务,以及咨询服务。

消除行业协会限制。除了政府解除对一些重要行业的管制之外,行业协会也会放松其对组织成员的限制。比如,改变法律行业、医疗行业、会计行业、建筑行业的伦理规范,允许这些行业做广告。这样的改变会使新服务得到开发,也可导致服务交付系统的创新,比如保健组织、中小企业会计连锁服务和购物中心的法律事务所。

特许经营的发展。特许经营是一种商业模式,个体(特许经营人)获得一种著名的产品或服务的生产和/或买卖的特许经营权,并支付给特许经营权授予者(特许人)加盟费和收入分成作为回报。我们熟知的特许经营企业包括：麦当劳、H&R Block Tax Services、Mail Boxes、Howard Johnson 酒店和汽车经销商等。这种商业模式可以让企业将更多的资源集中在产品/服务的设计与开发、产品线的扩展、产品改进和新型服务交付系统的开发上。

平衡供需。 很多服务组织能力有限，却必须面对大幅波动的服务需求。当需求超过组织供给能力的时候，消费者会因为过长的等待时间而降低满意度，或者离开。然而，当需求不足的时候，设备和人力资源就会闲置，从而造成浪费。制造商们可以通过存货的方法平衡供需之间的关系。但是，服务的易逝性使得服务组织不能采用相同的方法平衡供需。一种貌似可行的方法是提供与现有服务反周期的服务，比如让滑雪场在夏季开放，在无法滑雪的月份提供自然观光度假的服务。换句话说，面临服务需求波动的服务组织可以尝试开发新的服务，这种新服务的需求和原有服务的需求之间有一种高低互补的关系。

8.3 设计质量和价值

数千年来，人类已经设计和制造了各种工具和商品。工程学院教的是设计和制造产品的技术，商学院教的则是设计和开发产品的过程。然而不同于产品，服务的设计和开发并没有得到这种系统性的审视和研究。最近，越来越多的人开始关注服务设计，主要是因为服务在我们经济中的作用日渐明显。

因此，关于服务设计与开发的经验和知识远远没有达到产品设计与开发的水平。这就使得服务研究人员会从产品设计与开发的知识中去寻找服务设计与开发的相关问题的答案或线索。因此我们也采取相同的途径，看看能够从制造业中学到什么经验，哪些成功用于产品设计与开发的工具和实践经验可以被应用和借鉴到服务设计与开发中来。首先，我们将从设计的角度思考产品和服务的相似和不同之处；其次，我们讨论那些在产品设计中成功地将质量和价值赋予产品的可以借鉴的实践经验和工具，它们也许可以用到服务设计与开发中来。

设计产品和服务：相似与不同

前文已经指出，顾客其实不是要购买产品或服务，而是要解决他们的问题，满足他们的需求，或者享受到益处。因此，产品和服务最大的相似之处就在于设计它们是为了提供解决方案，带来满足或益处。举个例子，柯达的创始人 George Eastman 曾说过，"柯达卖的是回忆"，Revson 的创始人 Charles Revson 说，"在工厂里，我们做化妆品，但是在商店，我们卖的是希望。"

第二个相似点是产品和服务的设计都属于人类的创造物。人们首先要在头脑中创造出一个新事物的概念，然后再思考如何着手去实现。

第三个相似之处在于顾客很少会要求设计与开发某一个特定的产品或服务。顾客可能会表达一些模糊的需求，但是不能将需求精准描述成一种产品或服务，顾客一般只会对提供给他们的产品或服务做出反应。苹果公司的创始人史蒂夫·乔布斯——我们这个时代的出色的创造者之一，曾经就设计新产品和服务说过这样一段话：

消费者给我们钱就是要我们做好每一个细节，使得我们的电脑用起来轻松愉快，我们理当对此十分在行。这不等于不倾听消费者的声音，只是如果消费者从来没有见过类似的东西，他们也很难告诉我们他们到底需要什么。就拿桌面视频编辑来说，我从来没有从消费者那里听到过要在

电脑上编辑视频的需求,但现在人们见到后才会说,"哦,天哪,这真是太棒了!"³

这些没有被清晰表达出来的需求需要被发现,并通过新的产品或服务来满足。我们现在来讨论产品和服务的设计之间的重要区别。产品制造商需要很多资源,比如原材料、半成品、劳动力,以及能源。这些资源都是产品生产中不可或缺的。设计出来的产品有一系列标准和规格,比如类型、等级、使用材料的数量、不同部分的尺寸,以及允许误差等。这些细节一般通过我们称作蓝图的技术图来表示。在制造业中,产品设计符合标准是非常重要的;如果不符合标准,就会出现不能使用或者有缺陷的产品,有时甚至出现危险的情况。产品的概念可以在图纸上展示出来,产品的原型可以制造出来,用于研究、测量、检测,直到最终付诸使用。产品设计完成之后就开始制造了,所有制造出来的产品都是一样的,只是可能在尺寸上有微小的区别。

服务设计中,原材料很少涉及,工具和设备会用到,但并不总是必需的。飞机对于飞机运输服务至关重要,但是睡椅就不是精神治疗服务中的必需品。服务设计的结果只是一个概念,或者一个想法,以及一个实施这个概念的流程描述。服务设计可能有一些标准,但是通常很少,就算服务设计偏离了既定标准,这个服务也不至于不能使用或者造成不好的结果。服务设计中没有图表是可能的,因为服务是一个执行过程。服务可以通过模拟尝试来检测,但是每次执行过程都会不同,不管是在检测还是在实际实施中都会不同,因为每次参与的顾客和服务人员不同。设计结束后,服务就会提供给消费者,没有两个服务过程是完全相同的,每个顾客的服务体验都是独一无二的。

产品和服务之间另一个重要的区别在于,在制造业中随着设计的进行,改变设计的成本会越来越高。这通常被称作85/15百分比法则,意味着一个产品85%的成本取决于产品设计的前15%的时间段。一旦产品设计完成并冻结,就很难再做出任何改变,工厂就会按照设计进行大规模的生产。此外,服务设计不是一个静止的、死板的档案。在设计过程中可能会出现调整和改变,有时甚至必须这样才能满足消费者多种多样的需求或要求。另外,服务设计的改变没有制造业的产品设计改变的成本高。同时,服务设计的这些特点也会带来隐患,在不断改进服务的过程中,没有计划的改变会给设计出来的服务带来长远的消极影响。

设计质量和价值的工具

现在有句流行的格言:"检查不会把质量赋予产品,质量来自制造。"这话针对的是制造业几十年来长期依赖质量检查来确保劣等品不离开工厂的行业实践。20世纪80年代早期,制造商与质量专家开始从日本制造商那里学到,许多质量问题可以通过改善制造流程来解决,而且更大的质量改进可以在产品设计阶段获得。

显然,大多数服务不易进行检查,因为在服务过程前后很少有东西可供检查。比如,你能检查服务员工的仪表,可以测量等待时间和服务时间,可以统计服务员工犯错的次数。当然,这些测量没有办法阻止服务失误或者保证消费者满意。而且服务质量并不是由质量检查员或服务员工评定的,而是由消费者评定的。因此检查并不能保证服务质量。就像制造出质量上好的产品一样,服务质量要靠服务设计和服务交付系统来实现。

制造商对于产品设计和制造流程的重要性的认识,使得他们不断尝试新的工具和方法,也会重新发现那些已有的工具和方法。下面我们将讨论一些在服务的设计和开发中可以使用的概念和工具。

并行工程

设计与开发一个产品包括很多步骤,比如产生想法、机会识别、产品设计、产品原型、流程设计、采购、包装设计,以及分销系统设计。传统的方法是按照顺序逐步完成这些步骤,这样带来的一个问题是时间太长。比如,美国汽车制造商曾经要用大约五年的时间来设计与开发一款新车,日本制造商只需三年。另外一个同样严重的问题是设计修改的成本极高,还有质量问题。在传统的系统中,设计工程师"把设计扔过墙头"给制造工程师,然后由他们去弄明白如何制造产品。这意味着,设计工程师和制造工程师彼此之间缺乏交流*。制造工程师经常会发现设计中存在问题,比如产品的某部件不能照设计图那样做出来,于是会把设计从"墙头"再扔回去。在设计过程中,这样的事情多次发生,并不罕见。当设计与制造之间的问题终于解决后,采购过程就会根据设计的要求向供应商购买零配件。当然,在采购过程中也会发现设计存在问题,比如某些零配件太贵或者供应商不再生产等。于是设计又会被退回到设计师那里去。

日本制造商利用并行方法进行产品设计,并组建跨职能团队进行工作。美国制造商看到这种方法的优势之后就开始学习使用这种方法,并称其为**并行工程**或**同步工程**。并行工程的主要优势之一在于所有相关职能(设计、制造、采购、分销、营销等)的代表组成团队,从而可以彼此交流。如果有可能的话,消费者也可以参与其中,或者至少征求消费者的意见。

对于服务设计与开发而言,在前端直接接触消费者的员工的参与同样很重要。[4]第一,这些前端人员与消费者在身体上和心理上有着密切的接触,因此当开发一项新服务的时候,能够满足消费者的需求。第二,有前端人员参与可以使得新开发出来的服务更容易被全体前端人员接受和理解。第三,他们会提醒服务设计者不要过分追求组织效率而压制消费者的需求和喜好。第四,前端人员可以提供一些提高服务质量的有用的想法。

并行工程有助于消除很多质量问题。大多数问题可以在整个开发过程的早期就被避免和解决,这样就不会导致令人头疼而且成本高昂的设计修改。这种方法通过产品和流程设计的同步,避免了许多设计修改。[5]

并行工程是设计产品的一种合理的方法,服务设计与开发过程没有理由不使用这种方法。首先,正如前面提到的,服务概念的设计与开发以及整个服务交付系统的设计与开发是不可分割的,所以使用并行工程的方法就再适合不过了。其次,服务交付过程可能会包括不同部门之间的互动和交接,这可能会导致潜在的服务失败。为了避免多部门合作带来的问题,不同部门的员工就要参与到整个设计环节中,以便理解彼此的想法,也让大家明白对他们的期望,这样可以促进无缝交接并提供优秀的服务。

质量功能展开

日本玉川大学的 Yoji Akao 教授开发了"质量功能展开(quality function development,QFD)",这是一种结构化的方法,用来在产品设计中融入顾客的需求(也就是"顾客心声")。[6]"换句话说,这种方法使产品设计质量尽可能满足消费者的需求,从而将消费者的需求转化为设计目标和主要的质量保证点,以便在整个生产过程中使用。"[7]质量功能展开也被称为"质量屋"[8],它包括多个表格,

---

* 彼此有"墙"隔离。——译者注

这些表格将顾客需求转化为产品设计特征,然后将产品设计特征转化为零部件特征,零部件特征又进一步转化为流程参数,最后将流程参数转化为机器设备的操作说明。质量功能展开可以并应该用在服务设计与开发的过程中,它是可以从制造业那里借鉴过来的最明智的工具之一。任何希望创造价值并使顾客满意的组织都需要设计服务来迎合消费者的需求,而质量功能展开正是达到这一目标的有效工具。

图 8-1 展示了质量屋的结构,图 8-2 是具体应用质量功能展开方法将顾客需求融入大学书店设计的例子。消费者需求列在左侧。设计者希望尽可能满足顾客的所有需求,同时也注意到不是所有的需求对于顾客来说都同样重要。在这个例子中,对顾客最重要的需求是容易地找书和买书以及从进到出全程迅捷,这样就给这两个需求赋予权重 10(10 分为满分)。设计特征被列在技术要求部分,其目的是要满足顾客需求。质量屋的中间是一个矩阵,展示了顾客需求和技术要求之间的关系。比如说,为了满足顾客从进到出全程迅捷的需求,书架和通道的排布、书店的布局和引导标记、结账通道的数量、营业时间都是至关重要的。书架上信息充分的标签、灯光、购物袋和购物篮也是学生快速购买的重要因素。质量屋屋顶上的每一个方格代表两种技术要求之间的关系,即两种技术要求是相互促进还是相互制约。如果两者无关,就是空白。在多数应用中,质量屋的右侧和底部可以加入竞争者评估分析,不过在这个例子中没有展现出来,因为一个大学书店不会有什么竞争对手。通过这个简单的例子我们可以看出,在服务设计中质量功能展开是一个很有力的工具,可以用来满足顾客需求,并为他们创造价值。

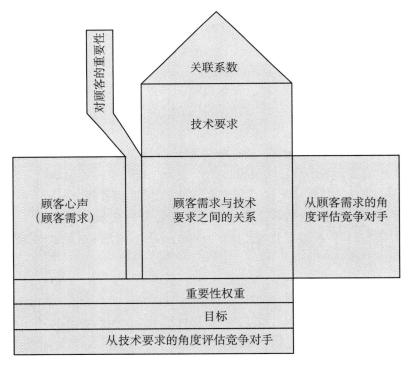

图 8-1　质量屋

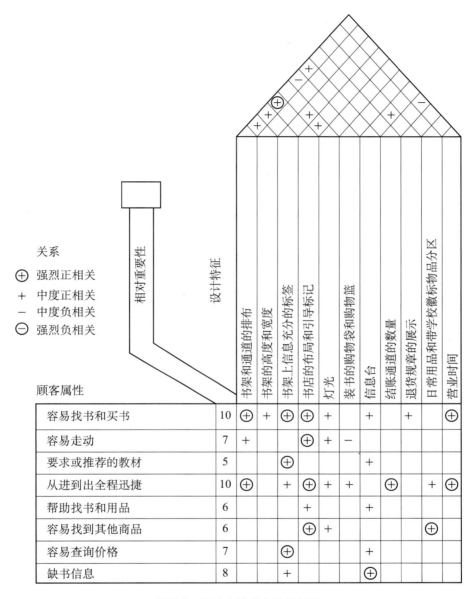

图 8-2 设计大学书店的质量屋

稳健设计

稳健设计是由 Genichi Taguchi 提出的一种强有力的设计理念和方法,该方法也是从制造业的实践中产生的。[9] 稳健设计的基本想法是使制造的产品在非常规运行环境中状态不受不利条件的影响。比如,手持计算器通常认为不应该摔落,或者在湿热环境中使用,比如在蒸汽浴中,然而,如果计算器可以承受这样恶劣的环境,而且仍然可以正常操作的话,我们就可以称其为稳健设计。

服务人员和顾客都是人,他们的个性特征和人口统计特征的不同会产生非常规的服务情境。另外,服务交付系统或服务支持系统的故障,比如电脑崩溃、断电、供应商供货出现问题,都可能产生提供服务的不利条件。没有一种设计可以保证服务或产品能够禁得起所有情况的考验。但是，在设计服务的时候应该考虑到可能的极端情况，并采取措施来预防这些情况，或者也可以在服务系统中建立替代服务或应急程序。下面两种方法有助于使服务变得更稳健。

设计故障模式分析[10]

这是一种对设计进行系统检验的程序，用以确定设计部件可能发生故障的各种方式。对于每一种潜在的故障，其原因和对系统的影响，以及严重性都要进行评估。这种方法有助于设计者制定出预防措施。故障模式分析可以用来评估和改善服务设计。如果服务蓝图已经勾勒出来，潜在故障点就可以被认定测量，然后可以制定和实施适当的预防措施，比如 Poka-Yokes。

Poka-Yoke 或故障防护法[11]

这是一个简单有效的概念，也源自日本；后生的 Shigeo Shingo 创建了这种方法来设计和制造产品。[12] Poka-Yoke 是指那些可以预示错误将要发生的设备或程序。其中，**预警 Poka-Yoke** 提醒问题的存在，而**控制 Poka-Yoke** 在错误出现时停止生产，并在继续生产之前强制操作员改正错误。对一个流程进行**故障防护**的概念像一把密码锁，只有所有密码数字都顺序正确的情况下才会打开。制造商有时运用这个概念设计产品的零部件，保证零部件只有一种正确的组合方式，消除了组装时出错的可能。Poka-Yoke 方法也可以并且应该用在服务设计上。然而，服务设计中需要预防的问题不仅是服务人员可能遇到的问题，还要包括顾客在服务流程中可能遇到的问题。有多种方式可以在服务中运用 Poka-Yoke。比如，一家银行认为与顾客进行眼神交流很重要，为了保证眼神交流，该银行要求出纳在开始业务之前将顾客的眼球颜色记录在一个检验清单上。

蓝图

多年以前的传统是，产品的设计规格和标准都是以技术图的形式描绘在一张特殊的蓝色图纸上。蓝图可以将产品的概念、尺寸和允许误差以视觉化的形式展现出来。Lynn G. Shostack[13] 将蓝图的概念运用到服务的设计与开发上。一个服务蓝图描述了服务系统和服务流程。关于服务蓝图的具体内容，我们将在本章后面展开。

价值分析/价值工程

价值分析也被称为**价值工程**，由通用电气公司的 Lawrence D. Wells 于 20 世纪 40 年代末期开发出来。[14] 价值分析是一种明确产品或服务功能的系统方法，它确立各部分的价值，并试图在不牺牲质量或价值的前提下，以尽可能低的成本来提供功能或益处。[15] 这种方法主要关注于"让消费者的花费有良好的价值回报，同时供应方也应获得公平的收益"。[16] 在使用该方法进行分析时，最常见的问题是："这个功能是否必要？""两个或多个产品部件或服务步骤的功能，是否可以合并起来降低成本？""这个过程是否可以被简化？"显然这些都是有用的问题，可以使得服务流程合理化，从而向顾客提供质量更好、价值更高的服务。价值分析在蓝图准备好了之后使用会更有效。

标杆管理[17]

标杆管理是 Xerox Corporation 在 20 世纪 70 年代末开发的一种提升产品质量的工具。这种方法通过设定目标和标准来提高产品、部件,以及流程的质量。用于改善流程的学习目标和标准来源于从各行各业搜寻得来的一流的实践。比如,一个制造商可能会以 L. L. Bean 作为订单履行的标杆。标杆管理不是简单地从别的组织中照抄一些想法。它的主要目标在于找到各种流程操作可能达到的水平,并向最好的操作者学习。这种方法在服务设计与开发中也是很有用的,特别是在新服务或流程实施,以及为服务流程或一部分流程制定标准时,可以降低学习难度和成本。服务企业已经开始在它们现有的服务中使用这种方法了。比如,Marriott 学习快餐行业的雇佣、培训和薪酬支付经验,为 12 000 人提供服务的休斯敦第二浸会教堂学习迪士尼乐园的停车和人事管理经验。

8.4 服务设计原则

"服务行业"在商业文献中指的是提供相似服务的组织集合。组织间一定程度上的相似性使它们被划分到同一个**行业**合乎情理,但是即使在同一个服务行业,它们所提供的服务无论从数量还是类别来看都存在令人难以置信的差异。比如,交通行业包括多个子行业:航空业、货车运输业、客运和货运铁路运输业、客运公交和海洋运输业。每个子行业中的组织提供成百上千的服务种类。同样的情形可以在绝大多数的服务行业中看到。本章之前提到过,促使一个组织开发新服务或提升原有服务的原因有很多。就连制造业企业也向内部和外部客户提供许多服务。服务种类的繁多引发了一个重要的问题:"服务设计中是否存在普遍适用于所有行业的原则?还是每种服务都是独特的,根本不存在通用的原则?"尽管每种服务各有不同,但如果目标是为顾客创造价值和使顾客满意,那么在服务设计中还是存在一些基本原则的。服务设计与开发的一般原则包括下面这些。

1. **了解你的顾客**。如果目标是为顾客创造价值和使顾客满意,那么最重要的原则就是了解顾客以及他们的需求。一个典型的服务组织不能服务所有潜在顾客,所以它必须决定自己想要服务的消费者群体,即目标市场。了解顾客意味着用合理的成本去了解所有与目标市场相关的事情,包括人口统计特征,比如年龄、性别、收入、地理区域分布和生活方式。这些信息可以帮助组织确定潜在顾客的需求。如果可行且经济的话,应该直接从调查中获得与顾客需求相关的信息。以下是某位优秀的服务企业的首席执行官的话,他强调了"了解你的顾客"在设计出优胜服务中的重要性:

我们最新的一项创新——可行的房间——源自一次倾听顾客心声的练习,几年前,我们想为商务旅行者设计更好的客房。我们把几个有代表性的顾客作为焦点小组并且聚集到一起讨论,很快发现他们都很希望插座的位置能够改变一下。客人们希望把插座安在明显可见的地方。[18]

2. **确定满足顾客的哪些需求**。毫无疑问,顾客有很多需求,而一个组织基本上不可能满足他们的所有需求。因此,它必须针对消费者的某个或某些需求提供服务,既能保证需求的满足,也能有合理的收益。

调查显示,西南航空公司的旅客们很乐意告诉公司他们需要的航空服务:低价、准时、美酒佳肴、舒适的坐椅、空中影视,等等。西南航空公司知道如果直接询问人们的需求,他们会告诉你想要的一切。公司在此基础上对顾客偏好进行了不断深入的挖掘。在这些更加深入的调查中,公司发现,尽管顾客有很多额外需求,但是他们最看重的还是基本的要素:低价和准时,以及友好的服务态度。[19]

Frances X. Frei 竟然如此强调道:"服务的卓越可以定义为企业选择不做好什么。"[20]

当然,这并不意味着服务组织故意把工作的一些方面做差,而是说,要把所选择的最重要的方面做到最好;如果侧重于不是那么重要的方面,可能是不经济的。**核心服务**应该是那些可以满足消费者基本的、重要的需求的服务。组织也会提供其他辅助性的服务,称为**补充性服务**。

设计和提供补充性服务是用来满足某一部分顾客的需求。这种服务是可选的,而且可能额外收费。Lovelock 和 Wirtz[21] 确定了 8 种补充性服务:信息服务、咨询服务、订单服务、接待服务、安保服务、特例服务、账单服务和支付服务。顾客在第一次使用服务的时候常常会需要**信息服务**,顾客可能有大量的事项需要了解信息,其中一些包括价格、服务内容(即核心服务和补充性服务)、服务设施的位置、服务使用说明、操作时间和支付选项。**咨询服务**则在基础信息之外提供更加定制化的信息,服务人员必须善于发现顾客的需求,并提供最好的咨询建议来满足需求。**订单服务**可以包含获取和记录来自顾客的有关信息,做好预订、提供预订确认码、安排服务时间、为订单出具实物证明(比如,一张票据)。**安保服务**包括宾馆贵重物品保护、飞机行李保护、车库或停车场的汽车保护。**特例服务**主要处理顾客的特殊需求,比如顾客要求飞机上的餐食要低盐。**接待服务**也就是说无微不至地照顾顾客,提供迎宾的氛围,彬彬有礼地对待顾客。**账单服务**主要向消费者提供准确、及时、易懂的服务收费账单。服务公司应该建立一套简易方便的账单支付系统。

就所有的服务而言,不是所有的补充性服务都必要或相关。一些补充性服务是核心服务过程所必需的,缺少这些补充性服务,核心服务也无法提供。然而,还有一些补充性服务只是帮助为顾客提高价值的。补充性服务的相对重要性取决于服务的性质。

当然,一个服务组织如果没有做好核心服务的话,是不会生存很久的;因此,保证核心服务无误交付并满足顾客的需求,才是创造顾客价值的第一要务。核心服务必须是设计工作的重心,服务系统设计必须确保核心服务无误交付。核心服务的失败意味着整个服务乃至整个组织在顾客眼中都是失败的,而不论补充性服务设计和实施得有多好。然而,仅仅做好核心服务是没有竞争力的,因为把核心服务做得好的竞争企业可能还有很多。因此企业就要增加各种顾客喜欢的补充性服务来更好地满足其需求,为其创造更多的价值。

核心服务和补充性服务组成服务的概念。换句话说,**服务概念**传达了为顾客提供的成果或收益、解决的问题或者获得的结果。服务组织一定要保证有足够的能力将服务概念转化为现实。如果组织还不具备这样的能力,那么就需要有计划地获得相应的能力,才可以继续设计工作。

3. 制定服务战略并通过服务定位来确立竞争优势。这里需要回答的基本问题是:"我们如何使自己的服务不同于竞争者,以及我们在一定的服务成本下给消费者提供最大价值的基础是什么?"这个问题的一部分涉及第 5 章中讨论过的"战略性服务构想"中的"运营战略",另一部分涉及"定位"。差异化是获得竞争力的主要途径。一个组织可以在不同方面实现服务差异化,比如成本、可靠性、独特的好处、速度、个性化服务、方便、易获性、声望,或者长期效果。**定位**是在顾客的意识中为服务建立一个独特地位的行为或过程。定位不是营销人员对产品或服务做了什么,而是对消费者的意识做了什么。然而,定位不是欺骗消费者,诱使他们相信你所不能办到的事。定位是用有效的途径告诉消费者你的独特之处,以及消费者从你的服务中能够获得什么。再次强调一下,服务组织制定战略是要使自己及自己的服务与竞争对手形成差异。理想的服务定位应该给消费者留下一个独特的印象,和竞争对手的服务区别开来。服务战略必须支持和充实企业的总体战略。当一个新开发的服务与已有服务不兼容的时候，就会导致冲突。如果冲突存在的话，就应该以支持总体战略为目标来解决。

4. **同步设计服务、服务交付系统、人员要求和有形展示**。这个原则总体来说就是以并行工程的方式来设计。应用于服务设计时，并行工程包括同步或并行设计与开发服务和服务交付系统，以及设计有形展示、制定人员选择标准，如果有新店的话还有选址标准。之前也提到过，并行工程需要跨职能的员工组成团队进行合作。也就是说，服务的设计是一个团队努力的结果，要求所有创造和提供服务的相关部门都选派代表参与进来。采纳来自所有部门或职能领域的意见是服务设计中的重要因素，这样才能使服务提供优越的质量和价值。如果可行且经济的话，顾客也应该有代表参与到服务设计团队中来。

5. **从顾客/员工的角度来设计服务流程**。在服务概念确定了之后，接下来最重要的就是设计与开发服务流程。因为几乎所有的服务基本上都是流程，流程设计必须特别注意。如果顾客的身体（如在医院体检）或意识（如参加音乐会）是服务对象，那么服务流程的设计就要从顾客的角度出发。这一点需要特别强调，因为服务流程的参数和性质往往取决于各个相关部门的利害关系，诸如会计、运营、营销、人力资源、运输等，它们的目标将在设计中达到最优。结果常常是顾客长时间的等待、不必要的操作和时间的浪费，使得整个服务流程令其感到非常沮丧。

此外，如果顾客的财产或信息是服务对象，即消费者不需要亲自参与服务过程，那么服务流程设计就要从服务人员的角度出发。目的是使服务人员以尽量少的精力提供服务，并且在工作过程中充满愉悦，从而可以使其发挥才能去提供高质量的服务。

必须强调的是，不论是从顾客还是从员工的角度进行服务流程设计，都不能完全忽视另一方。换句话说，如果从顾客的角度设计服务流程，不是说不需要考虑员工的需求，更不是说让提供服务的人员感到生活痛苦也无所谓。两者的需求我们要考虑，都要给予保护。问题是找到平衡点。

6. **最小化交接**。许多服务流程需要服务对象（顾客或其财产等）接触不止一个员工或部门，这就增加了出错的可能性。问题的发生往往源自沟通错误或缺乏沟通。为了减少这种问题的出现，一项服务最好从始至终由一位服务人员来完成。在第 7 章中我们提到了 USAA 的例子，USAA 的员工们可以在电脑上获取顾客的所有信息，可以回答顾客的所有问题，可以一个人解决所有问题，而不需要任何交接。如果在实际情况中，一个人没有办法完成全部服务的话，可以考虑服务团队的方式，即一个服务团队从始至终对一位顾客负责，并一起为他服务。

7. **设计后台操作来支持前台操作**。服务前台或办公室，是服务接触发生的主要地点，也是顾客对服务和服务组织形成印象的地方。然而，实践中后台做的事情对前台是有影响的，从而会影响到顾客的满意度。因此，在系统设计中考虑这个依赖关系也很重要。对于多数服务而言，后台的操作过程和制造业的操作十分相似，后台的运作像一个工厂一样。最为重要的是，后台操作设计一定要保证前台服务的无误。建立这个基础后，后台设计就可以使用传统的运作管理技术来优化。

8. **在流程设计中融合数据收集功能**。服务组织需要数据来观察和分析顾客满意度、衡量绩效和改进质量，另外财务和管理决策制定也需要数据。如果在服务推出之后再加入数据收集功能，就会出现很多问题，使得服务人员的工作难度加大。各种数据需要在服务设计的过程中就应当确定下来，并融合到服务系统中去，从而最少地对服务提供造成干扰，也使得服务人员和顾客的额外工作最少。

9. **确定顾客接触和参与程度**。本书反复强调,服务流程中顾客的参与给管理带来了很多挑战,也为创造伟大的服务带来了许多机遇。对于大多数的服务而言,顾客的接触和参与程度取决于该服务的性质。然而,改变服务的一些参数是可能的。比如,如果服务组织希望在服务流程中让消费者的参与少一点,它就可以将一些服务自动化,或者雇用更多的员工来完成原来必须要顾客参与的事项。此外,参与程度越高,系统出错的风险就越大,同时也需要更高的定制化水平,从而使成本增加。消费者的参与度也决定了参与的顾客必须拥有何种性质的技能和信息。组织必须明确这些需求,并要提供这些必要的信息,从而使顾客以更高的效益和效率来参与。

10. **建立灵活稳健的服务系统**。总会存在一些没有被服务设计者预计到的顾客需求。此外,一些外部因素也会导致服务失败,比如自然灾害、停电和断货。服务系统必须能够应对这些意外情况并使服务继续下去。朝这个方向非常重要的一步就是建立灵活的规则和服务流程。死板的规则和服务流程会使得员工的工作难度加大,也会让顾客觉得沮丧。最重要的是,应该授权给员工来迅速有效地处理意外情况,从而保证消费者的满意度。灵活性在有顾客出现的流程中尤为重要。不过,后台的工作可能更像制造业工厂,为了高效操作和稳健生产一般不需要太多的灵活性。万豪是酒店行业中非常成功的一家企业,以专注于细节和痴迷于流程而闻名于世。董事长兼首席执行官 J. W. "Bill" Marriott,Jr. 解释道:

> 我们的工作理念有时候被别人取笑。如果你碰巧在酒店行业工作的话,你可能很熟悉我们百科全书式的工作程序手册,其中最"臭名昭著"是指导员工如何在半个小时内用 66 个步骤打扫宾馆房间。也许我们确实对做事的方法十分狂热。但是对于我们而言,做任何事都要系统化和程序化是个自然的和合乎逻辑的想法:如果你想让每次服务结果都保持一致性,你就需要先搞清楚具体如何来做,然后将步骤写下来,并按照写的流程一步一步地去练习,不断改进,直到没有改进的余地为止——当然,我们在 Marriott 的员工认为服务总会有改进的余地。[22]

11. **培养员工与顾客的忠诚**。企业最重要的资产之一就是员工和顾客的忠诚。根据"服务利润链"模型,"利润和增长与顾客忠诚度相关,顾客忠诚度与满意度相关,满意度与服务价值相关,服务价值与员工生产力相关,生产力与员工忠诚相关,员工忠诚与员工满意度相关,员工满意度与企业内部工作环境质量相关"[23]。因此,服务设计的一个重要原则就是必须培养员工和顾客的忠诚。如果之前提到的原则都得以遵守,那么就应该已经向顾客的满意度迈进了一大步。保证员工满意度则是朝同一个方向迈出的重要的另一步。此外还有一些机制可以鼓励顾客的忠诚度,比如飞行常客计划或酒店常客计划。

公平的待遇、福利、互相尊重及愉悦的工作环境是保证员工满意度的重要因素。员工满意度还与晋升机会、超绩效标准的奖励以及授权有关。然而,可以在服务设计中并行制定对不同任务的要求和相应的工作说明。另外一个对提升员工满意度发挥重要作用的因素是授权,这也可以在设计时加入服务交付系统和服务流程中。简单地说,服务员工必须要用他们最好的方式去服务顾客,用最快速、最高效的方法解决顾客的问题,在这个过程中无须为等待管理层的授权而浪费时间。有许多在这类授权上做出好榜样的企业,例如 Ritz-Carlton Hotel 曾经赢得了 1992 年和 1999 年波多里奇国家质量奖,该公司有一套基本的服务标准,被称为黄金标准,公司将其打印在钱包大小的卡片上发给每一个员工随身携带。以下是黄金标准的"服务价值"部分。[24]

(1)我与客人建立牢不可破的关系,为公司赢得终生客户。
(2)我对客人表达出来和没有表达出来的愿望与需求都会尽职责满足。

（3）我被授权为客人提供独特的、难忘的、人性化的体验。
（4）我知道自己在获得关键成功因素、拥抱社区服务和创造公司奥妙中的角色。
（5）我不断寻求机会来创新和改善公司服务体验。
（6）我拥有能力可以快速解决客人的问题。
（7）我创造一个团队合作和横向服务环境，使客人和员工的需求都被满足。
（8）我有机会不断学习和提升自己。
（9）我参与计划与我有关的工作。
（10）我为我的职业素养、职业语言和职业行为感到骄傲。
（11）我会保护好客人和同事的隐私及安全，以及公司的保密信息和资产。
（12）我有责任认真坚持清洁标准并创造安全无事故的环境。

12. **持续改进**。之前曾提到，制造业中的设计改变起来十分困难，成本也高。然而服务设计的调整，相比较而言容易一些，而且成本没有那么高。这就使得大多数服务具有重要的相对优势，因为它们可以根据消费者的意见和不断变化的需求，或者变化中的竞争环境来调整和改善。换句话说，相比于产品，服务更适宜于持续改进。持续改进[25]已经成为广为接受和确立的方法，用来获得优异的产品或服务，它应该成为服务设计的原则，而且持续改进的过程应该伴随服务的终身而存在。

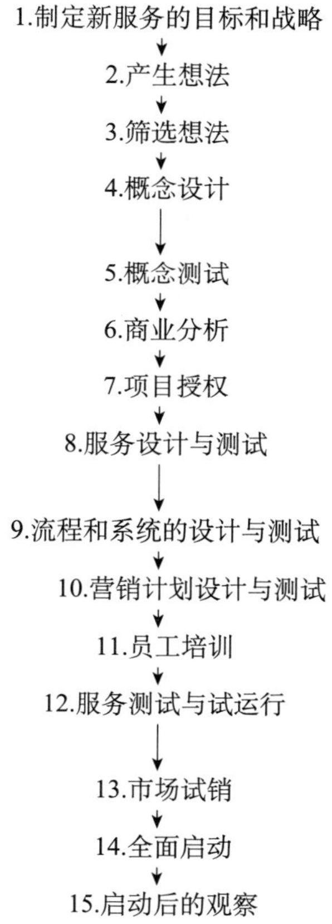

8.5 服务设计过程

新产品或新服务的主意来自人的创造力。尽管创造力不能程序化，或者说将其转化为按部就班的过程，服务的设计与开发应该是一个经过深思熟虑的、井然有序的过程。Booz、Allen 和 Hamilton[26]在研究中指出，制造业企业在设计开发新产品的时候要遵循7个步骤：（1）新产品开发战略；（2）想法的产生；（3）评估和筛选；（4）商业分析；（5）开发；（6）测试；（7）商品化。其他的研究者也提出了许多相似的过程。[27]服务设计与开发没有很长的历史，大多数的模型都是从产品开发中借鉴而来的。本节将讨论的服务设计与开发模型不是对制造业的产品设计开发模型的简单修改，而是充分考虑了服务设计内在的复杂性。该模型（参见图8-3）是由 Scheuing 和 Johnson 提出的[28]，它共有15个步骤，可以分成4个阶段：定向、设计、测试和推出。这个模型还指出了每一步骤中来自服务组织内外的关键影响因素。

1. 制定新服务的目标和战略
↓
2. 产生想法
↓
3. 筛选想法
↓
4. 概念设计
↓
5. 概念测试
↓
6. 商业分析
↓
7. 项目授权
↓
8. 服务设计与测试
↓
9. 流程和系统的设计与测试
↓
10. 营销计划设计与测试
↓
11. 员工培训
↓
12. 服务测试与试运行
↓
13. 市场试销
↓
14. 全面启动
↓
15. 启动后的观察

图8-3 服务设计与开发模型

资料来源：改编自 Eberhard E. Scheuing and Eugene M. Johnson, "A Proposed Model for New Service Development," *The Journal of Services Marketing*, vol. 3, no. 2 (Spring 1989), pp. 25–34.

定向

第一阶段包括决定开发努力方向的活动。

1. 制定新服务的目标和战略。这是整个过程的第一步。在前面我们讨论过，服务战略一定要支持企业的整体战略，而且必须有选择地满足目标市场的顾客需求,或者为他们解决某个特定的问题。在决定了这些之后,战略需要决定服务如何为顾客在成本之上创造价值,也就是说,为顾客创造怎样的服务价值来回馈顾客所支付的价格(参考第 5 章中有关"服务价值模型"的讨论)。

顾客的购买抉择建立在他们对益处的感受之上。因此,对新服务成功定位的关键是要重点考虑服务给消费者带来的益处,并且要参考竞争者的服务给消费者的益处。定位的一个有效工具是消费者的感受图。感受图用图形来表示产品(包括物品或服务)的定位,并考虑了顾客的需求和想要的益处。感受图可以帮助管理者、设计者发现新产品的机会和老产品的改进点,因为从中可以直观地看出顾客对其他同类竞争产品的感受和评价。以下是一个新的运输服务定位的例子。[29]

例子:假如你是一位公共交通运输的管理者,正在考虑采用一种新型服务来提高公共运输的使用效率。首先,你需要找到顾客的需求,这个可以通过一对一访谈、焦点小组访谈或者其他正式或非正式的方法得到。假如现在从顾客调研中发现有以下三个主要的需求:(1)快捷方便;(2)旅行轻松;(3)心情舒适,以及消费者对目前已有的 4 种运输模式的评价。图 8-4 显示了消费者对这些运输模式的感受。经过仔细分析这幅感受图,发现消费者可能需要一种能让旅行轻松和心情舒适的服务,这能从感受图的相应位置缺乏合适的运输服务看出来。

2. 产生想法。新服务的想法可能有许多不同的来源,包括顾客、顾客的抱怨、服务员工、竞争者和供应者等。

3. 筛选想法。当然不是每一个想法都是可行的,在众多的想法中可能只有少数可以被成功地设计开发成一个服务并投入市场。这个步骤包括了一个大致的筛选过程,将有希望的想法挑选出来。在筛选想法的时候,主要考虑可行性和潜在盈利性。同时需要格外注意,不要仅仅因为一个想法不合常规就抛弃它。

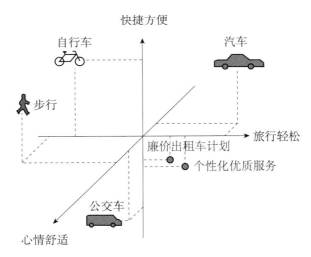

图 8-4 交通服务的感受图

资料来源:Glen L. Urban and John R. Hauser, *Design and Marketing of the New Products*, 2nd ed. (Upper Saddle River, NJ, Prentice Hall, Inc., 1993), p. 218.

设计

设计阶段包含步骤 4 到步骤 11，其重点是设计新服务和相应的服务交付系统。

4. **概念设计**。通过筛选的想法就可以进一步开发服务概念了。服务概念描述了一个服务应该提供给顾客的益处、解决方案和价值。以下是两个服务概念的例子：

> 银行提供的专业性金融咨询服务。该服务是帮助客户确定和安排金融目标的优先顺序（比如孩子接受大学教育、退休、买房等），帮助选择投资计划来达到这些金融目标。你的全部财产情况会被在保密的情况下评审（包括保险、养老金计划和储蓄等），然后可以考虑各种投资计划。还可以提供定期评审服务。该服务第一年收取 100 美元，随后每年收取 25 美元。

> 视力保健保险。该保险每人 20 美元，保险内容包括每年的视力保健费用：视力检查、单透镜、双焦眼镜、三焦点眼镜，以及一套眼镜框架。[30]

5. **概念测试**。概念测试的目的是确定消费者对服务概念的反应，这样那些不怎么吸引人的服务概念就可以不用考虑了。这也帮助设计者集中精力去完善那些真正受消费者欢迎的服务概念。"概念测试是一种针对新服务的研究方法，用来评估目标客户是否：(1) 能够理解所提议的服务设想；(2) 对这个服务有积极的反响；(3) 觉得这个服务有益于填补尚未满足的需求。"[31]

> 例子（续）：发现消费者的需求尚有未被满足的空隙之后，具体来说，即未被满足的旅行轻松和心情舒适的需求，你决定考虑两个新服务概念。第一个概念叫做"廉价出租车计划"（budget taxi plan, BTP），这个服务与出租车服务很相似，但是收费更低，只是司机可以在载客途中再接送其他的乘客。BTP 主要由私营公司提供。另一个服务概念是"个性化优质服务"（personalized premium service, PPS）。这与第一个服务相似，只不过提供服务的交通工具是小型公交车，由公共所有并运营。这两个概念可以通过询问潜在顾客对它们的评价来进行测试，主要从三个方面进行评价，即快捷方便、旅行轻松和心情舒适。调查结果如图 8-4 所示，这两种服务概念比自行车、步行及公交车在快捷方便和旅行轻松方面要好，在心情舒适方面比汽车好，与自行车相同，没有步行和公交车好。

6. **商业分析**。如果一个新服务能够通过概念测试，那么下一步就要进行更详细的审查了。设计者需要回答的一个非常重要的问题是"这个服务有经济效益吗？"换句话说，该服务是否有足够大的市场，提供和销售该服务是否可以获得合理的利润？因此，这个步骤包括市场评估、需求分析、收益预测和成本分析。如果分析结果很好，那么这个服务就会被推荐到管理高层以便实施。

7. **项目授权**。如果商业分析和收益预测满足管理高层的标准，那么这个项目就会被批准，也会分配资源用于设计和实施新服务及其服务交付系统。

8. **服务设计与测试**。这个步骤要对服务进行具体的描述，包括它区别于竞争者的具体特征方面的细节。尽管步骤 8 和 9 是分开罗列的，但是它们的实施必须是同步的。如果有两个团队分别负责这两个步骤，它们就应该并行。如果还没有开始的话，这时就要开始运用并行工程的原则。其实整个设计过程从步骤 1 到 15 应该由一个跨职能团队来负责完成。然而，如果不是这样的话，跨职能团队设计必须从这个步骤开始，同时应该与其他部分并行设计，如营销计划、员工选拔标准、地点选择标准和有形展示的设计。

9. **流程和系统的设计与测试**。此前强调过，绝大多数服务本质上就是表现，因此它们是流程的结果。换句话说，服务流程创造了服务。这个步骤将完成最细致的设计工作，要将质量和价值设计到服务中去,因此凡是建立质量和价值的概念和工具都可以在这个阶段使用。

在讨论概念和工具之前,需要先考虑一些一般性的问题。第一,设计者必须要考虑以下这些服务特征对流程设计的影响:(1)顾客接触的性质;(2)顾客参与服务的程度;(3)定制化程度;(4)提供服务的过程中物品和设施的角色;(5)服务对象(顾客的身体、意识或财产);(6)预期需求。第二,设计者一定要清楚地认识到这些服务特性对可视分隔线上下两部分的影响,可视分隔线是一条分隔服务前台(线上部分)和后台(线下部分)的假想的界线。前台包含了在服务接触中顾客可以看到的或联系互动的一切。后台包括了所有支持前台运作的员工、设施和流程,但是不会被顾客看见。

举例来说,如果服务对象是顾客的身体,比如顾客到医院体检,顾客(病人)需要亲自来到服务设施所在地。前台由医生、护士、接待人员、等候室、检查室、护士站、X射线室等组成。前台的流程包括收集顾客信息(例如填写表格),医生问诊之前的检查(例如测血压、体温、提供检查服等),体检,取血样化验。后台的流程包括实验室的化验检测,采购、接收和存储药品,设备维护和账单预备。大多数重要的服务都是由前台的流程完成的。在这种情况下,必须针对每个病人单独进行服务设计,而且是高度定制化的。前台的操作是按照预订或者先到先服务的规则。

再考虑一种服务,以干洗服务为例,顾客的衣服是服务对象。这里的前台就是一个服务台,一名员工在那里接收衣物,并给顾客一张上面写着取衣服的日期的收据。这里就不需要等候室或者高端设备了,因为顾客到店就待几分钟而已。而后台则包括干洗设备、干洗员工、供应商、顾客的未洗的衣物,以及洗过后等待被取的衣物。尽管有的时候是可见的,但是消费者并不允许到后台去,因为后台的组织以效率最大化为原则。与医院不同,干洗店的服务没有指定的顺序,可以成批清洗,而且没有定制化的要求。

前面提到,这个设计阶段可以使用第8.3节提到的概念和工具来建立服务的质量和价值。最重要的工具要数质量功能展开或质量屋。这个工具不仅要求设计者明确顾客的需求,而且可以用来学习和评估竞争者提供的服务。因此,这个工具不仅能够帮助设计者开发出满足顾客需求的服务,而且可以确定各个设计特性的表现水平要多高才能打败竞争者。如果设计者还能利用标杆管理的方法来确定与新服务相关的最佳表现,就可以用这些来作为设计目标,而不必参考竞争者的表现。

另一个在第8.3节中提到的重要工具是蓝图。蓝图是服务系统和服务流程的图形,是整个服务系统的一个俯瞰图。它呈现出服务流程中的各个步骤和流程之间的交互关系,以及顾客与系统之间的互动关系。蓝图的一个重要优势在于比口头描述的服务流程更加准确,因此减少了模糊性和被误解的可能性。蓝图还具有教育作用。准备服务蓝图促使设计者学习更多与系统相关的知识,并且可能帮助设计者了解自己对于整个系统哪些方面的知识有欠缺。[32]

服务蓝图的另一个优势在于允许服务的创造、研究和测试在付诸成本高昂的实施之前都可以概念性地描绘在一张纸上。服务蓝图是任务导向的,呈现了服务流程中的所有活动。这个特征使得蓝图可以用来培训、交流,以及改进质量。这些最后提到的特点允许在蓝图上进行价值分析,来评估新的服务或已有服务,从而降低成本或提升效率。服务蓝图同样可以用于故障模式分析(在第8.3节讨论过),来确定可能会出现服务失误的地方。这些叫作**故障点**,正是Poka-Yoke故障防护法可以应用的地方。

虽然稍有区别,但服务蓝图大致使用流程图的形式。图8-5是花店服务蓝图的例子。[33]

这里我们强调在设计阶段建立服务质量和价值的重要性,并提示了一些概念和工具。对这些概念和工具的运用也可以使新服务更加稳健。

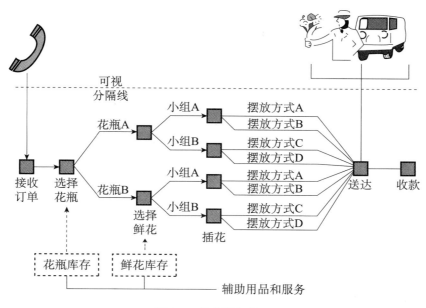

图 8-5 花店服务蓝图

资料来源：复印自 G. Lynn Shostack，"Service Positioning through Structural Change，"*Journal of Marketing*，vol. 51，no. 1，published by the American Marketing Association，January 1987.

尽管图 8-3 中的模型看起来是按这里给出的步骤有序流畅地设计出来的，但现实中绝不会是这样的，设计中至少会有很多的反复、修正，重新定义概念，甚至重新设计。这些步骤甚至会重复好多遍，而整个过程还是没有完成，因为设计的内容还需要测试。这个测试阶段与制造业中的原型测试相当。然而，服务的测试不向大众开放，而是内部测试。如果可能的话，服务和流程设计的测试必须尽可能接近面对真实顾客的现实情况。当这种条件没法满足时，服务可以提供给员工及员工家属。

10. **营销计划设计与测试**。用来推出、配送（如果有必要）和销售新服务的营销计划制订好后也需要在潜在顾客中进行测试。

11. **员工培训**。前面提到，选择员工（原有的或新聘的员工）的标准必须与服务和流程的设计并行完成。选择员工之后，要对员工进行培训，不仅包括他们的具体任务，同时也要让员工了解整个服务系统。员工需要充分地被授权来服务顾客，帮助他们解决问题。

测试

12. **服务测试与试运行**。这个阶段属于现场测试，服务会在有限模式下在个别场所进行试运行，但是服务、员工和顾客都是真实的。这个阶段的目的在于获得关于消费者对服务的接受程度的第一手资料。另一个目的是根据从消费者那里收集来的信息改良和调整服务。

13. **市场试销**。市场试销调查新服务的销路如何。这时仍然是小范围地提供服务，但是比上一步的范围要大（比如几个分支机构或是某个地区）。营销计划的有效性也需要测试。在这个步骤中，主要收集的信息包括顾客对新服务的反应、不同营销手段组合的效果，比如不同定价的需求如何。根据试销结果，如果必要的话，需要对营销计划进行调整。

推出

14. 全面启动。伴随着测试阶段的结束,以及对服务进行调整和改进的完成,服务就做好了全面启动的准备,这时就可以把服务推向整个市场。

15. 启动后的观察。这个步骤的主要目的是确定目标实现的程度,决策未来是否还需要进一步改进和调整。这个步骤不应该成为设计开发过程中的最后一步,而是应该日常定期进行,从顾客和前台工作人员那里收集信息,评估新服务的成绩如何,根据环境条件的变化调整和改进服务。

8.6 总结

本章主要探讨了服务和服务交付系统的设计与开发。服务设计是为顾客创造价值和提升顾客满意度的重要步骤。服务应该满足顾客的需求或者解决顾客的问题,设计的目的就在于用最好和最盈利的方式来实现这些。服务设计的重要性还体现在其对服务质量、成本、顾客价值和组织形象的影响上。服务设计中包括不同类型的创新:重大创新、新开业务、针对现有市场的产品创新、产品线拓展、产品改进和样式更新。

除了满足顾客的需求,有时企业进行新服务的设计与开发还有其他驱动因素。其中包括:财务目标、竞争行为、全球化、技术、政府管制变更、消除行业协会限制、特许经营的发展和平衡供需。

从制造业的实践中我们知道质量和价值最好的实现方法是在设计阶段就要开始打造。为理解如何进行设计,我们提供了一些背景知识,比较了产品设计与服务设计的异同。接下来回顾了那些在制造业中成功地用于产品的设计与开发的工具和概念,许多优良的产品因此得以产生,其中主要包括:并行工程、质量功能展开(或称质量屋)、稳健设计、设计故障模式分析、故障防护法、蓝图、价值分析(或称价值工程)和标杆管理。我们还进一步介绍了这些概念和工具在服务设计与交付中如何应用,如何创造高价值与高质量。

第8.4节提供了12个服务设计与开发的基本原则,这些原则可以使服务提供高价值与高质量。这些原则包括:(1)了解你的顾客;(2)确定满足顾客的哪些需求;(3)制定服务战略并通过服务定位来确立竞争优势;(4)同步设计服务、服务交付系统、人员要求和有形展示;(5)从顾客/员工的角度来设计服务流程;(6)最小化交接;(7)设计后台操作来支持前台操作;(8)在流程设计中融合数据收集功能;(9)确定顾客接触和参与程度;(10)建立灵活稳健的服务系统;(11)培养员工与顾客的忠诚;(12)持续改进。

最后一节综合应用所有的原则来设计与开发可以提供高价值和高质量的服务。我们使用了Scheuing和Johnson提出的服务设计与开发过程模型。这个模型共有15步,分为4个阶段:定向、设计、测试和推出。这个模型可以帮助说明12个设计原则的实施,以及那些打造服务价值与质量的工具和概念在设计过程中的应用。

问题讨论

1. 请解释服务设计重要的主要原因。

2. 讨论新服务中的"新"意味着什么?请对每个

类别分别举一个例子。

3. 讨论设计与开发新服务的理由是什么。

4. 在第 8.2 节中,我们讨论了推动新服务设计与开发的 8 个因素。讨论这些因素是否会促使现有服务业被淘汰以及加速它们被淘汰的进程,请举例。

5. 请从设计的角度比较产品和服务的异同。

6. 请说明组织如何才能将质量和价值植入服务中。

7. 请解释并行工程的基本思路。其怎样才能对新服务的设计者提供帮助?怎样才能使顾客受益?

8. 请解释"质量功能展开"的基本思路。其怎样才能对新服务的设计者提供帮助?怎样才能使顾客受益?

9. 稳健服务指的是什么?如何才能实现稳健服务?

10. 服务蓝图指的是什么?其能做出什么贡献?

11. 为你所选择的服务绘制一幅服务蓝图。请一定注明故障点。提供所有相关的时间估计。

12. 参考第 11 个问题,请说明如何将设计失效模式分析应用于你绘制的蓝图中?请说明故障防护法是如何防止服务失效发生,或减少其发生的可能性的?请说明你将如何利用价值分析/价值工程来评价此项服务。

13. 参照图 8-5(花店服务蓝图)。假设该项服务的提供者想扩大服务范围,换言之,她想在继续花店服务的基础上提供一些新的服务项目。你会给她推荐什么新的服务项目?请证明你的建议是合理的。你的建议属于哪一类产品创新?为该项新的服务制定服务概念。同时修改蓝图,将新服务加入蓝图中。

14. 请解释标杆管理的基本思路。其怎样才能对新服务的设计者提供帮助?怎样才能使顾客受益?

15. 选择一项你所熟悉的服务。确定并简要介绍此项服务的主要流程。确定一个或多个与该流程有关且对顾客而言很重要的绩效评价指标。你将在什么地方对此流程进行标杆管理(即哪个行业和组织)?

16. "了解你的顾客"被列为服务设计的首要原则。请说明"了解你的顾客"对于一个服务组织而言意味着什么,并提出实现这一原则的途径。

17. 组织如何才能在其服务中建立员工忠诚和顾客忠诚?

18. 灵活性是服务的理想化特征吗?请解释。

19. 请解释感受图是什么,并如何将其应用于服务设计与开发中。

20. 请描述 Scheuing 和 Johnson 提出的服务设计与开发模型所包含的四个主要阶段。每个阶段的目标是什么?

21. 前台操作与后台操作有什么不同?两者的设计目标分别是什么?

尾注

1. 这些选择由下文提出:Donald F. Heany, "Degrees of Product Innovation," *Journal of Business Strategy* (Spring 1983), pp. 3–14, 并在下文中应用于服务:Christopher H. Lovelock, "Developing and Implementing New Services," in W. R. George and C. E. Marshall (Eds.), *Developing New Services* (Chicago, Illinois, American Marketing Association, 1984), pp. 44–64.

2. 这些因素采用自以下两处来源:Glen L. Urban and John R. Hauser, *Design and Marketing of New Products*, Second Edition (Upper Saddle River, NJ, Prentice-Hall, 1993), pp. 6–12, and Christopher H. Lovelock, "Developing and Implementing New Services," in W. R. George and C. E. Marshall (Eds.), *Developing New Services* (Chicago, Illinois, American Marketing Association, 1984), pp. 44–64.

3. Steve Jobs, "Apple's One-Dollar-a-Year Man," *Fortune* (January 24, 2000).

4. Benjamin Schneider and David E. Bowen, "New Services Design, Development and Implementation and the Employee," in George, W. R. and Marshall, C. E. (Eds.), *Developing New Services* (Chicago, Illinois, American Marketing Association, 1984), pp. 82–101.

5. 关于并行工程的更多信息可参见：Alfred Rosenblatt and George F. Watson (Eds.) "Special Report: Concurrent Engineering," *IIIE Spectrum*, July 1991, pp. 22–37; Biren Prasad, *Concurrent Engineering Fundamentals*, Vols. I and II (Upper Saddle River, NJ, Prentice Hall, 1996 and 1997); J. W. Dean & G. I. Susman, "Organizing for Manufacturable Design," *Harvard Business Review* (January February 1989), pp. 28–36.

6. Yoji Akao (Ed.), *Quality Function Deployment: Integrating Customer Requirements into Product Design* (Cambridge, MA, Productivity Press, 1990).

7. Yoji Akao, "An Introduction to Quality Function Deployment," in Yoji Akao (Ed.), *Quality Function Deployment: Integrating Customer Requirements into Product Design* (Cambridge, MA, Productivity Press, 1990), pp. 3–24.

8. John R. Hauser and Don Clausing "The House of Quality," *Harvard Business Review* (May–June 1988), pp. 63–73.

9. Genichi Taguchi and Don Clausing "Robust Quality," *Harvard Business Review* (January–February 1990), pp. 65–75.

10. Joseph M. Juran and Frank M. Gryna, *Quality Planning and Analysis*, Third Edition (New York, NY, McGraw-Hill, 1993), p. 266, and Joseph M. Michalek and Richard K. Holmes, "Quality Engineering Techniques in Product Design/Process," *Quality Control in Manufacturing, Society of Automotive Engineers*, SP-483, pp. 17–22.

11. 关于在服务中应用Poka-Yoke方法的更多信息可参见：Richard B. Chase and Douglas M. Stewart "Make Your Service Fail-Safe," *Sloan Management Review* (Spring 1994), pp. 35–44.

12. Shigeo Shingo, *Zero Quality Control: Source Inspection and the Poke-yoke Systems* (Cambridge, MA, Productivity Press, 1986).

13. G. Lynn Shostack, "How to Design a Service," *European Journal of Marketing*, Vol. 16, No. 1, 1982, pp. 49–63.

14. Lawrence D. Wells, *Techniques of Value Analysis and Engineering* (New York, NY, McGraw-Hill, 1961).

15. Edward D. Heller, *Value Management: Value Engineering and Cost Reduction* (Reading, MA, Addison-Wesley, 1971), pp. 13–14. Also see pp. 187–208 for some applications of value analysis/value engineering in services.

16. Carlos Fallon, "The All Important Definition," in William D. Falcon (Ed.), *Value Analysis Value Engineering: The Implications for Managers* (New York, NY, American Management Association, 1964), pp. 9–24.

17. 关于标杆管理的更多信息可参见：Robert C. Camp, *Benchmarking: The Search for Industry Best Practices That Lead to Superior Performance* (Milwaukee, Wisconsin, ASQC Quality Press, 1989), and Robert C. Camp, *Business Process Benchmarking: Finding and Implementing Best Practices* (Milwaukee, Wisconsin, ASQC Quality Press, 1995).

18. J. W. Marriott, Jr. and Kathi Ann Brown, *The Spirit to Serve: Marriott's Way* (New York, NY, Harper Business, 1997), p. 57.

19. Robert C. Ford, Cherrill P. Heaton, and Stephen W. Brown, "Delivering Excellent Service: Lessons from the Best Firms," California Management Review, Vol. 44, No. 1 (Fall 2001), pp. 39–56.

20. Frances X. Frei, "The Four Things a Service Business Must Get Right," *Harvard Business Review* (April 2008), pp. 70–80.

21. Christopher Lovelock and Jochen Wirtz, *Services Marketing: People, Technology, Strategy*, 7th Edition (Upper Saddle River, NJ, Prentice Hall, 2011), pp. 86–93.

22. J. W. Marriott, Jr. and Kathi Ann Brown, *The Spirit to Serve: Marriott's Way* (New York, NY, Harper Business, 1997), p. 16.

23. J. L. Heskett, T. O. Jones, G. W. Loveman, W. E. Sasser, Jr., and L. A. Schlesinger, "Putting the Service-Profit Chain to Work", *Harvard Business Review* (July–August 2008), pp. 118–129; Also, see, James L. Heskett, W. Earl Sasser, Jr. and Leonard A. Schlesinger, *The Service Profit Chain* (New York, The Free Press, 1997).

24. Ritz-Carlton's Gold Standards, from http://corporate.ritzcarlton.com/en/About/GoldStandards.htm (07/15/2012).

25. 大多数关于质量的书籍都提到了持续改进，然而关于该主题最详细和全面的讨论可参见：Masaaki Imai, Kaizen: *The Key to Japan's Competitive Success* (New York, NY, McGraw-Hill, 1986).

26. Booz, Allen, and Hamilton, *New Products Management for the 1980s* (New York, NY, Booz, Allen, and Hamilton Inc., 1982).

27. 其他产品设计过程可以在以下文献中找到：Edgar A. Pessemier, *Product Management* (New York, NY, John Wiley, 1977); Yoram J. Wind, *Product Policy: Concepts, Methods and Strategy* (Reading, MA, Addison-Wesley, 1982); Glen L. Urban and John R. Hauser, *Design and Marketing of New Products* (Upper Saddle River, NJ, Prentice-Hall, Inc., 1993).

28. Eberhard E. Scheuing and Eugene M. Johnson, "A Proposed Model for New Service Development," *The Journal of Services Marketing*, Vol. 3, No. 2, Spring 1989, pp. 25–34.

29. 该例子取自：Glen L. Urban and John R. Hauser, *Design and Marketing of New Products* (Upper Saddle River, NJ, Prentice-Hall, Inc., 1993), pp. 205–218.

30. Yoram J. Wind, *Product Policy: Concepts, Methods and Strategy* (Reading, MA, Addison-Wesley, 1982), pp. 281–282.

31. Scheuing and Johnson, op. cit. p. 32.

32. G. Lynn Shostack, "Understanding Services Through Blueprinting," in T. A. Swartz, D. E. Bowen, and S. W. Brown, (Eds.) *Advances in Services Marketing and Management: Research and Practice* (Greenwich, Connecticut, JAI Press Inc., 1992), Vol. 1, pp. 75–90.

33. 除了之前引用Shostack的文章，关于服务蓝图的更多信息可参见：G. Lynn Shostack, and Jane Kingman-Brundage," How to Design a Service," in Carole A. Congram, and Margaret L. Friedman (Eds.), *Handbook of Marketing for the Service Industries* (New York, NY, American Management Association, 1991), pp. 243–261; G. Lynn Shostack, "Service Design in the Operating Environment," in W. R. George, and C. E. Marshall (Eds.), *Developing New Services* (Chicago, Illinois, American Marketing Association, 1984), pp. 27–43; Jane Kingman-Brundage, "The ABCs of Service System Blueprinting", in Mary Jo Bitner, and L. A. Crosby (Eds.), *Designing a Winning Service Strategy* (Chicago, Illinois, American Marketing Association, 1989).

第9章 服务供应链及其管理[*]

9.1 引言

即使是那些稍微对商业有点兴趣的人士亦能察觉到,在过去20年中,人们已就供应链这一主题做过诸多探讨。在此期间,涌现出大量聚焦于供应链管理的问题及挑战的学术和商业出版物;甚至报纸和新闻杂志也频繁刊登有关报道与文章。显然,供应链管理已成为商界最热门的话题之一,其中主要关注的是产品供应链。但是,在服务组织中也存在供应链,并且其表现出来的特征明显不同于制造业中产品的供应链。本章将介绍有关供应链及其管理的基本概念,并对服务供应链及其管理进行详细探讨。

为引导读者进入下面的讨论,我们在这里提供有关制造业产品供应链的简要定义:

> 供应链是由所有参与增值转换的活动、组织和设施所构成的系统,它们将原材料、零部件和补给品转换成产品并交付给最终顾客。

下一节将回顾供应链是怎样出现并发展成为诸多商业企业和非营利组织及公立组织关注的焦点的。第9.3节总结了与一般的供应链有关的基本概念,特别是关于传统的制造业供应链。有关制造业供应链的探讨会涉及管理者所面临的一些重要挑战。这一节是专为不熟悉这一主题的读者而写,同时也为更好地理解制造业供应链和服务业供应链之间的区别提供了背景知识。第9.4节论述了服务供应链的相关内容及其基本特征。第9.5节进一步回顾了服务组织的供应链的重要特征。再往后的一节将重点描述服务供应链管理者所面临的挑战。最后一节是对全章要点的总结。

9.2 促成供应链管理产生的一些发展变化

在过去30年中,商业世界经历了几次重大发展。其一是计算机和通信技术的进步,不仅提升

---

[*] 我们非常感谢莱德大学的 Tan Miller 博士对本章上一版本进行的审阅和精彩点评。

了计算机的能力和可用性,同时还通过互联网和通信网使整个世界的联系更为紧密。这加速了全球化进程,国界越来越不能阻碍个人以及组织进行交流与贸易往来。此外,许多国家不再只是本土企业的销售市场,已成为全球市场的一部分。

这些发展的影响之一是导致美国及全球大部分市场中的竞争程度显著提高。在20世纪80年代和90年代初,美国企业正承受着来自日本的巨大竞争压力;在此期间,质量是日本企业主要的竞争武器。市场份额和利润的双重损失迫使美国企业开始实行质量和生产力改革,被称为全面质量管理(total quality management,TQM)。其结果是,20世纪90年代中期,大部分美国制造商的多数产品已经实现或超过日本的质量水平。

全面质量管理运动的成功实施帮助美国制造商挽回了在市场份额和利润方面的损失,并使其更富有竞争力和盈利能力。然而,这并未改变国内或全球市场竞争的激烈程度,为了保持竞争力和经济繁荣,许多美国企业开始大规模削减成本,这通常意味着裁员。在某种程度上,投资和使用经改善的技术或新技术(信息系统、软件和硬件)推动了这一趋势的发展。裁员举措的确使诸多美国企业的成本大幅降低,并提高了工作效率;但同时也有部分企业意识到失去了非常有价值的员工,并削弱了企业的竞争力。

许多企业很快意识到,裁员不是提高效率和节约成本的长久之计,因此在20世纪90年代末,裁员风暴逐渐平息,但竞争的激烈程度以及来自投资者持续追求高利润的压力未见减小。始于2008年的经济衰退导致美国和其他地区陷入新一轮大幅裁员风暴。

企业裁员往往意味着需要雇用其他企业或独立承包商来履行被辞员工的工作任务。某些功能的外包使企业对供应商的依赖增强,同时也扩大了供应链的规模、提高了其复杂度。计算机和通信技术的进步、交通状况的改善、低廉的工资水平加上先进生产技术的采用,使发展中国家的某些企业成为工业化国家最佳候选供应商。因此,许多美国和工业化国家的制造业供应商发展成为跨国企业,从而变得更加复杂。

其结果是,美国企业的管理者,跟其他工业化国家的同行一样,开始着手探求提高效率和节约成本的新方法。他们很快发现,通过精简、协调和整合供应链中的商品、服务和信息流可以获取更多利益。他们还认识到,要做到这一点,供应链中的企业必须彼此配合并协调好各项活动。很多制造商的管理者发现,在当前竞争环境下,企业的成败不仅仅由企业自身的经营状况决定,还会受到整个供应链运转状况的影响。

在20世纪80年代和90年代出现的另外一个发展形势是消费者期望及其消费习惯的改变。如今消费者期望的是高质、低价、多样化的商品,并希望能以合理的价格获得定制产品。这些新期望的产生在很大程度上是由于互联网的出现和普及以及万维网上的海量信息。人们可以在家里轻松购物,并享受送货上门服务。这也使得制造商越来越依赖供应链,来为现代消费者提供所需的产品。现在大多数管理者已经很清楚地认识到,为保持竞争力,仅提升企业自身的竞争力已远远不够,还必须提高供应链中各个成员的竞争力。这意味着他们必须与供应商以及供应商的供应商,与顾客以及顾客的顾客实现紧密合作和协调运作。因此诞生了一个新的概念和新的专业管理领域:供应链管理。

同时还应强调的是,供应链及其管理这一概念并不是突然冒出来的。当然,供应链及其重要性,尤其是在军事行动方面早在数千年前就已为人所知。然而,近代供应链管理的发展可以追溯至20世纪60、70年代的"物资配送",然后是20世纪80、90年代的"集成化物流管理",最后在20

世纪 90 年代后期和 21 世纪初供应链管理成为运营管理的独立分支领域。

9.3　什么是供应链？

现在我们对前面给出的简要定义展开讨论。商品供应链的起点是原材料开采环节,包括为其他企业进一步加工和创造附加值而提供原材料的矿业、农业或畜牧业。其实不难发现,就连这一环节的活动也需要有供应商,如采矿设备制造商为矿业企业提供机器设备;化学品制造商为农民提供化肥;奶牛场也有饲料供应商。其他企业进一步加工处理的流程通常包括由多家企业采用多种设备完成的多项操作(即转换流程)。

任何组织,无论属于制造业还是服务业,私有还是公有,营利性还是非营利性,它们的活动均可视为从投入到产出的增值转换过程。最常见的投入包括土地、劳动力、资本、原材料、零部件(即其他制造企业的产出)、补给品(如润滑剂、冷却剂、打印机用纸和油墨)、能源、技术、顾客与管理人员(见图9-1)。产出包括产品、服务,以及对环境的影响(如空气、水和噪声污染)。主要有五种转换流程:

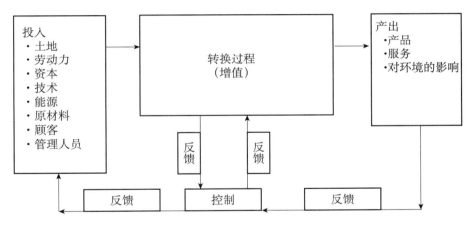

图 9-1　组织的一般模型

物理转换是通过改变投入的某个或多个物理特性使其满足需要。例如,在汽车制造业中,钢板通过切割、弯曲、焊接和喷漆处理而打造成为车身;在医院做扁桃腺切除手术。

区域转换是改变人的地理位置(例如,航空旅行)和商品的地理区域(例如,包裹快递)。

心理转换通常是改变人的情绪(例如,一部喜剧电影)。

知识转换通常是改变人的意识,比如开发解决问题的能力,接受新的观念和知识(例如,高等教育)。

信息转换是通过数据处理来提供信息(例如,报纸、杂志、电视新闻、审计报告、咨询报告和支票账户的月结单)。

制造业供应链

服务组织在运营中会执行一种或多种上述转换流程,但制造业企业基本上都是在实施物理转换流程(见图9-2)。当材料从增值活动和各类企业中流过时,信息的发生是双向的。需求信息从供应链下游成员(例如,最终顾客、零售商、分销商和制造商)流向上游成员(例如,经销商、运输商、制造商、供应商和上一级供应商)。同时,信息从供应链上游成员(例如,供应商、制造商、经销商、零售商)流向下游成员。¹ 在这种情况下,信息可能涉及价格、产品的供应情况、装运条件、日期、交货等。

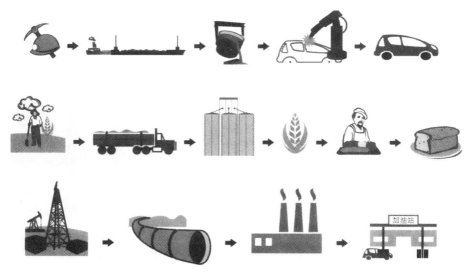

图 9-2　制造业供应链

资金流是在制造业供应链中出现的第三类流。当材料在供应链中流动(例如,原材料从供应商处转移至制造商,零部件由制造商配送至其他厂商,成品经零售商到终端顾客)时,收货人向上游成员支付购买款。

最后,第四类流是退货流。那些不良产品或辜负顾客期望的产品可退还给零售商或制造商,并要求退款。这一过程产生自供应链上游成员流向下游成员的资金流。依据退货原因和产品情况,需对所退产品进行重新包装、维修或舍弃处理。

如果综合考虑大部分产品,则能清楚地认识到,供应链一词并不能准确地描述生产这些产品的系统。换句话说,尽管这一术语给人的印象是按照线性顺序排列的若干企业(即供应商、制造商、经销商和零售商)通过增值加工材料为终端顾客生产产品,但事实与此大相径庭。大多数产品的生产和配送是由许多供应商、制造商、运输商、经销商和零售商构成的复杂网络来完成的。因此对制造业供应链更好的描述是"**将原材料、零部件和补给品的附加值转至产品并交付给最终顾客的过程中所涉及的包括供应商、制造商、服务组织及各项设施和活动的多级网络**"。但是,**供应链**已经被工业界和学术界接受并广泛使用,因此本书后续部分将沿用这一术语。

作为研究和实践领域,供应链管理可视为物流管理的延伸或拓展。从一定程度上说的确是这样的,其所采用的工具和技术有些来自物流管理,有些则来自运营管理和运筹学。物流作为一种职能起源于军事,正如下面的定义所表明的:

军事科学中涉及采购、维修以及运输军事物资设备和人员的方面。²

在民用领域,物流可以定义为:

为了将产品(包括附带服务及其相关信息)从生产地到消费地按照顾客的要求来有效运输和存储而进行的规划、实施和控制的过程。该定义包含了向内和向外、内部和外部的物流运动。³

换言之,

物流管理的任务是将商品或服务在适当时间以完好的状态提交至指定的地点,同时为企业争取最大利润。[4]

物流管理主要包括向内和向外的运输管理、车队管理、仓储、设备、搬运、订单履行、物流网络设计、库存管理、供需规划,以及对第三方物流服务供应商的管理。

美国供应链管理专业协会(The Council of Supply Chain Management Professionals,CSCMP)将物流管理定义为供应链管理的职能之一。显然,物流在供应链以及国家经济发展过程中发挥着重要作用。某些供应链管理者赋予"物流"更为广泛的含义,认为其重叠甚至包括运营管理的许多职责(参看补充材料"物流的重要性")。

但是,供应链管理所涉及的范围更为广泛,在供应链运营(包含传统物流活动)方面采取更具战略性的方法。此外,供应链管理不只是对单个机构,而且还对整个供应链进行产品流和信息流的优化。因此,通常采用系统方法对供应链活动进行管理。

物流的重要性

原理#1 物流在供应链管理中发挥着关键作用。

供应链管理包括三项主要活动:采购、转换和物流。采购为生产产品寻找原材料、零部件、补给品,或者相关设备;而转换则将材料转变为所需形式;物流则在从生产到使用、出售或服务交付的过程中对产品进行运输和存储。

原理#2 物流有利于社会发展。

主要体现在以下三个方面:
- 为企业、非营利性机构、政府和消费者提供产品和服务。
- 影响产品和服务的价格。设计和运营良好的物流系统是保证商品低成本的必要条件。
- 有助于社会响应民众的需求,无论是提高日常生活水平,还是在紧急情况下提供食物、医疗服务和帐篷。

原理#3 物流无处不在。

物流与商业的各个方面息息相关。企业通过物流与顾客联系,向其发送产品或提供服务。制造商在生产和装配过程中需要零部件和补给品;零售商需要进购货物;服务行业需要设备和补给品。即使是非营利性组织,也必须将产品和服务传递给顾客。

原理#4 物流有助于企业增收和发展。

物流能对企业的投资收益(ROI)产生积极影响。在许多行业中,物流产生了大部分成本。采用良好的物流运营方式,可以更好地为顾客服务并降低成本,从而增加企业利润。

原理#5 物流是市场营销战略的关键因素。

物流可以成为市场营销战略的焦点。它能发挥重要的作用去支持以价格、产品开发以及服务或促销为基础的战略。物流与营销战略的完美结合有利于为企业创造竞争优势。

原理#6 物流活动相互影响,并影响营销活动。

物流不是单一的活动,而是许多活动的组合,它们彼此相互影响,并影响所有营销功能。当某家企业进行产品推广时,物流活动可以保证将其送到顾客手中。与生产安排和库存量有关的决策也会影响到运输。

原理#7 物流可以履行营销在其他方面所做的承诺。

营销通常会就产品的表现、可获得性和价格对顾客做出有关承诺。物流在帮助企业信守以上承诺并使顾客满意方面发挥着重要的作用:是物流把产品运送到广告和其他促销活动所宣传的区域,并让顾客获得产品所提供的实惠。

资料来源:改编自 Council of Supply Chain Management Professionals——CSCMP Toolbox.

制造业供应链管理

供应链管理包含对全部相关活动的计划和管理,这些活动涉及采购、转换,以及全部物流管理活动。重要的是,它还包括与渠道伙伴之间的协调与合作,如供应商、中间商、第三方服务供应商和顾客。从根本上来说,供应链管理在企业内部以及企业之间对供给和需求管理进行整合。供应链管理具有整合性职能,其重要责任在于将企业主要的职能和流程在企业内部以及企业之间加以衔接,从而形成一个紧密结合且高效率的商业模式。供应链管理涵盖前述全部物流管理活动,也包括制造业的运营活动。此外,它还对营销、销售、产品设计以及财务和信息技术等职能的各项流程及活动进行职能内与跨职能的协调。[5]

尽管还未成为广泛接受的观点,但有一些供应链管理的实践者和学者认为,21 世纪的竞争并不是企业之间的较量,而是供应链之间的较量。[6] 研究表明,这一观点的适用范围非常有限。[7] 即使不能完全反映出实际情况,这个观点还是将供应链管理的重要性及其面临的挑战提升到了一个新的层面。

制造业供应链管理者的挑战

供应链管理者在其工作中面临巨大的挑战。下面是一些比较常见的挑战:

不确定性——这可能是最为严峻的挑战,而且其中潜伏着风险。主要存在以下几种不确定性和相关风险。首先是需求的不确定性,大多数产品的需求在全年中都处于波动状态。如果产品供应不足,将面临利润损失的风险和部分顾客永久流失的风险。面对这一挑战,最好的解决方法是从供应链下游成员那里获得准确的需求信息,例如,从零售商那里获得销售点(point of sale,POS)的有关信息。这就需要供应链成员之间的紧密合作。当无法获得实际需求信息时,制造商和供应商可以通过顾客订单的大小进行需求预测。订单数量出现的小幅度波动可能被误解为长期需求的激增或锐减。因此,接收下游订单的供应链成员可能会向其供货商提交更大的订单。这种行为会沿着供应链依次连锁发生,导致上游成员的订单发生越来越大的波动,从而产生**牛鞭效应**。[8]

如果缺少实际需求信息,便难以制订产能和生产计划。在需求信息缺失的情况下,供应链管理者便只能依赖预测和库存。大家都知道,并不存在完美的预测方法,预测通常会出现误差。保持库存的原因之一是为了应对需求超出预测和生产能力的情况。采取这一措施的弊端是库存会产生大量成本,因此这也是管理者必须加以权衡的。为满足短期需求,制造企业可以通过加班提升产能,这在员工同意加班的前提下是可行的。同时,制造企业还可以将部分生产任务转包给分包商以增加供应量。这一做法的弊端是,如果所生产的是专有产品,制造商则不得不向分包商透漏一些商业机密,当然,要想保持竞争力,这种做法是不可取的。此外还可以通过延期交货来满足市场上超过供给的那部分需求,即以未来的产量来满足当前的需求。此方案可行的前提条件是顾客愿意等待。

其次是供应的不确定性。即使企业拥有可靠的供应商,但一些突发事件会严重破坏供应链,如供应商的工厂发生地震、海啸、洪水或火灾等。只与单一供应商合作的企业通常会遭遇此类风险。许多企业已尝试着权衡考虑在全球范围内选择少数供应商来提供特定产品或零部件。与多个供应商合作也存在不利因素,即无法实现规模经济,因此成本会比只有单一供应商的情况有所提高。

应对以上两种不确定性因素最有效的方法是创建一个集中式信息系统。其他不确定因素源于经济波动,如原材料、石油和运输等服务的价格发生变动,以及货币汇率波动。

复杂性——供应链的复杂性主要源于以下三个因素。第一个因素是贸易全球化。在发达国家,极少有大型企业仅与国内的供应商和顾客合作,基本上几乎每家企业都会涉及一些全球性交易。这意味着企业同时拥有全球和国内的供应商、顾客及竞争对手。

第二个因素是供应链成员的绝对数量。例如,飞机制造商波音公司拥有大约1 200家一级供应商直接从40个国家的5 400家工厂为其提供零部件。[9] 专业化和规模经济这两方面的优势使得外包业务增多,因此也增加了企业的供应商。如果就同一部件与多个供应商合作,则会增加更多的供应商。

第三个因素是大多数企业的顾客们各自拥有不同的供应链并持有不同的要求。最后,企业通常同时拥有几条供应链,这使得由以上三种因素导致的供应链复杂性倍增。企业同时拥有几条不同供应链的原因很简单:不同的产品需要不同类型的供应链。例如,创新性产品要求响应型供应链,而功能性(即商品类)产品则需要效率型供应链。[10]

协调/合作——协同原理表明,作为整体运行的供应链比各成员分别优化经营具有更高的效益和效率。这也就意味着,由此产生的利润总额会大于各成员单独优化经营取得的利润之和。[11] 显然,这要求对整条供应链的活动进行紧密协调,实现紧密合作。最重要的一点要求是必须共享实际的需求信息、预测、生产计划以及特殊倡议计划(如促销活动)。如果能建立上文提及的集中式信息系统,便能有效地促进协调与合作。

激励与目标协同——实现协调与合作最有效的方法是使供应链的各个成员注重提高整个供应链的利润,而非各自的利润。当然,这就意味着各成员必须公平合理地共同承担风险和分享利润。考虑到企业的传统做法是重点优化其自身的运作,供应链管理者要实现这个目标还是个巨大的挑战。[12] 而且按照所要求的质量和数量在需要的时间、地点提供需要的材料,对供应链所有成员来说都是非常重要的。整个供应链的平稳运作在很大程度上也依赖于这一条件的满足,而这个条件的满足又要求各成员之间紧密地协调与合作。

其他方面的挑战包括采购、供应商关系、顾客关系以及配送网络的建立与运营,所有这些都决定着供应链运营的成败。麦肯锡公司2010年全球调查报告中对全球639名高管就供应链所面临的挑战进行问卷调查,结果显示前三大挑战分别是不断上升的全球竞争压力、消费者期望,以及日益复杂化的顾客需求模式。[13]

9.4　服务供应链及其特征

必须记住的一点是,服务组织在性质、特征、规模,以及所提供的服务方面具有多样性。首先,服务组织可以是私立或公立的、营利性或非营利性的。公立性的服务组织分地方、州或联邦级别,它们都不以营利为目的。此外,还有很多非营利性组织并不是公立的,如慈善机构开设的医院。因此,以下有关服务供应链的讨论并不一定适用于所有服务组织,和本次讨论相关的一些组织将通过举例予以说明。

服务供应链最重要的特征是里面流经的东西:顾客、顾客的财物、顾客的资料或信息、资金和补给品。这也是服务业和制造业供应链之间存在的最大区别。正如前面所讨论的,流经制造业供应链的主要有原材料、零部件(例如,其他制造商生产的产品)、补给品(例如,润滑油、冷却液、包装材料和射频标签)、信息、退货以及资金。

回想前面提出的作为企业增值转换流程的一般模型。制造业企业主要是对材料实施物理转换。换句话说,是将增值转换流程应用于无生命的劳动对象。服务业组织主要是实施以下五种转换中的一种或多种:物理转换、心理转换、知识转换、区域转换和信息转换。服务的对象可以是顾客(即顾客的身体、意识,或两者都有)、顾客的财物(即汽车、房子、宠物和资金),或顾客的资料或信息。无论是哪种情况,顾客都是服务的最终受益者。根据服务的不同,对**顾客**更贴切的称谓可能是**客户、病人、乘客、学生、会员、订阅者**等。如果不用特别强调这些差异,则使用顾客一词。同时还应强调的是,在某些情况下,顾客并非个人而是另一个组织,如航空公司从美国国家海洋与大气管理局(National Oceanic and Atmospheric Administration, NOAA)获得有关恶劣天气和飓风的报告。

接下来,我们将根据不同的服务对象来分别讨论服务业供应链与制造业供应链之间有何差别。

服务对象:顾客

在某些服务行业中,顾客的身体是服务对象。例如,计划到医院做手术的患者。患者到达医院后先到登记处,然后填写表格,一般要求提供所有必要的信息,如姓名、住址、出生日期、社会保障号、保险公司名称、病史、正在服用的药物以及过敏史。患者信息是医院供应链中的一种信息流。接下来便可能由护士来接待患者,并完成其他预诊程序(如测量血压、脉搏和体温),同时还可能有一些化验项目。在这些都完成以后,便准许其入院。如果入院当天就安排手术,便让患者做好术前准备,然后推入手术室。在手术室进行手术的过程中,外科医生、麻醉师和护士都必须为患者服务。手术用品属于医院供应链中补给品的一部分。术后,如果无需住院治疗,患者便被推入康复室。到可以出院的时候,被告知术后注意事项后,患者便能出院了。几天后,医院会将相关文件和账单寄送给患者和/或保险公司。当患者或保险公司支付账单后,资金便会流向上游成员,如外科医生、麻醉师、医院以及医院的供应商(见图9-3)。

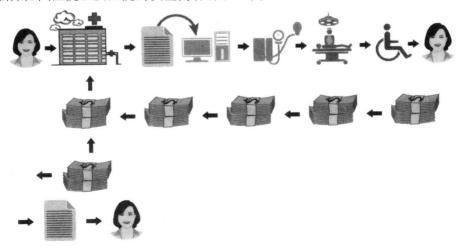

图9-3 医院供应链中的外科患者

在这个例子中出现了物理转换和信息转换。假设该手术是成功的,便自然会期待发生心理转换,患者的心情发生转变:因为恢复了健康,她现在变得很快乐。

这是一个有关医院手术流程的简化案例。但是,它已呈现出服务业供应链和制造业供应链之间的显著不同。在这个例子中,患者的身体、个人信息、医院补给品和手术用品、账单信息以及资金构成供应链中主要的流。

该案例表明顾客如何在某些服务中扮演**三重角色**:首先,患者是**供给方**;其次,患者的身体是所提供的**材料**(如果采用制造业术语);第三,患者也是服务的对象或受益者,即**顾客**。

在制造业供应链中,顾客是终端环节,这也适用于某些服务业供应链。例如,某人购买影碟、书籍或下载软件,均属于这些服务的终端环节。但在大多数服务业供应链中,顾客同时处于起始和终端环节。在制造业供应链中,顾客需求自下游开始启动整个流程;顾客从零售商那里购买东西,零售商从批发商那里进购货物以替代已售商品,批发商从经销商那里进货,经销商的货物又由制造商提供,而制造商又向其供应商订购相关物资。在服务业供应链中,顾客以其身体、财物或个人信息作为供给方从上至下启动整个服务流程,并作为下游的最终成员接受服务。

顾客在一些服务业供应链中扮演三重角色,这导致管理人员面临巨大挑战。其中最重要的挑战与顾客的安全和心理有关。在制造业供应链中,如果材料遭到损坏或加工方式不当,则必须将其舍弃或重新加工,而企业将承担不良质量成本,通常不会再产生其他不良后果。如果顾客在服务中遭到身体或心理伤害,便会产生严重后果。首先,顾客与服务组织之间存在一种隐性契约,即服务组织在服务过程中必须保证顾客的安全和健康。如违约,将承担法律和伦理方面的双重后果。顾客在服务中遭受身体和/或心理伤害,几乎肯定会将组织告上法庭。如果这一事件被曝光,该组织的名誉则将受损,导致利润亏损和顾客流失。由此可见,在服务业供应链中,顾客的身心安全和健康是最受关注的。

当然,各类服务中顾客受到伤害的风险大小不尽相同。以顾客的身体和/或意识作为对象的服务中,顾客受到伤害的风险是难以避免的。医疗保健服务提供者、航空公司、邮轮公司和饭店通常必须注意防范此类风险。在其他一些顾客在场的服务中,服务对象是顾客的意识,则其身体受到伤害的可能性不大,但心理上可能出现问题。例如,在炎热的夏天飞机在停机场上滞留数小时,乘客的心情及舒适感都会受到影响。这样一来,航空公司可能会遭到投诉甚至法律诉讼。其他一些可能导致顾客遭遇心理损伤的服务例子有精神病治疗或咨询服务、电影院的影片放映服务、戏剧演出服务或教育机构的服务。

服务组织的管理者必须考虑到一切有可能发生的风险,采取相应的预防措施,并制定尽可能迅捷的补救计划,其中包括替代性服务方案,以及对顾客的损害进行赔偿。[14]

服务对象:顾客的财物

许多服务组织为顾客的财物提供服务,如汽车、房子、宠物、包裹和资金。在这种情况下,顾客再次成为服务业供应链的发动者和供给方。同时作为服务的**受益者**,也自然是**顾客**。当其财物接受服务时,顾客便扮演着**双重角色**。除了进行服务时所要用的补给品之外,顾客的财物及个人信息现在是供应链中主要的流。在付款时,资金会从顾客手中流向服务组织及其供应商。

在表明所需服务后,顾客通常会离开服务场所,而将其财物托管给服务组织。在制造业供应链中流动的材料通常属于对其进行加工的企业,直到被转移到供应链中的下游企业。此时下游企业对上述材料具有占有权和所有权,以此类推。在服务业供应链中,服务组织对材料不具有所有权(即顾客所有),只对其进行照管。和以顾客身体作为服务对象的情况一样,服务组织在法律和伦理层面都必须保证顾客财物不受到任何伤害或损坏。

目前已经分别讨论过两种情况,即以顾客的身体和财物分别作为服务对象,这两种情况可能会同时出现在某些服务中,如航空旅行、度假游轮、酒店服务和汽车租赁。在两种对象同时受到服务时,前面针对每种对象讨论的相关问题和原则都能成立。

资金或金钱也是顾客的一种财物。金融机构(银行、投资银行、共同基金)会参与管理顾客的资金,如401(k)计划、个人退休账户或其他类型的投资。考虑一个共同基金公司的顾客。顾客将表格中的必要信息填写完毕后,会通过寄送支票或电子资金转账的方式来购买一定数量的共同基金股份。接下来的程序相当简单:公司用该笔资金进行投资,然后定期向该顾客提供有关投资绩效的财务报表,并收取服务费。顾客和公司之间通常不需要面谈,而是经常通过信件、电子邮件或电话的方式进行沟通。在这种情况下,经过供应链的主要是资金流和信息流,而且是双向流动的。这种供应链可能比较简单,但所涉及的风险却相对复杂。大家都知道,投资是没有保证的。由于财务经理的错误决定,或者更糟糕,由于像近几年发生的震惊金融界的诸多丑闻和庞氏骗局那样的诈骗行为,投资者可能损失部分甚至全部资产。然而,服务提供者还是担负着管理顾客资金的责任,应该帮助顾客实现利益最大化。

服务对象:顾客的资料/信息

某些服务组织将顾客的资料转换成有用信息,并将信息转换成报告。例如,会计师事务所、信用卡公司、美国联邦税务局、保险公司、社会保障署和医疗保障机构。这些为数不多的例子也能表明,这类服务组织的目标和所提供的服务种类繁多。下面以会计师事务所为例加以说明。

会计师事务所可以提供注册会计师(CPA)服务,帮助客户收集、维护和审查财务数据以及编制财务报表,同时还会制定和提交纳税申报表。此外,还能提供审计和咨询等其他服务。客户可能是个人或企业。在这条服务供应链中顾客资料是最重要的流,而顾客是资料的提供者。这些资料经由会计师事务所转换成各种形式的信息,如财务报表、纳税申报表和咨询报告。此外,会计师事务所还必须负责保管和保护客户资料。客户将作为供应链的终端环节接受服务产出,并通过支付服务费由下至上启动资金流。尽管会计师事务所可能拥有很多供应商(例如,法律咨询、办公补给、清洁服务和安保服务),但客户是最重要的供给方。由此产生的供应链比较简单:客户(供应者)—会计师事务所(服务提供者)—客户(顾客),这里客户扮演双重角色。

9.5 服务供应链的其他特征

当顾客处于服务体系中时,可能被要求其执行某些任务,如在超市或其他商店自助结账,在机场自助值机台办理自助登机手续。这表明顾客也能成为服务所需劳力的提供者。如果要求顾客完成的任务比较复杂,或顾客对目标任务不太熟悉,顾客参与将存在一定的风险:可能会使顾客感到沮丧或使其变得疏远。在这些系统中,顾客任务必须保持简单化,兼有明确的相关信息,并且还应避免使顾客及其财物遭受任何损害。

网络设计和设施数目及地点(如工厂、仓库和配送中心)都属于制造业供应链中重要的决策项。例如，增设仓库并将其建立在靠近零售店或人口集中的地方，可以提高供应链的响应能力，但同时也会增加运入成本，此外还会因为不能形成规模经济而导致仓储运作成本增加。如果在运营中只使用几个仓库，则会减少运入成本，但会增加运出成本，并降低供应链的响应能力。因此，这里存在一个权衡取舍的问题。

通常，在某些服务供应链中并不存在这样的权衡取舍问题。服务设施必须要让潜在顾客随时都可以方便访问，因此服务组织只好将这些服务设施设置在离顾客很近的位置。例如银行、医院、快餐店、消防站、应急队以及邮局等服务组织都设置在人流量较大的地方。再如，主要为个人和小型企业提供运输服务的UPS，为了便于为顾客提供服务，在美国、波多黎各和美国维尔京群岛拥有超过4 300个独立网点。[15]

但是对另外一些服务来说就不必将服务设施安置在人口中心地带，这样的服务企业包括保险公司、经纪服务公司、投资公司和邮购企业（例如，Amazon.com），因为它们在提供服务时并不需要与顾客进行面对面的沟通。此外，许多公立服务机构也不需要专为顾客设立服务设施。例如，美国国家公路交通安全管理局、联邦航空管理局、美国疾病控制与预防中心和美国联邦税务局。这些机构的服务大多可以通过互联网、电话或邮件的方式获得。

制造业供应链可以有多个供应商，不过，这些供应商数量有限。事实上，近年来制造商已经在试图减少其供应商的数目，以便和现有供应商建立长期合作关系，并且由于供应商减少，可以通过增大业务量来帮助它们实现规模经济。仅与少数供应商合作时，还可以通过技术援助来帮助改善供应材料的质量。在前面几节中曾强调，对于许多服务组织而言，顾客也是主要的供给方。服务组织往往在顾客来到之前并不认识他们，除非服务本身要求与顾客保持长期和持续的关系，例如汽车、房子、健康保险或电话服务。因此，至少从理论上讲，服务组织拥有无限多的潜在供应者。

除非服务组织规模较大并且运营范围广泛，否则不大可能设立**供应链管理者**。但是，不管头衔是什么，在服务组织中都有负责处理供应链相关任务的管理人员。正如前面几节中所讨论的，对于服务行业，顾客是最重要的供给方。因此，负责向顾客推销服务的管理人员可以被认为是在管理供应商关系。

服务组织可能拥有其他供应商。向服务组织提供**材料**的企业就是另一类供应商，而且它们并不一定是无足轻重的，其中有些企业可能提供非常重要的材料。向服务组织提供的材料种类几乎是无限的：从办公用品，如钢笔、铅笔、纸、打印机油墨，到航空服务业的燃料、餐食和备用零件，再到向医院提供的医疗和手术器材、药物、化学制品、膳食和血液。

9.6 服务供应链管理者的挑战

第9.3节讨论了制造业供应链管理者所面临的挑战：不确定性、复杂性、协调/合作以及激励与目标协同。其中不确定性是最大的挑战，也是绝大多数服务组织都会面临的挑战。其他三种挑战仅仅存在于某些服务业供应链中，而远非全部。

需求的不确定性源于其多变。导致需求多变的因素很多，举几个例子：季节、天气、特殊事件、新闻和经济状况。例如，暴风雨的天气下购物者可能会待在家里进行网购，这将大大减少该地区零售商的需求，而对于电商的需求则很可能骤增。大学举行一场足球比赛，可能会使人们对比赛场所附近的旅馆房间产生极大的需求，尽管只能维持一两天。有些使服务组织需求骤增的事件可以预先知道并事先做好准备,例如假期里或者在城里要举行大型会议期间,对航空旅行的需求会很旺盛。但是其他一些事件可能出其不意地突然降临,应对这种情况对服务商而言可谓是一种挑战。对于这些事件,服务组织应制订应急计划。

另外,服务需求可能是没有规律的随机变化或是随季节呈周期性变化。采用历史数据和预测方法(第15章),服务组织有可能成功地应对这两种不确定性因素的挑战。

在讨论制造业供应链的不确定性挑战时,提到了几项可能的补救措施:保持库存、加班、业务转包和延期交货。然而对大多数服务而言,这些补救措施却毫无用武之地。正如第2章中所讨论的,大多数服务具有易逝性,无法放入库存。加班也不能提高大多数服务的能力;虽然餐馆可以通过临时延长营业时间而满足新增需求,但是旅馆让员工加班则不会提升接待旅客的能力。最后,业务转包和延期交货的举措也不适用于多数服务。

服务组织还需面对供应的不确定性,有些情况下这种不确定性对服务运营的影响重大。例如,血液供给的不确定性可能是医院面临的主要挑战;疫苗供应的不确定性是医疗机构面临的主要问题,甚至可能造成死亡。总之,服务组织对供应的不确定性的处理应该学习制造业供应链那边发展起来的良好实践。

复杂性对于拥有大量设施和全球业务的大型服务商而言是一个挑战。原因是他们通常需要在业务所在国找到供应商——这可能是出于东道国的法律规定,或者是出于某些经济因素和实际考虑。例如,运营国际航线的航空公司必须依靠当地的供应商为其提供燃料、地面作业、餐食、清洁服务以及机组人员的接待服务。再如那些在全球拥有研究实验室、生产设施以及销售与营销业务的制药企业,在别的国家拥有银行业务与其他金融业务的银行,以及在全球范围内运作的保险公司。

另外一些服务组织则面临一种不同的复杂性挑战。联邦、州和地方级别的公立组织因其公立性质在选择供应商时面临复杂性。因为是由纳税人提供资金援助,所以他们的一切行为基本上都会受到新闻机构、政治人物和公众的监督。几乎所有的活动,包括选择供应商和物品采购等,都必须依照法律和相关规定行事。因此,负责采购的行政人员必须遵照法律和规定行事,并同时处理由制造业供应部管理人员负责的所有事项。

协调/合作

当供给品的可获得性、质量或交货时间对服务工作产生负面影响时,服务组织与除顾客(作为供给方)之外的供应商之间的协调与合作变得尤为关键。例如,供给的缺乏或延迟交货可能会使灾难援助处于瘫痪状态,并严重影响服务组织的重建工作[16],例如在2005年卡特里娜飓风发生后美国联邦紧急事务管理署(FEMA)所遭遇的情况。

激励与目标协同——制造业企业的供应商非常关心最终产品能否赢得市场,并以此作为激励。如果最终产品畅销,制造商会给供应商更多的订单,从而为供应商带来更多的业务与利润。如果产品滞销,制造商可能会与供应商终止业务往来,导致利润受损。如果不合格产品是因供应商所提供的材料的质量太差而导致的,两者之间的业务关系必定会宣告终止,供应商的名誉当然也会受损。供应商与其顾客为共同的目标携手合作并从中获益,可以适用于整条供应链,当激励与目标协同时,他们全部都受益。

有趣的是,在大多数服务业供应链中并不存在这种协同关系。原因很简单,在大多数情况下,由供应商提供的物资并没有成为服务产品(并非物品)的一部分。显然,供给品的质量和数量以及交货时间和地点在服务提供过程中发挥着重要作用。但只要在服务过程中未出现任何问题,顾客就不会知道或关注有关供给的材料、品牌或供应商方面的事情。即使在服务过程中因材料问题而出现失误,顾客也只会向服务商追责。

9.7 总结

本章对制造业供应链做了简要描述,然后重点探讨了服务供应链。首先是从不同的学术和专业角度对制造业供应链给出了定义。然后,组织的一般模型被表述为转换流程,投入在其中被转换成商品、服务以及对环境的影响。可以确定五种转换类型:物理转换、区域转换、心理转换、知识转换和信息转换。制造业几乎只存在物理转换,而服务业则会涉及以上所有五种转换。

原材料、零部件、供给品、信息和资金构成制造业供应链中主要的流。不确定性、复杂性、协调/合作和激励与目标协同被认为是制造业供应链管理者所面临的主要挑战。值得强调的是,只要供应链成员协同目标与激励,以及在活动中进行协调与合作,对供应链产生的整体利益将大于各个成员各自优化经营而取得的利润之和。

对服务供应链及其特征根据涉及的服务对象:顾客(顾客的身体或意识,或两者兼顾)、顾客的财物,以及顾客的信息进行了分析。应该强调,在这三种情况下顾客在服务供应链中都是供给方。当身体作为服务对象时,顾客扮演着三重角色,即供给方、材料和顾客;当财物作为服务对象时,顾客则扮演着双重角色,即供给方和顾客。除这些讨论之外,还进一步回顾了服务供应链的其他特征。

最后,以上述讨论作为背景,我们总结了服务业管理者所面临的挑战:不确定性、复杂性、协调/合作和激励与目标协同。虽然制造业供应链管理者也面临同样的挑战,但两者存在本质上的区别。几乎在所有服务组织中都存在不确定性,并通常源于需求变化。只有在全国或全球都拥有大量设施的大规模的服务组织才会面临其他三项挑战。当供给品在服务过程中发挥关键作用时,也会产生这些挑战。

问题讨论

1. 供应链是什么?
2. 什么是物流?
3. 是哪些发展导致供应链管理的产生?
4. 组织的一般模型有哪些组成部分?
5. 组织实施转换流程的目的是什么?
6. 主要存在几种类型的转换?请一一举例说明。
7. 讨论制造业供应链中主要的流及它们的流向。
8. 讨论服务业供应链中主要的流及它们的流向。
9. 请解释术语"上游"和"下游"。
10. 物流管理作为一种职能起源于军事。为什么物流在军事中如此重要?
11. 请解释物流为什么如此重要。
12. 请解释(制造业和服务业)供应链管理者所面临的"不确定性"挑战。
13. 请解释(制造业和服务业)供应链管理者所面临的"复杂性"挑战。
14. 请解释(制造业和服务业)供应链管理者所面临的"激励与目标协同"挑战。
15. 请解释顾客在服务业供应链中扮演的三重角色。
16. 请解释顾客在服务业供应链中扮演的双重角色。
17. 请解释制造业供应链和服务业供应链之间存在的不同。

尾注

1. 判断一个供应链成员在上游还是在下游也可能由于流程起点和流向的改变而变化。

2. *Miriam Webster's Collegiate Dictionary*, 10th Edition, 1996.

3. *Council of Supply Chain Management Professionals, Supply Chain Management Terms and Glossary*, 2010. http://cscmp.org/digital/glossary/glossary.asp (07/27/2012).

4. Ronald H. Ballou, *Business Logistics Management*, 4th Edition (Prentice Hall, 1999), p. 6.

5. *Council of Supply Chain Management Professionals, Supply Chain Management Terms and Glossary*, 2010. http://cscmp.org/digital/glossary/glossary.asp (07/27/2012).

6. 可参见，例如：Douglas M. Lambert and Martha C. Cooper, "Issues in Supply Chain Management," *Industrial Marketing Management*, 29, 65–83, 2000.

7. James B. Rice, Jr. and Richard M. Hoppe, "Supply Chain vs. Supply Chain: The Hype and the Reality," *Supply Chain Management Review*, September–October 2001, 47–54.

8. Lee, Hau L., Padmanabhan, V., and Whang, Seungjin, "The Bullwhip Effect in Supply Chains," MIT *Sloan Management Review*; Spring 1997; 38, 3; pg. 93.

9. "Faster, faster, faster," *The Economist*, January 28, 2012.

10. Fisher, Marshall L. "What is the Right Supply Chain for Your Product?" *Harvard Business Review*, March–April 1997, pp. 105–116.

11. Martin Christopher, *Logistics and Supply Chain Management*, Third Edition (Financial Times, Prentice Hall, Harlow, Great Britain, 2005), p. 5.

12. Chopra, S. and Meindl, P. *Supply Chain Management: Strategy, Planning and Operation*, 5th Edition (Prentice Hall, Upper Saddle River, NJ, 2013); Also see Narayanan, V.G and Raman, A. "Aligning Incentives in a Supply Chain," *Harvard Business Review*, November 2004, pp. 94–102.

13. (http://www.mckinseyquarterly.com/The_challenges_ahead_for_supply_chains_ McKinsey Global_Survey_results_2706 (07/26/2012); Also see "Supply Chain Challenges: Building Relationships," A Panel Discussion, *Harvard Business Review* (July 2003).

14. 关于服务失败、补救措施及结果的更丰富的研究文献可以在以下期刊中找到：*Journal of Service Research*, *Journal of Services Marketing*, *Journal of Applied Psychology*, *Journal of Marketing*, and *International Journal of Service Industry Management*.

15. http://www.theupsstore.com/Pages/index.aspx (07/27/2012).

16. "The rising cost of catastrophes," *The Economist*, January 14, 2012.

第 10 章 设施的选址和布局设计

10.1 引言

一个服务组织所做的最重要的影响长期收益的决策之一就是为运营设施选择地址。这个决策涉及服务和服务交付系统的设计(第 8 章),它包含两部分:为服务交付系统找到一个地区和在该地区内找到一个地点。选定地区与地点后,即开始设计设施的布局。布局问题即在时间、成本和技术的具体约束下,寻找布置服务系统实体组件的最好方案。本章首先关注设施的选址,然后才是设施的布局。

服务组织可能出于各种原因而不得不做出选址决策。在新的地点提供服务可能是组织一直追求的成长战略中的一部分。另一个原因可能是需求的增长,目前的服务设施也许不能满足需求的增长,因此就需要新的设施或者扩张现有设施。当然,也有可能是相反的情况,即某个地点的需求可能降低到了服务组织的存活线以下,这就需要找到一个需求充分的新地点。当一个服务组织面临一个选址决策时,基本上存在三个选择:

1. 在当前地点扩大现有设施。
2. 关闭当前设施,在一些新地点建设一个或多个新设施。
3. 发展一个或多个新地点。

地区选择是一个宏观决策,需要考虑哪些国家、行政区域、社区(从属于行政区域、县或城镇)适合建立服务单元。**地点选择**是一个微观决策,需要具体考虑在哪一处特定地产(或多处地产)上适合建设服务单元。本章首先考虑以下因素对地区选择决策的影响:

- 业务简章
- 选址主导因素
- 通用选址标准
- 常见选址错误
- 多重选址

本章探讨通过定量评价进行地区选择的多种方法,从简单的因素加权到复杂的数学模型。本章第二部分将讨论服务设施的布局设计。

10.2 地区选择

地区和地点的选择是一个战略决策,因为其通常会产生对成本、需求和利润的长期影响。因为设施地址是一个如此重要的成本因素,所以麦肯锡咨询公司认为"选址最终能够成就(或破坏)一个公司的商业战略"[1]。并且,一旦地址选定、设施建成后,这些投资就变成了沉没成本。这是因为如果选址错误,那么要将设施卖给其他企业也不太可能,因为它不在一个好的商业地址。对于服务组织来说,地区和地点选择更是一个特别重要的决策,因为大多数服务是同时生产和消费的,并且大多数服务要求顾客出现在现场。服务的这些特性使得服务地点成为消费者购买决策中一个极其重要的因素。服务组织必须合理选择设施地址,使得方便造访的消费者群体尽可能地大。

业务简章

在考虑可选择的地区和地点之前,应准备一份业务简章。这份简章应描述业务的性质、业务对地区和地点的具体要求,还应包括对选址主导因素的分析(下面的小节会具体介绍)。图 10-1 为业务简章与公司战略计划的对照比较。任何组织的总体战略都应作为选址决策的指导原则和框架。

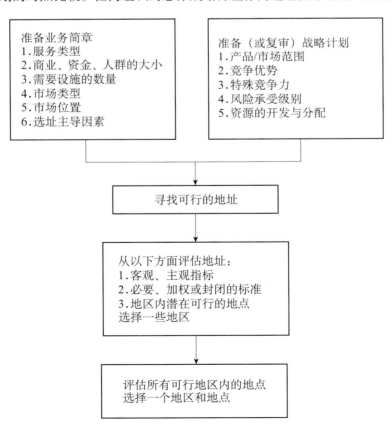

图 10-1 地区和地点的选择评价

选址主导因素

对于服务的地区和地点的选择显然取决于许多因素,以及收益与成本之间的权衡。然而,某个特定因素可能主导整个选择过程,并限制参与评估的可行地址的数量。以下是关于地区和地点选择的 9 个主导因素。

1. **基于顾客**——如果地址的便利性决定了顾客光临哪个商店、银行或餐馆,这种服务就是基于顾客的。因此,该服务的地点应最大限度地靠近它的顾客。零售店、医疗保健、其他个人服务、剧院、银行支行、餐馆就是基于顾客选址的例子。
2. **基于成本**——大多数的专卖店、批发商和文秘服务认为运营成本是选址的主导因素。
3. **基于竞争对手**——有些企业愿意接近它们的竞争对手以便观察行情、共享资源,并吸引远距离的顾客。例如,在制造行业,有服装区域、家具城和纺织品区。同样,在服务业可以看见聚集的汽车经销商、古董商和便利餐馆。
4. **支持系统**——许多企业选址在拥有良好的支持系统的地方。例如,一家酒店可能选在一所大学的医学研究中心附近。黄金公司选在警察保护严密的城市。对于迪士尼乐园来说,航空运输发达和公路系统完善是必需的,并且还需要拥有良好的电力服务设施。
5. **地理或环境因素**——海洋度假村、滑雪场、户外健康牧场或温泉说明了地理或环境对选址的约束。
6. **商业环境**——当一个服务企业只有一些不太重要的选址约束时,那么一个州或城市的商业环境就会成为主要的选址因素。保险公司、私立教育机构、游乐场很有可能属于这一类。
7. **基于通信**——金融服务通常需要与世界各国的企业和政府快速沟通。大银行选址在高度发达的大城市的一个原因就是这样的城市具有优良的通信设施。另外,由于互联网和通信系统不断替代纸质文件的邮政递送,这一因素将变得越来越重要。
8. **基于交通**——邮递订单的企业和民营快递服务公司倾向于选择位于良好的交通网络的入口处。
9. **首席执行官的个人意愿**——尽管有上述诸多因素,许多企业曾经出于总裁或首席执行官的意愿而迁移它们的总部。

通用选址标准

除选址主导因素以外,选址时还应该考虑许多其他的通用标准,例如人力资源可得性/成本、气候/天气情况、当地税收政策(见表 10-1)。其中列出的许多标准适用于所有类型的服务企业。对比不同地点时,不妨把标准如此归类:

1. 客观标准
   A. 可量化的(例如,管理层的风险评估)
   B. 不可量化的(例如,社区接受程度、城市规划分区和法律因素)
2. 主观标准
   A. 可量化的(例如,建造成本)
   B. 不可量化的(例如,较低的生活成本)

常见选址错误

选址决策中易疏忽的事项和常见的错误被许多作者指出。[2] 这些错误包括:

- 忽视趋势预测——经常会看到,本应影响长远的选址决策竟然只考虑了当前的一些因素,并未考虑潜在的不利变化或未来的机会。位于美国中北部州的 Sun Belt 公司在 20 世纪 70 年代的增长和后来的衰败就是例子。
- 忘记准备业务简章——这种情况下,企业只是想找一个地方把大楼盖起来,而不是要寻找一个地方提升业务。
- 太关注土地成本——土地成本高可能意味着一个非常理想的区域,而且,一旦企业在未来的某个时候决定从那里搬走,其未来价值也有大幅增长的可能性。
- 未能充分了解人的流动成本。
- 允许高管的偏见凌驾于商业决策之上,关键人物因不喜欢新地址而离职。
- 太关注工资水平而不是生产率。
- 在企业持续经营的情况下,不能协调设施建设和搬迁。

表 10-1 选址决策的通用标准

1. 员工的可得性和成本	11. 当地税收
2. 员工的历史和文化	12. 医疗体系
3. 教育中心	13. 供应商和支持性服务企业
4. 娱乐和文化中心	14. 人口和人口趋势
5. 电力	15. 通信系统
6. 交通和公路网络	16. 管理层的喜好
7. 健康和福利体系	17. 生活成本
8. 气候和天气	18. 社区态度
9. 地理和环境保护管理	19. 土地和建筑成本
10. 当地商业环境和激励	20. 扩张的潜力

多重选址

选择多个地址与选择单个地址的决策在一些重要方面彼此不同。例如,Club Med 的一个新竞争对手可能在考虑了许多因素后计划在全世界范围内选择一些地址。然而当 Club Med 要为新增设施选址的时候,就必须将目前已有的设施和它们提供的具体娱乐项目考虑进去。再如,假设 FedEx 的另一个竞争者正要启动,可能想将最初 50 个网点的选址限定在美国某个特定的区域内。同时,FedEx 选址的时候,必须考虑在全美范围内避免业务重复,并希望产生协同效应。银行、度假村、电视网络、连锁酒店、特许经营服务、航空公司都面临选择多个地址和选择单个地址的问题。

10.3 地区选择的定量方法

地区选择的定量方法从简单到复杂都有。下面介绍一些常见方法[3],从因素加权法开始。

因素加权法

因素加权法是一个简单的数值方法，包含6个步骤：
1. 列出相关因素。
2. 给每个因素分配一个权重，反映其对企业目标的相对重要性。
3. 为各个因素确定一个评分范围（如1—5、1—10，或1—100）。
4. 按照步骤3中的评分范围，让管理者为每个地区就这些因素进行评分。
5. 将每个因素的分数与权重相乘，加总后得出每个地区的总分。
6. 根据总分大小进行推荐，同时考虑定性分析的结果。

表10-2简单描绘了一个新滑雪场的选址。表中提供了一系列管理层认为重要但不容易定量的因素、它们各自的权重，以及它们在3个可选的地方（加利福尼亚州、科罗拉多州、新英格兰）的相应得分。因素加权分析表明新英格兰（总加权得分147分）优于加利福尼亚州和科罗拉多州。轻微改变某些不太确定的因素权重就可以对该决策进行敏感性分析。

表10-2 滑雪场选址的因素加权法分析

因素	重要性权重	选址得分			加权得分		
		加利福尼亚州	科罗拉多州	新英格兰	加利福尼亚州	科罗拉多州	新英格兰
年平均降雪量	8	5	4	3	8×5=40	8×4=32	8×3=24
地势	9	4	5	4	9×4=36	9×5=45	9×4=36
最近市场的规模	7	3	2	5	7×3=21	7×2=14	7×5=35
前往滑雪场的交通	5	4	4	5	5×4=20	5×4=20	5×5=25
政府激励	3	3	4	4	3×3=9	3×4=12	3×4=12
竞争者数量和规模	3	2	5	5	3×2=6	3×5=15	3×5=15
				总计	132	138	147

注：因素评分范围：5=优秀，4=良好，3=一般，2=较差，1=恶劣。

重心法

重心法是用来为许多零售店找到一个配送中心的数学方法。该方法在找寻最优配送中心选址的时候考虑市场的位置、运输到市场的商品的数量和运费。

下面以Barry百货折扣店为例来说明，它是一个由4家大型百货店组成的连锁店。[4] 该公司的店面选在芝加哥、匹兹堡、纽约和亚特兰大。目前负责为所有连锁店供货的仓库在匹兹堡第一家折扣店那里，它既陈旧又不能满足供货需求。表10-3为每家商店的需求率数据。

表10-3 Barry折扣百货店各个连锁店的需求

商店位置	每月运输的集装箱数量（个）
芝加哥	2 000
匹兹堡	1 000
纽约	1 000
亚特兰大	2 000

该公司已决定寻找某个"中心"位置来建立新的仓库。因为每个月集装箱的数量影响成本，因此距离不应该是唯一考虑的重要标准。重心法假定成本与运输的距离和数量成正比。理想的位置是使得仓库和零售店之间的加权距离最小，距离的权重由运输的集装箱的数量所决定。

重心法的第一步是将所有的商店按位置放在一个坐标系中，如图 10-2 所示。坐标系的原点和大小是任意的，只要能正确表示相对距离即可。这可以通过在普通地图上添加网格来轻松完成。重心的坐标由公式（10.1）和公式（10.2）来确定，得到的位置（66.7，93.3）在图 10-2 中由十字标出。若把一幅美国地图叠放在这幅图上，就会发现这个位置靠近俄亥俄州中部。因此该公司可能考虑俄亥俄州的哥伦布市或其附近的某城市作为合适的仓库选址。

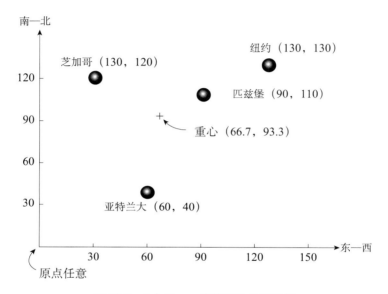

图 10-2　4 个 Barry 连锁店的位置坐标

$$C_x = \frac{\sum_i d_{ix} W_i}{\sum_i W_i} \tag{10.1}$$

$$C_y = \frac{\sum_i d_{iy} W_i}{\sum_i W_i} \tag{10.2}$$

其中：
C_x = 重心的横坐标；
C_y = 重心的纵坐标；
d_{ix} = 店铺 i 位置的横坐标；
d_{iy} = 店铺 i 位置的纵坐标；
W_i = 运往或者来自店铺 i 的商品数量。
例如，位置 1 是芝加哥，从表 10-3 和图 10-2 中，我们可以得出：
$D_{1x} = 30$

$D_{1y} = 120$

$W_1 = 2\ 000$

根据表 10-3 和图 10-2 中各城市的数据,由公式(10.1)和公式(10.2),我们可以得到:

$$C_x = \frac{30 \times 2\ 000 + 90 \times 1\ 000 + 130 \times 1\ 000 + 60 \times 2\ 000}{2\ 000 + 1\ 000 + 1\ 000 + 2\ 000} = \frac{400\ 000}{6\ 000} = 66.7$$

$$C_y = \frac{120 \times 2\ 000 + 110 \times 1\ 000 + 130 \times 1\ 000 + 40 \times 2\ 000}{2\ 000 + 1\ 000 + 1\ 000 + 2\ 000} = \frac{560\ 000}{6\ 000} = 93.3$$

仓库的多重选址和规模

Bowman 和 Stewart 建立了一个仓库选址模型,可以很容易适用于批发服务企业,帮其建立一些仓库来覆盖像新英格兰这样的区域。[5] 他们的技术可以得出每个仓库应该服务多少平方英里的区域。系统中的仓库越多,每个仓库服务的面积就越小,每个仓库也就越小。

以下是 Bowman 和 Stewart 对这个问题的经济分析。单位美元商品的仓储成本随仓库体积的增加而下降(因为监管和其他管理费用可以分摊到更多的商品上,同时人力的闲置时间比例也会降低)。他们还推定行经距离是决定配送成本的主要因素,该成本大致与区域面积的平方根成正比(半径和直径随着圆的面积的平方根成比例变化)。

模型中用到的符号定义如下:

C = 仓库配送区内的单位美元商品的总成本;

K = 销售密度,每平方英里内由仓库配送的以美元计量的商品数量;

A = 仓库配送服务面积,以平方英里为单位;

a = 单位美元商品的成本,不受仓库体积或区域面积的影响(每单位美元的变动成本);

b = 仓库运营固定成本;

c = 单位距离的配送成本,该成本随离仓库的距离而变化。

单位美元商品的成本为:

$$C = a + \frac{b}{KA} + c\sqrt{A} \tag{10.3}$$

为了使总成本最小化,以 A 为自变量取一阶导数,令其为 0 并求解 A。结果得到如下公式:

$$A = \left[\frac{2b}{cK}\right]^{2/3} \tag{10.4}$$

至于同时考虑仓库的位置和大小的决策方法,Effroymson 和 Ray 开发了一个基于分支定界法的算法[6],而 Atkins 和 Shriver 则通过线性规划去解决这个问题。[7]

10.4 地点选择

地点选择通常可以划分为两个阶段:(在已经选定的地区内)社区的选择和具体地点的选择。选择的地点应与服务经营的性质相适应,所以考虑的因素会根据业务的类型而改变。表 10-4 为地点选择标准的一个指南示例。

表 10-4　地点选择标准的指南示例

1. 相对于要求面积而言可用面积的大小
2. 所在位置原建筑的合适性,如果有的话
3. 城市规划分区
4. 交通情况、到达的便利性和停车场
5. 城市公路网络
6. 所在片区的特点
7. 劳动力的易得性、历史和成本
8. 税收
9. 社区态度
10. 教育、娱乐和文化中心
11. 大气和水污染
12. 通信网络
13. 银行体系
14. 消防和警察保护
15. 污水和垃圾处理
16. 机场的接近程度
17. 企业服务的当地市场

用引力模型为零售店选址

当为一个零售店如家具或家电卖场选址时,企业的目标一般是利润最大化。卖场的规模和地点是两个决策变量。零售业方面的文献中对所谓的引力模型或空间相互作用模型有较为丰富的研究,该模型于 1929 年首次由 Reilly 提出,可以用来估计消费者需求。[8] 基于 Reilly 和许多其他研究人员的工作,已经发现了一些影响零售业需求的实证性观察结果:

1. 消费者光顾某一购物卖场的比例随着到卖场的距离而变化。
2. 消费者光顾各购物卖场的比例随着卖场所提供商品的广度和深度而变化。
3. 消费者购物时行经的距离随着所购产品的类型而变化。
4. 某一购物卖场的"吸引力"受其与竞争卖场的接近程度的影响。

一个消费者在一个特定的起点 i 到特定的购物中心 j 的可能性可以用 David L. Huff[9] 的下述模型来表示:

$$P_{ij} = \frac{S_j/T_{ij}^{\lambda}}{\sum_{j=1}^{n}(S_j/T_{ij}^{\lambda})} \tag{10.5}$$

其中:

P_{ij} = 消费者在特定起点 i 到特定购物中心 j 的可能性;

S_j = 购物中心 j 的规模(用卖场中专门销售某类特定商品的面积来衡量);

T_{ij} = 消费者从 i 点出发到达购物中心 j 的时间;

λ = 行经时间对不同购物类型的影响参数,要进行实证估算。

在 Huff 的初步研究中发现,采购家具的 λ 是 2.7,而采购服装的 λ 则是 3.2。在给定的出行目的下,λ 的值越大,消费者所用的时间倾向于越少。

在 i 点的顾客去购物中心 j 的期望数量等于在 i 点的顾客数量乘以在 i 点的顾客选择 j 的可能性,即:

$$E_{ij} = P_{ij}C_i \tag{10.6}$$

其中:

E_{ij} = 在 i 点的顾客去购物中心 j 的期望数量;

C_i = 在 i 点的顾客数量;

非零售服务业中的引力模型

Huff 和 Reilly 的引力模型也被应用到了医院、娱乐设施和大学教育中。例如,该模型被 Ault、Bass 和 Johnson 用来确定圣路易斯现有医院各自的服务范围。[10] 各医院综合大楼的吸引力与提供服务的总数量成正比,从城市的各个区域到达医院的成本用到达医院需要多少分钟来计量。Morrill 和 Kelley[11] 用相似的引力模型研究到达医院的患者流量。Cesario[12] 建立了一个模型来衡量宾夕法尼亚州东北部的国家公园设施吸引居民前往度假的竞争情况。为了计量行程成本,他利用每个县到各个公园的公路行程的英里数。最后,Render 和 Shawhan 的模型测算了俄亥俄州的 70 个公立大学对每个县的学生的吸引力。[13] 所有这些应用都说明了引力模型有潜力为大量不同类型的服务设施进行选址,并决定它们能否成功地将顾客从现有竞争者那里吸引过来。

因素加权法

正如在地区选择中可以通过因素加权法对各个城市和社区加以对比,就像我们在本章前面所见到的那样,因素加权法对地点选择的实际决策同样有帮助。华盛顿特区医疗健康方面负责开设城市首家公共艾滋病诊所的官员认为有 4 个重要的因素(见表 10-5),首要问题(赋予权重为 5)是诊所的位置应该使最多的患者尽可能便捷地访问。由于预算比较紧张,年度租金成本也是需要考虑的问题。在 14 街和 U 大街的新市政厅内的套房评分很高,因为租金免费。靠近城市汽车站的一个旧办公室由于费用昂贵而得到了相当低的评分。对于一个相对隐蔽的诊所,与租金同样重要的是患者保密性的需要。最后,因为艾滋病诊所的很多工作人员是志愿捐献自己的时间,因此场地的安全性、停车场和前往的便捷性都是需要关注的因素。

表 10-5　华盛顿的潜在艾滋病诊所选址

因素	权重	潜在位置*			加权得分		
		收容所	市政厅	客运站	收容所	市政厅	客运站
患者的便捷性	5	9	7	7	45	35	35
年度租金成本	3	6	10	3	18	30	9
隐蔽性	3	5	2	7	15	6	21
员工的便捷性	2	3	6	2	6	12	4
总分					84	83	69

*所有地点的评分范围都是 1—10,其中 10 为最高分,1 为最低分。

从表 10-5 最右侧的三列中,加权得分相加后得到总分。看来,客运站可以排除在外,不必进一步考虑了,但另外两个地点的总分几乎相同。该市可能会再考虑其他因素,包括政治方面的因素,再进一步在这两个地点之间进行选择。

多个地点

在城市或都市的市区里,许多服务往往需要有多个地点来做办公室、仓库、经销店、分支机构或车辆的服务区。这样的例子很多,从消防站到银行支行再到汽车快速护理店。衡量在都市区里布设多个服务地点带来的益处可以考虑:(1)距离;(2)时间;(3)成本。这三个标准没有必然的关联。例如,一个客户可能乘坐公交车而不是出租车行驶较远的距离到达服务地点。又如,经由高速公路的较长线路可能比通过城内拥挤的街道要快得多。

前面提到的标准(距离、时间、成本)可以应用于以下类似的服务业务:(1)不考虑时间因素的商品配送或服务提供;(2)必须快速服务于人(例如私人救护服务);(3)交通成本高、访问客户频繁。此外,若是顾客必须前往服务地点接受服务,选择地点的标准则应依赖于从顾客的角度来看的距离、时间和成本。

当服务企业考虑花费更多的成本去增加服务地点时需要进行权衡分析。这样做会降低前述一项或多项标准的值。但是,地点之间越接近,就越有可能从其他地点拉走生意。

寻找最少数量的服务地点来覆盖给定的市场区域的定量方法,就满足多个现实的衡量标准而言还是比较粗糙的。例如,在网格图上的几何距离有时被用来近似地替代实际行经的距离和时间。也有方法直接将服务市场和潜在地点用表格进行匹配。如果要想找到在限定的时间和距离内服务所有顾客的最少设施的位置,则需要分析**地点集合覆盖问题**。

我们举例说明这一点。位于弗吉尼亚州的阿灵顿县有五个消防站,现在希望能够在一个或多个消防站那里配备装备齐全的医疗急救车。该县的目标是通过选择一个或多个地点来尽量缩短医疗急救的响应时间。虽然常规情况下的消防队员和消防车也能处理较小的医疗问题,但该县现在希望能够为居民在病情严重的情况下提供更高水平和更高质量的医疗服务。图 10-3 标示了当前各消防站的位置、各自管辖的区域,以及它们之间沿着全县主要公路的最短行程时间。这里所面临的问题是医疗急救车应该停放在哪里。如果目标是选择一个地点使得对任何地区的最大响应时间降到最短,则图 10-6 中的分析给出了一些启示。

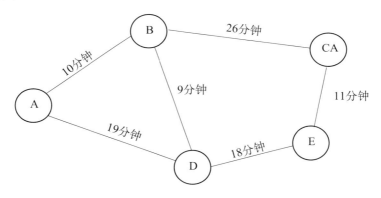

图 10-3　阿灵顿县的各区交通连接

例如,如果该县医疗呼叫能够在 30 分钟内反应即可,那么区域 B 或 D 内的站点都能够满足。如果该县的目标是 15 分钟的响应时间,那么区域 B 和 C 或者 B 和 E 都可以满足。最后,如果期待的反应时间是 10 分钟,那么,该县必须设立 3 个站点:区域 B、C、E 中各一个。

表 10-6　阿灵顿县不同响应时间下的紧急医疗站的可能选址

县消防区	从该消防站出发可服务到的区域		
	10 分钟内	15 分钟内	30 分钟内
A	A,B	A,B	A,B,D
B	A,B,D	A,B,D	A,B,C,D,E

续表

县消防区	从该消防站出发可服务到的区域		
	10 分钟内	15 分钟内	30 分钟内
C	C	C,E	B,C,D,E
D	B,D	B,D	A,B,C,D,E
E	E	C,E	B,C,D,E
满足时间限制的可能地点	B,C,E	B,C 或 B,E	B 或 D

地点集合覆盖问题的另外一种说法是**最大覆盖**。最大覆盖的目的是在一个合意的服务距离下最大化被覆盖的人口数量。由 Church 和 Revelle[14] 首次提出，该方法先是描绘都市区的人口密度。第一个选中的地点要在指定的行程内达到服务人口数量最大化。第二个选中的地点要最大数量地服务余下的人口。这个过程继续下去，直到最后一个地点被选中时，获得服务的人口数量达到为服务设定的目标水平。

10.5 设施布局的目标[15]

地区和地点都选定后，应该进行设施的布局设计。布局问题即在时间、成本和技术的具体约束下，寻找布置服务系统实体组件的最好方案。设计良好的布局应满足的目标有：

1. **人、材料和文书资料的移动距离必须尽可能小**——在许多批发商的仓库内，成本的最大组成部分之一就是材料的处理和移动。
2. **空间利用率高，预留扩张手段**——应该预留增长空间，这些空间的利用率可以较低，或者建造该建筑时考虑以后可以方便地增加新的翼或层。
3. **允许重新布置、服务变化和增长的灵活性**——产品或服务的变化、产出要求的变化、布局的改善，使得布局总能满足需求。
4. **使员工满意的物理环境**——包括良好的照明、温度控制、低的噪音、食堂、休息室和出口。固定设备，如锅炉，应该处于工作区之外。
5. **服务过程中顾客的便利性**。
6. **办公室布置使管理层和顾客感到美观**——例如在银行和办公室内利用花盆、绿植隔离不同区域。

根据企业的布局设计是针对流程、商店、仓库、装配线，还是办公室等，有多种布局策略可供管理层选用。表 10-7 提供了五种类型的服务布局。

表 10-7 几种服务布局策略

	产品	流程	办公室	零售	仓库
例子	食堂服务线	保险公司	医院	零售店	配送商
问题	均衡一个服务站到下一个服务站的工作	要频繁联系的员工彼此应靠近安排	服务流程随患者的不同而变化	使高利润商品和易冲动购买的商品摆放在出口处	降低存储和材料搬运的成本

10.6 布局问题的要素

本节简要地讨论在解决服务布局问题之前需要考虑的六个要素。Richard Muther 提出了五要素法来解决工厂布局的问题。[16] 图 10-4 描述了针对服务加以调整后的六个要素,叫作 OPQRST 要素。这些要素如下:

O. **公司目标**——与布局相关的目标有多样化目标、成本目标、扩张目标等。

P. **人与服务**——属性和数量。企业是提供单一服务还是混合提供多种服务、与顾客接触的程度和个性化程度都将对布局产生影响。

Q. **需求数量**——服务系统的流通量大小将对布局产生影响。

R. **路径**——业务流程、设备、材料、信息、流程中顾客的参与度。

S. **空间和服务**——可用空间或理想空间的面积、体积、形状(长方形、正方形、L 形)对布局决策很重要。服务的类别和地点也是考虑因素。

T. **时机**——应对未来变化的灵活性和把握更多空间需求的时机。

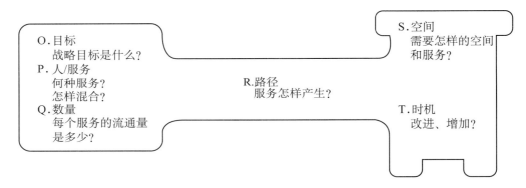

图 10-4　OPQRST:解决布局问题的要素

10.7 布局策略

既然布局决策的六个要素已经锁定,下面一一介绍管理者可以使用的布局策略。

产品布局

产品布局是指依次为大量的顾客提供有限数量的服务产品。这些服务产品,例如在学生食堂里,按服务顺序依次排放。这里的主张是,应该保持顾客在服务站点间顺畅流动,这样可以避免瓶颈,使顾客在每个站点使用的时间相同。这与汽车制造、烤面包机制造,甚至喷气式战斗机制造的组装生产线的布局问题类似。

流水线可以通过在服务站点间的移动任务来"平衡"。产品布局规划的关键问题是找到理想的平衡,这样就可以保持顾客沿着服务线持续流动,同时使每个服务站的闲置时间最少。

为了说明这一点,假设你进入一个餐厅,拿着托盘,在各个服务点要不同的食物。这个流水线不太灵活,某些服务人员可能具有专业技能(例如被培训为收银员),无法分配到其他岗位上。理想的(即平衡的)流水线是分配给每个服务人员的任务需要花费的时间相等。表10-8 中的餐厅有 6 个服务站。

表 10-8　餐厅服务时间

顺序	服务站点	平均服务时间
1	蔬菜供应	20 秒
2	主菜供应	30 秒
3	汤品供应	20 秒
4	甜品供应	15 秒
5	饮料供应	10 秒
6	收银	60 秒

图 10-5(a)说明了 5 名员工目前是如何被分配在服务站中的。工作站(ws)4 包含了一个同时供应甜品(15 秒)和饮料(10 秒)的员工。然而,问题是这条流水线的平衡仍然较差。工作站 5 是收银员,在每位顾客身上平均花费 60 秒的时间,意味着每小时最多只能服务 60 位顾客。其余各处的员工每分钟或每位顾客周期内闲置 30—40 秒的时间。

如图 10-5(b)所示,通过将蔬菜与主菜供应合并为一个站点(50 秒),汤品、甜品和饮料供应合并为第 2 个站点(45 秒),把收银员放在第 3 个站点(仍然是 60 秒),2 个工作站被消除(同时减少 2 个员工),成本降低。虽然第一种备选方案可以降低成本,但是服务速度仍然缓慢,平均每小时 60 位顾客,或者每分钟 1 位顾客。

如果现实的需要是增加流通量,备选方案 2 和 3 可以考虑,如图 10-5(c)和 10-5(d)所示。图 10-5(c)中,保留当前布局,但增加了 1 个收银台。随着该瓶颈被放宽,现在可以每小时服务 120 位顾客,但目前需要 6 名员工,提高了劳动力成本。

图 10-5 中所示最后一个方案是饮料设备搬迁至自助餐厅的最前面,并分配给目前供应蔬菜的员工。汤品和甜品分配到工作站 3,被释放的员工可被培训为收银员。重新配置服务线会产生一些成本,但不会提高劳动力成本。现在每小时可以服务 103 位顾客。新的瓶颈产生在工作站 3,每位顾客需要 35 秒。

许多服务可以当作产品布局来看待,虽然它们并不像这个流水线那么中规中矩。例如,机油更换/润滑油店,提供了一个定义良好的服务,不同的任务需要特定的设备,适合进行分工。服务的整体速度仍然被最慢的活动所限制。

面向流程布局

产品布局是为提供一个特定的服务产品来设计的,而**面向流程布局**则是根据类似的流程功能来设计的。大多数服务机构来用这种方法,因为它可以同时处理多种服务。面向流程布局在与律师事务所、保险公司、旅行社等的顾客打交道时是很有效率的,因为它们是每个顾客都有不同需求的典型情况。另一个面向流程布局的好例子是医院或诊所。患者人流持续不断,每个患者都有不同的需求,要按相应的路径通过登记区、挂号区、化验室、手术室、重症监护区、药房、护士站,等等。

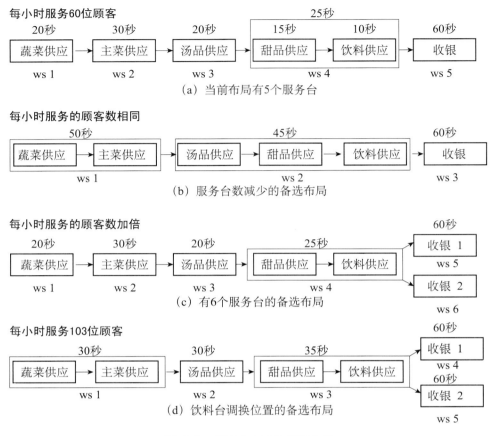

图 10-5 餐厅流水线的平衡布局

面向流程布局的一大优势是它在设备使用和员工分配上的灵活性。在医院的例子中，可以同时有几个值班的妇产科医生在几个相似的分娩室处理宝宝的意外降生。但是如果专家不在，还能有其他技能足够广泛的医生在紧急情况下介入。所提供的服务通过面向流程布局中的个性化得到增强。这种布局方法的缺点是，虽然运营效率得到优化，但顾客的便利、时间和行经的距离却有可能被牺牲了。在第 8 章中对于服务和服务交付系统设计的原则有所讨论。原则之一就是"从顾客/员工的角度来设计服务流程"。面向流程布局可能会违背这一原则。但如果运营效率的提高节约了成本，并通过收取的价格体现出来，那么顾客也许会喜欢这种妥协。

在计划面向流程布局时，最常用的战术是在最方便的地点安排服务部门或服务中心。这往往导致将相互之间有大量的人或文件流动的部门彼此靠近安排。这种方法产生的成本取决于：（1）一段时间内在部门之间移动的人或文件的数量；（2）部门间的距离。为了更好地理解面向流程布局的步骤，见以下案例。

案例：北坡医院

北坡医院是一所小的急救医院，坐落在一个受欢迎的滑雪度假区。新院长决定利用她在商学院学到的流程布局法来重新规划医院。目前北坡医院 8 个房间的布局如图 10-6 所示。院长认为唯一的物理条件限制就是需要将挂号与初步处理室保持在现有位置上。所有其他科室的房间（每个 10 英尺×15 英尺）都能移动，只要布局分析结果显示移动有利。

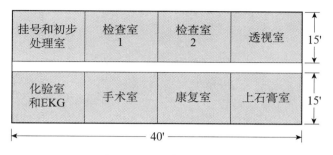

图 10-6　北坡医院布局

第一步是分析医疗记录以确定平均每个月患者在科室间来回的次数。数据在图 10-7 中给出。目标是确定房间分布，使前来就医的患者在治疗时行走的总距离最小。院长用下列公式表示该目标：

$$\text{患者移动最小距离} = \sum_{i=1}^{8}\sum_{j=1}^{8} N_{ij}D_{ij}$$

其中：

N_{ij} = 每月往返于科室 i 和科室 j 之间的患者数量（或走动的趟数）；

D_{ij} = 科室 i 和 j 之间的距离，以英尺计（在这种情况下，距离等于科室之间每次的移动成本）；

i, j = 各个科室号。

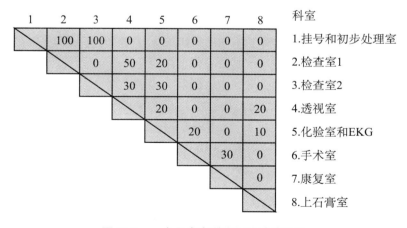

图 10-7　一个月内在科室间移动的数量

相邻的科室，例如挂号和检查室 1，假定步行距离 10 英尺。对角线上的科室也被认为是相邻的，距离 10 英尺。不相邻的科室，如挂号和检查室 2 或挂号和康复室分别距离 20 英尺，但挂号和透视室这两个不相邻的科室相距 30 英尺远（因此 10 英尺被认为是 10 个成本单元，20 英尺是 20 个成本单元，30 英尺是 30 个成本单元）。

考虑到这些信息，我们可以根据患者的流动情况重新安排北坡医院的布局，提高其效率。使用北坡医院的当前流程布局,如图 10-8 所示,可以计算患者移动的总距离。

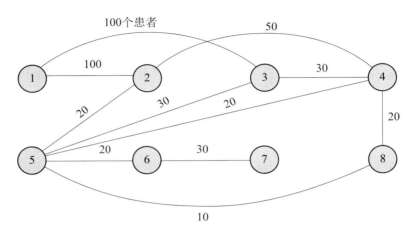

图 10-8 当前北坡医院的患者流动情况

$$\begin{aligned}
总移动 &= \underset{1-2}{(100\times 10)} + \underset{1-3}{(100\times 20)} + \underset{2-4}{(50\times 20)} + \underset{2-5}{(20\times 10)} + \underset{3-4}{(30\times 10)} + \underset{3-5}{(30\times 20)} \\
&+ \underset{4-5}{(20\times 30)} + \underset{4-8}{(20\times 10)} + \underset{5-6}{(20\times 10)} + \underset{5-8}{(10\times 30)} + \underset{6-7}{(30\times 10)} \\
&= 1\,000 + 2\,000 + 1\,000 + 200 + 300 + 600 + 600 + 200 + 200 + 300 + 300 \\
&= 6\,700 \text{(英尺)}
\end{aligned}$$

"最优"的解决方案通常并不容易获得,但我们可以提出一个新的布局来减少当前的 6 700 英尺这个总距离。例如,两个有用的改变是调换房间 3 和 5(患者移动可减少 1 000 英尺),以及调换房间 4 和 6(患者移动可再减少 900 英尺)。修改后的布局如图 10-9 所示。

修改后的患者移动计算如下:

$$\begin{aligned}
总移动 &= \underset{1-2}{(100\times 10)} + \underset{1-3}{(100\times 10)} + \underset{2-4}{(50\times 10)} + \underset{2-5}{(20\times 10)} + \underset{3-4}{(30\times 10)} + \underset{3-5}{(30\times 20)} \\
&+ \underset{4-5}{(20\times 10)} + \underset{4-8}{(20\times 20)} + \underset{5-6}{(20\times 10)} + \underset{5-8}{(10\times 10)} + \underset{6-7}{(30\times 10)} \\
&= 1\,000 + 1\,000 + 500 + 200 + 300 + 600 + 200 + 400 + 200 + 100 + 300 \\
&= 4\,800 \text{(英尺)}
\end{aligned}$$

布局还可以改进。你能否看出哪里还能改进?

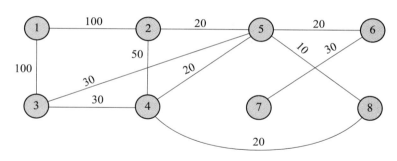

图 10-9　改进的布局

计算机优化的布局

我们所讨论的图形方法对于小型服务中心找到一个合理的布局是可行的。[17]但是当布局问题中包含了 20 个部门时，就有超过 243 亿亿（或 20！）种不同的部门配置方式。幸运的是，已经有现成的电脑程序可以处理多达 40 个部门的布局。最有名的程序是计算机设施相对定位技术（Computerized Relative Allocation of Facilities Technique，CRAFT）[18]，该程序可以产生"好的"，但并不总是"最优"的解决方案。CRAFT 是一种搜索技术，可以系统地考虑可替代的部门重新布置，降低总移动成本。CRAFT 的优点不仅在于可以考察人数和距离，同时也引进了第三个因素，即难度等级。另外两个软件包是自动布局设计程序（Automated Layout Design Program，ALDEP）和计算机关系平面布置法（Computerized Relationship Layout Planning，CORELAP）。

计算机优化技术已经开发了二维和三维的情况。二维情况下，CRAFT 解决单层设施布置；三维情况下，SPACECRAFT[19]解决多层设施布置。正如我们已经讨论过的，手动和计算机技术同时存在。

另一种设施布局设计的计算机优化方法是仿真（第 11 章的附录中，对仿真进行了讨论）。各种仿真包的存在是为了帮助决策者考察可供选择的布局。ServiceModel 和 MedModel 是两个由 ProModel 公司开发的软件包。ServiceModel 是一个关于服务系统建模的全面仿真程序。除了模拟服务机构的各种运营之外，它的一个功能就是协助决策者进行设施布局和设计。有了这个软件，决策者可以创建一个办公室的布局，分配服务人员和机器设备，观察系统操作，例如顾客的流动和各个流程的瓶颈，并为智能决策收集重要的绩效评估数据。ServiceModel 已经被用于服务设施布局的设计中，如银行和机场候机楼的布局。MedModel 则为医疗机构中的类似目标而开发。

10.8　办公室布局

办公人员关心的是信息的流动。信息流动通过以下方式实现：
- 员工间面对面地交流；
- 员工间同时用电话和电脑交流；
- 邮件、纸质文件传递；
- 电子邮件；

- 小组讨论或会议；
- 对讲机。

办公室布局设计清单

如果所有工作都通过电话和电信交流的方式进行,布局问题将大大简化。人与纸质文件的移动在很大程度上决定了办公设施布局的性质。办公设施布局需要考虑的设计清单如下：

1. 小组员工之间往往需要频繁联系。
2. 一些小组需要和某些其他特定的小组频繁互动。
3. 有的企业需要会议室,尤其是那些为客户提供专业服务的企业。
4. 有的服务工作最好在私密办公室里完成,然而有的工作,如大量例行纸质表格的处理,最好安排在大的开放性的区域完成(通常称作"大空间办公室")。
5. 顾客光顾的区域应比标准工作区域更加美观。
6. 通道的设计应该尽量方便快速地到达所有的办公室,但应该尽量避免大量人流经过私密办公室。
7. 个人办公室的面积、位置和窗户大小通常会体现办公人员的地位。
8. 打印机、复印机和文件柜等共享的设施应便于使用。
9. 如果必须要有接待区,那么接待区应对顾客有吸引力和便利。
10. 应预备耗材补给的存储空间。
11. 一般来说,应为员工提供卫生间和更衣室。如果在一个办公楼里的套间内办公,卫生间应该已经有了。
12. 一个中央电脑室或信息中心可能是必要的。

工作台

办公室布局取决于总的办公区域的形状、工作流程以及员工之间的关系。每个员工都有一个根据整体运作系统和员工的具体任务而设计的效率最高(希望如此)的工作台。不同类型的工作要求不同的台面、设备、空间和隐私。

工作台的可能形式包括：

- 在一个开放区域内将办公桌成排摆列；
- 办公桌或者工作区域由书架、绿植或文件柜隔开；
- 工作区的隔断——金属和玻璃材质,高度从约 4 英尺至 8 英尺不等,一天即可安装完成；
- 从地板到天花板的隔断,包围一组工作台；
- 作为整栋建筑组成部分的多个办公室。

通过有效地利用工作站的垂直维度,有些设计人员将办公室设计向上扩展而非向外扩展。这样可以使每个工作台单元(设计人员称之为"脚印")尽可能地小。

10.9 零售店布局

零售店的目标是使每平方英尺展示空间的净利润最大化。因为杂货零售店很普及并且被广泛研究，所以它将作为这一节的例子。许多杂货零售店定位的目标客户群范围很广，本节对零售店布局的讨论将基于这个假设。但是，这不是唯一可能的策略，零售店的布局也可以为特定的顾客群体量身定制。

一个在零售业中被普遍接受的假设是销售量与商品对顾客的曝光程度直接相关。因此良好的盈利能力要求使顾客接触到尽可能多的商品。研究显示，曝光率越高，销售就越多，投资的回报也越高。服务管理者有两个不同的变量可供操作：商店的整体布局或客流模式，以及在给定布局内对各种商品分配货架空间。

虽然一些学者认为商店的布局没有任何固定的模式，但是我们仍可以提出对许多商店整体布局决策有所帮助的六点建议。

1. 把购买率高的商品放置在商店周边。因此，我们会发现乳制品经常放置在超市的一个角落，而面包和烘焙食品则在另一个角落。

2. 使用商店最突出的位置，例如第一个或最后一个通道来放置高刺激性和高利润的商品，比如家庭用品、美容用品和洗发水。

3. 消除那些允许顾客在货架通道之间移动的穿插道。放置连续的货架，与商店等长或等宽。在极端的情况下，顾客只有一条通道穿过整个商店。

4. 将零售业中所谓的"强力商品"——去商店购买时几乎必买的商品——摆放在过道两边，这样分散开来以提高顾客注意其他商品的概率。这会导致购物的"弹跳"模式，增加那些与"强力商品"相邻的商品的曝光率，从而它们的销量也会随之提高。

5. 利用好通道尽头的位置，因为那里曝光率较高。

6. 通过仔细定位打头品类来展示商店的整体形象。优质货品仍然是许多商店的选择，但是管理者如果要想传达低价信息，就要以高性价比的商品打头阵。其他管理者可能在前端放置烘焙食品和熟食品，以吸引喜欢便利并想购买熟食的顾客。

有了这六点建议，我们进入零售店布局的第二阶段，那就是给不同的商品分配货架空间。[20]

我们的目标是使每种产品每平方英尺货架的盈利能力最高。这个标准可根据产品线的需要进行修改，用货架空间的线性长度来代替货架空间的面积。"大标签"（即昂贵的）产品可能会产生更大的销售额，但是每平方英尺的利润却可能更低。另外，确定每种产品的实际成本意味着确定产品的腐蚀、盗窃、破损和退货，以及仓储和销售所需要的劳动力。当然还有其他的一些因素，例如拥有整套产品线而不管利润的多少。店里若只卖高利润的洗发水可能会满足这个标准，但是会导致一系列其他问题。

通过计算机对数据的快速处理、精确的报表和通过销售点 POS 机捕获到的数据，使零售店管理者有机会找到最优的货架空间分配方案。不少电脑程序可以帮助管理者达到销售的最大化。

有两个这样的程序，分别是 SAS Retail Space Management 和 AVT/Oracle Retail Focus Merchandizer。另外一组货架空间管理软件是 Planograms。这些软件包可以提供商店商品或服务的可视化展现，并可作为可视化商品销售的工具。Planograms 帮助组织规划出它们的商店应该是什么样的。这类可用的软件包括 SmartDraw、ezPOG、PlanoGraphics 和 Shelf Logic。[21]

10.10 仓库和存储布局

仓库布局的目标在于找到处理成本和仓库空间之间的最优平衡（如图 10-10 所示）。因此，管理就是最大化利用整个仓库的"体积"，即在利用整个仓库体积时维持低的材料处理成本。**材料处理成本**是指与材料入库、存储以及出库运输有关的所有成本。

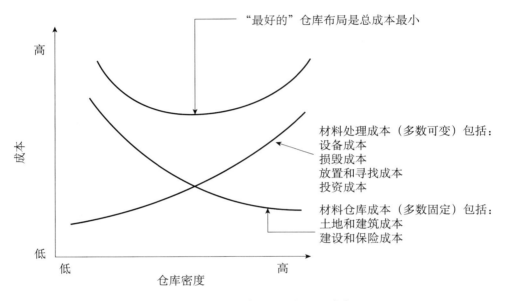

图 10-10　最小化仓库和材料处理成本
（注意两条线都可以根据投资和可变成本上下移动）

这些成本与设备、人员、材料类型、监管、保险、过时、萎缩、损毁以及折旧有关。管理尽可能减少花费在寻找和搬运材料以及材料自身损毁上的总费用。存储的商品种类以及挑选的商品数量都与最优布局有关。一个只存储几种商品的仓库相比存储种类繁多的商品的仓库而言可以拥有更高的密度。在很多情况下，现代化仓库管理是一个利用垛机和起重机、输送带以及管理材料流转的复杂控制装置进行相关操作的自动化流程。例如，亚马逊最近并购了机器人制造商 Kiva Systems 公司，在订单履行的仓储中心使用该公司的机器人。这些机器人把商品货架直接送到仓库工人面前，不需要工人走向货架。机器人找到顾客订单中的商品，在仓库内移送商品，最后把已经打好的包裹移送到最终的出库装载台。[22]当然，由于准时制（just-in-time, JIT）概念最近在减少库存成本上取得的显著成功，整个仓储成本本身都需要重新审视。但是，我们猜测，在某些情形下库存仍然是不可避免的。

用 POM for Windows 来解决地区选择问题

软件 POM for Windows 的选址模块包括两个不同的模型。第一个是定性加权模型（也被称为因素加权法），图 10-11 的例子是用上述方法解决滑雪场选址问题。第二个是重心法，图 10-12 所示的例子将其运用于 Barry 百货折扣店。

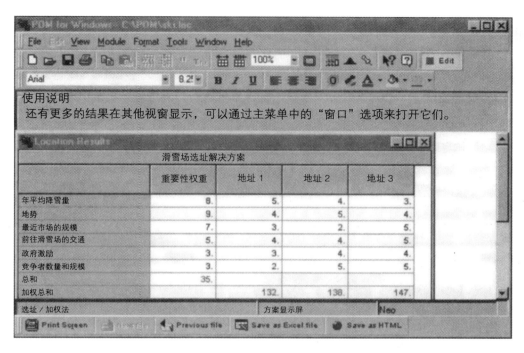

图 10-11　运用于滑雪场选址的 POM for Windows 中的因素加权法模型

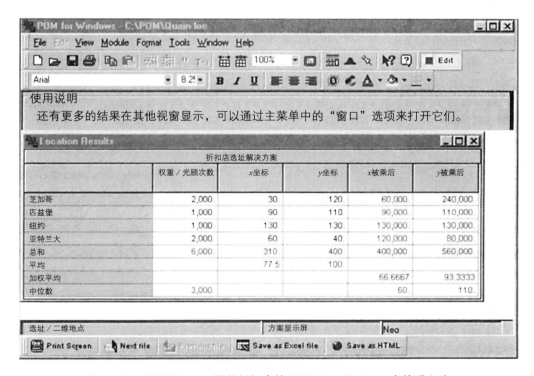

图 10-12　运用于 Barry 百货折扣店的 POM for Windows 中的重心法

10.11 总结

服务的转换或提供过程的设计中包含地区和地点的选择。地区选择是关于大致区域或都市圈的宏观决策,决定要在哪里开展业务。地点的选择是针对特定商业地产的微观决策。

选择地区时有好几种方法来评估地区,包括因素加权法、重心法、Bowman 和 Stewart 的仓库模型,以及我们讨论的最优化标准。对于地点选择问题,我们展示了多种引力或空间相互作用模型,连同另外一个因素加权法应用的例子,以及地点集合覆盖方法。

服务业选址分析在很多方面不同于工业选址分析。工业领域经常聚焦于成本最小化,然而收入最大化是很多私立服务企业的重心。这是因为制造成本会因为位置的不同产生很大的变化,而对于服务类企业,成本在一定区域内变化很小。因此服务企业位置选择关注的焦点是确定企业的销售额和收入。

布局问题即在时间、成本和技术的具体约束下,寻找布置服务系统实体组件的近乎最优的方案。本章给出了布局问题应考虑的六个要素(称为 OPQRST),也描述了几个布局策略。讨论了不同类型的服务设施的布局设计方法,包括产品布局、流程布局和计算机优化布局。另外也讨论了使办公室高效运作的布局、零售店布局和仓库布局。尽管有许多定量化技术可用,还进行了大量的研究,但布局决策在某种意义上仍然像一门艺术。

问题讨论

1. 请解释重心法所隐藏的假设条件。如何将此模型应用于服务设施选址?
2. 服务设施选址决策与工业选址决策有何不同?
3. 警察局在开设新的办事点时必须注意哪些重要事项?哪些信息对做出选址决策是有帮助的?
4. 请对 Reilly 的引力模型的概念做出解释。X 的意思是什么?
5. 提出一个应用引力或空间交互模型的例子,但零售店选址分析除外。
6. 请描述什么是地点集合覆盖法。其为何受到公共部门组织的青睐?
7. 请列举出你认为对选址决策非常重要的因素:
   a. 仓库分布
   b. 零售礼品店
   c. 医疗诊所
   d. 政府职员办公室
8. 本章最后提出,"尽管有许多定量化技术可用,还有大量的研究,但布局决策在某种意义上仍然像一门艺术。"请解释这为什么可能在以下布局中出现:
   a. 办公室布局
   b. 超市布局
   c. 百货公司布局
9. 你所在地的复印店或打印店的布局策略是什么?请在方格纸上画出来。
10. 你会怎样收集资料,以帮助小型企业(如打印店)改善其布局?
11. 在哪些服务性组织中,顾客等候室成为关注的重点?通过列举出你停留过的各类等候室的不同特点,对其进行比较。
12. 请描述本章讨论过的每一主要布局类别的目标。
13. 在编写电脑程序来进行办公室布局时,你认为哪些布局变量是特别重要的?
14. 大多数超市在纵向(或横向)上放置长长的连续货架,这样就能使顾客在购物时可以看到更多的商品。为什么有些商店会重新考虑这一概念?跟你所在城镇的几位店长谈谈,问问他们对此的看法以及在布局上的其他变化。

习题

10.1 底特律的一家海鲜餐厅正考虑在西布卢姆菲尔德的郊区开第二家店。表10-9显示了四个潜在地点各自在五个因素上的评分。应该选择哪个地点?

表10-9 四个潜在地点相对于餐馆而言在五个因素方面各自的评分

因素	权重	地点 1	地点 2	地点 3	地点 4
当地居民的富裕程度	10	70	60	85	90
建设和土地成本	10	85	90	80	60
交通流量	25	70	60	85	90
停车场可用性	20	80	90	90	80
增长潜力	15	90	80	90	75

10.2 在为新的医疗诊所选址时,县卫生办公室希望考虑三个地点。相关数据显示在表10-10中。哪一个是最好的地点?

表10-10 三个潜在地点相对于新医疗诊所而言在五个因素方面各自的评分

地理位置因素	分数			
	权重	市中心	郊区A	郊区B
设施利用率	9	9	7	6
紧急出诊平均时间	8	6	6	8
员工的偏好	5	2	5	6
主要道路可达性	5	8	4	5
土地成本	4	2	9	6

10.3 佛罗里达州坦帕市邮政总局将被替换为更大的、更现代化的设施,该设施可以处理自1970年以来伴随该城市经济增长而产生的巨大邮件量。因为所有传入或传出的邮件经由该邮政总局在坦帕的七个分区邮局传输,其选址在总体递送和传输效率上可能意味着很大的差异。使用下表中的数据,计算出提议的新设施的重心。

分区邮局	X、Y轴地图坐标	每日卡车往返次数
易博市	(10,5)	3
戴维斯岛	(3,8)	3
戴尔—马布里	(4,7)	2
帕尔马—塞拉	(15,10)	6
贝肖尔	(13,3)	5
坦普尔特拉斯	(1,12)	3
海德公园	(5,5)	10

10.4 托德视频(Todd's Video)的总部设在新奥尔良,是一家主要经营电子游戏出租和销售的连锁店,即将在阿拉巴马州莫比尔开设其第一家直销店,希望选择一个位于该城市人口基数中心的地点。托德检查了莫比尔的七个人口普查区,画出了地图上各个中心的坐标,并查找了各人口基数以便用作权重。收集的信息显示在下表中。该新店应选址在什么样的重心坐标呢?

人口普查区	人口普查区的人口数量	X、Y轴地图坐标
101	2 000	(25,45)
102	5 000	(25,25)
103	10 000	(55,45)
104	7 000	(50,20)
105	10 000	(80,50)
106	20 000	(70,20)
107	14 000	(90,25)

10.5 警察局长希望布置足够多的警察局,以便该城市每个分区的平均响应时间为6分钟。使用表10-11中的数据,确定所需的最少的警察局数量以及它们的位置。

表10-11 从一个城市分区到其他城市分区的响应时间

城市分区	从该城市分区出发的响应时间(分钟)				
	1	2	3	4	5
1	1	2	8	20	15
2		1	3	12	10
3			1	16	5
4				1	4
5					1

10.6 图10-3和表10-6显示的是弗吉尼亚州阿灵顿县消防站的紧急医疗单位。如果该县认为可以接受25分钟的响应时间,则需要多少救护车地点?怎样的可能地点组合将足够?

10.7 杰瑞·罗斯是迈阿密两个女装专卖店的女业主。她计划扩张第三家店。她已经将地点缩小为三个:一个在市中心的办公楼,一个在购物中心,而第三个在科勒尔盖布尔斯郊区的维多利亚时代的老房子。她认为房租是绝对要考虑的最重要的因素,而人流量占租金90%的重要性。而且,她认为新店离她现有的两个商店越远越好。她认为这一因素的权重占人流量80%的重要性。杰瑞制作了表10-12,其中她采用MBA课程所使用的系统对每个地点进行了评分。哪个地点最好呢?

10.8 沃尔特斯印刷公司的管理层想重新布置其打印店的六个部门,使得部门之间的材料搬运成本最低。每个部门的大小为20英尺乘以20英尺,建筑物为60英尺长、40英尺宽。表10-13显示了部门之间当前的材料流动(每周的载货量),图10-13则说明了当前的布局。在相邻的两个部门之间运输材料的成本估计为1美元。在不相邻的两个部门之间运输材料的成本为2美元。请试着改善该布局以建立合理良好的部门布局。

10.9 你刚刚被聘为贝拉斯巧克力(Bellas Chocolate)的运营总监,该店位于弗吉尼亚州的布莱克斯堡,是一家专营精致上等巧克力的食品供应商。贝拉斯巧克力正在为食谱编制和食品试制部门规划四个厨房布局。策略是尽可能提供最好的厨房布局,使得食品科学家可以集中时间和精力来改进产品,而不会在厨房里浪费精力。请你评估这四个厨房布局并准备为你的老板贝拉斯先生提供建议,使他可以继续推进签订有关修建试制厨房的合同(见图10-14)。

表10-12 对服装店而言三个潜在地点的评分

	市中心	购物中心	科勒尔盖布尔斯的房子
租金	D	C	A
人流量	B	A	D
与现有商店的距离	B	A	C

表10-13 沃尔特斯印刷公司数据

部门	每周装运货物的次数					
	1	2	3	4	5	6
1		50	100	0	0	20
2			30	50	10	0
3				20	0	100
4					50	2
5						0
6						

部门 1	部门 2	部门 3
部门 4	部门 5	部门 6

图10-13 建筑物尺寸和沃尔特斯印刷公司当前的部门布局

第 10 章 设施的选址和布局设计 161

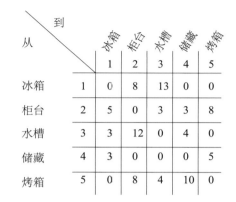

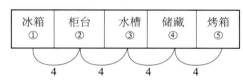

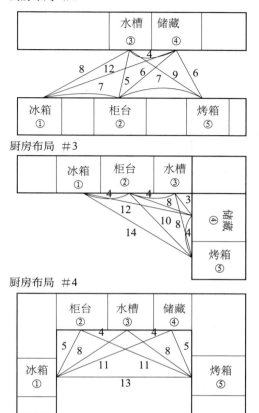

图 10-14 布局选项

10.10 使用问题 10.9 中的厨房布局,收集你选择运营的厨房(或许家里)的装载货物的数据(来回工作站之间的次数),并确定哪个是最好的布局。

10.11 使用从运营的厨房收集的货物装载数据(来回的次数),确定五个布局(问题 10.9 中的四个和你收集的数据中的一个)中哪个是最好的。

10.12 乔治敦电话簿公司印发华盛顿特区西北地区的黄页电话簿。文书和管理方面的白领员工目前占用位于华盛顿的 U 形办公楼的一楼,配置如图 10-15 所示(该公司的仓库和生产设施在隔壁)。该公司由于不必要的人员、信息和材料运输而损失了时间和金钱。在不移动生产或运输部门的情况下,看看你是否能重组该设施并建立更短的通信距离。

图 10-15 乔治敦电话簿公司的布局

10.13 由美国陆军提供的入伍前体检包括以下七项活动:

活动	平均时间(分钟)
病史	10
验血	8
眼科检查	5
测量(即体重、身高、血压)	7
体格检查	16
心理访谈	12
退出医疗评估	10

这些活动可以按照任何顺序执行，但是有两个例外：病史必须最先进行，而退出医疗评估为最后一步。目前每次轮班均有三名医护人员和两名值班医生。只有医生才能执行退出评估或进行心理访谈。其他活动可以由医生或医护人员执行。

  a. 建立平衡布局。每小时可以处理多少人？
  b. 当前的瓶颈是什么活动？
  c. 如果可以多加一名值班医生和一名护理人员，你将如何改变布局？新处理量是多少？

 10.14 本章(参见表10-8和图10-5)讨论的餐厅的经理由于浪费和需求量因素刚刚决定从当前的菜单中去除汤品。作为补偿，现在可以订购更精致的甜点，包括香蕉船和热巧克力圣代。然而，提供甜点的平均时间估计将增长33%。布置该服务队列：

  a. 有3个工人
  b. 有4个工人
  c. 有5个工人
  d. 有6个工人

对于上述四种情况，确定每小时可以服务的人数和存在瓶颈的工作站。

尾注

1. Andrew D. Bartness, "The Plant Location Puzzle," *Harvard Business Review* (March–April 1994).

2. 可参见，例如 Richard Muther, *Systematic Layout Planning*, Second Edition (Boston, MA: Cahners Books, 1973).

3. 关于定量方法及其在地区选择上的更多信息可参见：Reza Zanjirani Farahani and Masoud Hekmatfar (Eds.), *Facility Location: Concepts, Models, Algorithms and Case Studies* (Physica Verlag Heidelberg, 2009); and Zvi Drezner (Ed.), *Facility Location: A Survey of Applications and Methods* (New York, Springer-Verlag, 1995).

4. 该案例采用自：Jay Heizer and Barry Render, *Production and Operations Management*, Tenth Edition (Upper Saddle River, NJ: Prentice Hall, 2011), pp. 322–323.

5. E. H. Bowman & J. B. Stewart, "A Model for Scale of Operations," *Journal of Marketing* (January 1956), pp.242–247.

6. M. A. Effroymson and T. L. Ray, "A Branch and Bound Algorithm for Plant Location," *Operations Research* (May–June 1966).

7. Robert J. Atkins and Richard H. Shriver, "A New Approach to Facilities Location," *Harvard Business Review*, Vol. 46, No. 3 (May–June 1968).

8. W. J. Reilly, *The Law of Retail Gravitation* (New York: Putnam and Son, 1931).

9. David L. Huff, "Defining and Estimating a Trading Area," *Journal of Marketing*, Vol. 28 (1964), pp. 34–38.

10. David Ault, Stephen Bass, and Thomas Johnson, "The Impact of New Hospital Construction on the Service Areas of Existing Hospital Complexes," *Proceedings of the American Institute for Decision Sciences* (St. Louis, 1971).

11. R. L. Morrill and M. B. Kelley, "The Simulation of Hospital Use and the Estimation of Location Efficiency," *Geographical Analysis*, Vol. 2 (1970), pp. 283–300.

12. Frank J. Cesario, "A Generalized Trip Distribution Model," *Journal of Regional Science*, Vol. 13 (1973), pp. 233–248.

13. Barry Render and Gerald Shawhan, "A Spatial Interaction Model for the Allocation of Higher Education Enrollments," *Socio-Economic Planning Sciences*, Vol. 11 (1977), pp. 43–48.

14. Richard Church and Charles Revelle, "The Maximal Covering Location Problem," *Papers of the Regional Science Association* (Fall 1974), pp. 101–118.

15. 本章余下内容的一部分改编自：Jay Heizer and Barry Render, *Production and Operation Management.* Copyright © 1988 by Allyn and Bacon.

16. Richard Muther, *Systematic Layout Planning*, Second Edition (Boston, MA: Cahners Books, 1976).

17. 也可参见：Richard Muther, *Systematic Layout Planning*, for a similar approach to what thauthor calls simplified layout planning.

18. E. S. Buffa, G. S. Armor, and T. E. Vollman, "Allocating Facilities with CRAFT," *Harvard Business Review*, Vol. 42, No. 2 (March–April 1964), pp. 136–159.

19. R. V. Johnson, "SPACECRAFT for Multi-Floor Layout Planning," *Management Science*, Vol. 28, No. 4 (1982), pp. 407–417. A discussion of CRAFT, COFAD, PLANET, CORELAP, and ALDEP is available in James A. Tompkins and James M. Moore, *Computer Aided Layout: A User's Guide*, Publication Number I in the Monograph Series (Norcros Ga.: American Institute of Industrial Engineers, 1977), p. 77–1.

20. "Computers Revolutionize Shelf Allocation," *Chain Store Age/Supermarkets* (November 1980), p. 66.

21. 关于整合商品分类和货架空间规划以及软件应用的最新综述和研究框架的更多信息可参见：Alexander Hübner and Heinrich Kuhn, "Retail category management: State-of-the-art review of quantitative research and software applications in assortment and shelf space management," *Omega*, 40. 2 (Apr 2012).

22. John Letzing, "Amazon Adds That Robotic Touch," *The Wall Street Journal*, March 20, 2012.

第3部分

第 11 章　服务的需求与供给管理
第 11 章附录　排队与模拟
第 12 章　服务质量及其持续改进
第 12 章附录　全面质量管理的工具与技术
第 13 章　服务生产率与绩效度量
第 14 章　公立与私立非营利服务组织管理

第 11 章 服务的需求与供给管理

11.1 引言

保证服务的需求与产能(供给)相互匹配是服务运营管理人员面临的最大难题之一。供需匹配也是制造业管理人员的难题之一,但是他们多了一些工具和策略来应付这个问题,例如库存、加班、增加轮班或者延期交货。当使需求与供给匹配的期限达到1—3年时,这叫作**总体计划**。总体计划涉及确定企业需要的资源产能以满足其市场需求。总体计划的作用是将营销计划的战略类型或与长期规划相关的需求预测转换成总体产能需求。这些总体产能需求为随后的短期产能分配(明细计划)提供框架,将总体产能分配到具体的服务活动中。

表11-1 指出了总体计划、按资源和产出细分的明细计划以及短期的资源调度计划的一般特点。制造类与服务类企业的区别在于产出的有形性。产出有形的产品或者有分离的管理/生产部门的企业是制造类企业。

表 11-1 计划的细分层次

计划的层次	制造类企业	服务类企业
第一层 总体计划	将战略决策转换成1—3年的产能	将战略决策转换成1—3年的技术和资源计划
第二层 明细计划	针对各个产品线,就产能和时间安排做出的决策 就产能做出决策,细化到设施、设备和人力资源,时间跨度约为1年 决定是制造还是购买	就基本服务设计和要匹配的目标市场做出决策 决定如何扩张或限制产能,如何管理需求,时间跨度约为1年
第三层 资源调度计划	为使产能和需求短期波动匹配的周计划、月计划和季度(3个月滚动)计划 有关原材料和产成品库存的决策 决定产品的优先级、订单履行、各项运作工作的个人分配	为使产能和管理控制下的需求相匹配的周计划、月计划和季度(3个月滚动)计划 有关原材料库存的决策 将工作分配给个人的决策

这一章着眼于分析服务组织为了满足需求能够使用的策略与工具。其中的一些策略能够实施于1—3年的总体计划。另外有些策略可以应用于更短的时段,例如几个月、几周或者几天。本章关于需求与供给匹配的讨论分为两部分。第一部分讨论需求管理的一些策略,第二部分讨论供给策略或者产能管理。

当然,需求预测对于有效的需求管理是很重要的。预测是一个广泛的主题,包含各种方法和技术,它们甚至可以用独立的一章来介绍,有关预测的问题和方法将在本书第15章中进行介绍。然而,在对需求和供给的匹配问题进行讨论前,服务管理者需要了解为什么需求与供给会成为如此困难的问题。

11.2　为什么服务需求与供给的匹配会如此困难?

之前提到的用于制造企业供需匹配的一些策略和工具在服务业中是不可行的。这一节将解释其中的原因以及造成服务供需匹配困难的原因。

1. 服务大多有易逝性——服务在制造的过程中就被消费了。因此,企业不可能提前进行服务生产以应对后来的需求高涨。这就使得库存这一工具无法用来管理大多数服务的需求波动或不确定性。一个例外是那些附着于物理实体的服务,例如书籍、音乐CD和电影DVD等。当顾客愿意等待时,延迟供货是可以采用的。例如一个购买汽车的顾客,如果他喜欢的车型在对应经销商的地区没有库存,他很可能会等待几周。然而,如果一个牙医放假,牙疼的患者很可能不会等。当然,对于这些一般情况都有例外,例如一项服务中的预约系统可以看作一种延期供货的形式。

2. 一些服务系统的最大产能没有灵活性——制造业系统的产能在短期内可以通过加班或者增加轮班进行提升。一些服务也可以通过类似的延长运营时间来提升最大产能,就像游乐园在暑期的时候那样,但不是所有的服务都可以这么做,例如做电视节目,加班或者增加轮班可以增加排出的节目数量,但是对于酒店管理人员,如果房间都被订满了,他就无法通过加班或者轮班来增加房间的数量。

3. 服务需求的难预测性——与大多数货物的需求预测相比,许多服务的需求预测更加困难,而且需求的波动更加剧烈和频繁(就是说,波动会发生在更短的时间段内)。造成这个困难的一个原因是一些服务的消费决策,例如去餐馆吃饭、看电影、理发等,这些消费决策通常是临时做出的,是由当天或那个星期的情况所影响的。换句话说,人们对于一些服务通常不做长期规划。而且,对于去儿科门诊看耳道感染这类服务,是从没计划过的。这就使得需求的预测变得困难。另一个原因是需求出现高峰与低谷。在一些服务中,例如快餐、公共交通或者电力行业中,需求的高峰和低谷是熟知的、可预测的,但是对其他服务就不一定了。

4. 服务时间的可变性——提供服务的类型多样,服务的个性化特征,以及每个顾客的需要和要求都变化不定,这些造成了为预期数量的顾客提供服务的总时间难以预测。例如,在银行里为一个顾客服务的时间取决于顾客要办理业务的数量和类型。这就可能导致低估或者高估所需要的服务产能。这时服务产能的单位也会变得难以定义。例如,一家医院应该用什么定义其服务产能呢?应该用病床数量、病人数量、护士的人数或者医生的人数,还是每种医疗水平下照顾患者的小时数作为服务产能的度量指标?

5. 大多数服务局限在一定的区域内——因为多数服务不能被运输,因此必须在合适的地点和合适的时间获得服务产能。对于那些在多个地点提供服务的组织来说,一些地方可能由于顾客数量过多造成服务提供能力不足,而另一些地方却可能产生闲置。当这种不平衡的情形发生在货物交易中时,可以把货物从一个地点运输到另一个地点,以缓解压力;然而,服务的顾客不容易被运送,或者不愿意去另一个地点接受服务。

11.3 需求管理

需求管理一般会被归于营销管理。但是,就像本书之前指出的,在服务组织中很多运营与营销管理的工作产生了重叠,并且常常是运营管理人员来执行这部分工作。因此,他们在做这些工作时,还要了解营销部门同事的情况。进一步说,即使运营和营销的任务能被清楚地分离开来,两个部门的管理人员在工作时也必须互相协作以提供上好的服务并使组织盈利。因此,运营和营销管理人员必须相互熟悉对方领域的一些方法。

理解顾客及其需要

对于有效的需求管理,最简单也可能最重要的就是知道顾客是谁,并理解他们的需要。在需求管理中,这可能是最简单但是常常被忽略的部分。一个服务组织必须收集其顾客的一些人口统计信息,例如年龄、性别、收入、职业、生活方式等特点,他们的需要和要求,以及其他能够获得的一些数据。还应该了解是什么驱动顾客来购买服务。收集这些方面的数据并不容易,成本也不低,因此,建立一个完全的数据集并不总是经济可行的。然而,在经济可行的前提下无论能够收集到多少信息,都比没有信息好。

理解顾客和他们的需求,可以帮助一个服务组织在进行服务需求管理时更加有效地选择本节所讨论的策略和工具。例如,降低价格能够将高峰期的需求转移到低峰期。但是如果顾客的经济实力比较雄厚,对价格不太敏感,这个策略就不再有效了,更糟的是还有可能导致顾客产生服务质量降低的疑虑。

理解顾客和他们的需求也有助于鉴别和分离需求的不同类型(如果存在的话)。例如,医院或者诊所的管理人员很久以前就发现他们提供的救助服务可以分为急诊和门诊。为了更有效地满足这两部分患者的需求,医院分配了一些设备和医生及护士到急诊部门,而其余的则负责门诊患者。我们可以很清楚地看到,每个部分都有不同的需求模式。例如,大多数人不会在周末到医院的门诊部门做检查,但是急诊部门的就诊量在周末却会上升。

考察需求的性质和模式

理解顾客和他们的需求虽然是必要的,但是对于有效的需求管理并不是充分条件。因为很多因素,例如天气、社会、政治,或者在国家或社区举办的体育运动事件,都会影响服务的需求,所以服务管理者必须研究需求的性质和模式。这些影响因素有些是常见的,有些是不常见的。发现需求的模式并理解需求的行为需要数据支持。同样,收集数据也许并不容易或廉价,但是不了解需求的性质和模式就不可能进行有效的管理。已经很清楚,了解需求的模式不仅有助于运营管理人员决定选用哪种策略影响需求,还有助于她对服务的供给进行有效管理。

影响需求的策略

对服务的需求并不受服务组织的直接控制,而是受很多因素的影响,例如价格、竞争对手的供给与价格、潜在顾客的收入水平、服务的易得性等。不过,一个服务组织可以采用本部分讨论的一些策略来影响需求。但是我们必须指明,不是所有的策略都适合每一个服务组织。

价格——这应该是最直接的策略。对于多数服务来说,降低价格会提升需求,而提升价格会降低需求。另外一种常见的策略是短期降价。一些服务组织通过设定比平时低的价格把高峰期的需求转移到非高峰期。价格刺激也许足够使一些消费者在需求较低的时候使用服务,这样可以缩小需求波动的幅度。这个策略在现实中的应用例子包括:夜间和周末的长途及移动电话费率降低,下午6点前的低价电影,还有"红眼"航班* 的特价。的确,转移高峰期的需求对于充分利用人力、设备等资源很重要。但如果需求不能转移,服务组织要么建立足够的产能以满足高峰需求,要么高峰期不能满足的顾客就会流失。前者的后果是低效率的资源利用率,人力和设施在低峰期会出现低效使用的情况;而后者的结果可能导致组织的利润明显下降,甚至企业经营失败。

预约/预定——另一个服务组织在需求管理中常用的策略是通过预约或预定提供服务。这可以看作把对服务的需求"转变为库存"或者"储备"起来。这种方法对于那些比较稀缺但对顾客价值很高的服务比较适用。航班、旅馆、医疗机构、法律援助服务或者高端酒店通过预约或预定提供其服务,而那些临时到达的顾客,却不一定能够获得服务。预约/预定往往能够提供平稳的服务需求水平,并且保证了需求不会超出提前设定的产能限制。然而,这也不能保证那些没有成功预约的顾客会很快回来。这种方法对顾客也有益,最重要的好处可能在于能够确定在约定的时间获得服务,同时也有助于顾客节省时间,使他们不用再排队。预约的另一个好处是,消除了顾客的焦虑感,诸如是否或何时能够获得服务,还要等候多长时间等。

预约的一个缺点是顾客缺席现象,即顾客成功预约后,在指定的时间没有出现。如果不能及时找到其他顾客代替未出现的顾客,服务企业的收益必然会减少。这种问题常常出现在航空公司或者旅馆中,因为在短时间内找到一个新的顾客几乎是不可能的。这些服务机构于是采用**超订**的策略,即接受比产能更多的预约,这样就会减少由于缺席造成的空座或者空房间的数量,但是当出现顾客数量多于供给座位或者房间数量时,造成的问题也很严重。这种情况下,一般会为无法获得服务的旅客提供补偿,例如赠送任意国内航班的免费机票并将其转到下一航班,如果是旅馆的顾客,则可以帮他在附近找同等价位的房间并让其免费入住。

沟通交流——有时,为顾客提供一些简单的信息提示就有助于减少高峰期的需求。在公共交通、国家公园、博物馆和邮局等,通过指示牌、广告和销售信息可以告知顾客在低峰期会有很多好处,包括较低的价格、不拥挤而且停车方便等。我们都习惯于在电视上看到邮局的商业广告,提醒我们"圣诞节邮包应趁早"。

提供需求周期模式相反的服务——有些服务的需求管理极具挑战性。这些服务的需求有确定的季节性而且无法靠价格激励转移。预约或者沟通交流对于减轻高峰期的需求也往往无效。这些服务的需求在淡季却很低或者几乎没有。一种可能的补救措施是提供另外的服务,而且该服务使用同样的设施和员工,但是与原服务具有需求周期相反的特点。例如,在冬天时,很少有人再需要修剪草坪,那么修剪草坪的人可以提供除雪服务。另一个例子是滑雪场提供干地滑雪或者高山滑雪,将滑雪山坡提供给登山爱好者或者用于自然探索旅行。

提供辅助服务——为排队的顾客提供辅助服务,能够减少顾客的流失。在需求的高峰期,提供的这种服务能够增加顾客等待的耐心,并增加他们在系统中等待下去或者以后再来的可能性。因此,一条长凳或一间休息室有助于一家餐馆挽留很多顾客。对于来打高尔夫球的人,如果开始时间延迟了,球场就可以为他们提供练习场地。本质上,辅助服务相当于在两阶段队列中的第一

---

* 指午夜零点后起飞的航班。——译者注

个阶段。[1] 第一个阶段的服务可以延续相当长的时间,使顾客远离系统延迟。

广告和促销——广告和促销是促进疲软需求的另外两种工具。促销能够在一定时期内为顾客提供额外的好处或者价格优惠。旅游度假增加额外的项目和深夜电影提供抽奖来促销都是很好的例子。

收益管理

收益管理(yield management)可以被看作收入管理(revenue management)中的一个专门领域。收益管理的主要目标是从易逝的库存(如一个航班上的座位)中获得最大收益或者收入;而收入管理则会更广泛地考虑各种策略和手段以最大化收入。[2]

收益管理起源于航空业,但后来也应用在酒店和汽车租赁中。收益管理的目标是在一定时期内从现有的数量有限的产生收入的资源中获得最大收入或收益,例如某次航班的座位或酒店某天的许多房间等。收益管理的原则可以概括为:对于像飞机座位或酒店房间这样的价值易逝的库存,要在正确的时间和正确的地点卖给正确的人。

具备以下条件时,可以考虑收益管理:(1)企业的产能相对固定;(2)需求可以清楚地被划分为不同类型;(3)库存是易逝的;(4)产品可以提前销售;(5)需求的波动幅度大;(6)边际销售成本和生产成本低,但是改变产能的成本高。[3]

收益管理的基本思想是对产生收入的库存进行划分,并将它们卖给不同类型的客户。例如,航空公司已经鉴别出了不同的顾客类型,例如那些不考虑价格的富裕的旅行者,忽然需要在短时间内到达一个地方然后又立刻返回的商人,对价格比较敏感的休闲度假者和价格合适时走亲访友或游玩的那些人。航空公司为这些群体提供不同水平的服务,例如头等舱、商务舱、经济舱和特惠舱等。

因为所有这些不同水平的服务都是在同一架飞机上提供的,所以问题是如何将座位分配给这些不同的消费群体。显然,航空公司很希望飞机上能坐满头等舱顾客或者付全额机票的商务乘客,但是这种情况不太可能出现,而且飞机上还会有很多空座位。结果,航空公司会将剩下的座位作为经济舱或者特惠舱座位以低价格出售。这是合理的,因为在有空座位的情况下,飞机多载一位乘客的边际成本几乎为零。由于座位在起飞前很早就卖出去了,所以问题的重点是应该提前卖多少打折机票,从而留下足够多的座位供那些订票晚但是会付全价的旅客。

一个收益管理系统需要着眼于四个基本问题来优化收益:不同类型顾客或不同价格水平的需求模式,超订策略,需求弹性和信息系统。[4] 很多公司已经成功运用了收益管理,例如假日连锁酒店(Holiday Inn)、莱德卡车租赁公司(Ryder truck rental company)、美国铁路公司(Amtrak)和美国航空公司(American Airlines)。例如,在20世纪90年代初的三年的时间里,美国航空公司通过使用收益管理增加了14亿美元可量化的收益。[5] 近期,洲际酒店集团——世界上拥有房间数量最多的酒店集团,通过对其2 000多家酒店实施先进的收益管理系统,增加了1.45亿美元收入。[6]

收益管理并不局限于航空业和酒店业。一家名为优步(Uber)的公司和他的竞争对手提供了一种基于手机应用的服务来呼叫私家车提供出租车服务。这种服务在大城市特别是在人流量大,打到出租车几乎不可能的时候特别有用。"这项应用根据收益管理的原则,将智能手机、GPS、已经注册的司机、用户评价、一体化结账和后勤组织联系在一起。优步公司将潜在的乘车需求看作库存,并用以需求为基础的价格在高峰期提高供给量。"[7] 不必惊奇,收益管理也正在其他领域受到推广,例如闲置会议室、私人办公室或公司办公制服的租赁,还有餐馆预约:"就像飞机座位或者协同工作的办公桌,每当有一张空桌子,餐馆就损失了一些收益。"[8]

管理科学技术

管理科学可以为服务运营管理者对需求和供给的管理提供很好的技术帮助。排队论与仿真对于需求与供给管理决策特别有用。在需求高峰期或者需求超过产能的一段时期内,排队论模型可以反映出服务系统中等待队列的一些特点。排队论模型提供多种绩效指标,例如顾客排队等待的平均时间和在整个系统中停留的平均时间,以及系统中的平均顾客数量、平均队列长度等。了解这些重要指标有助于管理人员针对需求和供给制定更智能的决策。仿真也是经常和排队模型一起使用的有力工具。仿真有助于管理者收集一些系统表现的重要信息,而且能够告诉管理者如果进行系统修改,例如增加或减少产能,会产生什么样的结果。这些技术将在本章的附录中讨论。

管理等待中的需求

经常出现在收银机、售票处、收费站、银行柜台和邮局的队伍很让人心烦,但这也是我们大多数人日常生活中常见的现象。采用需求管理的策略可能对许多服务机构有效,但是这些不可能完全消除等待。这就是说,即使在管理很好的服务设施前,仍然会形成等待队列。

等待带来诸多不利,其中之一是弃离,即顾客放弃服务并离开系统。这就造成一些顾客的短期流失,他们可能过一段时间之后还会回来;但也有一些顾客去了竞争对手那里而且可能再也不会回来了。无论哪种可能,都意味着服务组织的收益产生了损失。

减少等待时间对于需求和供给管理都是很重要的一项任务。之前提到过,我们可以采用管理科学技术帮助管理人员做相关的决策以减少等待时间及其对顾客和企业造成的负面影响。但是现在,我们可以考虑一些其他非技术的方法在形成排队时对需求进行管理。这些方法的主要目的是让等待的顾客和提供服务的人员都不再感到那么难熬。为了采用这些方法,我们需要提前了解排队等待顾客的心理特点。对于在队列中等待的顾客的感知和心理,David Maister[9] 提出了八项命题。下面的段落对这些命题进行了总结,并向管理层就缓解这些问题提供了一些建议。

1. **空闲的时间比占用的时间感觉更长**——很多服务组织都发现了这种感受,并且为顾客提供消遣来打发时间。一些餐馆为顾客提供酒吧,顾客等待的时候可以喝点东西并与别人聊天。医生诊室或者牙医诊室里的报纸和杂志,汽车维修店等待室里的电视机,都具有相同的目的:分散顾客对等待的注意力。最近的一项创新发生在医生的等待室里,是由一家位于佛罗里达州坦帕市的企业提供的健康信息:"现今在很多医生的门诊室里,传统的日间电视访谈节目正让位给更加关注健康的节目内容。一家名为 AccentHealth 的公司已经为美国的 12 300 多位医生的门诊室提供了该节目,节目主题包括心理健康、过敏症状和糖尿病等。"[10]

2. **服务前的等待比服务中的等待感觉更长**——一旦服务开始了,等待的时间感觉会更短些。等待开始服务的顾客会感到更加焦虑,他们害怕服务员忘记他们在等着,但是顾客一旦进入系统而且服务的流程开始进行,这种感觉很容易就会消失。一些餐馆提前给那些等待的顾客菜单,让顾客感觉像是自己已经开始进入就餐的流程,并且可以让他们不那么无聊。有时,为顾客提供一些简单的提示也能起到这种效果,例如大学的招生办公室给申请入学的学生寄一封信,特别是告知结果出来的大概日期,会让学生觉得等待的时间变短了。

3. **焦虑的心情使得等待似乎变得更久**——就像在前面的段落中提到的,"被遗忘"可能是焦虑的一个来源,还要等多久,服务会是什么水平,自己是否在对的队列里,或者对于一场体育赛事,自己能否在所有票卖完前买到票等也都是焦虑的来源。任何能够减轻顾客焦虑的管理措施都可以让顾客在等待过程中感觉时间更短并减少痛苦。

4. **不确定的等待比已知确定的等待更久**——当不知道何时才会轮到自己时,顾客会感到等待的时间更久,而且会增加焦虑。为顾客提供大概的等待时间常常能帮助顾客冷静下来并接受现状。但是管理者需要尽量使预测的时间与实际时间接近,而且如果实际等待时间比预期短,反而会为顾客带来惊喜。例如,迪士尼世界和迪士尼乐园为每个游玩的地方提供了预计等待时间,而且往往高估等待时间。

5. **无故的等待比有理由的等待更久**——如果等待的顾客被告知了等待的理由,他们会感觉相对平和而且更加能够理解。但是当他们不知道自己等待的理由时,他们很可能感到失望。例如,护士如果能够为等待的病人解释医生将会晚来一会儿,因为医生刚刚处理了一个急诊病例,多数病人都会表示理解并觉得自己的等待是有原因的。结论就是,当服务时间需要被延迟时,服务机构一定要诚实并积极向等待的顾客解释原因。

6. **不公平的等待比公平的等待更久**——当看到有人插队时,或者由于一些原因造成不公平现象时,多数人会感到心烦。遗憾的是,这些情况在一些服务机构中会很常见。例如,超市里的员工新增了一个收银台,会让原来在队列最后的人转移到最前面,而不是让原队列中的下一个人排在前面;或者正在为你提供服务的服务员为了接听电话并为电话那端的人服务而打断了对你的服务,会破坏人们对于公平服务的预期。这些情况不仅会让顾客生气,而且会让顾客感觉等待的时间更长。

7. **服务的价值越高,顾客愿意等待的时间就越长**——在第 5 章中就提到了一个模型。在这个模型中定义了顾客为获得服务而付出的非货币价值,其中就包括了等待的时间。因此,等待的时间是削减顾客等待服务意愿的一部分,就像真实付出的货币价格一样,服务的价值越高,顾客愿意付出的非货币价值也就越高。管理人员必须清楚地了解服务对顾客的价值,以保证等待不会使顾客支付过高的价格。

8. **单独的等待比一群人等待感觉更久**——大多数情况下,顾客等待服务时有其他顾客的陪伴,因此严格地说顾客不是一个人在等待。但是由于顾客之间往往彼此不认识,他们可能觉得自己是单独在等待,特别是当顾客之间没有交流或者没有消遣的时候。所以服务管理人员应该在可能的情况下为顾客创造互相交流的机会。这就在一定意义上将他们转变成一个群体并使他们分心以便感觉等待的时间更短。

对波士顿的一家分支银行顾客等待感受的研究显示,当意识到的等待时间变长时,顾客的满意度会下降。研究还发现对顾客影响最重要的因素包括以下几个方面:

公平——新来的顾客能够插队吗?这个队列是先来先服务吗?
有趣程度——顾客在等待时有什么有趣的事情发生吗?
顾客态度——顾客面临什么样的时间压力?
环境——等待的环境舒适吗?顾客是否需要在寒风中受冻或者在太阳下被晒?
服务的价值——服务的价值对顾客有多重要?是否在其他地方也能够轻易获得?顾客能否另找时间过来,还是服务比较紧急?[11]

11.4 供给管理

产能指系统在多大程度上能提供所设计的服务。因而供给管理就是对产能的管理。在讨论供给管理的策略之前,我们需要首先定义产能并了解产能度量的困难。接着,需要考虑构成或影响产能的因素。在清楚地了解产能及其组成部分后,就可以讨论供给管理的各种策略和制定总体计划的流程了。

产能

产能常常被定义为最大产出率。然而,这个简单的定义隐藏了该概念的一个固有问题,就是对于服务产出的度量。就像在第 2 章讨论的一样,服务的其中两个特点是:产出是无形的,产出不是标准的且可能存在明显的差异。第三个困难的原因是服务机构几乎不会只提供一种标准的服务。例如,医院的产出该如何测量? 病床的占用率,治疗的病人数量,医生工作的小时数还是护士工作的小时数? 所有这些度量指标都无法令人满意地真实反映医院服务的产能。例如,如果使用病床的占用率,这种测量指标并不能反映癌症患者和摔伤腿的患者在接受治疗时需要资源的差异。即使对两个癌症患者进行比较,他们的严重程度、需要的治疗和医疗资源及成本都可能差异很大。

另一个令人关注的事实,也是对服务运营管理人员的挑战:即使拥有相同的员工和设施,一个服务组织的产能在每天也可能不同。这是因为顾客由于需求各异而不同,服务人员也有所不同。例如,来到银行柜台的两位顾客所需的服务量可能有很大差异,其中一位可能只需要存款而且仅需花费银行职员 30 秒的时间,而另一位顾客可能为了一些小的商业用途存款 15 笔并在公司的账户间转账,从而需花费银行职员好几分钟的时间。当银行某天有非常多第二种类型的顾客时,比如星期五,银行的产能将会下降。因此我们可以很清楚地看到服务组织必须仔细选择度量其产出的方法,尽可能避免以上的那些问题。

产能的组成部分

产能的七个基本组成部分是人力资源、设施、设备、工具、时间、顾客参与和产能的备用资源。

人力资源——人力资源直接影响总产出。人员的数量、技术水平和技术搭配是主要的因素。具有高技术水平的人员加入积极的工作组中并配备最好的装备,就能够大大促进生产力。进一步,如果领导者很优秀,而且环境很优越,领导和激励这两个因素可以一起提升产能。人力资源也是一种变动性很大的组成部分,相对于设施的购买和出售,工人被雇用和开除更加容易。劳动力可以全职、兼职或者加班。工人也可以通过轮岗培训来胜任多种不同的工作。

设施——设施能为员工和设备提供场地。一些服务的提供是通过电话、计算机网络、邮件或者通过电视广播等,因此这些服务在设计服务设施时不用考虑顾客。但是,其他很多的服务机构会在他们的设施场地迎接顾客并提供服务。

设备与工具——尽管大部分设备规划在战略规划的服务系统设计和资本预算阶段就已经决定了,但有些时候一些简单廉价的替代设备或修理工具能够增加产出进而扩大产能。技术的进步,特别是新的利用互联网和快速通信系统的工具,能够提升服务生产率和产能。例如,在美国、欧洲和日本的一些餐馆使用一种技术,顾客可以通过他们餐桌上的小屏幕直接点菜,而不用依靠服务员为他们记录,传统的那种方法有时候会让顾客心情不快,甚至有记录错误的情况发生。[12]

时间——作为产能的组成部分,时间有两个方面的作用。首先,通过搭配不同时段的资源,或者说使产出从一个时段转移到另一个时段,可以改变产能。这对于那些受制于需求高峰的服务特别合适。其次,在更广泛的意义上,相对于给定时期内的需求而言,延长运营的时间可以提升总产能。

顾客参与——在一些服务的产能中另一个重要组成部分是顾客的参与。很多服务的提供要依赖顾客的劳动。例如,顾客自己操作一台自助取款机,从自己的账户里取钱。在其他一些服务中,顾客可能只需提供整个服务所需的一部分劳动。

备用资源——产能的备用资源可以是内部的也可以是外部的。内部的资源可能由封存的机器或者设备、延长的工作时间或者多个轮班构成。外部资源可能由分包、收购另一家公司或者提升自动化水平等构成。通过资源租赁也可以扩大多种服务产能。

管理供给的策略

　　服务运营的管理人员对供给的控制和影响要比对需求的更大。但是，即使对服务供给进行强有力的控制，仍然不能保证需求与供给的完美匹配。接下来就讨论一些管理人员可以用来增加或者减少供给的策略。这些策略会对产能的一种或多种组成部分进行更有技术性的处理，进而影响产能和供给。就像需求管理策略那样，必须指出不是所有的策略对于所有的服务机构都是合适和可行的。

　　改变员工数量——这个策略只可以在中期有效运用，即 3—12 个月的计划。通过预期需求的变化趋势，管理人员可以逐渐增加或者减少员工的数量。同时，预计旺季和淡季的需求，服务机构可以在旺季雇用一些员工。这个策略的主要缺点是高额的员工招聘、培训和终止合同的成本，同时还有培养员工忠诚度方面的困难。

　　员工的轮岗培训——多数服务都包含了多种任务。对每种任务的需求数量并不总是相同的，因此培训员工掌握自己的常规任务之外的其他任务，从而提高他们的服务能力，可以在需求高峰期时提升产能。这也有另一个优点，员工可以通过多项技术的培训发展自身的能力，并且减少由于每天做同一种工作而产生的枯燥感。

　　兼职工——很多服务机构在很大比例上依靠兼职工。据预测，美国在 2011 年大概有 19.5%的劳动力都是临时的兼职工。[13] 对于那些每日所需要的劳动力数量具有清晰而明确的变化模式的服务，兼职工可能是最合适的，比如快餐店和包裹配送服务。当能够采取这种策略时，运营管理人员可以通过兼职工显著增加服务产能的灵活性，对服务供给进行更好的控制。

　　增加顾客参与——在一些服务中，顾客提供的劳动可能是很有价值的，一些服务机构可以巧妙地利用它。例如，在一些餐馆，顾客在沙拉台自己准备沙拉，但是服务员会把他们的菜端到他们的桌子上。在肖尔代斯医院，患者做完疝气手术后被鼓励从手术室自己走到休息区域，但是在其他很多医院，医院会派人将其用轮椅推出。一般情况下，提高顾客的参与程度，会减少服务机构投入的劳动力并提高服务速度，进而提升产能。然而，提升顾客参与也有风险，如果顾客不善于做他们需要做的事情，他们可能会做得很慢并造成服务产能的下降。

　　租赁设备——设备是很多服务的重要组成部分，因此只增加员工的数量可能不足以增加产能。增加设备的数量往往需要增加员工的数量。当仅仅临时增加员工数量时，购买设备可能在经济上就不划算，服务机构可以租赁设备。这种现象在航空业中很常见，航空公司在夏天面临增加的需求时会从其他公司租赁飞机。

　　扩建或装修设施——搬到拥有更好空间结构的新建筑里，或者改善老建筑内的设备布局，产出往往会增加。更好的照明、空调和供暖也可能有利于提高生产力进而增加产能。

　　自动化——工序的自动化在制造业中已经使用了很多年。自动化的主要好处是较低的成本、更高的产出、产出的一致性，从而获得更好的质量。但是在服务业中自动化并不那么受欢迎，因为自动化提供的服务通常不够人性化。然而，自动化的快速和低成本以及其他一些好处正使其逐渐取代靠人力进行的一些服务。例如，一些旅馆设置自动化一体机，供顾客快速登记和结账。同样，Hertz 租车公司的顾客通过一体机租车，就像航空业一样，顾客不需要与任何人交谈就可以完成值机。[14]

　　延长服务时间——有些服务机构在一些特殊情况下或需求增加时可以通过延长服务时间来增加产能。例如，一些零售点在圣诞节购物期间通宵营业；一些邮局在 4 月 15 日的午夜仍然接收信件,帮助纳税人在截止日期前寄出邮件;一些游乐园在暑假和周末延长开放时间。

更好的排班工具和实践——通过更好地对服务人员和他们的活动进行安排,产能可以得到明显的增加。很多管理科学的工具能够用于服务人员的优化排班,例如医院的护士、航空公司的飞行员、定位和安排急救医疗服务等。同时,在需求低的时候着手一些非紧急的工作,比如清洁和维修,是很容易的,但对于增加产能却是有效的方法。

11.5 总结

一个服务系统的开发要从服务的设计、资源的总体计划再到系统的建立。总体计划的基本目的是对企业的资源进行计划,以保证企业的产能和需求能够匹配。因此,总体计划可以从调整需求或者供给两方面进行,以达到想要的平衡。本章讨论了运营管理人员为了解决供需平衡所能用到的一些策略和工具。

首先回顾了造成供需匹配困难的几个主要原因。为了有效解决这个难题,一个运营管理人员必须正确理解顾客及其需求。然后,她需要研究需求的特点和模式,进而使用合适的策略对需求进行管理。管理人员用于需求管理的策略和工具有:价格、广告和促销、提供与需求周期模式相反的服务、采用预约或预定方式、增加与顾客的交流和提供辅助服务。收益管理是航空公司、汽车租赁公司和旅馆对需求进行管理的一种特殊形式,我们也进行了简单介绍。最后,分析了顾客的等待心理和运营管理人员如何采取措施以使等待不那么痛苦,甚至使顾客能够享受等待的时光。

产能指系统在多大程度上能提供所设计的服务,常常被定义为最大产出率。因此,对供给进行管理也就是对产能进行管理。在对服务业产能度量的困难进行分析后,讨论了服务组织的产能的组成部分。根据这些组成部分能够对供给进行管理的策略有:改变员工数量、对员工进行轮岗培训、雇用兼职工、提高顾客参与、租赁设备、扩建或装修设施、自动化、延长服务时间和采用管理科学技术进行更好的排班和实施。

问题讨论

1. 总体计划的目标是什么?
2. 服务业与制造业的总体计划有什么不同?
3. 请解释为什么平衡需求和供给是服务管理中的难题。
4. 请讨论在平衡需求和供给时,营销人员和运营人员应如何合作。
5. 对于以下机构,在了解顾客及其需求时,需要什么么类型的数据?
   a. 信用卡公司
   b. 娱乐公园
   c. 健康中心
6. 对于以下服务,哪些需求管理的策略是合适的,哪些是不合适或者不可行的? 请解释原因。
   a. 大学
   b. 复印中心
   c. 监狱系统
7. 对于以下服务,哪些服务供给管理的策略是合适的,哪些是不合适或者不可行的? 请解释原因。
   a. 医院
   b. 餐馆
   c. 度假胜地
8. 请解释应用收益管理最有效的服务有哪些类型。
9. 根据 Maister 在第 11.3 节提出的有关等待心理的命题,对于以下服务,哪些命题是有效的? 请解释原因。
   a. 邮购商店
   b. 私人钢琴课
   c. 航空公司
10. 什么是产能? 为什么在服务中如此难以度量?
11. 以下服务中,产能需要用哪些指标度量?

11. 以下服务可以用哪些指标来度量产能？
    a. 计算机中心
    b. 公共交通
    c. 警局

12. 请讨论直接与劳动力投入有关的服务产能管理的策略。

13. 请讨论直接与资本投入有关的服务产能管理的策略。

尾注

1. 排队论将在本章附录中讨论。

2. 关于收入管理的更多信息可参见：Robert G. Cross, *Revenue Management: Hard-core Tactics for Market Domination* (Broadway Books, New York, 1997); for a comprehensive treatment of revenue management topics, see Robert L. Phillips, *Pricing and Revenue Optimization*, Stanford Business Books (Stanford, California, 2005).

3. Sheryl E. Kimes, "Yield Management: A Tool for Capacity-Constrained Service Firms," *Journal of Operations Management*, Vol. 8, No. 4 (October 1989), pp. 348–363.

4. Kimes, "Yield Management: A Tool for Capacity-Constrained Service Firms," *Journal of Operations Management*, Vol. 8, No. 4 (October 1989), pp. 348–363.

5. Barry C. Smith, John F. Leimkuhler, and Ross M. Darrow, "Yield Management at American Airlines," *Interfaces*, Vol. 22, No. 1 (January–February, 1992), pp. 8–31.

6. Dev Koushik, Jon A. Higbie, and Craig Eister, "Retail Price Optimization at InterContinental Hotels Group," *Interfaces*, Vol. 42, No. 1 (January–February 2012), pp. 45–57.

7. G.F., "A digital fare tale," *The Economist* (June 14, 2012).

8. G.F., "Lofty goals," *The Economist* (February 28, 2012).

9. David H. Maister, "The Psychology of Waiting Lines," in Czepiel, J. A., Solomon, M. R., and Surprenant, C. F., (Eds.), *The Service Encounter: Managing Employee/Customer Interaction in Service Businesses* (Lexington, MA: Lexington Books, 1985), pp. 113–123.

10. Tanzina Vega, "AccentHealth Puts Medical Content on Waiting Room TVs," *The New York Times* (April 8, 2012).

11. Karen L. Katz, Blaire M. Larson, and Richard C. Larson, "Prescription for the Waiting-in-Line Blues: Entertain, Enlighten, and Engage," *Sloan Management Review* (Winter 1991), pp. 44–53.

12. Rebecca Harrison, "E-waiter, Where's My Food?" *The New York Times* (Monday, February 25, 2008.)

13. Bureau of Labor Statistics, Current Population Survey, Employed Persons by Sex, Occupation, Class of Worker, Full- or Part-Time Status, and Race, http://www.bls.gov/cps/cpsaat12.pdf (08/05/2012).

14. "Hard Times, Lean Firms: How Much Longer Can America Keep Increasing Productivity?" *The Economist* (December 31, 2011).

第 11 章附录　排队与模拟

S11.1　引言

关于排队现象的知识通常称为排队论,这对于服务运营管理人员来说是一个很有用的工具。排队的现象很常见,例如,在汽车服务中心排队等待修理的汽车,打印店里等待打印的任务,或者向教授请教问题而排队的学生等。表 S11-1 仅列出了几个排队场景。管理人员通过分析队列长度、平均等待时间及其他因素可以更好地理解服务系统的产能。

服务运营管理人员意识到必须在提供更好的服务的成本与顾客的等待成本之间做出权衡。管理人员希望队列足够短,那样顾客就不会不高兴,也不会提前离开服务系统而不购买服务,或者即使购买了服务以后却不再回来了。但是,当适当的等待时间可以显著节省产能成本时,管理人员也情愿出现一些排队等待的情况。

表 S11-1　常见的排队现象

场景	队列加入者	服务流程
超市	日杂购买者	在收银台结账
高速公路收费站	汽车	在收费站收费
医生办公室	病人	接受医生和护士的诊疗
计算机系统	要运行的程序	计算机处理任务
电话公司	电话呼叫者	用交换机接通呼叫
银行	顾客	业务员处理交易活动
机器维修	故障机器	维修人员修理机器
港口	轮船和货物	码头工人装卸货物

评价一个服务设施的标准可以是它的期望总成本,如图 S11-1 所示。总成本等于服务产能成本加上顾客等待的期望成本。

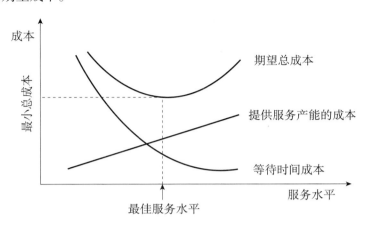

图 S11-1　权衡等待成本和服务产能成本

当一家企业努力提升其服务水平时,其服务产能成本也将会上升。在一些服务中心,管理人员可以通过调用备用人员或设备增加服务产能以防止或减少一些服务台前过长的等待队列。在超市里,管理人员或者结账工作人员在需要时可以加开结账台。在银行或者在机场的验票处,可以安排兼职人员来帮忙。在服务水平提高(服务加速)时,顾客的排队等待成本就降低了。顾客的等待成本反映出了当员工所需的工具或机器坏了等待修理时服务生产率的降低,或者是对顾客因服务质量差和等待队列长而造成的成本损失的评估。在一些服务,例如救护车服务中,顾客长时间等待所造成的高成本是无法接受的。

S11.2　基本的排队系统结构

服务系统通常根据拥有的通道数量(例如服务台的数量)和服务阶段的数量(例如整个服务过程中需要逗留几处)进行分类。典型的单通道单服务台服务系统包括只有一个柜台的免下车银行(drive-in bank)或者是提供免下车服务的快餐店。但是,如果银行有多个柜台在服务,顾客都在一个队列里等待第一个可用的通道,那么我们称这种系统为多通道排队系统。现在大多数银行都是这种类型的系统,同样大多数的理发店、机场售票台和邮局也采用这种系统。

单阶段服务系统里,顾客只需在一个地点接受服务,然后就离开系统。在快餐店里,全程都是一个服务员帮你点菜、上菜和收钱,那么这就是一个单阶段服务系统。同样,在驾照办理处,如果同一个职员接收你的申请,给你的测试打分并收取办理费用,那么这也是一个单阶段服务系统。但是如果一个餐馆让你在一个地方点餐,在另一个地方付费,还在第三个地方取餐,那么这就是一个多阶段服务系统。同样,如果驾照办理处很大或者很忙,你可能就必须排队提交申请(第一个服务点),接着排队进行测试(第二个服务点),最终到第三个服务台交费,这也是一个多阶段服务系统。为了更好地理解通道和阶段的概念,图 S11-2 展示了四个可能的结构。

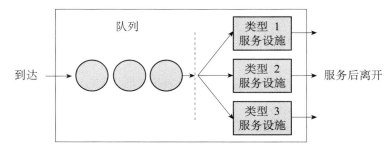

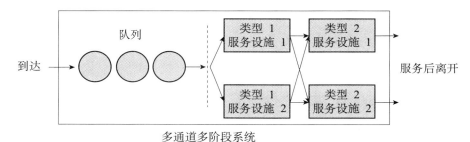

图 S11-2　基本的排队系统结构

S11.3　排队系统的绩效度量

排队系统帮助管理人员在合意的服务产能成本和顾客等待成本之间进行平衡。下面列出了排队系统常用的一些度量指标：
- 每个顾客或者对象平均花费的排队时间
- 平均等待队列长度
- 每个顾客在系统中平均花费的时间（排队时间加上服务时间）
- 系统中顾客的平均数量
- 服务设施闲置的概率
- 系统的利用率
- 给定数量的顾客在系统中出现的概率

S11.4 单通道排队模型

排队问题中最常见的是单通道,或者单服务台模型。在这种情形下,到达的顾客排成一队并在一个服务台接受服务(参见图 S11-2)。在这种模型中,通常有以下假设:

1. 服务的规则是先到先服务,并且到达的每位顾客都要接受服务,无论队列有多长。
2. 顾客的到达前后彼此独立,但是一段时间内到达的平均顾客数量(到达率)不变。
3. 顾客的到达服从泊松分布,而且潜在的顾客数量是无穷的(或者非常非常大)。[1]
4. 服务于每位顾客的时间不同且独立,但是平均服务率是已知的。
5. 服务时间服从负指数分布。[2]
6. 平均的服务率高于顾客平均到达率。

当满足以上条件时,可以得出表 S11-2 中的公式。通过这些公式可以计算出之前提到的七项度量指标。需要注意的是,所有的计算都是基于单位时间的平均到达顾客数量(λ)和单位时间的平均服务顾客数量(μ)。下面将介绍如何使用单通道模型。

表 S11-2 单通道排队模型的公式

λ = 单位时间的平均到达顾客数量
μ = 单位时间的平均服务顾客或对象数量
L_s = 系统(队列 + 服务)中顾客或对象的平均数量 = $\lambda/(\mu - \lambda)$
W_s = 顾客或对象在系统中花费的平均时间(等待时间 + 服务时间) = $1/(\mu - \lambda)$
L_q = 队列中顾客或对象的平均数量 = $\lambda^2/\mu(\mu - \lambda)$
W_q = 顾客或对象在队列中等待的平均时间 = $\lambda/\mu(\mu - \lambda)$
ρ = 系统利用率 = λ/μ
P_0 = 系统中顾客或对象数为 0(即系统闲置)的概率 = $1 - \lambda/\mu$
$P_{n>k}$ = 系统中顾客或对象数 n 大于 k 的概率 = $(\lambda/\mu)^{k+1}$

黄金消音器店——琼斯是黄金消音器店的机械师,他 1 个小时平均可以安装 3 个消音器(大约 20 分钟 1 个),但具体花费在一个消音器上的时间服从负指数分布。店里每个小时到达的顾客平均数是 2 个,并服从泊松分布。先来的顾客先接受服务,而且潜在的顾客有巨大的数量。

根据以上描述,我们就可以得到黄金消音器店排队系统的一些运营指标:

$$\lambda = 2 \text{ 部汽车每小时(到达率)}$$
$$\mu = 3 \text{ 部汽车每小时(服务率)}$$
$$L_s = \lambda/(\mu - \lambda) = 2/(3 - 2) = 2 \text{ 部汽车(系统中汽车的平均数量)}$$
$$W_s = 1/(\mu - \lambda) = 1/(3 - 2) = 1 \text{ 小时(汽车在系统中平均花费的时间)}$$
$$L_q = \lambda^2/[\mu(\mu - \lambda)] = 2^2/[3 \times (3 - 2)] = 4/(3 \times 1) = 4/3 = 1.33 \text{ 部汽车(队列中汽车的平均数量)}$$
$$W_q = \lambda/[\mu(\mu - \lambda)] = 2/[3 \times (3 - 2)] = 2/3 \text{ 小时} = 40 \text{ 分钟(汽车在队列中等待的平均时间)}$$
$$\rho = \lambda/\mu = 2/3 = 66.6\% \text{(系统利用率)}$$
$$P_0 = 1 - \lambda/\mu = 1 - 2/3 = 0.33 \text{(系统中汽车数为 0 的概率)}$$
$$P_{n>3} = (\lambda/\mu)^{3+1} = (2/3)^{3+1} = 0.198 \text{(系统中汽车数大于 3 的概率)}$$

计算完排队系统的一些运营指标后,还需要对这些指标的影响进行经济分析。之前提到的等待队列模型对于预测等待时间、队列长度、系统闲置时间等有很大的帮助,但是并不能得出最优的决策或者把成本因素考虑进来。如前所述,要解决排队问题,管理人员需要对提高的服务成本和随之降低的顾客等待成本进行权衡。

S11.5 多通道排队模型

接下来需要了解的就是多通道排队系统,这种系统中有两个及以上的服务台或者通道为顾客提供服务,顾客全都排在一个队列中,等待最先可用的服务台。例如,现在的银行中大多都是多通道单阶段等待队列。当形成一个队列后,排在前面的顾客最先接受最先空闲的服务台的服务(请参考图 S11-2 中的多通道结构)。

此处讨论的多通道系统假设顾客到达服从泊松分布,服务时间服从负指数分布。服务规则是先到先服务,并且假设所有服务台的服务效率是相同的。还有之前在单通道系统中列出的那些假设也同样适用。

关于这个模型的一些公式如表 S11-3 所示。这些公式明显比单服务台的公式更复杂,但是它们的使用场景和提供的信息与单通道模型是一样的。[3]

表 S11-3 多通道排队模型的公式

M = 服务中的通道数
λ = 单位时间的平均到达顾客数量(到达率)
μ = 单位时间每个通道的服务率
P_0 = 系统中顾客或对象数为 0(即系统闲置)的概率

$$= \frac{1}{\left[\sum_{n=0}^{M-1} \frac{1}{n!}\left(\frac{\lambda}{\mu}\right)^n\right] + \frac{1}{M!}\left(\frac{\lambda}{\mu}\right)^M \frac{M\mu}{M\mu - \lambda}} \quad (\text{对于 } M\mu > \lambda)$$

L_s = 系统(队列 + 服务)中顾客或对象的平均数量 $= \frac{\lambda\mu(\lambda/\mu)^M}{(M-1)!(M\mu - \lambda)^2} P_0 + \frac{\lambda}{\mu}$

W_s = 顾客或对象在系统中花费的平均时间(等待时间 + 服务时间) $= \frac{\mu(\lambda/\mu)^M}{(M-1)!(M\mu - \lambda)^2} P_0 + \frac{1}{\mu} = \frac{L_s}{\lambda}$

L_q = 队列中顾客或对象的平均数量 $= L_s - \frac{\lambda}{\mu}$

W_q = 顾客或对象在队列中等待的平均时间 $= W_s - \frac{1}{\mu} = \frac{L_q}{\lambda}$

重访黄金消音器店——黄金消音器店决定再增开一个修理台并再雇用一位机械师来安装消音器。顾客的到达率是每小时 2 部汽车($\lambda = 2$),在一个队列中排队。每位机械师安装消音器的速度是每小时 3 个($\mu = 3$)。

为了将该系统与单通道系统进行对比,下面计算了 $M = 2$ 时的双通道系统的一些运营指标,并将结果与之前的例子进行比较。

$$P_0 = \frac{1}{\left[\sum_{n=0}^{1} \frac{1}{n!}\left(\frac{2}{3}\right)^n\right] + \frac{1}{2!}\left(\frac{2}{3}\right)^2\left(\frac{2 \times 3}{2 \times 3 - 2}\right)}$$

$$= \frac{1}{1 + \frac{2}{3} + \frac{1}{2} \times \frac{4}{9} \times \frac{6}{6-2}} = \frac{1}{1 + \frac{2}{3} + \frac{1}{3}} = \frac{1}{2}$$

$= 0.5$（系统中汽车数为 0 的概率）

$$L_s = \frac{2 \times 3 \times (2/3)^2}{1![(2 \times 3) - 2]^2}\left(\frac{1}{2}\right) + \frac{2}{3} = \frac{8/3}{16} \times \frac{1}{2} + \frac{2}{3} = \frac{3}{4}$$

$= 0.75$ 部（系统中汽车的平均数量）

$$W_s = \frac{L_s}{\lambda} = \frac{3/4}{2} = 3/8 \text{ 小时}$$

$= 22.5$ 分钟（汽车在系统中花费的平均时间）

$$L_q = L_s - \frac{\lambda}{\mu} = \frac{3}{4} - \frac{2}{3} = \frac{1}{12}$$

$= 0.083$（队列中汽车的平均数量）

$$W_q = \frac{L_q}{\lambda} = \frac{0.083}{2} = 0.0415 \text{ 小时}$$

$= 2.5$ 分钟（汽车在队列中等待的平均时间）

我们可以对上述指标进行总结，并与单通道模型的结果进行比较：

指标	单通道	双通道
P_0	0.33	0.5
L_s	2 部车	0.75 部车
W_s	60 分钟	22.5 分钟
L_q	1.33 部车	0.083 部车
W_q	40 分钟	2.5 分钟

新增的服务能力几乎对所有的指标都产生了显著影响。尤其是排队等待的时间从 40 分钟缩短到了 2.5 分钟。这与图 S11-1 中的权衡曲线是相一致的。

S11.6　更加复杂的排队模型和模拟的使用

在很多的实际情况中，服务系统的排队问题与之前讨论的模型类似。然而，具体问题的分析中常常会出现各种变化。例如，汽车修理店的服务时间更倾向于服从正态分布，而不是负指数分布。在大学选课系统中，高年级的学生能够优先选择课程，这就是一种具有优先准则的先到先服务模型。入伍新兵的身体检查就是一个多阶段的服务系统，与之前讨论的单阶段服务系统不同。首先，新兵要在一个地方排队抽血，然后在第二个地方排队等待视力检查，在第三个地方与精神科医生谈话，最后在第四个地方接受医生的病史检查。在每个阶段，新兵都要进入新的队列并等待服务。

运营研究人员已经建立模型来处理这些情况，其数学公式的计算要比前面提到的更加复杂。而且现实中有些排队系统过于复杂而无法建立模型，当面临这种情况时，分析人员往往会采用计算机模拟的方法。

下面的讨论将围绕模拟(又称仿真)展开。模拟是利用随机数来获得与概率分布(例如到达和服务)有关的统计推断的技术。通过模拟,可以将几个小时、几天或者几个月的数据在电脑上用几秒就生成出来。这就使得对控制变量的分析更加容易,例如增加一个服务台的作用等,而不用在现实中实施。基本上,只要当标准的排队模型对于现实分析的结果很不理想时,就可以采用模拟模型的方法。

S11.7　作为调度计划工具的模拟

当一个系统中存在随机元素时,就可以使用**蒙特卡洛**(Monte Carlo)方法进行模拟。蒙特卡洛模拟的基础是通过随机抽样来对随机(或概率)变量进行实验。

模拟技术可以分为五个简单的步骤:
1. 为重要变量建立概率分布。
2. 为每个变量建立累计概率分布。
3. 为每个变量确立随机数产生区间。
4. 生成随机数。
5. 利用随机数开展一系列模拟试验以获得相关变量的值。

我们通过图 S11-3、表 S11-4、表 S11-5 来说明蒙特卡洛模拟的方法。我们分析一个单通道单阶段的排队系统,例如一个邮局。分析人员多次观察每五分钟到达顾客的人数和接受服务的顾客的人数。对数据进行分类统计获得频率,然后得出概率分布,如图 S11-3(a)和(c)所示。接下来,建立图 S11-3(a)和(c)的累计概率分布,如图 S11-3(b)和(d)所示。接下来进行以下步骤。

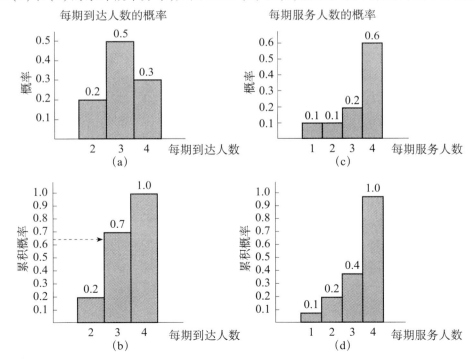

图 S11-3　系统模拟的概率

表 S11-4　一个邮局三期的模拟

周期号	随机数	本期到达数	随机数	本期服务数*	周期结束时的人数
1	—	0	—	0	0
2	0.63	3	0.17	2	1
3	0.87	4	0.03	1	4
4	0.11	2	0.42	3	3

* 他们将会前进到下一个服务台。

表 S11-5　部分随机数列表

5497	6317	5736	9468	5707	8576	2614
0234	8703	2454	6094	1760	3195	0985
9821	1142	6650	2749	3677	4451	4959
9681	5613	9971	0081	7249	3016	1385

1. 为系统中每个项目的时间和状态建立标题,如表 S11-4 所示。(本案例中项目是到达数和服务数)

2. 从管理科学课本中找到随机数列表。如表 S11-5 所示的一些没有关联的数字。

3. 选择一个行和列,然后从随机表中查随机数。我们选择从第二列开始从上往下看数字。在表 S11-4 的第二列输入 0.63,在第四列输入 0.17。

4. 返回到第一个累计概率条形图(图 S11-3(b)),在纵轴上找到 0.63,从该点画一条水平线并找到第一个与之相交的竖条,即每期到达人数为 3 的竖条。在表 S11-4 对应的列内输入 3。

5. 返回到第二个累计概率条形图(图 S11-3(d)),在纵轴上找到 0.17,从该点画一条水平线并找到第一个与之相交的竖条,即每期服务人数为 2 的竖条。在表 S11-4 对应的列内输入 2。

6. 上个周期结束时的人数加上本期到达数后再减去本期服务数,可以得出本周期结束时的人数为 1,即剩下一个个体需要等到下个周期接受服务。

7. 重复步骤 3 到 5,如果上期有剩下没有接受服务的顾客,保证他们在下期得到服务。

注意:无论系统多么复杂,模拟的关键步骤是考察特定一期内的输入、队列、服务和输出。然后"时钟"会进入下一期,再对系统进行考察。在进行了几百次(或者几千次)模拟后,就可以得到平均等待时间和平均服务时间。

S11.8　计算机在模拟中的作用

计算机对于复杂任务的模拟非常重要,计算机可以生成随机数,在几秒或者几分钟内模拟几千个周期,而且能够为管理者提供结果报告,使得决策制定更加容易。为了得到模拟结果,计算机几乎是必需的工具。

计算机程序设计语言可以帮助进行模拟。可以使用一些通用语言,例如 FORTRAN、BASIC、COBOL、C++ 或者 PASCAL 等。

一些专用术语,例如 GPSS 和 SIMSCRIPT 也有一些优势:(1)对于大规模的模拟,编程时间大大缩短;(2)这些语言往往更加有效,容易查错;(3)它们有生成随机数的子程序。

也可以选择一些预先编好且易于使用的商业模拟软件。它们一般可以用于排队、库存等各种类型的模拟。

这里列举其中一些软件的名字：Extend，Modsim，Witness，MAP/I，Enterprise Dynamics，Simfactory，ProModel，Micro Saint 和 ARENA。也有一些专门针对服务系统各部分设计的模拟程序包，例如 ProModel 公司开发的 ServiceModel 和 MedModel。ServiceModel 可以用于模拟服务组织的设施布局和设计、产能计划、员工和服务调度、复杂的文件和顾客流、场地布局和物流等。MedModel 是为医疗行业的评估、计划、流程设计/再设计，以及医院、门诊和化验室的流程和政策模拟而开发的。电子表格也可以迅速方便地建立模拟。一些程序包已经内置随机数产生器（通过@RAND 指令），而且通过表指令"data-fill"得到输出结果。

使用 POM for Windows 解决排队问题

POM for Windows Waiting Lines（queuing）模块可以用来解决任何与本章讨论的模型类似的问题。图 S11-4 显示了黄金消音器店案例中的单通道排队模型（在菜单中选择 M/M/1 模型）的结果和系统中顾客数量的概率图。另外，Waiting Lines 模块提供了 $P(n=k)$ 的概率表格。图 S11-5 给出了黄金消音器店双通道问题的结果（多通道模型，M/M/s）。

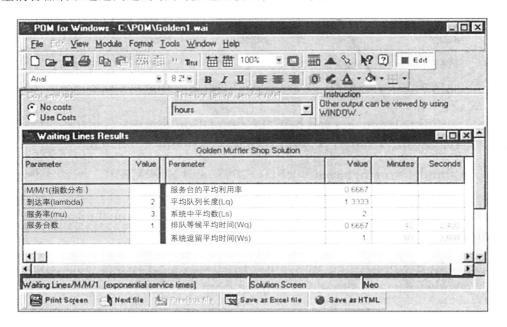

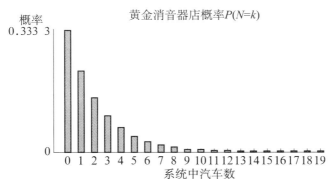

图 S11-4　用 POM for Windows 解决黄金消音器店单通道问题案例

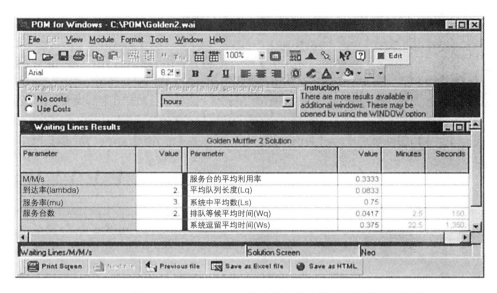

图 S11-5　用 POM for Windows 解决黄金消音器店双通道问题案例

S11.9　总结

本章讨论了产能调度常用的两种管理科学工具：排队论和模拟。两种工具都可以提供所需服务产能的有关信息，使顾客不至于经历不合理的漫长等待。当特定的数学条件满足时，一系列的排队论模型公式可以给出关于队列等候的一些指标。当无法满足排队论的假设时，可以使用蒙特卡洛模拟方法作为调度工具。

习题

S11.1　Tengler 电子公司拥有一些服务人员以维修平均每天发生 $\lambda=3$（近似服从泊松分布）次的机器故障。服务人员每天平均可以维修 $\mu=8$ 台机器，维修时间近似服从指数分布。

　　a. 该服务系统的利用率是多少？
　　b. 故障机器的平均停机时间是多长？
　　c. 在任意给定时刻，期望有多少台机器等待维修？
　　d. 一台以上的机器处于维修系统中的概率是多少？两台以上的机器有故障且等待或正在维修的概率是多少？三台以上呢？四台以上呢？

S11.2　Barry 的洗车公司一周开放 6 天，但是其业务最繁忙的时候总是在星期六。从历史数据来看，Barry 估计脏车周六以每小时 20 台的速度到达。在全部工作人员均工作在洗车线上的情况下，他认为汽车的清洗速度可以达到每 2 分钟一辆。在单通道等待队列的本例中，一次清洗一辆车。

假定是泊松到达和指数分布的服务时间，求：
　　a. 在等待队列中的车辆的平均数量
　　b. 一辆车在清洗前等待的平均时间
　　c. 一辆车在服务系统中所花费的平均时间
　　d. 洗车设施的利用率
　　e. 系统中无汽车的概率

S11.3　朱迪·福尔摩斯管理着一家位于阿拉巴马州蒙哥马利的大型综合剧院，称为影院Ⅰ、Ⅱ、Ⅲ和Ⅳ。这四个影院放映不同的电影；需要设置时间表，使开映时间交错开，避免所有四个影院的电影同时开始时大量人群涌入。该剧院有一个售票亭和一个能保持平均速度每小时出售280张电影票的收银员。服务时间假定遵循指数分布。平常工作日的到达人数服从泊松分布,且平均每小时为210人。

为了确定当前票务操作的效率,朱迪想检查队列的几个运营特征。

a. 得出排队购买电影票的观众的平均数量。
b. 收银员忙碌的时间百分比是多少?
c. 顾客花费在购票系统中的平均时间是多长?
d. 到达售票窗口前排队所花费的平均时间是多长?
e. 购票系统中有两个以上的人的概率是多少?三个以上呢?四个以上呢?

S11.4 学生中心的大学食堂供给线是一种自助设施,学生们可以选择他们想要的食物,然后排成一条单一的队列向收银员付款。学生们按照泊松分布以每分钟大约4个的速度到达。一个收银员服务每个顾客大约需要12秒,遵循指数分布。

a. 两个以上的学生在系统中的概率是多少?三个以上的学生呢?四个以上呢?
b. 系统中无人的概率是多少?
c. 在到达收银台之前一个学生平均须等待多长时间?
d. 队列中预期的学生人数是多少?
e. 系统中的平均人数是多少?

S11.5 Jerry百货商店位于爱荷华州的迪比克,维持着一个按商品目录进行零售的销售部门,该部门中的店员通过电话为顾客下单。如果店员在某一电话中占线,则打入该部门的电话就通过录音机自动应答并要求对方等待。一旦店员得空,等待时间最长的那一位就会首先被转接并被应答。电话打入的速度约为每小时12个。店员可以平均4分钟接一个订单。电话呼叫一般遵循泊松分布,且服务时间往往也符合指数模式。

店员每小时获得5美元的报酬,但是由于商誉和销售额的流失,一位顾客等待下单每小时会给Jerry带来25美元的损失。

a. 按商品目录购买的顾客在他的电话被转接到接收订单的店员之前必须平均等待多长的时间?
b. 等待下订单的呼叫者的平均数量是多少?
c. Jerry正在考虑增加第二名店员来接听电话。该店将同样向此人支付5美元每小时的报酬。请问应该多雇用一名店员吗?请解释原因。

S11.6 一家大型医院急诊室的管理员正面临为白天以不同速度到达的病人提供治疗的问题。需要时他们有4位医生可以治疗病人。如果不需要,可以分配其他职责给他们(例如实验室测试、报告和X射线诊断)或者重新安排他们在其他时间工作。

提供快速和有求必应的治疗是很重要的,且管理者认为,平均而言,病人在被医生接待之前坐在等候区等待的时间不应该超过5分钟。病人按先到先看医生的原则,并在排队后看第一位有空的医生。一般来说到达的模式为:

时间	到达速度
上午9点—下午3点	6位病人/小时
下午3点—下午8点	4位病人/小时
下午8点—午夜	12位病人/小时

这些到达的人数遵循泊松分布,且平均12分钟的治疗时间遵循指数分布。

在各个时间段应该有多少医生值班才能保持预期的病人护理水平?

S11.7 到达Jim Harvey洗车中心的汽车数量在过去200个小时的运作期间的观察情况如下:

到达的汽车数量	频率
3或更少	0
4	20
5	30
6	50
7	60
8	40
9或更多	0
	200

a. 以汽车到达数量为随机变量,建立它的概率和累积概率分布。
b. 建立变量的随机数值区间。
c. 模拟15个小时内汽车的到达数,并计算每小时到达数量的平均值。可从表S11-5中选择所需的随机数。

S11.8. 弗吉尼亚州布莱克斯堡综合医院有一个急诊室,分为六个部门:(1)治疗小问题或进行诊断的初步检查站;(2)X射线部门;(3)手术室;(4)石膏验配室;(5)观察室(在最终诊断或出院之前的康复和一般观察);(6)收银部(收银员为病人提供结账和付款或保险表服务）。

病人从一个部门到另一个部门的概率在相应的表中给出。

a. 模拟 10 位急诊室病人到达之后的行踪。一次 1 位病人从初步检查站的各项检查行进到收银部直至离开。你应该知道病人可以不止一次进入同一个部门。

b. 根据你的模拟数据，病人两次进入 X 射线部门的概率是多少？

从	到	概率
急诊室入口的初步检查	X 射线部门	0.45
	手术室	0.15
	观察室	0.10
	收银员	0.30
X 射线部门	手术室	0.10
	石膏验配室	0.25
	观察室	0.35
	收银员	0.30

从	到	概率
手术室	石膏验配室	0.25
	观察室	0.70
	收银员	0.05
石膏验配室	观察室	0.55
	X 射线部门	0.05
	收银员	0.40
观察室	手术室	0.15
	X 射线部门	0.15
	收银员	0.70

S11.9 从工业化的中西部城市沿密西西比河长途跋涉后，满载的驳船在晚上到达新奥尔良。在任何给定的晚上停靠的驳船数量范围为 0 到 5。到达的驳船数量为 0、1、2、3、4、5 的概率显示如下：

到达的数量	概率
0	0.13
1	0.17
2	0.15
3	0.25
4	0.20
5	0.10

码头管理员的一项研究显示，由于他们货物的性质，每天卸货的驳船数量也会不同。管理者提供可以创建每日卸货率变量的概率分布的信息（见下表）。

每日卸货率	概率
1	0.05
2	0.15
3	0.50
4	0.20
5	0.10
	1.00

驳船卸货的原则是先到先卸货。任何在到达当天没有卸货的驳船必须等到第二天。将驳船捆绑到码头的提议将付出很昂贵的成本，且管理者还不能忽视内航运线业主打来的愤怒的电话，提醒他："时间就是金钱！"他决定，在去新奥尔良港的控制中心请求额外的卸货人员之前，应进行有关到达数量、卸货和延迟次数的模拟研究。建立 15 天的模拟。

S11.10 Syracuse 第一银行的管理人员担心失去其在市中心总部的大量客户。已经提出的一个解决方案是：增加一个或多个"免下车"收银站，以方便客户在汽车内获得快速服务而无需停车。该银行行长克里斯·卡尔森认为银行应该只承担设立一个免下车服务站的成本风险。他的员工告诉他设立免下车服务站的成本（摊销 20 年）是每年 12 000 美元。此外，每个新收银站的工作人员的工资和福利成本为每年 16 000 美元。

然而，管理分析主任安妮塔·格林伯格认为以下两个因素鼓励立即设立两个免下车服务站。根据《银行业研究》杂志最近刊登的一篇文章，顾客排长队等待免下车收银服务将以损失商誉的形式每分钟平均花费银行 1.00 美元。此外，增加第二个免下车服务站将花费额外的 16 000 美元的员工费用，但是如果两个免下车服务站在一起装设，而非一次装设一个，则分摊建设成本可以削减为每年共 20 000 美元。为完成她的分析，格林伯格夫人收集了位于市中心的竞争银行的免下车服务站一个月的到达人数和服务率数据。这些数据列于观察分析表 1 和 2 中。

a. 模拟配置一个免下车收银站从下午 1 点到 2 点之间的情况。

b. 模拟配置两个免下车收银站从下午 1 点到 2 点之间的情况。

c. 进行两个选项的成本分析。假定该银行一天开放 7 小时，一年开放 200 天。

观察分析表 1——对到达者的间隔时间进行 1 000 次观察的结果

到达者的间隔时间（分钟）	发生次数
1	200
2	250
3	300
4	150
5	100

观察分析表 2——1 000 位顾客的服务时间

到达者的间隔时间（分钟）	发生次数
1	100
2	150
3	350
4	150
5	150
6	100

尾注

1. 泊松分布可由下列公式建立：

$$P(x) = \frac{e^{-\lambda} \lambda^x}{x!} \quad x = 0, 1, 2, \ldots$$

其中 $P(x)$ = 每单位时间有 x 位顾客到达的概率

x = 每单位时间到达的顾客数量

λ = 顾客平均到达率

e = 2.7183（自然对数的底）

2. 该分布服从以下形式：

概率（服务超过 x 分钟）= $e^{-\mu x}$ $x \geq 0$

μ = 每分钟平均服务的数量

3. 可参见：**Barry Render and R. M. Stair,** *Quantitative Analysis for Management,* 11th ed. (Upper Saddle River, NJ, Prentice Hall, 2012); 或者 Jay Heizer and Barry Render, *Production and Operations Management,* 11th ed. (Upper Saddle River, NJ, Prentice Hall, 2014), for details.

第 12 章 服务质量及其持续改进

12.1 引言

20世纪80、90年代,质量成为商业界谈论最多的话题。当然,这是有原因的。70年代末至80年代,由于来自外国企业的竞争,诸多美国大型企业受到严重影响,有的甚至濒临破产。例如,日本企业在它们所进入的美国市场的每个行业都成功扩张了市场份额;相反,消费者对美国企业的产品失去了信心。因顾客流失,美国企业利润损失严重,员工失业,随之他们的家庭也陷入困境,这标志着日本企业凭借优良的产品质量和高效的生产模式在美国市场取得了巨大成功,同时,日本也抢占了许多其他国家的市场。

这一局势震惊了美国产业界,引发了质量革命。时至今日,美国制造商大幅提升了他们的产品质量。质量革命始于80年代初期,且不仅限于制造业。在此期间,消费者发起运动,要求保证产品及服务质量,影响了包括各级政府在内的所有服务性机构。

本章我们将对有关服务质量及其持续改进的基本问题进行讨论,本章附录部分将重点介绍解决这些基本问题的方法和技巧。

12.2 为什么质量如此重要?

在当今制造业内,质量不再是少数企业所拥有的有力竞争优势,而是企业生存的前提条件。没有能力生产高质量产品的制造企业将难以为继。在服务行业内,情况也是如此吗?答案是肯定的。不同于制造业企业,服务业企业受国外竞争的影响较小,尽管如此,鉴于激烈的国内竞争,质量同样是其立身之本。由此我们可以得出"为什么服务质量如此重要?"这一问题的答案即为"生存"与"竞争"。现在,让我们来探讨一下质量成为生存与竞争之必要条件的原因。

更高的顾客忠诚度——质量是顾客满意度的关键构成要素。优良的产品质量能够提高顾客满意度,从而提升顾客忠诚度。正如前文所强调的,顾客忠诚度有助于扩大企业利润空间,促进企业发展。

更大的市场份额——忠诚的顾客为企业筑造坚实的用户基础。顾客之间的口碑广告将吸引更多新的顾客,从而扩大企业的市场份额。

更高的投资回报——研究表明,拥有优质产品或服务的企业一般是盈利的,因此其股票也能为投资者带来可观的回报。最近,美国国家标准与技术研究所(NIST)对波多里奇国家质量奖(前称为"马尔科姆·波多里奇国家质量奖")的申请者进行了调查研究。结果显示,当收益仅包括被调查的自2006年以来的成员而社会成本则包括全部项目成员时,计算得到的成本收益比相对于美国经济体而言为820:1。[1]

员工忠诚——如果企业能够生产和提供优质的产品或服务,员工会因此为自己的工作感到骄傲,并在工作中获得更多的满足感。这样的员工对企业忠诚,且具有更强的生产力。此外,企业员工流失率也会相应降低。

成本低廉——优质意味着可以一次性把事情做好,也就意味着企业为纠正失误而花费的成本以及顾客退款会大幅减少。因此,有效防止产品失误可以提升生产率和降低成本。

更能对抗价格竞争——像丽思卡尔顿酒店等企业,因其优秀的服务质量而广为人知,凭借其服务的独特性,可以制定较高的服务价格。因此,它们通常无需与竞争者打价格战,即使必须为之,它们一般也能凭借其高效的生产力和低廉的成本从容应对。

如果产品或服务的质量未达到顾客的期望,任何企业都无法享有以上的竞争优势。此外,设计/生产劣质产品或提供低劣服务的另一后果是必须为由此造成的伤害或损失承担责任。据我们所知,医生和其他医务人员经常遭遇医疗事故诉讼和赔偿案件。

12.3 质量的定义

人们经常讨论"质量"这个话题,尽管很想赋予其一个准确的定义,但却并非易事。问题不在于找到一个定义,因为定义已经很多了,而是必须确保在任何特定情况下,顾客、服务提供者、供应商都能相互理解彼此对质量的定义。质量的定义大多不能全面反映所有相关的观点。但是,这未必是件坏事。质量的多种定义使我们认识到,要想获得优异的质量,应考虑多个不同的观点,并满足多项要求。

戴维·加文将质量的定义划分为五类,折射出五种不同的观点。[2]

1. **有超然性**——根据这一观点,质量是一种内在的卓越本质,并且只有通过体验才能认识到。换而言之,可将其概括为"质量是难以言传的,但接触后就会知道"。但是,这一定义对管理者在追求品质方面的实际指导意义颇为有限。

2. **产品为本**——以产品为本的定义主要通过可测量值来定义质量。对于商品而言,测量指标包括使用寿命、优质原料含量(如100%的棉)、合意产出量(如45公里/加仑)。对于服务而言,此类指标包括百科全书包含的条目数、货物的发货时间,以及电话在接通之前的响铃次数等。基于这些可测量值,通过该定义可以对质量做出客观评价。这一定义的缺陷在于认为所有顾客的喜好一致,从而掩盖了消费者个体品位与偏好的不同。

3. **用户为本**——这个定义的起点正是以产品为本的终点:它从消费者个体的视角对质量进行定义。质量的"适用性"定义与本定义基本一致。换而言之,本定义的根本前提是质量优劣在于消费者的感受。例如,对于一位赶时间用午餐的顾客而言,一份花费半个小时精心烹制的美味套餐也会被贴上劣质服务的标签。本定义的主观性导致如下两个问题：(1)如何确定产品或服务应该包含哪些特性才能吸引数量最多的顾客；(2)如何区分那些令顾客满意的特性以及体现产品质量的特性。

4. **生产为本**——在本定义中，质量被认为是工程和生产过程的结果。根据本定义，质量就是"合乎要求"，就是说产出符合设计规范的程度如何。例如，如果航空公司明确规定在其计划时间的 15 分钟内抵达，则通过将航班实际到达时间与时刻表进行比较，即可依据这一规定来确定其服务水平。这一定义方法的缺陷在于，除非依照顾客需求和偏好制定规范，否则质量便成为一种有助于简化生产管理的内在因素，但却不能满足顾客的需求。

5. **价值为本**——这种质量定义引入了价值和价格。质量被定义为产品/服务的一致性或性能与顾客可接受价格之间达成的一种平衡。

这些不同的质量定义体现了不同的企业职能部门（如营销、制造和设计）所持有的不同观点。例如，以用户为本的定义倾向于市场营销的观点，此外，设计者较认可以产品为本的定义，而以生产为本的定义反映的是制造业管理层关注的重点。

最后，美国国家标准协会（American National Standards Institute，ANSI）与美国质量学会（American Society for Quality，ASQ）共同提出了一个正式的定义——质量是指产品或服务基于其能力可以满足顾客需求的特性和特征总和。

12.4　服务质量的维度

尽管以上讨论的质量定义都有其价值，但服务行业的管理者依然很难准确理解服务质量的内涵。为此，Garvin[3] 确定了有关质量的八个维度，帮助我们更准确地理解这一概念。

1. **性能**——某种可测量的产品基本操作特性。例如，时速达到 60 英里/小时所用的秒数可看作汽车的性能指标。

2. **特性**——产品一般会配有附加物或"额外卖点"，但这些在同类产品中通常不属于标准配置的一部分。例如，汽车的 GPS 导航设备和防死锁刹车系统。

3. **可靠性**——在特定时间以及特定环境条件下，产品实现其预期功能的概率。例如，在按照使用说明对传输系统进行维护的前提下，6 年内无需维修的概率。

4. **合意性**——产品符合设计规范的程度。例如，与设计规范中设定的每加仑英里数（mpg）相比，实际每加仑英里数。

5. **耐久性**——在产品外观破损或不宜继续使用之前，消费者得到的产品的总使用量。

6. **易维护性**——维修的难易程度与维修速度，以及维修人员的服务态度。

7. **美感**——这一维度包含产品的主观性特征，如产品外观、触感或视听感受，对于食品而言，还有味道或气味。

8. **感知品质**——通过广告、品牌促销、口碑或个人使用体会，在消费者心目中形成的对产品品质的感受。

尽管"产品"涵盖物品和服务，但将这些维度应用于物品领域似乎更易被诠释和理解。Zeithaml、Parasuraman 和 Berry[4] 确定了有关服务质量的五个维度，据此消费者可对服务进行评估。

1. **可靠性**——服务的可靠性是指可靠而准确地完成所承诺的服务工作的能力。这意味着服务业企业第一次就提供正确的服务,并努力信守所有承诺。例如,账单结算无误,如实保存记录,以及在承诺时间内提供服务。

2. **响应性**——这个维度侧重于员工提供服务的意愿或准备程度。其中涉及服务的时效性问题,如提供快捷服务,即时邮递交易单据,并及时回复顾客电话。

3. **保证性**——这个维度涉及服务人员的知识水平、专业能力、礼仪以及向对方传递信任和自信心的能力。专业能力是指提供服务所需掌握的技能和知识。礼仪是指服务人员礼貌友善待人、尊重和关心顾客的行为。这个维度同时还涉及服务人员诚实可信的品质。

4. **体贴性**——是指向顾客提供体贴周到的服务。这要求服务人员能与顾客进行亲切愉快的交流,并尽量做到理解顾客及其需要。

5. **有形性**——这个维度包括服务的有形展示,如实体设备、服务人员形象、服务工具和设备、服务的有形交付以及使用服务设施的其他顾客。

Zeithaml、Parasuraman 和 Berry 曾开展一项调查,让五家国际知名企业的 1 900 名顾客将 100 分分配给质量的五个维度。结果显示,可靠性、响应性、保证性、体贴性、有形性的平均百分比分别为 32%、22%、19%、16%、11%。继而,研究人员又让这些顾客对曾向他们提供过服务的企业做出评估。他们表示,这些服务业企业面临的最大问题是缺乏可靠性。由此可见,在顾客心目中,可靠性是最重要的质量评估维度。这似乎也是众多服务业企业遭受失败的原因所在。

值得注意的是,部分研究人员认为以上标准并不一定适用于所有服务;而其他人则指出,在五个维度中,只有两个非常重要。[5] 这些可视为通常意义上的服务维度。如果要深入了解某特定服务的质量,则需进一步研究其特点以及顾客的期望。但是,当从评估不同服务的各种质量维度中找出诸多共性时,你也无需感到惊讶。例如,在一项"关于银行业服务质量的全国消费者研究"中确定了银行服务质量的八个维度:易得性、外观、清晰、胜任力、礼貌、特色、可靠性和响应性。[6] 美国电话电报公司(AT&T)设计了军事卡,这是一项专为军事人员(其中大多数人不需要本地服务)提供的特殊电话卡服务。依照顾客需求,公司确定了以下八个服务质量维度:可靠性、响应性、胜任力、易得性、礼貌、沟通、可信性和有形性。

12.5 服务质量差距模型

根据确定服务质量五个维度的相关研究,Zeithaml、Parasuraman 和 Berry 建立了一种服务质量模型,通常被称为"差距模型"(gaps model)。该模型基于顾客依据五个质量维度所做的预期与其对实际服务感知的差异,将服务质量概念化。如果存在"差异",即被描述为"差距"。为衡量这些差距,他们设计了含有 22 个项目的调查问卷,即"服务质量(SERVQUAL)量表"。

差距模型及其 SERVQUAL 量表可以说是研究和衡量服务质量最常用的方法。但该方法也存在一定的风险。问题之一在于,它不允许顾客对服务做出低质量预期这种可能。[7] 如果顾客预想服务质量较差,而实际获得的服务质量只比预期稍好一点,那么该服务不能合乎逻辑地称为优质服务。此外,当评估信用品质*很高的服务时,用满意度衡量质量的方法会遭遇一定的困难。例如,在评估复杂的法律或医疗服务质量时会面临特殊的挑战,因为顾客通常不确定自己应该作何期

---

* 请参考第 3.4 节。——译者注

待,甚至在接受服务之后,他们也无法确定服务质量的好坏。[8]该模型的另一局限性在于,它适用于规模较大的服务业企业,但不能准确反映小型企业的服务质量。[9]

尽管存在以上局限性,该模型还是有助于我们深入了解在提供优质服务过程中所面临的挑战。SERVQUAL 量表的应用非常普遍,同时也存在批评之声。[10]差距模型如图 12-1 所示。[11]

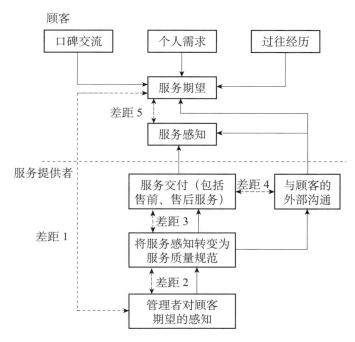

图 12-1 服务质量差距模型

资料来源:A. Parasuraman, Valarie A. Zeithaml, and Leonard L. Berry, "A Conceptual Model of Service Quality and Its Implications for Future Research," *Journal of Marketing*(Fall 1985), p. 44. Reprinted from *Journal of Marketing*, published by the American Marketing Association.

差距 1:不了解顾客的期望——依据该模型,由于顾客预期与管理者对顾客期望的感知之间存在差异,造成了第一种差距。这一差距形成的主要原因是没有确定好市场调研方向,有以下事实为证:营销调研不充分,调研结果应用不充分,管理者与顾客之间缺乏沟通。此外,服务人员面向管理者的上行沟通不足以及服务人员与管理层之间层级设置过多也是造成这一差距的两大原因。

差距 2:服务质量规范错误——管理者对顾客期望的感知与服务提供规范之间的差异,形成第二种差距。导致这一差距产生的原因包括:未全力推进服务质量建设,对可行性认识不足,工作标准化程度较低以及未设定工作目标。

差距 3:服务绩效差距——实际提供的服务与服务规范不符,形成第三种差距。通常情况下,如果员工不能和/或不愿按照标准提供服务,便会导致这种差距产生。其产生原因多种多样,如职责不明、职责冲突、人岗匹配度差、技术与工作的适合度不佳、不当监督体系引发不恰当的评估和酬劳体系、员工缺乏纪律以及缺乏团队合作精神。

差距 4:实际提供的服务与承诺不符——企业所做服务承诺与实际提供服务之间的差异,形成第四种差距。导致这一差距产生的两大原因是:(1)企业运营、市场、人力资源之间以及跨部门协调不足;(2)在与顾客的交流中,服务商往往倾向于过度承诺。

差距 5：服务期望与顾客服务感知之间的差距。以上四种差距导致产生第五种差距，即顾客期望的服务与实际所获得的服务之间的差异。如图 12-1 所示，顾客的服务感知会受到诸多因素的影响，其中包括顾客间的口碑沟通、个人需求、过往经历，以及与服务组织的沟通。这一差距至关重要——如果服务感知低于预期水平，顾客将会表现出失望与不满。相反，如果服务感知超过预期水平，顾客便会感到满意和欣喜。

12.6 实现质量

始于 20 世纪 80 年代的美国质量革命主要是因日本参与市场竞争而引发的。日本企业从美国企业的经验中了解到有关质量的基本概念。第二次世界大战后，质量管理专家 W. 爱德华·戴明（W. Edwards Deming）与约瑟夫·M. 朱兰（Joseph M. Juran）向诸多日本企业管理人员提供质量培训；美国质量实践者反过来又从日本企业及其质量实践中借鉴一些经验。其中最重要的经验可能就是，单靠机械地应用几种质量技术根本无法帮助工厂或服务业企业实现质量。要想创造高质量产品或服务，必须从根本上转变经营管理的理念。第二个重要的经验是，管理理念的转变是一个漫长而艰难的过程。这是一场没有尽头的旅程。第三个经验是，我们必须根据顾客需要生产产品和提供服务，而不是设法向他们推销我们的产品和服务。换而言之，我们应该坚持以顾客为中心，从根本上改变设计和生产（提供）物品（服务）的过程。我们必须聆听顾客的心声，了解他们的需求和要求。

随着美国工业在质量理论和实践方面的双重积累，这些经验逐步形成了全新的管理理念，最初被称为"全面质量管理（total quality management，TQM）"。尽管 TQM 所涉及的原则并不新颖，但它们的组合和实践方式被很多人视为一场革命，因其要求在管理理念方面实现根本性的改变。TQM 是许多质量管理专家智慧的结晶，并源于一些高度成功的美日企业的实践，而且随着顾客需要及市场现实情况的变化，它也将做进一步的改进。在本节我们将对这一管理理念的基本原则进行简单介绍。

关注顾客满意度

全面质量管理体系中的首要原则就是关注顾客，它意味着企业要从始至终满足顾客需求，并提供高于顾客期望的服务。所有员工必须奉行这一原则，并将其视为企业文化的一部分。这一原则要求我们持续地对顾客需求进行系统和持续的调查，因为顾客的要求和预期是不断变化的。需要强调的是，这一原则完全不同于以前的做法——打着"顾客就是上帝"的旗号，只在表面上认可顾客的重要性，而实际关注的是管理者认为的顾客需求。

领导层

成功实施全面质量管理首先需要强大而乐于奉献的领导层。领导层必须由企业最高层管理人员组成。他们的工作不仅仅只是撰写强调质量重要性的备忘录，也不是简单招聘一名管理人员来负责产品质量。事实上，这些方法也无济于事。引导进行企业文化改革，才是领导层真正需要做的。此外，领导者本人应该积极主动地参与全面质量管理原则的实施，并树立良好行为的榜样。

企业高层应该建立明确的质量观和相关政策、战略，以及设定较高的期望水平。他们需要保持创新、承担尝试新创意的风险、寻找提升产品质量和顾客满意度的方法、以工作为荣、鼓励员工参与，并对产品、流程及个人水平进行持续改进。最后，管理人员应该改变他们的工作方式，不再侧重于发号施令和控制，而是帮助员工识别和消除在实现顾客需求和预期的整个过程中所遇到的障碍。总之，管理者必须成为辅助者。

致力于员工培训与教育：创造一家学习型企业

缺乏适当的员工培训是出现质量问题的主要原因之一。在某些行业，由于服务工作技术含量较低，员工获得的仅是最低工资。但是，一些员工甚至不具备工作所需的基本读写及数学能力。再者，员工也需按照其工作需要进行技术培训。当然，这些基础培训还不足以保证服务的质量。为此，还应该提升员工解决问题的能力，让其学习采取持续改进服务的方法。培训数量及类型则依工作性质来定。

参与、授权、团队合作及认可

高层管理人员及领导层的参与是成功的关键，但仅有这些是不够的。全面质量管理只有在整个企业贯彻执行才能获得成功。因此，各级员工的参与成为另一个至关重要的原则。

授权是指赋予员工制定、执行决策，以及改变所处工作环境的权力。团队合作是促进员工参与的另一途径。可以组建团队来解决运营或质量问题。这种方法的优势在于任务执行人员通常会有解决相关问题的最佳思路。当员工意见被采纳，问题得到解决时，团队成员在为企业成功做出贡献的过程中获得满足感，从而积极寻求持续改进。

无论是依靠个人努力还是团队合作，只要提高了质量和顾客满意度，就应得到认可和奖励。认可也许是管理层强化新的价值观以及践行全面质量管理的最好方法。奖励不一定非得是金钱，但必须具有意义并及时给予。

标杆管理

正如第 8 章中所探讨的，标杆管理是用来确定质量改进目标的基本方法之一。它有助于服务组织确定顾客满意度和质量到底可以达到什么程度。标杆管理并不仅仅限于个别行业，其应用范围应该是全球性的。标杆管理旨在确定某一特定领域内谁做得最好，并向业绩最佳者学习。

长远视角和战略途径

通过以上对全面质量管理原则的探讨，我们应该清楚地知道全面质量管理要求对企业文化进行重大改革。但许多大企业的经历表明改革并不能获得立竿见影的效果。因此，在追求品质的过程中，企业应着眼于长远。这要求企业高层做出战略性思考与规划。通过战略性规划可确定在实现企业文化改革及企业经营方式转变过程中的主要任务，同时还应建立实施全面质量管理的目标和方法。如果企业内部或外部条件发生变化，战略性规划也应随之更新。

基于事实的管理：衡量与分析

直觉与经验是管理人员最有价值的两大财富。但是，仅凭这些并不总能实现顾客满意。为了提高效率，决策必须以事实为依据，并对结果进行衡量。来自顾客、服务提供过程以及竞争对手的信息均能反映客观事实。也就是说,服务组织必须具备信息收集和处理系统,用以确定顾客需求、服务设计和服务交付系统实现质量要求的程度,以及服务满足顾客需求的程度。

快速响应

近几十年来,竞争的本质已发生了变化,尤其是在消费者服务方面。如今,竞争体现在如何更快地推出新服务,增加更多的服务种类,以及提高服务品质和价值上。因此,服务组织必须快速灵活地应对顾客需求和要求的变化以及竞争威胁。

持续改进

全面质量管理的基本观点是无论企业在与质量相关的工作和竞争中获得怎样的成功,它都没有到达其目的地,因为根本不存在目的地。一场没有终点的旅程应该是对全面质量管理的最好诠释。然而,这一旅程却是有方向的,它指向顾客满意。之所以没有终点是因为顾客的需求和预期在不断变化,同时竞争将标准推向更高水平,因此,顾客满意其实是一个会移动的目标。另一个原因是近年来新服务推出的速度越来越快。新产品趋向于采用更先进的技术,比现有产品具有更高的质量和价值,有时会导致某些服务被市场所淘汰。随着服务经验的积累及服务质量的改善,服务组织可能会引进技术更为先进的服务,而这在质量和顾客满意度方面将会带来新的挑战。因此,持续改进是实现高质量和保持顾客满意的自然要求。

关于全面质量管理还有几点内容需要强调一下。前面所列的条目并没有构成实用的处方,只是一些有关质量及持续改进的原则,体现出一种管理理念。这些原则的实施是一个战略问题,但应得到全面落实。并不存在实施全面质量管理的唯一正确途径,企业应该量体裁衣,以这些原则为基础根据自己的需要制订质量方案。此外,在实施过程中不能急于求成,但应当下定决心保持前进的步伐。

服务设计与开发以及服务交付系统是企业面临的另一战略性问题,必须在全面质量管理原则的指导下运用第 8 章所讨论的原则和方法来解决这一问题。

12.7 实现服务质量的其他方法

本节将介绍另外两种实现服务质量要求的方法:ISO 标准和波多里奇卓越绩效项目。

ISO 9000 标准

ISO 是"International Organization for Standardization of Geneva,Switzerland(瑞士日内瓦国际标准化组织)"的缩写。该组织成立于 1947 年,拥有 161 个成员国。每个国家均由其国家组织代表。美国的官方代表是 ANSI。

ISO 国际标准的建立是为了保证产品和服务的安全性、可靠性及良好的质量。其各项标准旨在为企业提供战略工具,通过减少浪费和失误的方式降低成本,并提高生产率。此外,还有助于企业进入新市场、平衡发展中国家的地位,推动建立自由、公平的全球贸易体系。[12]

ISO 9000 标准的建立是为了设定并执行企业用于产品设计、生产、交付及支持的管理系统。换言之,这些标准旨在建立一种最终能够生产出高质产品和/或服务的管理系统,但不涉及任何产品或技术规范。

ISO 9000 族标准由很多标准组成,其中包括:
- **ISO 9001:2008**——制定质量管理系统相关标准,也是该族中唯一(尽管并不要求)通过认证的标准。此标准适用于任何行业的大小机构。
- **ISO 9000:2005**——涵盖基本概念和语言。
- **ISO 9004:2009**——主要介绍如何快速有效地制定质量管理系统。
- **ISO 19011**——为质量管理系统的内外部审核提供指导。

这些被称为 ISO 9000 系列的标准,由 ISO 制定,以使各成员国的标准实现统一。商业全球化起了推动作用。欧盟旗下的欧洲经济一体化促使通用标准在整个世界范围内得到快速认可。这些标准的实施有助于消除国际贸易中因国家或企业标准不同而造成的非关税壁垒。因此 ISO 9000 将有利于推动国际贸易的发展。[13]

以下 8 种质量原则是 ISO 质量管理标准建立的基础[14]:

原则 1:顾客导向——组织的存在依赖于它们的顾客,因此它们应该了解顾客现在及未来的需求,满足顾客的要求,努力提供超出顾客期望的产品或服务。

原则 2:领导层——由领导层建立统一的企业发展目标和方向。他们应该创造并维护好内部环境,使员工完全参与组织目标的实现过程。

原则 3:员工参与——各级员工都是支撑组织的基础。只有他们积极参与,他们的能力才能为组织创造利益。

原则 4:流程化管理——对各项活动及相关资源进行流程化管理才能更为有效地获得预期结果。

原则 5:系统化管理——系统地认识、了解和管理那些相互关联的流程,有助于组织快速有效地实现目标。

原则 6:持续改进——持续改进整体绩效应该是组织的长久目标。

原则 7:基于事实的决策——有效决策都是以数据和信息分析为基础的。

原则 8:互惠互利的供应商关系——组织与其供应商相互依赖、互惠互利可增强双方创造价值的能力。

采用 ISO 标准(ISO 9001 或 ISO 14009)的组织一般希望得到独立第三方的认证,证明其符合这一标准的相关要求。ISO 规定:"认证(certification)需要独立机构提供书面保证(证书),证明审核中的产品、服务或系统符合特定要求。"在北美地区通常采用登记(registration)一词,而非认证。

ISO 标准的基本要求是企业以书面文件记录其行为,并如实加以履行,时常审查其流程,并在必要时进行修正。

最初,服务业企业对 ISO 9000 标准并不感兴趣,因为这些标准主要针对工业品而制定。然而,迫于竞争压力,越来越多的服务组织也开始采用这些标准并寻求认证。尽管 ISO 9000 标准倾向于制造业,而且在某些方面也不太适用于服务业企业,但还是可以为其所用的。

波多里奇卓越绩效项目

马尔科姆·波多里奇国家质量奖是依据国际公法 100—107 条创立,于 1987 年 8 月 20 日签署为法律。2010 年,此项目被重新命名为波多里奇卓越绩效项目,以反映质量领域实现的突破,即将战略重点从产品、服务、顾客质量领域转移到更为广泛的组织质量领域。[15]同时,这一奖项促成了新的公私合营模式的出现。项目资金主要来源于马尔科姆·波多里奇国家质量奖基金会,该基金会成立于1988年。NIST在ASQ协助下对这一基金项目进行管理。

波多里奇项目

- 进一步认识卓越绩效在推动美国及全球经济发展过程中的重要性;
- 提供组织评价方法和标准;
- 帮助企业、学校、医疗组织、政府以及非营利组织的领导层认识一流组织的质量实践;
- 表彰国家楷模,为他们颁发卓越绩效总统奖。

使命

为提高美国各组织机构的竞争力和绩效以造福美国人民,波多里奇卓越绩效项目以顾客为导向,在联邦变革中起到推进作用,表现在以下几个方面:

- 制定和宣传评估标准;
- 管理马尔科姆·波多里奇国家质量奖;
- 提升卓越绩效;
- 引领全球学习与分享成功的战略和绩效实践、原则及方法论。

愿景

成为经济各个领域实现卓越绩效的合作伙伴。

核心价值

- 为顾客提供一致的积极体验;
- 尊重员工,向员工授权;
- 思考与行动要符合伦理;
- 围绕战略进行思考与行动。[16]

最初,马尔科姆·波多里奇国家质量奖(MBNQA)仅颁发给制造业、服务业和小型企业这三类营利性组织,而针对每类组织最多设两个奖项。但在此基础上,奖项范围进一步扩展,涵盖了医疗保健机构与教育组织(1999年),以及非营利/政府组织(2005年)。

现针对每类组织可设立三个奖项。

波多里奇奖对很多美国企业、政府以及私人非营利组织产生了积极影响。参与奖项的组织极大地提高了生产率、改善了员工关系、增加了市场份额,并增强了营利能力。该项目所提倡的合理准则与标准有助于企业建立相关系统、流程和管理理念,以向顾客提供优质的产品和服务。美国各州根据波多里奇标准创建了它们自己的质量奖励计划。除一般服务业企业外,奖项范围还扩展至非营利和营利性教育机构以及保健服务机构,这为服务组织创造了更多改善服务的机会,同时,通过采用波多里奇标准并角逐奖项,为顾客创造了更多价值。

12.8 强化服务质量

在本书中已多次强调维护顾客关系的重要性,这涉及顾客忠诚度的问题。本节将讨论服务组织为获得顾客忠诚度以及加强质量工作而应采取的两项措施。

服务补救

即使是最好的服务组织偶尔也会经历失败。导致服务失败的原因有很多,如员工缺乏经验或行为粗鲁、设备损坏、电力系统故障、航班取消、供应商供货延期等。无论服务组织是否负有相关责任,它们都必须采取必要措施解决问题,并进行服务补救。如果无法弥补,服务组织也应尽力减少因此给顾客带来的不便。

服务失败可能发生在服务交付过程中,对于管理者和服务提供者来说,有些显而易见,有些却很难发现。顾客可能在接受服务之后才开始抱怨,这时,管理人员才注意到服务存在问题。无论何时发现服务问题,服务组织都应迅速果断地采取行动解决问题,尽可能做到令顾客满意。如无法达到以上要求,也就意味着将面临第二次服务交付失败,可能导致顾客流失。快速解决问题并令顾客满意通常意味着可以赢得与顾客的长期业务关系。

应该将顾客投诉视为赢得顾客忠诚度的机会,有证据表明服务失败问题如果处理得当,往往可以赢得更多忠诚的顾客。UPS 前主席兼首席运营官肯特·C. 尼尔逊(Kent C. Nelson)依据该公司努力进行服务补救的经历得出了同样的结论:

> 在我们的顾客中,有一位是好几家中西部银行的董事长……他酷爱收藏地图。他拥有许多稀有而又珍贵的地图,并收集那些会随时间增值的地图。不久前,他想把一张模切月球表面地图发给 9 位曾经在月球行走过的宇航员,让他们在其所登陆的地点上签名。数月过去了,在拉斯维加斯获得尼尔·阿姆斯特朗的签名后,他收集到了所有签名。此时,该地图独一无二,价值连城。
>
> 获得所有签名的地图需要从拉斯维加斯传送给银行家,该项任务由 UPS 公司承担。但是地图却在运输途中丢失了。得知消息后,银行家异常难过。对此我们也感到非常尴尬。
>
> 公司的一位顾客服务管理人员认为,复制一张地图是令顾客满意的唯一方式。随后,他购买了一张硬模冲切月面地图,并将它依次发给了 9 位宇航员所在地的市场经理。几周后,每位宇航员都在地图上签好了名,之后地图被派送给了银行家。他感到非常开心,也非常满意。事实上,同原地图正常到达其手中相比,我们弥补错误并派送另一张地图,更令银行家感到满意。[17]

服务失误补救程序并不会自动开启,企业必须对此进行充分的准备。Hart、Heskett 和 Sasser 推荐采用以下方法。[18]

1. **度量损失**——在此,格言"被度量才能被管理"可谓一大原则。服务失败对顾客和服务组织均会造成损失。顾客所遭受的损失包括用于写信或打电话的时间和金钱,以及他们所感受的苦恼情绪;而服务组织必须向顾客支付退款或再次提供服务,在一些极端情况下,它们甚至会被告上法庭,并可能因此承担惩罚性赔偿,但它们最大的损失是将永远失去这位顾客。大部分管理人员低估了服务失败所可能造成的损失。当他们真正意识到损失的严重性时,他们才可能重视相关预防措施。

2. **打破沉默，聆听顾客心声**——大家都知道存在这种情况：许多顾客即便对产品或服务感到不满意，他们也不会投诉，研究者发现可能的原因有：
- 不值得为此浪费时间和精力；
- 即便是投诉了，也不会有人关心或积极采取行动解决我的问题；
- 不知道向哪个部门投诉，或不知道投诉流程。

毫无疑问，如果服务组织不知道出现服务失败的问题，它们一定不会做出任何反应。因此，非常重要的一点是，应鼓励顾客将对服务的不满表达出来。聆听顾客意见的途径很多，一些服务组织专门开通了800电话来处理顾客问题和投诉，其他服务组织则为顾客的建议设立奖励。发现服务问题的途径还包括定期调查、焦点小组访谈，以及拜访已失去的顾客。此外，互联网是服务组织用来挖掘顾客褒贬意见的又一途径，许多在网上销售的企业都会将来自顾客对其产品或服务的评价公之于众。

3. **预测服务补救的需求**——了解服务及服务交付系统的管理人员能够预测在哪个环节可能出现问题，并提前制订补救方案。在第8章中曾建议将服务流程及服务交付系统绘成一张蓝图，在图上将服务失败以"点"的形式进行标注。针对每一潜在的服务问题，必须制订好解决计划和步骤，并根据这些步骤对员工进行培训。

4. **迅速行动**——在发生服务失败的情况下能够迅速改变不利局面的服务组织会给顾客留下深刻印象，并使其忘掉刚才的不快。如果经历漫长拖拉的处理流程和数周的等待，即使事情最终得到妥善解决，也无法使顾客轻易忘记此次失败的服务。

5. **培训员工**——如果处理投诉的员工没有做好应付突发性服务失败的准备，便无法有效地进行服务补救。相关准备工作包括培训及授权。实现有效补救的必要条件是，员工知道该如何应付各类服务失败事件，并有权立即采取补救措施。培训内容应包括培养良好的沟通技巧、创造性思维、快速决策的能力，以及顾客意识等。最有效的培训方法是情景模拟和角色扮演。

6. **向一线员工授权**——只有员工被赋予相关权力，他们才能迅速果断地进行服务补救。如果每次在处理顾客投诉时，员工还需要查规范手册并寻求管理人员的授权，就既不能实现快速补救，当然也无法令顾客满意。此外，员工解决顾客问题的热情也会随之消减。由于担心员工会"把整个店铺都送人"，企业制定了许多规则制度，限制员工权力。但训练有素、受到激励的员工一般是不会出现上述情况的，而如果问题得不到解决，企业就很有可能失去顾客。

7. **圆满解决问题**——要彻底处理好补救问题和投诉。如果确实无法解决问题，则必须向顾客解释清楚。如果投诉导致服务和/或服务交付系统发生变化，顾客有权知悉。此外，为了圆满解决问题，还可以向顾客征求建议，并让顾客知道企业根据其建议所做出的努力。

服务保证

服务保证，尤其是无条件服务保证，是服务组织提升形象和品质的有效途径。对于组织而言，服务保证大多会涉及财务问题。如果企业未能按承诺提供服务，便会立即遭受经济损失，如顾客要求退款等。这使得企业难以承受劣质服务所造成的损失。[19]因此，通过正确履行服务保证，组织将专注于提供优质服务。目前只有少数服务企业提供无条件服务保证，但鉴于竞争压力以及提供服务保证的优势，未来这样的企业会越来越多。Christopher Hart[20]提出了实施服务保证的五大原因：

1. **促使企业关注顾客**——对顾客不需要或不重视的东西提供保证是没有任何意义的，甚至会起到反作用。因此,服务组织首先需要确定顾客的服务需求。

2. 确保企业设立明确的标准——只有明确的服务保证才是有意义的,例如 FedEx 绝对承诺"务必在 10:30 前交付",这一明确承诺促使企业向员工清楚地传达顾客的服务期望,这样他们才知道努力的目标。

3. 能赢得更多的顾客反馈——如果组织未能向顾客提供满意的服务,正如前一小节所提到的那样,其可能无法从顾客那里了解到这一点。除了前些章节所给出的理由外,还存在以下原因:服务是无形的,顾客在投诉时通常不能提供相关证据,而且大多数对服务标准也一无所知(花 45 分钟的时间等待一份比萨是长是短)。因此,如果顾客不投诉,服务组织也就得不到任何反馈。当服务出现问题时,服务保证能为服务组织创造更多向顾客了解问题的机会。这些反馈信息以及顾客退款为质量改进提供了非常宝贵的数据支持。

4. 强制企业了解服务失败的原因——服务失败与其造成的损失会迫使管理层在服务及服务交付系统的设计和/或员工的选择及培训等方面寻找问题的原因。发现并解决问题才是提高服务质量的最好方式。

5. 有利于企业增强市场营销能力——如果能正确履行服务保证,企业既能维护现有顾客,又能吸引新顾客,尤其是那些顾客不太了解的服务项目,如汽车维修,通过提供服务保证,可以给大多数顾客吃下"定心丸",也使他们有充分的理由选择该服务组织。

提供服务保证的另一优势是使顾客与服务提供者之间实现平等关系。由于服务的无形性,因此如果没有亲身经历,大多数人很难对其进行评估,更有甚者在接受服务之后,也未能做出评估。因此,顾客有时会觉得他们在与服务组织的关系中处于不利地位。服务保证能起到平衡双方关系的作用,有助于体现企业的公平性。[21]

为获得以上优势,服务组织所提供的服务保证必须满足以下五个条件[22]:

1. 无条件性——有条件限制的保证会失去影响力,对顾客也毫无吸引力。最好的服务保证往往是无条件的。例如,美国户外用品品牌"L. L. Bean"无条件地保证顾客 100% 满意,其位于缅因州弗里波特市的零售商近乎提供终极保证。顾客可以随时要求退货退款、赊购或换货(表 12-1)。

表 12-1　L. L. Bean 保证宣言[23]

永久保证
我们的产品保证在各方面使顾客 100% 满意。对于您购买的任何产品,如感到不满意,可以随时退货。我们不会让您拥有不完全满意的 L. L. Bean 产品。

2. 便于理解和传达——不像法律文件,服务保证的内容应措辞简单,便于顾客理解。例如,应表述为"10:30 交货,否则退款",而不是"及时交付",保证的内容不能存在任何疑问。

3. 有意义——服务保证必须就重要的事情向顾客做出承诺。"无误差银行对账单"应该要比"月末前寄送对账单"的承诺更有意义。同时,服务保证的意义还应体现在经济方面。如果承诺顾客在对产品不满意时可申请赔偿,赔付金额应该按照服务成本以及给顾客造成的不便进行计算。

4. 便于履行——如果在履行服务保证的过程中,顾客需要经历诸多环节,其结果是这样的保证将变得毫无意义,只会使顾客原本已不悦的情绪变本加厉,甚至感到气愤。

5. 易获得赔款——在履行某项服务保证时,不宜让顾客等太长的时间,或去不同的部门领取赔偿款。最好的赔偿方式是当场支付,如情况允许,可采取自动支付方式。

12.9 总结

服务质量与顾客满意密切相关。满意是顾客对优质服务可能产生的一种感知结果。卓越的品质能带来更高的顾客忠诚度和员工忠诚度、更大的市场份额、更高的投资回报,以及更低的生产成本,同时,价格竞争对企业的冲击也随之降低。以上任何一条理由都足以说服企业积极寻求质量突破及持续改进。

在本章中我们讨论了多种质量定义,并指出每种定义不仅代表了不同组织职能部门的观点,同时也非常有利于我们理解质量的内涵及其相关问题。

每一种质量定义,尽管都有其意义,但均不足以指导有关顾客满意的管理实践工作。管理人员需要去了解质量对于顾客意味着什么,又有哪些顾客可感知的特性构成了服务质量。换而言之,管理人员必须掌握质量的维度。我们回顾了多种定义服务质量维度的方法。可靠性、响应性、保证性、体贴性以及有形性是一整套可适用于大多数服务领域的通用质量维度,而针对某一特定服务,需要引入其他维度才能更好地理解其质量内涵。差距模型是指导管理人员提供高质量服务的又一方法。该模型基于顾客依据质量的五个维度所做的预期与实际服务感受的差异,将服务质量概念化。

质量的实现不仅仅是应用某种特定方法或技巧,而是需要改变管理理念和企业文化。20 世纪 80、90 年代,"全面质量管理"应运而生,迎合了美国制造及服务组织的需要。其准则形成了一种全新的管理方法,而它的实现需要管理人员及企业员工长期不懈的努力。

即使是最好的服务组织,偶尔也会遭遇服务交付失败问题。如果问题很快得到解决,大多数顾客都会原谅服务组织的过失。事实上,有些服务组织通过成功进行服务补救,赢得了终身顾客。每一个服务组织都应设立服务补救系统,并培训员工应对服务过程中的突发事件。

越来越多的服务组织向顾客提供无条件的服务保证。在本章最后一节中,我们探讨了服务组织提供服务保证的原因,以及有效服务保证的特点。

问题讨论

1. 讨论服务组织追求卓越品质的理由。
2. 卓越品质的服务感受是如何在价格战中增强组织的抵御能力的?
3. 对戴维·加文的八个服务质量维度的应用进行讨论。
4. 描述差距模型中的五种服务质量维度。
5. 你是否同意"可靠性"是其中最重要的质量服务维度? 请说明原因。
6. 讨论消除差距模型中第一种差距的可能途径。
7. 讨论消除差距模型中第二种差距的可能途径。
8. 讨论消除差距模型中第三种差距的可能途径。
9. 讨论消除差距模型中第四种差距的可能途径。
10. 顾客满意是"全面质量管理"理念的基础。你是否同意这种观点? 理由是什么?
11. 为什么在"全面质量管理"理念中,领导层的作用如此重要?
12. "基于事实的管理"作为全面质量管理原则之一,意味着什么?
13. 为什么服务补救如此重要? 服务组织该如何针对服务失败问题做相应的准备工作?
14. 为什么服务组织需要提供服务保证? 这样做是否对所有服务组织均是合理的?
15. 讨论有效服务保证的特点。

尾注

1. Albert N. Link and John T. Scott, "Planning Report 11-2, Economic Evaluation of the Baldrige Performance Excellence Program," National Institute of Standards, U.S. Department of Commerce (December 16, 2011).

2. 关于这五种观点的讨论改编自：David A. Garvin, *Managing Quality* (New York, NY: The Free Press, 1988), pp. 40–46.

3. David A. Garvin, "Competing on the Eight Dimensions of Quality," *Harvard Business Review* (November–December 1987), pp. 101–109.

4. 关于这五种维度的讨论改编自： Valarie A. Zeithaml, A. Parasuraman, and Leonard L. Berry, *Delivering Quality Service: Balancing Customer Perceptions and Expectations* (New York, NY: The Free Press, 1990), pp. 15–33.

5. 可参见，例如：Emin Babakus and Gregory W. Boller, "An Empirical Assessment of the SERVQUAL Scale," *Journal of Business Research*, Vol. 24 (May 1992), pp. 253–268; James M. Carman, "Consumer Perceptions of Service Quality: An Assessment of the SERVQUAL Dimensions," *Journal of Retailing*, Vol. 66 (Spring 1990), pp. 33–35; and Gerhard Mels, Christo Boshoff, and Deon Nel, "The Dimensions of Service Quality: The Original European Perspective Revisited," *The Service Industries Journal*, Vol. 17, No. 1 (January 1997), pp. 173–189.

6. Penny Lunt, "Just What, Exactly, Is Quality Service?" *ABA Banking Journal* (June 1992), pp. 78–81.

7. Richard L. Oliver, "A Conceptual Model of Service Quality and Service Satisfaction: Compatible Goals, Different Concepts," in T. A. Swartz, D. E. Bowen, and S. W. Brown, (Eds.) *Advances in Services Marketing and Management: Research and Practice* (Greenwich, Connecticut: JAI Press Inc.), Vol. 2, 1993, pp. 65–-85.

8. Christopher H. Lovelock, *Services Marketing*, Fourth Edition (Upper Saddle River, NJ: Prentice-Hall, 2001), p. 364. Also see Christopher H. Lovelock and Jochen Wirtz, *Services Marketing*, Seventh Edition (Upper Saddle River, NJ: Prentice-Hall, 2011), p. 408.

9. 可参见，例如：Cengiz Haksever, Ronald G. Cook, and Radha Chaganti, "Applicability of the Gaps Model to Service Quality in Small Firms," *Journal of Small Business Strategy*, Vol. 8, No. 1 (Spring 1997), pp. 49–66.

10. 关于 SERVQUAL 应用和评价的综述可参见：Riadh Ladhari, "A Review of Twenty Years of SERVQUAL Research," *International Journal of Quality and Service Sciences*, Vol. 1 No. 2 (2009), pp. 172–198.

11. 这里关于差距模型的讨论改编自：Valarie A. Zeithaml, A. Parasuraman, and Leonard L. Berry, *Delivering Quality Service: Balancing Customer Perceptions and Expectations* (New York, NY: The Free Press, 1990), pp. 51–133.

12. About ISO: http://www.iso.org/iso/iso_9000/ (08/09/2012).

13. Donald W. Marquardt, "Background and Development of ISO 9000 Standards," in Robert W. Peach (Ed.), *The ISO 9000 Handbook*, Third Edition (Chicago, Irwin, 1997), pp. 9–30.

14. 本部分包含了以下文件的部分内容：ISO's Quality Management Principles, http://www.iso.org/iso/qmp_2012.pdf (08/09/2012).

15. Wikipedia, "Malcolm Baldrige National Quality Award," http://en.wikipedia.org/wiki/Malcolm_Baldrige_National_Quality_Award (08/10/2012).

16. http://www.nist.gov/baldrige/about/index.cfm (08/09/2012).

17. Kent C. Nelson, "Quality in a Service Organization: Beyond Grand Gestures," Executive Speeches (August–September 1995), pp. 11–14.

18. Christopher W. L. Hart, James L. Heskett, and W. Earl Sasser, "The Profitable Art of Service Recovery," *Harvard Business Review* (July–August 1990), pp. 148–156.

19. Christopher W. L. Hart, *Extraordinary Guarantees* (New York, NY: American Management Association, 1993), p. 17.

20. Christopher W. L. Hart, "The Power of Unconditional Service Guarantees," *Harvard Business Review* (July–August 1988), pp. 54–62.

21. Leonard L. Berry, A. Parasuraman and Valarie A. Zeithaml, "Improving Service Quality in America: Lessons Learned," *Academy of Management Executive*, Vol. 8, No. 2 (1994), pp. 32–52.

22. 该标准改编自：C. W. L. Hart, "The Power of Unconditional Service Guarantees."

23. From L. L. Bean company website: http://www.llbean.com/customerService/aboutLLBean/company_values.html?nav=s1-ln (08/10/2012).

第12章附录 全面质量管理的工具与技术

S12.1 引言

实施全面质量管理(TQM)需要管理层全力以赴和长期努力。在第12章中我们提到实施全面质量管理没有秘诀或"正确的方法"。每个组织必须建立一个自己的模型来满足组织需求和战略需要。然而,有一些有效的工具和技术可以帮助我们成功实施全面质量管理。本附录主要介绍一些广泛使用的工具与技术。

S12.2 计划、试验、研究和施行(PDSA)戴明环

全面质量管理过程的概念基础是**休哈特**(Shewhart)环或者 **PDSA**(plan-do-study-act)戴明环,如图 S12-1 所示。

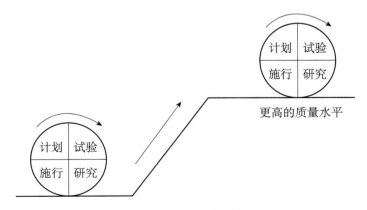

图 S12-1　PDSA 戴明环

计划:该过程的第一步是收集数据,研究需要解决的问题或需要改善的流程。这需要深入地理解问题的本质。接下来,制订一个解决问题或改善现状的计划。然后设定目标,制定对成功进

行衡量的标准。

试验：在实验环境中或者小规模（比如，在某一分支机构或组织的一个单元中）实施该计划。收集实施结果的数据。

研究：评估数据，根据衡量标准对结果进行评价，确定目标是否实现。

施行：如果小规模试验获得了理想的结果，接下来就可以将解决方案和实施步骤标准化。如果结果不能满足标准，就得修改计划，重复以上过程。如果计划成功，新一轮的改进会在成为新标准的更高水平上继续进行。戴明环是循环连续的。

S12.3 全面质量管理的工具

多年来有很多简单有效的图表工具被开发出来，用来在制造业中提高产品的质量。大多数工具简单直观，适合每个人学习和使用。这些工具在服务业中同样有效。它们简单、灵活的特性深受欢迎。这一节我们主要介绍七种工具，有时被人称为"七大利器"。

直方图

直方图是一种用来进行数据汇总的图形工具。大量的数据集可以汇总成频率分布，利于揭示数据的模式、中心趋势和波动，以便后续处理。构造直方图的变量数据可以来自频率分布，或者对于属性数据（如投诉类型），也可以来自检查单。图 S12-2 是不同航空公司在航班起飞前对飞机进行清洁耗时的直方图。从图中我们可以看出 A 公司的波动小于 B 公司。原因可能有：

- A 公司的装备更先进；
- A 公司的员工接受了更为系统的培训；
- A 公司的工作步骤更有效；
- A 公司提供更少的服务；
- A 公司提供的航线更少。

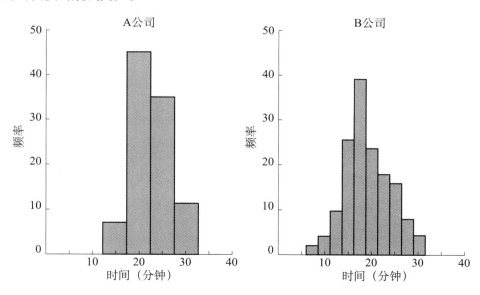

图 S12-2 两个航空公司清洁飞机的耗时

现在我们发现 B 公司存在服务波动的问题，于是就可以通过因果图来调查可能的原因，或者用检查单来收集更多的数据。

作业图

作业图由有向线段连接的图形符号构成。作业图用来表示组织中的活动、操作、任务、材料流动、数据/信息流、人员流动、逻辑流或指挥流的顺序。该工具可以用来设计、描述服务和流程。第8章提到的服务蓝图就是作业图的一个例子。作业图有多种多样的形式,最常用的一种是流程作业图。这些作业图有助于提高服务质量,因为它们可以帮助我们更好地理解我们想要改进的流程。

对于将输入转化为产品或服务的系统,流程作业图是主要的开发和描述工具。该工具提供了两种重要信息:(1)服务系统中材料、信息或人员的活动情况;(2)流程之间的关联。关系是指流程活动的先后次序,哪个在前,哪个平行,哪个在后。

对于流程作业图而言,有五个标准的图形符号用来描述过程,即操作、流动、检查、存储和延迟,如图S12-3所示。该图可以追踪产品、顾客或信息的流动。图S12-4是一个抵押贷款申请和审批的流程作业图。在这个例子中,图形描述了某顾客的信息流与文件流。

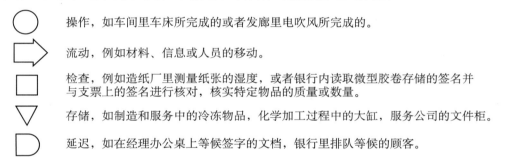

图 S12-3　流程作业图的符号

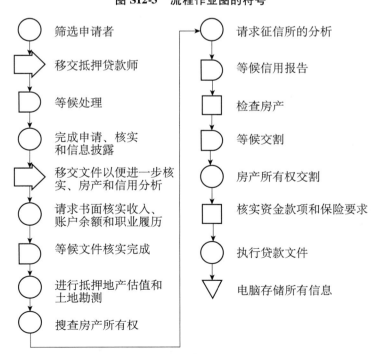

图 S12-4　抵押贷款申请和审批的流程作业图

流程作业图包括了顾客或物品流动距离的数据、处理顾客或物品的时间、顾客或物品等候服务的时间。这些信息有助于管理者分析流程的效率。通过流程作业图,哪些任务可以去掉,哪些任务可以合并,哪些需要重排或简化,都一目了然。流程作业图经常会叠加在设备平面图上,帮助改善设施布局和消除瓶颈。

检查单

检查单是一个收集关于问题和投诉数据的工具。该表可以使数据的收集和汇总变得简单。表 S12-1 是一个用来收集比萨外送服务投诉情况的检查单。该表也包含了一天的假设性数据。这个例子中接下来的自然步骤可以是构造下面将要提到的帕累托图。

表 S12-1 比萨外送服务投诉情况的检查单

星期	时间	递送太慢	比萨凉了	馅料错误	尺寸错误	火候不够	烤过火了	总计
星期一	16:00—17:00			///	/	////		9
	17:00—18:00	/	//	/		////	/	5
	18:00—19:00	////	/	///		////		12
	19:00—20:00	//		/		//		5
	20:00—21:00			//				2
	21:00—22:00							0
	22:00—23:00	///		//	/	////		11
	总计	11	3	12	2	15	1	44

帕累托图

帕累托图是有序的直方图,可以将影响某情形的主要因素和其他次要因素分离开来。直方图的矩形柱从最高到最低由左至右依次排列。纵坐标表示频率或相对频率(百分比)。图 S12-5 是表 S12-1 中例子的帕累托图,显示每种类型的投诉次数(可由表 S12-1 中每列的总计获得)。其中我们可以看到出现最多的投诉,同时也是最严重的问题,就是比萨的火候不够,接下来是馅料错误和送达时间。其他的抱怨相比于这三个来说,不是那么重要。这个事实通过代表投诉频率的直方图的排序就可以看出来了。质量改进团队应该首先解决最严重的问题。

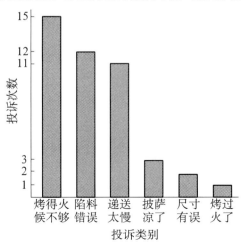

图 S12-5 有关比萨外送服务投诉的帕累托图

散点图

散点图可以用来快速发现两个变量之间的关系。比如,质量改进团队想要知道比萨火候不够的投诉次数与订单数量的关系。这时就可以将每日订单数量表示在横轴,投诉数量表示在纵轴。如果散点图显示变量之间存在关系,就可以用回归方法来建立正式的模型(参见图 S12-6)。

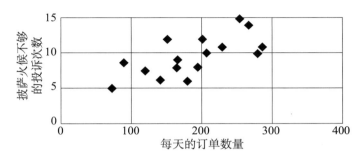

图 S12-6　比萨外送服务投诉情况的散点图

因果图

因果图是日本的质量专家 Kaoru Ishikawa 开发的,也被称为**鱼骨图**。该工具可以有效帮助质量改进团队找到问题的原因所在。因果图有一条中心线,或者叫作脊椎,箭头指向效果或问题,几个连接中心线的主要分支表示原因。大多数质量问题的原因可以进行归类,比如人为因素、设备因素、方法因素、材料因素、过程因素,以及环境因素,一些与问题相关的特定原因类别也可能用到。接下来通常是头脑风暴环节,这时可以识别出每个大类中可能的子因素以及子因素的子因素。在该环节的最后,图中的每个条目都要被检验,如果不是导致问题的原因,就会被排除。剩下的原因会被进一步检验,如果确实存在该因素与结果之间的关系,质量改进的工作就是要直接消除这些因素。作为示例,图 S12-7 是一个确定航空旅客不满意的原因时用的因果图。

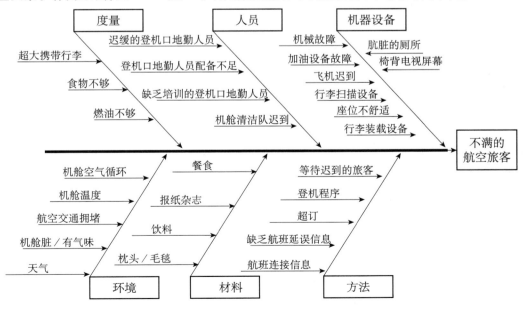

图 S12-7　理解航空旅客投诉的因果图

控制图

控制图是用来随时监控制造或服务流程表现的统计图形工具。由于它注重流程,因此也叫作**流程控制图**。控制图有一条中心线,以及两条表示上下限的直线。中心线表示流程的长期平均值。上下限控制线的设定使得任何超出限制范围的数据采样可能意味着过程失控或表现不佳。如果数据点落在两条限制线之内,我们就可以认为过程在统计意义上控制良好或者表现良好。控制图是质量持续改进的重要工具之一。基于这个原因,我们将在下一部分详细介绍这个工具。

S12.4　流程控制图

在许多情况下,服务的生产与消费同时发生,这就使得服务提供者很少有机会在将服务提供给顾客之前检测或检查服务的质量,这也是为什么本书(特别是第 8 章)一直在强调服务设计和服务交付系统的重要性。在第 8 章和许多其他场合中,服务人员在实现质量和顾客满意中的关键角色被反复强调。实现服务的质量和顾客满意是不同的;它必须从服务和服务交付系统的设计开始,同时要选择和雇用适合的员工。雇用适合的员工只是步骤之一,你必须要让员工接受必要的培训,做好充分的准备,给他们授权来为顾客提供优质的服务。

所有这些都使得服务组织在服务质量和顾客满意上有相当大的提升。然而,在技术方面为完成这些努力还有更多的工作需要做。许多服务都包括与制造业中类似的活动和流程,比如银行支票清算工作,准备和邮寄银行对账单,在快餐店里烹饪和搭配套餐,在医学实验室里对血样进行检测,处理保险索赔,航空旅客的登机与离机。这些流程(不是所有的),一般发生在后台,远离顾客视线。不论这些流程在哪里发生,它们都是服务交付系统中至关重要的环节,没有它们就无法保证服务质量。

由于它们在性质上类似于制造业活动,这些活动与流程的输出可以被测量、标准化,以及控制。流程控制图可以在这种情况下有效地监测它们是否符合标准。服务的输出数据可能包括三种类型:

- 测量数据:比如服务时间或等候服务时间。
- 百分比数据:比如产品损坏比率或顾客投诉比例。
- 计数数据:比如报告中排印错误的数量或保险理赔中错误的数量。

第一种类型用在输出数据是一个变量的时候(服务流程的可测量特征),其他两种类型可以在输出数据是一个属性的时候(服务绩效中可能有也可能没有的特征)运用。在这一节中,我们会讨论每种数据类型的控制图。

通常,所有流程都有一定程度的波动。一个处于可控状态的控制图表示对服务流程结果的随时采样数据的波动大多数都是随机的,是由正常原因造成的。在构造控制图的过程中,需要少量的服务样本的平均值(通常如五个账户或顾客,或者一日内的平均值),而不是单个服务接触数据。单个服务数据可能会有极不规则的波动,从而使得趋势难以察觉。控制图的目的在于帮助我们识别自然的(随机的)波动与异常的波动。**随机波动**几乎会在一定程度上影响每个服务流程,这也是意料之中的。只要输出保持在一定的范围之内,波动就可以被容忍。

服务过程中的**异常波动**可能是由一些具体原因造成的。设备失调、员工疲劳、员工未经训练,或者新的操作程序,都是异常波动的典型来源。控制图有助于识别问题的出现,帮助员工找到出现问题的地方。

变量控制图

有两种控制图,一种是样本平均值($\bar{X}$)控制图,另一种是范围(R)控制图,这两种控制图可以监控那些可以用连续变量描述的流程。比如,控制图可能监控顾客接受服务的时间或顾客等候服务的时间。$\bar{X}$控制图告诉我们平均服务时间或平均等待时间是否出现了显著的变化。R控制图告诉我们服务时间或等待时间的波动情况。这两种控制图常常结合在一起来监控流程变量。

$\bar{X}$控制图

$\bar{X}$控制图的理论基础是**中心极限定理**。概括地说,这个理论表明不论总体如何分布,当样本数量增大的时候,$\bar{X}$们(总体中不同样本的平均值)总是趋于遵循正态分布。就算样本数 n 很小(比如说 4 个或 5 个),平均值仍然大致服从正态分布。除此之外,当所有样本数为 n 的可能样本组合都被采用过,或当采样重复了很多次时,还有:(1)$\bar{X}$ 的平均值 $\bar{\bar{X}}$ 等于总体平均值 μ;(2)样本的标准差 $\sigma_{\bar{x}}$ 等于总体标准差 σ_x 除以样本数 n 的平方根,换句话说,

$$\bar{\bar{X}} = \mu$$

$$\sigma_{\bar{x}} = \frac{\sigma_x}{\sqrt{n}} \tag{S12.1}$$

图 S12-8 显示了总体的三种可能分布,每一种都有其平均值 μ 和标准差 σ_x。如果一系列样本数为 n 的随机样本从某种分布的总体抽出,得到一系列均值($\bar{X}_1$,$\bar{X}_2$,$\bar{X}_3$,$\bar{X}_4$,等等),那么 $\bar{X}_i$ 的分布就如图 S12-8 下方的图所示。因为这是一个正态分布,因此我们可以说如果过程中只有随机波动,那么

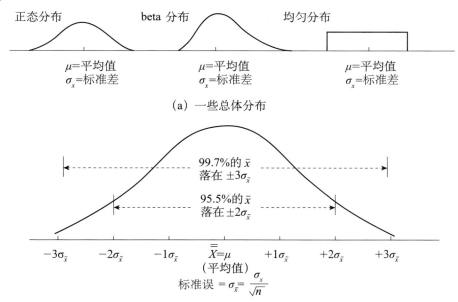

图 S12-8 总体分布和采样分布

1. 样本平均值落在 $\pm 3\sigma_{\bar{x}}$ 的可能性为 99.7%。
2. 样本平均值落在 $\pm 2\sigma_{\bar{x}}$ 的可能性为 95.5%。

换句话说,如果控制图的点落在 $\pm 3\sigma_{\bar{x}}$ 之外,那么我们有 99.7% 的把握说流程发生了改变。相似地,如果控制图的点落在 $\pm 2\sigma_{\bar{x}}$ 之外,那么我们有 95.5% 的把握说流程发生了改变。这就是控制图背后的原理。

在实践中,服务流程的标准差可能很难被确定,但是可以借助服务流程的**范围**(range)来估计。范围就是一组样本中测量的最高值与最低值之间的差距。

$\bar{X}$ 控制图就是流程中样本数据的均值图。$\bar{\bar{X}}$ 是 25—50 个样本平均值的均值。设定 $\bar{X}$ 控制图的上下限时可以用到以下公式:

$$\text{UCL}_{\bar{x}} = \bar{\bar{X}} + A_2 \bar{R}$$
$$\text{LCL}_{\bar{x}} = \bar{\bar{X}} - A_2 \bar{R}$$

这里,

$\bar{\bar{X}}$ 表示样本均值的平均值;

$\bar{R}$ 表示样本范围的平均值。

A_2 是与样本大小相关的常量因子(见表 S12-2);

$\text{UCL}_{\bar{x}}$ 表示均值上限;

$\text{LCL}_{\bar{x}}$ 表示均值下限;

$A_2 \bar{R}$ 表示 $3\sigma_{\bar{x}}$ 的估值。

表 S12-2 控制上下限常量因子

样本数量 n	A_2(均值因子)	D_3(范围上限因子)	D_4(范围下限因子)
2	1.880	3.267	0
3	1.023	2.574	0
4	0.729	2.282	0
5	0.577	2.114	0
6	0.483	2.004	0
7	0.419	1.924	0.076
8	0.373	1.864	0.136
9	0.337	1.816	0.184
10	0.308	1.777	0.223
11	0.285	1.744	0.256
12	0.266	1.717	0.283
13	0.249	1.693	0.307
14	0.235	1.672	0.328
15	0.223	1.653	0.347
20	0.180	1.585	0.415
25	0.153	1.541	0.459

R 控制图

除了关注流程的平均值,管理者还关心流程的波动情况。即使平均值控制良好,波动情况却可能未必如此。该控制图背后的理论与 $\bar{X}$ 控制图相同。仍是以 3 个标准差的上下偏离作为范围平均值 $\bar{R}$ 的界限。在一些简单的假设基础上,我们可以将范围的控制上下限用以下公式表示:

$$\text{UCL}_R = D_4 \bar{R}$$
$$\text{LCL}_R = D_3 \bar{R}$$

这里,

UCL_R 表示范围的控制上限;

LCL_R 表示范围的控制下限;

D_3 和 D_4 的取值如表 S12-2 所示。

邮购业务案例:一项邮购业务想要测量操作员通过电话接受顾客订单的应答时间。下面列举了 5 个样本的数据,每个样本包括 4 个顾客订单样本。我们构建 3 个标准差的 $\bar{X}$ 控制图和 R 控制图,用以确定是否存在失控的点。

样本号	观测值				样本均值 $\bar{X}$	样本范围 R
1	5	3	6	10	24/4 = 6	10 − 3 = 7
2	7	5	3	5	20/4 = 5	7 − 3 = 4
3	1	8	3	12	24/4 = 6	12 − 1 = 11
4	7	6	2	1	16/4 = 4	7 − 1 = 6
5	3	15	6	12	36/4 = 9	15 − 3 = 12
					$\Sigma \bar{X} = 30$	$\Sigma_R = 40$

$$\bar{X} = 30/5 = 6$$
$$\bar{R} = 40/5 = 8$$
$$\text{UCL}_{\bar{x}} = 6 = 0.729(8) = 11.832$$
$$\text{LCL}_{\bar{x}} = 6 - 0.729(8) = 0.168$$

图 S12-9 是 $\bar{X}$ 控制图。

$$\text{UCL}_R = 2.282(8) = 18.256$$
$$\text{LCL}_R = 0(8) = 0$$

图 S12-10 是 R 控制图。

在两幅图中,我们发现没有失控的点。操作员的服务时间都在合理的范围内。

是否还有用于衡量此流程的服务质量的其他变量呢?

属性控制图

当我们想要根据样本属性将样本分为有缺陷和无缺陷两类的时候,我们是无法使用 $\bar{X}$ 控制图和 R 控制图的。测量缺陷需要进行计数(例如一批灯泡中坏灯泡的个数,或者多少记录输入有

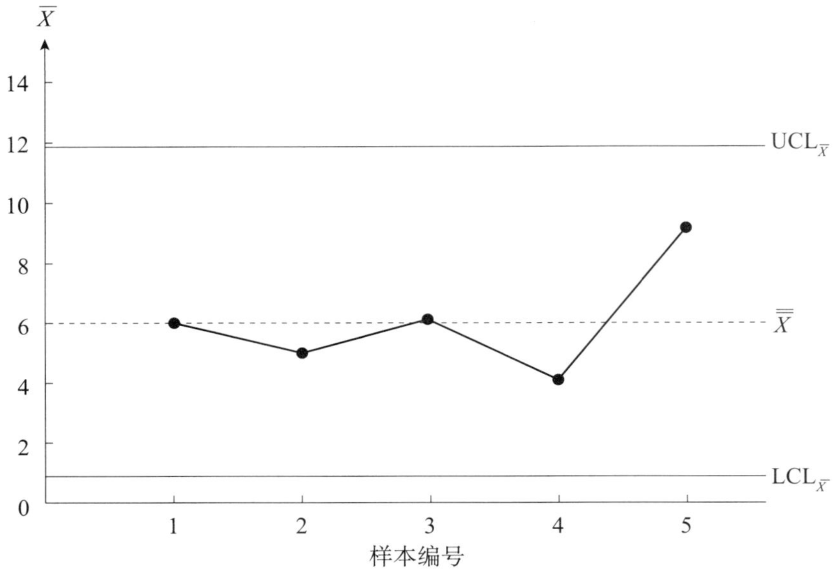

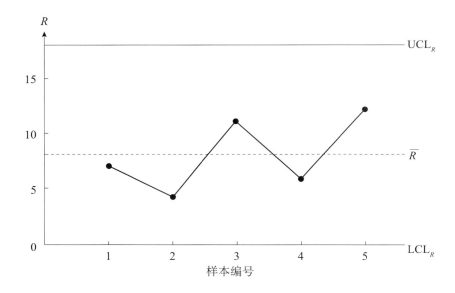

图 S12-9 操作员反应时间 $\bar{X}$ 图

图 S12-10 操作员反应时间 R 图

误),然而连续变量一般都是测量长度、体积、重量、时间。属性控制图有两种:测量样本**缺陷率**的叫作 **p 控制图**,测量样本**缺陷数**的叫作 **c 控制图**。

p 控制图

p 控制图主要用来控制属性。尽管属性的好坏遵从二项分布,但当样本数量很大的时候可以用正态分布来计算 p 控制图的上下限。这个过程类似于 $\bar{X}$ 控制图的方法,其原理也是中心极限定理。p 控制图上下限的公式如下：

$$\text{UCL}_{\hat{p}} = \bar{p} + Z\sigma_{\hat{p}} \quad (S12.2)$$

$$\text{LCL}_{\hat{p}} = \bar{p} - Z\sigma_{\hat{p}} \quad (S12.3)$$

这里，

$\bar{p}$ 是样本缺陷率均值；

Z 是偏离因子，表示偏离几个标准差（$Z=2$ 对应 95.5% 的控制线，$Z=3$ 对应 99.7%）；

$\sigma_{\hat{p}}$ 是样本缺陷率 $\hat{p}$ 分布的标准差，$\sigma_{\hat{p}} = \sqrt{\dfrac{\bar{p}(1-\bar{p})}{n}}$； $\quad(S12.4)$

$\hat{p}_i$ = 样本 i 中的缺陷数量／样本 i 中的观测数量；

$\bar{p} = \dfrac{\sum_{i=1}^{m} \hat{p}_i}{m}$ 或 $\bar{p}$ = 总缺陷数／总观测数，这里，n 是样本大小，m 是样本的个数。

p 控制图举例：ARCO 公司有 20 个数据员，利用数据库软件包每天录入成百上千的保险记录。一个样本由记录员录入的 100 份记录构成，每个员工的样本都被仔细检查是否含有录入错误。每个样本的错误率如表 S12-3 所示。我们将用 p 控制图来绘制错误率，并且设定正常波动控制范围包含录入过程中 99.7% 的随机波动（$Z=3$）。

表 S12-3 数据录入错误

样本编号	错误记录	缺陷率	样本编号	错误记录	缺陷率
1	6	0.06	11	6	0.06
2	5	0.05	12	1	0.01
3	0	0.00	13	8	0.08
4	1	0.01	14	7	0.07
5	4	0.04	15	5	0.05
6	2	0.02	16	4	0.04
7	5	0.05	17	11	0.11
8	3	0.03	18	3	0.03
9	3	0.03	19	0	0.00
10	2	0.02	20	4	0.04
			总计	80	

$$\bar{p} = \text{总错误数／总检查数} = 80/(100 \times 20) = 0.04$$

$$n = \text{样本大小} = 100$$

$$m = \text{样本数} = 20$$

$$\sigma_{\hat{p}} = \sqrt{\dfrac{\bar{p}(1-\bar{p})}{n}} \cong \sqrt{\dfrac{0.04 \times (1-0.04)}{100}} \cong 0.02$$

$$\text{UCL}_{\hat{p}} = \bar{p} + Z\sigma_{\hat{p}} = 0.04 + 3 \times 0.02 \cong 0.10$$

$$\text{LCL}_{\hat{p}} = \bar{p} - Z\sigma_{\hat{p}} = 0.04 - 3 \times 0.02 \cong -0.02 \text{ 或 } 0（因为我们不接受负的百分比）\quad (S12.5)$$

图 S12-11 显示了控制上下限和错误率。我们发现只有第 17 个样本是失控的。这个公司可能要仔细检查员工的工作是否存在严重的错误。另外,调查一下员工 3 和员工 19 的工作习惯也是很有意义的。他们没有犯错是因为效率太低还是技术超群?

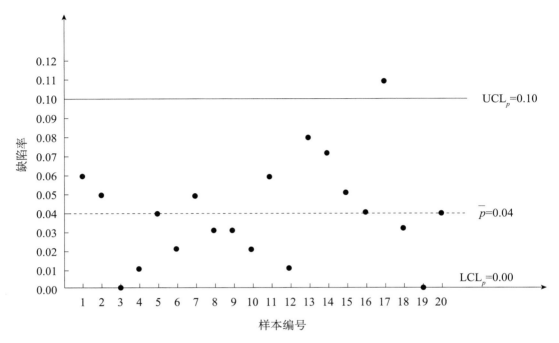

图 S12-11 数据输入的 p 控制图示例

c 控制图

在上一个例子中,我们统计数据库数据录入错误的总数。一个有缺陷的记录就是不完全正确的记录(即含有一个或多个错误或者缺陷)。然而一个坏记录可能包括多于一个缺陷。因此我们利用 c 控制图来控制每单位产出的缺陷数(在例子中为每个记录的缺陷数)。

缺陷的控制图可以帮助我们监控存在大量潜在错误可能的流程,但是实际上发生错误的概率相对很小。这些缺陷可能是报纸的排印错误、桌面上的瑕疵,或者是忘记在汉堡包上加入腌菜等。因此,我们关注一个观测单位(或一个测量单位)上的错误,比如,一个页面上的排印错误,一个餐桌上的瑕疵,一个车体上的刮痕等。有少许缺陷一般不会导致整个产品出问题;新车上有少量的刮痕并不能说明这是辆有缺陷的车,这些刮痕可以很容易地被修理好。

c 控制图的基础是**泊松分布**,它的方差和均值相等。因为 $\bar{c}$ 表示每个单位的缺陷数均值,所以 $\sqrt{\bar{c}}$ 表示标准差。c 控制图的上下限公式为:

$$\text{UCL}_c = \bar{c} + Z\sqrt{\bar{c}}$$
$$\text{LCL}_c = \bar{c} - Z\sqrt{\bar{c}} \tag{S12.6}$$

要计算 99.7% 的控制范围,那么取 $Z=3$ 代入上面的公式即可。

$$\text{UCL}_c = \bar{c} + 3\sqrt{\bar{c}}$$

$$\text{LCL}_c = \bar{c} - 3\sqrt{\bar{c}}$$

c 控制图举例：Red Top Cab 公司每天都会接到来自顾客关于其司机行为的投诉。在 9 天(一个测量单位)里,接到投诉的数量为:3,0,8,9,6,7,4,9,8,共计 54 个。为了计算 99.7% 的控制范围,发现平均抱怨数为:

$$\bar{c} = 54/9 = 6/\text{天}$$

因此

$$\text{UCL}_c = \bar{c} + 3\sqrt{\bar{c}} = 6 + 3\sqrt{6} = 6 + 3 \times 2.45 = 6 + 7.35 = 13.35$$

$$\text{LCL}_c = \bar{c} - 3\sqrt{\bar{c}} = 6 - 3\sqrt{6} = 6 - 3 \times 2.45 = 6 - 7.35 = -1.35 \text{ 或 } 0$$

把汇总这些数据的控制图张贴在司机衣帽间的显著位置之后,投诉电话的数量减少到每天 3 个。你能解释这是为什么吗?

控制图的解释

我们之前提到过,当样本数据点,比如样本平均值,落在控制范围内,那么流程被认为在统计意义上处于可控状态,就是说这些偏离均值的波动是由普通或自然原因造成的。当点落到控制范围外时,就说明流程可能出现失控,需要进一步调查失控原因。然而,这不是唯一需要调查的情况。点也可能落在控制范围内,但是如果与其他情况不同,不是一种随机分布,也可能说明流程中存在问题。因此,过程控制图需要检查这两种情况。图 S12-12 举了一些控制图模式的例子。

利用 POM for Windows 的 SPC 功能

POM for Window 带有用于质量控制的模块,可以计算和绘制本附录介绍的 SPC 控制图。图 S12-13 展示的是利用 POM for Windows 绘制 ARCO 公司数据录入错误例子的控制图。除了完成 p 控制图的相关计算输出,POM for Windows 还可以绘制单独的控制图,如图 S12-13 下半部分所示。图 S12-14 展现了另一个例子,包括 c 控制图和其他有关 Red Top Cab 公司问题的样本信息。

S12.5 总结

本附录主要讨论了质量和持续改进最常用到的工具和技术。大多数质量改进项目都是基于计划—试验—研究—施行的戴明环。解决质量问题和改进现有系统,有多种工具可以使用,人称"七大利器"。这些简单直观的画图工具非常容易学习和操作;它们能够有效地发现质量问题。我们特别详细探讨了这些工具中的过程控制图,因为它在服务方面的应用十分广泛。

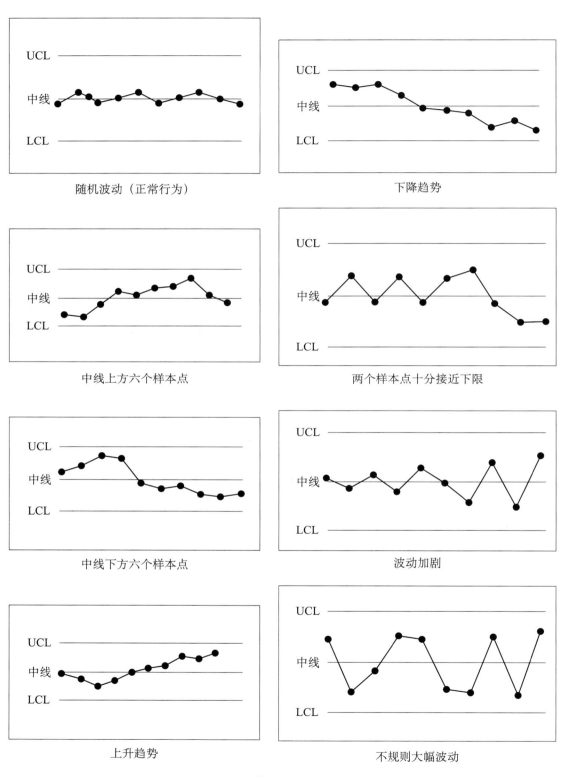

图 S12-12　控制图中应注意的模式

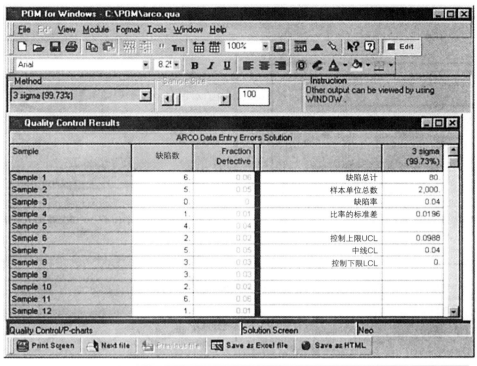

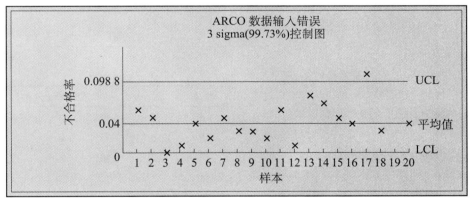

图 S12-13　用 POM for Windows 得到 ARCO 公司数据录入错误例子的输出

过程控制图是一种质量控制技术,用来发现流程中异常的产出波动情况。$\bar{X}$ 控制图和 R 控制图一起使用可以测量流程中的中心趋势和波动变化情况。流程中获得的样本缺陷率可以通过 p 控制图监控,而缺陷数则可以通过 c 控制图来监控。

服务员工可以在服务工作流程中取样并记录相应的数据,例如出错数量或者顾客满意率,来监控自己所提供的服务质量。如果数据点落在事先规定的控制范围之外,或者出现异常的模式,就需要调查产生问题的原因。

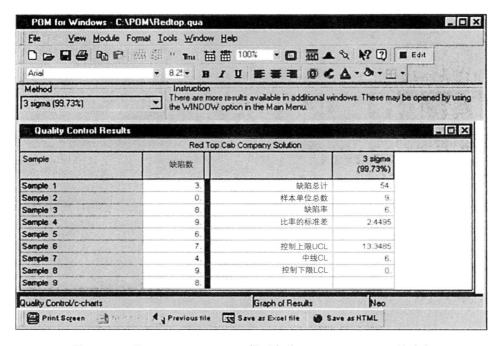

图 S12-14　用 POM for Windows 得到有关 Red Top Cab 公司的输出

习题

S12.1　市议会已经要求当地警察局调查公民要求警察服务响应慢的问题。警察局随机抽样了在过去 3 个月内调度员每周日志中的 5 个电话的响应时间。使用以下数据,制定警察响应时间的 $3\sigma \bar{X}$ 控制图和 R 控制图。然后根据你的发现编制一份报告给市议会。你能想到你的报告所依据的数据的任何可能的问题吗?还有哪些其他质量控制技术可能会对解决该问题有所帮助?

样本	响应时间(分钟)				
1	4	12	63	10	20
2	30	8	16	5	26
3	53	32	10	15	24
4	5	2	17	20	9
5	18	25	4	7	10
6	6	5	10	30	5
7	8	4	27	12	10

续表

样本	响应时间(分钟)				
8	4	16	6	42	16
9	8	33	15	6	13
10	10	20	27	23	5
11	17	32	4	42	27
12	12	5	16	20	50

S12.2　镇上一家人气很高的餐厅每日记录了每个客户到达餐厅(也就是当他们被邀请入座)时以及每个客户离开(也就是当他们付了账单)时的时间,并记录在相应的票据上。随后,这些票据被放置在大鱼碗形容器中,且一周每晚随机抽取 5 个客户"在餐厅的时间"的样本。使用以下提供的上一周的数据,制定顾客在餐厅的时间的 $3\sigma \bar{X}$ 控制图和 R 控制图。评论该结果。该餐厅如何使用这些信息来控制其服务的质量?

样本	在餐厅的时间（分钟）				
1	20	35	62	43	75
2	50	38	72	92	24
3	44	36	75	54	25
4	90	48	32	71	46
5	27	52	17	68	39
6	54	39	49	35	65
7	79	53	65	72	90

S12.3 一家建在市区的医院正尝试通过为其病人和他们的亲属提供积极的体验来改善其形象。"形象"项目的一部分包括提供美味、诱人且健康的病人膳食。在提供每顿饭菜时附上一份调查问卷，询问病人对包括饮食在内的各方面是否满意。过去 7 天对抽取的 100 名病人的调查得出以下数据：

天	不满意的病人数量	抽样总数
1	24	100
2	22	100
3	8	100
4	15	100
5	10	100
6	26	100
7	17	100

构造一个 p 控制图，其中显示对食物不满意的病人的百分比。设置控制限制，以包含 99.7% 的用餐满意度的随机变化。评论你的结果。

S12.4 为监控巡逻车辆和其他警察资源的分配情况，当地警察局收集了各城市分区的犯罪率数据。该城市分为 10 个分区，每个分区有 1 000 名居民。各分区上个月报告的犯罪事件的数量如下：

分区	犯罪事件
1	6
2	25
3	5
4	11
5	20

续表

分区	犯罪事件
6	17
7	10
8	22
9	7
10	33

构造一个 p 控制图，按分区显示犯罪率。设置控制限制，以包含 99.7% 的犯罪率随机变化。是否有哪个分区的犯罪率失去控制？你对警察资源的重新分配有什么建议？还有哪些其他信息可能有助于你的分析？

S12.5 学校董事会计划今年评估全国五所小学二年级学生的新数学课程。各小学标准数学考试学生分数的样本如下：

学校	考试错误数量
A	52
B	27
C	35
D	44
E	55

构造考试错误数量的 c 控制图，并设置控制限以包含 99.7% 的考试分数的随机变化。该图告诉你什么？新的数学课程有效吗？二年级的学生是否应该继续学习下一级别的数学课程？

S12.6 每日随机监控 100 个 IRS"顾客"的电话咨询，并记录有不正确信息或其他不合格情况（例如对顾客无礼）的事件。上周的数据为：

天	不合格情况的数量
1	5
2	10
3	23
4	20
5	15

构造不合格情况的 3 个标准偏差的 c 控制图。该控制图告诉你有关 IRS 电话操作员的什么情况？

第 13 章 服务生产率与绩效度量

13.1 引言

在发达国家,管理者所面临的最严峻的挑战是提高知识和服务工人的生产率。这是在未来数十年内管理学领域的一个主要挑战,也将从根本上决定企业的竞争表现,尤为重要的是,这一挑战将决定每个工业化国家的社会结构和生活质量。[1]

这是管理思想家彼得·F. 德鲁克在《哈佛商业评论》上的一篇文章的开篇词。一些研究者和管理实践者也许不同意德鲁克教授有关服务生产率对社会有如此广泛影响的观点。但是,即便不是全部,至少大多数研究者和管理实践者都会同意,提高生产率尤其是服务生产率,的确是公共政策的制定者和管理者所面临的最重要的问题之一。

本章关注生产率这一重要主题(尤其是服务生产率),以及在服务组织中作为绩效度量的效率。本章首先讲述了生产率的简要背景,接着探讨为何提高生产率对于国家和各公立或私营组织的福利如此重要。本章同样讨论了如何才能提高服务生产率。最后,本章对测量服务组织效率的一个有效工具——数据包络分析,展开简要讨论。

13.2 关于生产率的简要背景

生产率代表产出(产品、服务或结果)与投入之间的关系。它是一个指标,用来度量一个组织多好地把投入(例如资源)转化为产出。这个组织可能生产产品或服务,或者是生产各种产品和服务的国家经济总体。因此,生产率的概念可以被应用于一个经济体、一个行业(例如航空工业)、一个特定的组织,或这些经济单元中的任一运作项目。

生产率

生产率被定义为产出与投入的比率:

$$生产率 = 产出/投入$$

这一比率中的组成元素可以采用它们的自然物理单位,例如60英寸电视机的生产数量和生产这些电视机的劳动时间。无论分子代表的是产品还是服务,必须仅包含那些质量合格的产出。换言之,后来被发现有缺陷的产品,或者由于初次不够满意而不得不重复的服务,不应被包含在产出中。

生产率可以对单一的产出和投入进行计算,也可以对多个产出和投入进行计算。大多数组织生产不止一种产出,并且使用多种投入。产出通常用不同的单位来度量,因此它们必须被转化成统一的单位。相似地,当投入的种类超过一种时,它们也必须被转化成统一的单位,通常是以美元做单位。在实际运用中,产出和投入都是以被赋予权重的数字指标来计算的。[2]

单一投入的生产率比率被称作**部分生产率**,例如,总体产出量被劳动时间,或资本,或能耗的千瓦时数,或任何相关的投入数量所除。以劳动生产率为例来说,它表示每单位劳动时间所生产的产出数量。应当注意的是,不要把这一结果完全归因于劳动投入,因为同样需要其他投入来生产一单位产品或提供一项服务。

多要素生产率或全要素生产率的度量是有用的,因为这对评估所有相关投入的使用所造成的结果是重要的。全要素生产率是全部产出对全部投入的比率。很显然,全要素生产率指标提供更多的信息。它提供了关于多种投入之间如何权衡取舍的信息,并且使得高层管理者能够做出更周全的决策。[3] 全要素生产率的提高,代表着在一种或多种投入上取得了节省。劳动生产率的变化,不仅反映了劳动效率的改变,也反映出其他投入(例如资本)对于劳动的替代效应。换言之,劳动生产率的提高,可能是由于更高效或节省人力的机器的使用,这就是资本对劳动力的替代。因为全要素生产率的度量包括了全部的投入,所以投入的所有变化都体现了。

效率

一个相关的概念是效率。尽管生产率和效率有时互相替换使用,但二者是不同的概念。正如之前提到的,一个经济单元的生产率是它的产出与生产这些产出所使用的投入之间的比率。而效率意味着一个最优结果、一个事先选定的目标或最好的实践的实现程度。

效率可以用一个流程所获得的产出与所使用投入的最大可能产出之间的比率来度量。作为另一种选择,效率也可以用生产目标产出所需的最小投入与实际投入之间的比率来度量。也可能设定绩效目标,例如产出量、成本、收益或利润,并衡量一个经济单元的绩效相对这些目标的表现。[4] 尽管生产率的度量理论上可以是任何非负数,效率却是用百分比来表示的,并且不能超过1。而且,经济单元的生产率可以进行比较,即便它们采用不同的技术。但是,只有在经济单元使用相似的技术和投入来生产相似的产出时,效率的比较才是有意义的。

13.3 生产率为何重要?

生产率作为一个数字并不是非常有意义,除非从时间的角度加以考虑。换言之,只有考虑生产率在定期的时间段中变化时,它才是有意义的。当然,我们想要看到的变化是生产率的提高。同样,当两个相似的组织被比较时也是有意义和有用的。在这里,我们回顾一下生产率与几个经济和商业指标之间的关系。[5]

- **生活标准**——在国家层面上,劳动生产率是最常用的生产率度量方法。这一比率中的产出代表经济的私有部门所生产的全部产品和服务,投入代表在私有部门工作的小时数。劳动生产率被作为一个国家的生活标准指标来使用。生产率随时间的变化表明一个国家的生活标准是否提高了。

在长期,对于一国公民的福利而言,大概没有什么比生产率的稳步增长更为重要了。生产率的增长意味着,一国公民有更多的产品和服务可以消费。这同样也意味着,在其他一切条件相同时,这些产品和服务的价格会下降,因此总体而言全社会的处境都会更好。生产率的增长通常会导致工资的提高,尽管可能存在时滞。如果生产率的增长持续落后于其他国家,该国将经历一个相对低(尽管不是绝对低)的生活水平。

生产率提高的实际影响可以在长期被观察到。生产率每年的增长通常只限于几个百分点。然而,由于复利效应,它们的影响在长期会变得非常大。这一效应的例子可以在表13-1中看到,它展现了16个工业化国家在1870—1979年间生产率增长的估计值。

- **成本和竞争力**——生产率增长对一国在国际贸易中的竞争力有所贡献,这是由于它降低成本的效应。它对一个企业的成本也有同样的效应。

生产率的增长有助于减少价格上涨,即通货膨胀。

表13-1 工业化国家1870—1979年间的生产率增长:前十名 (单位:GDP/人·小时)

国家	实际人均GDP增长率(%)	实际GDP/人·小时增长率(%)
日本	1 653.0	2 480.0
瑞典	1 084.0	2 060.0
芬兰	1 016.0	1 710.0
法国	694.0	1 590.0
挪威	872.0	1 560.0
德国	1 396.0	1 510.0
奥地利	642.0	1 260.0
意大利	493.0	1 220.0
丹麦	650.0	1 090.0
美国	691.0	1 080.0

资料来源:改编自 William J. Baumol, Sue Anne Batey Blackman, and Edward N. Wolf, *Productivity and American Leadership: The Long View* (Cambridge, MA, MIT Press, 1989), p.13.

- **失业率**——生产率增长有时因为失业率增长而受到指责。确实,随着生产率的增长,短期内会有一些雇员从常规的雇佣岗位上被替换掉。然而,并没有证据表明,生产率增长会在长期导致失业。
- **社会事业**——生产率增长同样使得政府能够配置资源以抗击贫困,并供给养老、教育、艺术、环保或其他普遍惠及公民并对国家福利有贡献的事业。
- **资源节约**——随着一个经济体的增长,它产出更多的产品和服务。这或许意味着自然资源消耗的增加和环境负面影响的增强。但是,如果产出的增加是通过生产率的增长获得的,则更少的资源将被消耗,环境影响也会减弱。

13.4 回顾近期美国的生产率增长放缓

在 1966—1980 年间,美国经历了生产率增长的减速。1973 年后,增长放缓变得更加严重。举例来说,1950—1973 年间的年均生产率增长是 2.8%,1973—1979 年间的增长率仅仅是 0.9%。这一时期另一紧密相关的发展变化是,美国生产率的增长率不仅放缓了,而且落后于其他一些工业化国家,如日本、德国、瑞典、法国和意大利。如果这是持久性的,这样的差距或许意味着长期竞争力的缺失和生活标准的恶化。自然地,这些发展变化引起了商业领袖和公共政策制定者的担忧。但是人们随后便意识到,生产率增长放缓只是一个暂时的、短期的现象。[6] 换言之,长期来看,美国的生产率增长率并没有降至历史水平以下。另外,我们必须强调,这些发展变化的结果是给国民带来了痛苦,这样的后果是真实的,谁也无法保证美国的生产率或其增长率能一直维持历史水平。

已经确认的增速放缓的主要原因如下[7]:

- **资本形成率放缓**——1966 年,工厂和设备形式的资本形成率开始下降,更重要的是,人均资本的增长在 1973 年后放缓。平均而言,美国工人用于工作的设备变得更少。
- **劳动力的组成**——更多数量的女性加入劳动力中,年轻工人的相对占比也有所增加。这些新增的劳动力不如已经存在的劳动力经验丰富。然而,新加入劳动力的人群的总体教育水平更高,因此带来了积极的贡献。
- **研发投资减少**——据估计,生产率增长放缓大约有 10% 是由研发投资率的放缓导致的,研发能够产生节约成本的技术创新。
- **产出的构成**——产出的构成从制造业向服务业转变,前者的生产率相对增长较快,后者的生产率相对增长较慢。
- **能源的获得和成本**——很多研究者认为,自 20 世纪 70 年代早期开始,能源尤其是石油价格的显著上升,对生产率增长有负面影响。
- **政府管制**——一般而言,政府管制对生产率有负面影响,因为它们需要更多文案工作,使管理人员从他们的正常职责中分心,延长了新投资项目获得回报的时间,并且增加了未来的不确定性。
- **周期因素**——有些经济学家认为,1966—1980 年间的生产率增长放缓是由于商业周期。他们声称,生产率增长倾向于在一个经济扩张期的末尾和经济萧条时期衰减,但在经济扩张的早期会快速增加。

这些可能的原因已经在不同程度上被不同研究者发现的统计数据证据所支持。然而,还有其他的原因已经被提出用来解释问题中的现象,它们大多是基于一般性的观察和判断,这些解释包括:高层商业管理人员过度热衷于短期结果;管理奖励系统鼓励风险规避,而非鼓励创新,导致企业家精神的衰退;通货膨胀产生了不确定性,耗费了管理的时间和精力,并且增加了投资的成本;狭隘主义和保护主义风气的抬头,表现形式为对陷入财政困境中的本土企业的救助计划,二者都减少了迫使管理层更加高产和创新的压力;小企业的融资困难;工会的角色,包括对变化的抵制。[8]

13.5 提高生产率

生产率被许多因素所影响。在提高长期生产率的因素当中,首先是技术的发展,使得在产品和服务的生产中减少对劳动力的要求,或者增加产出而无需增加劳动力投入。另一个对提高生产率有着长期和短期意义的因素是生产活动的组织和管理。但是,这些的背后是基本价值和社会制度,它们关系到"工作态度、储蓄和投资意愿、乐意创新、敢冒风险、适应科技进步变化的精神……重点在于,一个民族和它的领导人的价值观念对技术进步率和其他直接影响生产率的力量具有重要影响"[9]。例如,在一个竞争性的私营企业环境中,企业有很强的动机提高生产率以求生存。在这种环境中,企业实施研发项目,进行创新,冒着风险尝试新的想法和技术,所有这些都可能提高生产率和营利性。中央和地方政府的行为也对企业的生产率具有显著影响。政府对研发和新技术投资的刺激最后通常会提高私营企业的生产率。

自然而然地,企业层面的生产率提高决定了国家层面上会发生什么。长期看来,组织可以通过引进新技术和对现有技术进行创新来提高生产率。它们同样能够从规模经济中获得生产率的提高。随着组织的发展,它们的生产资源,如机器、设备和劳动力,同样会在规模上有所扩大并倾向于专业化。产能的增长并不一定要求所有投入以同样比例增加。举例来说,当一个组织的产能增加25%时,并不一定需要会计部门的员工人数扩张相同的比例。设备和员工的专业化同样引起生产率的提高,因为专业化能带来产量的增加。

短期状况也影响生产率。周期性的、季节性的或不稳定的需求波动能够影响一个行业或一个组织的生产率。但是,组织可以通过采用更好的工作方法和更好的管理实践,在短期内取得显著的效率提升。总体来说,管理层和劳动者之间良好的关系以及双方都能接受的共同目标,可以为工作中生产率的提高创造合适的环境。对人力资源开发的投资一般对生产率的提高会有贡献。招募具备适当技能和态度的员工,付给他们有竞争力的工资,提供具有吸引力的福利,提供合适的培训和教育以帮助他们发挥最大潜能,激励他们做到最好,是能提高生产率的最有效的一些人力资源实践。团队合作和授权鼓励员工参与解决问题以及为生产方法的改进提出建议。对于改进生产流程和方法、消除浪费和缺陷,员工通常是创意的最好来源。

对制造业的生产率提高有贡献的另一个因素是开发和推出新产品。由于学习曲线效应,生产率在生产新产品的早期阶段比在晚期阶段提高得更快。[10]

概括起来,提高生产率在很大程度上取决于好的管理实践。对于以上列举的所有因素,除了文化和环境因素以及政府活动以外,其他都取决于管理行为。离开正确的管理方法和决策,将很难取得生产率的提高。

13.6 服务生产率

显然,对于公共政策制定者和企业管理者来说,提高生产率都是最重大的挑战之一,前者的决策影响到经济体的生产率表现,后者的决策影响到他们组织的生产率表现。而另一方面,服务又呈现出一个特殊的挑战。不仅提高服务生产率很难,度量和精确度量生产率同样也很难。本节首先简要回顾度量问题的一些原因,接着探讨为何服务生产率提高比制造业生产率提高得要慢,最后提出提高服务生产率的一些建议。

服务生产率的度量

回想一下,生产率被定义为产出与投入的比率。度量服务生产率最通常的方法是用累计劳动时间来除产出。劳动投入是生产给定产量所涉及的所有人的工作时间之和。尽管度量服务的劳动投入无论如何都不是一项容易的任务,但它是相对直截了当的。但是,度量某些服务的产出存在一些挑战。当我们尝试定义一项服务的产出时,困难就出现了。主要的问题有:(1)识别一个复杂的服务集中的元素;(2)在服务产出的各种表达形式之间做选择;(3)考虑服务过程中的消费者角色;(4)质量差异。[11]

1. 识别服务中的元素——许多服务是由一系列被联合生产出来的服务所构成的。要把这个服务集分解成各自独立的服务,即使并非完全不可能,通常也是困难的。例如,当一个顾客开立一个活期存款账户时,银行提供几种不同的服务。安全保管钱财、账目记录、支付(例如账单支付)等是联合产生的一些服务,也很难被分离开。

2. 服务产出的各种表达形式——第二个问题产生于服务的本质。服务是一种表现,当一项服务被实施时,通常没有物理上的证据或物理上的产出。由此造成的结果是,度量什么和如何度量成为一个令人苦恼的问题。举例来说,在医疗保健领域,对一家医院的合理产出度量应该是被治愈的病人数量,但这不是一个容易度量的产出,而且通常并不存在这样的数据。进一步来说,并非医院所做的一切都是为了治病,医院的一些活动是以保持病人的健康为目标的。医院的某些活动也许是为了诊断疾病,例如照 X 光片、实验室化验、CAT 扫描。在问题被诊断出来之后,治疗也许由另外的医疗护理提供者所实施。医院还有其他的一些活动,例如培训实习生和护士。由于这种困难,可以通过度量相关活动来间接度量某些服务的产出。例如,医院的产出可以采用病人住院天数的形式来表达。在银行业中,活期存款有时被视作银行产出(提供给顾客的保管、账目、支付服务)的一部分,有时也被视作银行的投入(它们是银行资金的一种来源)。

3. 考虑消费者角色——在很多服务的创造和提供过程中,顾客都是参与其中的。顾客参与对服务生产率的度量提出了至少三个挑战。首先,在某些服务中,顾客为服务提供了劳动力。这时或许很难把顾客对服务产出的贡献同服务组织的贡献分离开来。顾客提供的劳动力通常并不被包含在劳动力投入中,由此导致对劳动力投入的低估和对生产率的高估。也许有人会这样认为:因为顾客提供了部分劳动力,所以服务的价格将会下降,由此缓解了估计的问题。此外,缺乏经验的顾客可能会对服务效率产生负面影响。[12]

其次,服务产出可能取决于被服务的顾客数量。例如,航空公司的产出可以用乘客里程数来度量。但是在一个特定的航班上,乘客英里的数值取决于搭载乘客的数量。类似地,如果一支管弦乐队在一个空荡荡的音乐厅里演奏,就没有任何产出,因为没有消费者在听。

最后,许多服务的需求并不均匀并且很难预测,但服务组织必须保留它的设施,相关人员也必须待命。例如,即便在一天的特定时段需求很低,零售店也必须保持开门营业,即使它的销售人员在这个时段处于空闲状态。因此,非生产期间的设施和人员的待命也必须被包含在商店的产出中,因为其存在是为了顾客的方便。如果忽视了闲置时间和超额产能的必要性,可能导致错误的结论或决定。如果消防部门的生产率是用每个消防员扑灭的火灾数来度量的话,你能想象出这个部门的预算和人员会出现什么情况吗?

4. 质量差异——服务产出的无形性和非标准的本质使得质量度量很困难。例如,律师提供的法律服务通常会使用花在一个特定案件上的时间来衡量。但是,假如案件的结果是赢了这个案件,那么这一服务结果在很大程度上取决于这个律师的知识和技能,而非他花在案件上的时间。同样,消费者很难去判断某些服务的质量,因为他们不具备专业知识,正如通常在医疗和法律服务中那样。这一点再加上许多服务要求事先付款这一事实,可能导致对服务生产率的过高估计,因为低质量的服务也成为总体产出的一部分。最后,某些服务的产出质量可能取决于顾客及其行为。例如,假如一个学生不好好准备,也没有动力做必须完成的功课,那他在一门课程中将几乎什么也学不到,尽管老师本身是称职的。

服务生产率的缓慢增长

服务以难以提高生产率而著称。正如本章之前所讨论的,国民生产总值(gross national product, GNP)中服务业的占比提高已经被认为是生产率增长放缓的原因之一。但是,这一概括有可能产生误导,其实并非所有的服务都在生产率增长中停滞不前。William J. Baumol 教授指出,服务之间的差异太大,不能对它们进行这样笼统的概括,他提出根据对生产率增长的顺逆关系,将服务划分成三类:(1)停滞不前的个人服务;(2)不断进步的非个人服务;(3)渐近停滞的非个人服务。[13]

停滞不前的个人服务——这一分类中的服务本质上最抵制生产率提高的努力。一个极端的例子是莫扎特四重奏的演出,今天的演出与大约200年前一样,要求同样数量的音乐家和同样的演出时间。在不明显降低质量的情况下,任何提高生产率的努力都不能改变那些投入需求。其他一些不那么极端的例子也存在。一些停滞不前的服务是非标准的,并且不能大量提供,例如律师或医生提供的服务就落入这一范畴中。律师处理的每个案件都不一样,正如医生所看过的每个病人都不一样。一般情况下很难获得产出的增加或投入的减少,除非牺牲质量。这一类别中大多数服务的质量通常用服务提供者为客户或病人花费的时间来评判。

不断进步的非个人服务——这些服务处于图谱的另一个极端。它们并不一定需要顾客参与。在这些服务中,用资本替代劳动力是可能的,因此其中某些服务是可以自动完成的。通信领域是这类服务的一个例子。直到约50年前,大多数电话联系还要通过接线员的帮助。今天的电话呼叫是通过自动交换机来连接的。除非顾客要求接线员的帮助,否则,打电话时不需要与电话公司的人员进行接触。这一服务领域中生产率的提高是显著的。尽管电话呼叫技术始于开放线路传输,随后便向微波、同轴电缆和卫星传输发展,但与此同时成本在这些年是稳步下降的。

渐近停滞的非个人服务——这一类别所包含服务的特征是前两类的混合。该类服务最重要的一个方面是,在生命周期的早期阶段,它表现出不寻常的生产率增长和成本下降。这种服务的生产率增长是会自我消失的,最初的生产率增长越明显,可以期望它会越快地结束。计算和数据处理服务构成这一类别的好例子。这些服务要求两种主要投入:计算机硬件和软件。第一种组成成分是经济体中不断进步的部门的产品。如同大家所熟知的那样,电脑硬件的成本数十年来一直在持续下降,这主要是由于这一行业的技术发展和生产率提高。另一种成分——计算机软件是停滞部门的产品,成本在稳步上升。

另一个例子是电视节目的生产,比如情景喜剧和肥皂剧。这些节目的生产包含两个主要成分:第一个是创造这些节目,涉及写作、挑选演员、排练、真实表演和录音;第二个是节目的播出。第一个成分是停滞不前的成分,制作这些节目时很难取得生产率的提高。第二个成分是技术驱动的成分,随着对于广播技术的研究及其发展,这么多年来取得了生产率和质量上的显著改进。

大概这些服务最有趣的方面是,随着时间的推移,这两种成分的成本会怎样变化。通常不断进步的成分在开始时是昂贵的部分,但随着生产率的快速提高而变得越来越便宜;停滞成分的生产率改进很少或者没有,就会变得越来越贵。这有两个原因,其一是影响大多数产品和服务的通货膨胀,其二是当不断进步的成分由于生产率提高而投入量减少时,停滞部分的投入量并没有改变,或者减少得很少,因此停滞部分变得相对更贵。所以,即便没有通货膨胀,停滞服务成分也会变得相对更贵。

另一个有趣的事实是,不断进步的成分的生产率提高可能对总成本的贡献很快变得不那么显著。这是由于不断进步的成分在总成本中的占比不断缩小。最终停滞成分逐渐占据主导,服务呈现出停滞类别的特征。

提高服务的生产率

很明显,并非所有的服务都排斥提高生产率的努力,只有停滞不前的个人服务和逐渐变得停滞不前的渐近停滞服务向管理者提出了最严峻的挑战。但是,即便那些服务也会从技术进步的结果中受益,例如电脑和高级电信系统。这一节我们讨论提高服务生产率的一般方法。

正如本章之前讨论的,提高生产率在很大程度上取决于管理的决策和行为。更好的工作组织、高效的工作方法、管理层和雇员之间更好的关系、培训、团队合作和授权只是管理层能够采取的用于提高制造业组织和服务业组织的生产率的一些步骤。《哈佛商业评论》的一篇文章强调了这一点,它把对服务部门生产率缓慢增长的指责归于许多美国经理人的无效性和服务部门固有的复杂性。这篇文章的作者 Van Biema 和 Greenwald 指出,对这一论断的第一个有力证据是,制造业经理人承受的外部竞争压力导致生产率和质量的显著改善[14];第二个主要证据是,成功的服务企业与它们的竞争对手之间存在广泛而持久的绩效差异;第三,这篇文章的作者观察到,许多企业的生产率增长在持续期和速度方面都有很大的波动。他们认为,短期内的这种波动无法被通常引用的资本、劳动力和技术因素所解释,但肯定是由于管理层在不同时间对生产率的注意和疏忽。最后,"大多数进行融资收购的企业的成功……源于它们能把管理层的注意力集中到基本商业运作的效率上"。

那么管理者应该怎样做来提高服务工作的生产率呢?德鲁克采用一种宏观手段来提高生产率,并提出了一些能帮助管理者提高大多数服务的生产率的建议。[15]他观察到,服务业与制造业的一个重要区别在于,在制造业中,资本和节约劳动力的技术可以替代劳动力,因为资本和劳动力都是"生产要素",它们可以彼此替代。然而,在服务和知识工作中,它们是生产的"工具",有时能有时不能替代劳动力。这些工具被熟练运用的程度决定了它们对于提高服务生产率有多大帮助。因此,我们不能仅仅依靠资本和技术投资来提高服务的生产率。相反,我们必须学会"更聪明地工作",这意味着更卓有成效地工作,而非工作得更努力或时间更长。德鲁克推荐了如下几条建议来更聪明地工作:(1)定义任务;(2)以任务为工作中心;(3)定义绩效;(4)与员工形成合作关系;(5)使持续学习成为组织文化的一部分。

1. **定义任务**——我们首先要问一问我们为何要做所做的事。换言之,问一问:"任务是什么?我们努力想要完成什么?为什么要去做它?"我们可能经常发现,问题中的任务可以被简化,或者与其他任务相结合,或者被完全取消而不对结果(也就是消费者满意)造成负面影响。通过调查这些问题,我们可能发现,这项任务过去是因为某个原因而建立,但是很久以前那个原因就消失了或条件已经改变了,但管理者忘记了取消这项任务。

2. **以任务为工作中心**——许多服务中的员工都经常被要求完成很多不同的任务,其中有些对他们的主要职能是不必要的。从护士那里经常听到的抱怨提供了一个极好的例子。很多医院要求护士履行文书职员的职责,例如完成医疗保障、医疗援助、保险承保人、批价处、预防医疗事故诉讼的文案工作。这些职责对于护士来说是没有成效的工作,占据了她们大量的时间,让她们无法做本应做的工作(也就是护理病人)。可以雇用一个职员来完成文案工作,使护士专注于病人护理。这样一个简单的步骤应该能提高护士的生产率。这是许多的服务提供者的通病。为了避免这一问题,我们必须要问,"我们付这些钱是为了什么?这项工作应当带来什么价值?"

3. **定义绩效**——有时所有的服务被当作同质的一类来对待。服务的范围从研发、创造新知识、发明新产品到在快餐店煎汉堡。很显然,它们包含的任务具有很大的多样性,不同工作对技能、知识和培训的要求差异很大。每种服务的绩效标准都不一样,我们不能期望所有服务都对同一种提高生产率的方式做出积极响应。在某些服务中,例如研发,绩效取决于产出的质量,而非数量。举例来说,对于一个组织而言,一个在一年内生产出一种突破性产品的研发实验室,比一个生产几种山寨产品的实验室更有价值。换言之,这类服务包含"停滞不前的"服务。我们还不清楚在这类服务中是否存在效果一致优良的普适流程。因此,我们必须调查每个特定的领域,以确定到底怎样做才有效。

在其他一些服务中,数量可能是所需的产出。例如,每小时打扫的办公室数量或许是对一队托管服务雇员的合适度量。这些服务与制造业任务高度相似,因此可以最大限度地借鉴用于提高制造业生产率的方法。该类服务大多可以描述为"不断进步的",资本投资可以引起这类服务生产率的显著提高。

第三类包括那些质量和数量都能决定绩效的服务。大多数服务工作都落在这一类中,它们大多以"渐近停滞"作为特征。一个银行出纳的绩效可以用两种方式度量,可以用他轮班期间完成的业务量来度量,也可以用顾客满意度调查所体现出的工作质量来度量。如果对电脑和自动化系统进行投资,业务量就会增加。此外,顾客满意度可能完全取决于出纳的态度和他在顾客身上花费了多少时间。

在这些服务中,我们必须努力判断"什么起作用",并且将传统的运营管理和工业工程方法应用于类似制造业任务的方面来提升生产率。

4. **与员工形成合作关系**——管理者负责思考而员工负责完成命令的那些日子早就过去了。在弗雷德里克·泰罗(Frederick Taylor)发展出他的科学管理理论之前,甚至在那之后很长一段时间里,普通工人受到的教育和培训少得可怜,因此管理者告诉他们做什么,并密切控制他们。今天的员工受到的教育好得多,并且因为利用大众传媒和互联网而见多识广,尤其是在工业化国家。很多组织和管理者发现,员工可以成为改进质量和提高产量的宝贵建议的来源。本书之前讨论的团队合作、员工参与、授权都是为了好好利用这一宝贵来源,同时使得员工快乐和满意。目标必然是使质量、顾客满意和生产率成为员工和管理层的共同责任。20世纪80年代和90年代大多数成功的美国制造商的经历都表明,员工和管理层的合作伙伴关系是实现这些目标的最佳方式。德鲁克强调,对于知识和服务工作而言,那是唯一的方式。

5. **使持续学习成为组织文化的一部分**——技术发展的快速步伐、新产品的迅速引进、产品生命周期的缩短、新产品和服务复杂性的日益增加,使得持续学习成为管理者和员工生存的必要。学习应该包括教育和培训,二者对于寻求突破以及持续小步的生产率改进都是必需的。从本质上来说,一些服务工作是知识性工作,因此一个持续学习的文化或许很自然地进入那些组织,但是对于其他组织,必须战略性地加以培养。

13.7 用数据包络分析度量服务效率

一个能获得顾客高度满意的服务组织是一个创造效益的组织。而一个有效率的组织是一个花费最少资源进行产出生产的组织。效益和效率必须携手并进。在一个追求利润的组织中,离开效率的效益将逐步导致破产,或是利润低于正常水平,如果该组织无法为其服务收取足够的费用以覆盖成本的话。反过来,离开效益的效率将会导致丢失顾客群,该组织最后也会逐渐消亡。自然地,公共服务组织和一些非营利服务组织遵从不同的规则。然而我们可以假定,运营的效率和效益是所有服务组织的管理者所共享的双重目标。

数据包络分析的简要背景

度量效率、生产率或绩效的任何方面,是任何提高生产率的努力所必不可少的,这是由于,正如一句著名的谚语所说:"被度量才能被管理。"正如稍前提到的,生产率和效率是相关但不同的概念。生产率可以用产出与投入之比来度量,一个典型的服务组织可以构造出大量不同形式的部分或总体生产率。追踪这些比率随时间的变化,可以帮助一个组织确定生产率的改进。然而,当目标是比较一个服务组织内的相似单元时,比如一个大型银行的分行,比率也许不能提供所需信息。

有时主管想要知道的不仅是其组织内部的单元在绝对意义上表现如何,也想知道它们相互之间相对如何。同样,一些管理者想要将他们的组织与同一服务行业中的其他组织相比。在这种情况下,使用生产率也许是不可能的,因为并非所有的组织计算的比率都相同或都愿意与别人分享数据。同一组织内部相似单元的比较,或相似服务组织的比较,可以通过度量它们的相对效率来完成。数据包络分析(data envelopment analysis,DEA)是一种基于线性规划的管理科学技术,它就是为这类目的开发的。本节提供关于数据包络分析的简要背景介绍,将它作为度量服务组织相对技术效率的强有力的技术,同时这项技术也能帮助管理者识别他们组织中低效率的来源和数量,从而引导组织的绩效改进。

数据包络分析是由Charnes、Cooper和Rhodes一起开发的,是为了满足评估非营利组织效率的需要,在这些组织中,一些投入和产出无法用金钱单位度量,因此通常得不到绩效度量的"最终结果"。[16]数据包络分析的首次应用是在教育领域[17],但很快其他在公共和私营部门中的应用相继出现。

经济学里存在不同形式的效率概念,比如技术效率、规模效率和配置效率。如果组织的任一投入或产出都能在不使其他投入或产出变差的情况下得到提高,那么该组织就存在**技术效率**。**规模效率**与生产设施的规模有关,当厂商增加投入量时,如果平均产出(即每单位投入的产出)增加,这个厂商就是规模报酬递增的;如果平均产出减少,这个厂商就是规模报酬递减的;如果每单位投入的平均产出随着投入的增加而保持不变,那么就存在规模报酬不变。**配置效率**与投入的正确组合相关,该组合以最小成本为经济体提供产出,因此需要价格数据。

诸如银行分支、医院和学校这样把投入转变成产出的实体,在数据包络分析文献中被称作决策单元(decision-making units,DMU)。一个决策单元的管理人员拥有可供支配的投入,并且负责决定如何使用它们来生产想要的产出。每种效率以及总体效率都可以由多种数据包络分析模型来度量。那些有效率的决策单元定义了一个实证的效率前沿。在一些数据包络分析模型中,这一前沿呈分段线性,代表有效率的决策单元的点与点之间的连接线段表示高效运作的投入与产出的备选组合。根据分析所包含的决策单元数据,每个数据包络分析模型都决定一个不同的效率前沿。不在前沿上的决策单元决策单元是低效的,那些在前沿上的决策单元在一定条件下可能是高效的。

数据包络分析是一种实证方法。它使用来自决策单元绩效的实际数据,没有必要像计算生产率那样要把数据转变成统一的单位(例如美元)。所有投入和产出都能用它们的自然单位表达。例如,一个对 MBA 项目效率的研究,以 GMAT 成绩、用美元表示的学费、有工作经验的学生百分比和教师发表文献的数量作为投入度量,以毕业生起薪、毕业前已有工作的学生百分比和一个项目的质量指标作为产出度量。[18]

我们考虑一个简单的单一投入和单一产出的例子,来介绍一些与数据包络分析相关的基本概念。在这个例子中,我们有五个决策单元,它们使用相同类型的投入但使用量不同,它们生产相同类型的产出但产出量不同(参见图 13-1)。图中的实线是效率前沿,这是被 1、2、4、5 这些决策单元所定义的。决策单元在图中用 D_1—D_5 这些点来表示。

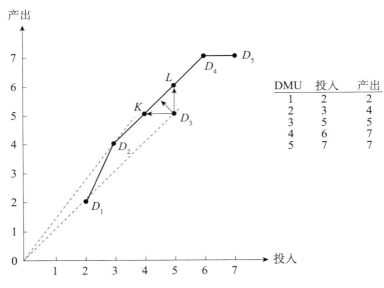

图 13-1 单一投入和单一产出例子中的效率前沿与评估

数据集中的所有决策单元,除了 DMU3 和 DMU5 之外,都是有效率的。正如图中所示,DMU5 有与 DMU4 相同的产出量,但是使用更多的投入,因此并非完全有效率。由此很明显地表明,处于效率前沿上是有效率的必要不充分条件。如果求解一个适当的数据包络分析模型,那么 DMU5 将有一个非零的投入"松弛"。同样可以从图中看出,DMU3 并不是有效率的,因为它不处于效率前沿上。

在这样的简单模型中,可以用产出量除以投入量来计算生产率。但正如前面所指出的,一个简单的比率可能会误导我们。注意,DMU1、DMU3、DMU5 都有相同的产出投入之比(即生产率),但是只有 DMU1 是有效率的。DMU3 表现出的低效率可以被改善:如果它能将投入使用量从 5 单位减至4单位而不降低产出量,由此移动到效率前沿的 K 点;或者把它的产出从5单位增至6单位而不增加投入量,由此移动到 L 点。或者可以把 DMU3 移动到效率前沿上点 K 和点 L 之间的连接线段上的任何一点,任何一个这样的移动,都将使 DMU3 变得有技术效率。

从图中同样可以观察到规模效率。考虑从原点到 D_1 的虚线斜率。从 D_1 到 D_2 的移动增加了斜率,意味着每一单位额外投入的平均产出增长得更快,因此暗示着规模报酬递增。最大的规模报酬在 D_2 点达到(即被 DMU2 达到)。从 D_2 到 D_4,射线的斜率减小,意味着每一单位额外投入的平均产出增长得更慢,或者说规模报酬递减。必须注意到,规模报酬特征仅须参考在效率前沿上的移动。规模报酬的概念被应用于 DMU3 时是有歧义的,DMU3 也显示出技术无效。[19] 如果 DMU3 能够提高效率并移动至效率前沿上的点 K 或点 L,或者之间的任一点,它就能变得技术有效,但是不会像 DMU2 那样规模有效。

数据包络分析的 CCR 比率模型

数据包络分析是对 M. J. Farrell 有关经济体或决策单元效率度量工作的拓展和概括。[20] Farrell 的工作集中于从实证数据中发展一种总括性的效率度量,但是局限于单一产出的情况。Charnes、Cooper 和 Rhodes 拓展至多投入和多产出的情况,并发展出用数学的规划方法来判断效率。原始的数据包络分析模型以它的创始人的名字来命名,被称为 CCR 比率模型,这里给出它的修正形式。[21] 这一模型的目标是决定权重值 u_r 和 v_i,使得被评估的决策单元被赋予最大可能的效率评级,需要满足的条件是,这些权重值适用于全部的决策单元,并且没有决策单元的效率评级超过 1。[22]

$$\underset{u,v}{\text{Max}}\, b_0 = \frac{\sum_{r=1}^{s} u_r y_{r0}}{\sum_{i=1}^{m} v_i x_{i0}} \tag{13.1}$$

满足条件:

$$\frac{\sum_{r=1}^{s} u_r y_{rj}}{\sum_{i=1}^{m} v_i x_{ij}} \leqslant 1 \quad j = 1, \cdots, n$$

$$\frac{u_r}{\sum_{i=1}^{m} v_i x_{i0}} \geqslant \varepsilon \quad r = 1, \cdots, s$$

$$\frac{v_i}{\sum_{i=1}^{m} v_i x_{i0}} \geqslant \varepsilon \quad i = 1, \cdots, m$$

其中,我们假设数据集中有 n 个决策单元,每个决策单元使用不同数量的 m 种投入,并生产不同数量的 s 种产出;y_{rj} 是第 j 个决策单元的第 r 个被观测的产出,x_{ij} 是第 j 个决策单元的第 i 个被观测的投入;u_r 和 v_i 分别是与第 r 个产出和第 i 个投入相联系的权重,它们作为数学模型的解,是需要被决定的。换言之,u_r 和 v_i 是这个模型中的变量。最后两个约束集中的常数 ε 是一个极小的数,它保证了所有被观测的投入和产出都被分配到正的权重。下角标 0 表示效率被度量的决策单元。目标函数代表 DMU_0 的效率,同样也是约束集的一部分。

CCR比率模型把工程或科学上的效率概念延伸至经济学上。这是通过在目标函数的分子中给出一个"虚拟的"产出、在分母中给出一个"虚拟的"投入完成的。模型的约束集保证权重选择不违背效率的工程原则,没有单元的效率超过1。因为模型的目标是找到u_r和v_i,使得DMU_0被赋予最高的效率评级,即从最好的角度刻画DMU_0。数据集中的任一决策单元都能重复这一过程。对于实际计算,以下被转换的线性规划(LP)形式可能会被用到。[23]

$$\text{Min } b_0 = \theta_0 - \varepsilon \left(\sum_{i=1}^{m} s_i^- + \sum_{r=1}^{s} s_r^+ \right) \quad (13.2.1)$$

满足条件:

$$\theta_0 x_{i0} - \sum_{j=1}^{n} x_{ij} \lambda_j - s_i^- = 0 \quad i = 1, 2, \cdots, m \quad (13.2.2)$$

$$\sum_{j=1}^{n} y_{rj} \lambda_j - s_r^+ = y_{r0} \quad r = 1, 2, \cdots, s \quad (13.2.3)$$

$$\lambda_j, s_i^-, s_r^+ \geq 0 \quad j = 1, 2, \cdots, n \quad (13.2.4)$$

其中,λ_j代表每个DMU_j转变后的变量u_r和v_i;s_i^-是投入约束的松弛变量,s_r^+是产出约束的松弛变量。

如果如下两个条件都被满足,DMU_0就是有效率的:

1. $\theta_0^* = 1.0$;
2. 所有松弛变量(也就是s_i^-和s_r^+)为0。

其中,*意味着最优值,θ_0^*代表DMU_0的相对技术效率($0 \leq \theta_0 \leq 1.0$)。但是要注意,$\theta_0^* = 1.0$并不一定意味着完全有效率。对于一个完全有效率的决策单元,以上两个条件必须同时满足。如果$\theta_0^* < 1.0$,DMU_0就不是有效率的,$\theta_0^* x_{i0} \leq \sigma x_{ij} \lambda_j$意味着有可能构造一个其他决策单元的组合,可以生产同样的产出却比DMU_0使用更少的投入(即$\theta_0^* x_{i0} < x_{i0}$),这意味着$DMU_0$对一种或多种投入的过多使用。如果任何投入松弛变量$s_i^{-*}$不为0,就意味着投入$i$可以被进一步减少与$s_i^{-*}$相等的量,而不改变其他投入或产出的量。为了确定使$DMU_0$有效率的投入和产出量,以下CCR投影公式可以被使用:

$$x_{i0}^* = \theta_0^* x_{i0} - s_i^{-*} \quad i = 1, 2, \cdots, m$$
$$y_{r0}^* = y_{r0} + s_r^{+*} \quad r = 1, 2, \cdots, s$$

其中,x_{i0}^*和y_{r0}^*分别是x_{i0}和y_{r0}投影后的投入和产出,这个投影将DMU_0置于效率前沿上。

案例:哥谭市第一银行在城市周边有6家分行,银行主管想要评估这些分行的效率。[24]评估的目的是奖励有效率的分行的管理人员和员工,并引导没有效率的分行变得更有效率。分行的管理人员已经同意,每月完成的业务数量,例如被兑换或被存入的支票、取现和存款、开设账户、关闭账户等,作为分行产出的一个合理计量。他们同样同意,每家分行支付的租金和出纳工作时长是两种最重要的投入。之所以选租金作为投入度量,是因为它与办公区域占据的面积成比例,准确地代表了分行的规模和所有使用的资源的数量。因为出纳完成了与业务相关的大部分工作,所以它被认为代表了该分行运营的劳动力投入。

去年的运营数据已经收集好了,如表13-2(a)所示。产出代表去年每个分行完成的业务数量,以千为计数单位。每年的租金以千美元为单位,出纳工作时长是全职和兼职出纳工作小时数之和,同样以千为计数单位。为了有助于直观地表示效率前沿,我们接着将每个支行的租金和出纳工作时长除以完成的业务数量。[25]这使得我们能够表达每单位产出(业务)的每种投入数量,并可以用二维平面图形呈现分行效率。结果如表13-2(b)所示。

表13-2 哥谭市第一银行六家分行的年度产出和投入数量

a. 原始数据

分行(DMU)	产出	投入	
	交易数量(千)	租金(千美元)	出纳工作时长(千小时)
1	30	6	1.5
2	40	8	1.6
3	70	28	2.1
4	50	20	1.0
5	60	36	1.2
6	40	24	0.4

b. 转换后的数据

分行(DMU)	y	x_1	x_2
	交易数量	租金(每单位产出)	出纳工作时长(每单位产出)
1	1	0.2	0.05
2	1	0.2	0.04
3	1	0.4	0.03
4	1	0.4	0.02
5	1	0.6	0.02
6	1	0.6	0.01

对于每个分行,我们都需要建立和求解一个线性规划模型来确定它的效率。但是,每个线性规划问题中只有几个系数是不同的。现在以为DMU3建立模型作为例子进行说明:

$$\text{Min } h_0 = \theta_0 - \varepsilon s_1^- - \varepsilon s_2^- - \varepsilon s_3^+$$

满足条件:

$$0.4\theta_0 - 0.2\lambda_1 - 0.2\lambda_2 - 0.4\lambda_3 - 0.4\lambda_4 - 0.6\lambda_5 - 0.6\lambda_6 - s_1^- = 0$$

$$0.03\theta_0 - 0.05\lambda_1 - 0.04\lambda_2 - 0.03\lambda_3 - 0.02\lambda_4 - 0.02\lambda_5 - 0.01\lambda_6 - s_2^- = 0$$

$$\lambda_1 + \lambda_2 + \lambda_3 + \lambda_4 + \lambda_5 + \lambda_6 - s_3^+ = 1$$

$$s_1^-, s_2^-, s_3^+, \lambda_j, \geq 0 \quad j = 1, 2, \cdots, 6$$

图13-2显示了所有6个分行和效率前沿。注意,图中每一个点代表一个DMU,它表示为了生成一个交易,使用转换后的租金和出纳工作时长的不同组合。分行1、2、4、6处于效率前沿上,但只有2、4、6是有效率的,分行1、3、5是没有效率的。

上述问题的前两个约束条件对应于线性规划模型的约束集,见公式(13.2.2)。这些约束条件的系数x_{ij}在表13.2b中给出,θ_0的系数就是DMU3的x_{ij}。第三个约束条件对应于线性规划模型的约束集,见公式(13.2.3),因为各个决策单元只有一个产出(业务),所以只有一个这种类型的约束。第三个约束的系数(y_{rj})都是1,如表13.2b所示。约束条件右侧的值是DMU3的产出数量。

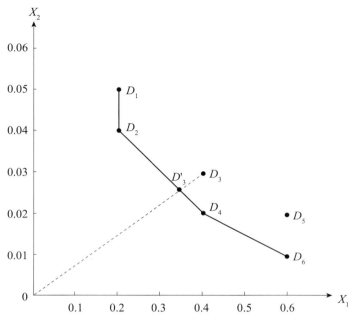

图 13-2　效率前沿和哥谭市第一银行各分行评估

这一问题可以在任何线性规划软件上求解,以得到如下最优解[26]:

$\theta_0^* = 0.857143 \cong 0.86, \lambda_2^* = 0.2857, \lambda_4^* = 0.7143$,所有其他变量都等于 0。正如预期的那样,分行 3 并不完全有效率,只是 86% 有效率。最优解也表明,分行 2 和 4 构成分行 3 的一个同类组,因为分行 3 的两种投入的混合最接近于这两个分行。换言之,分行 2 和分行 4 的投入量和产出量成为分行 3 生产方式的标杆值。因此,分行 3 可以模仿它们,从而变得完全有效率。一种使分行 3 变得有效率的方法是之前所给的投影公式。具体来说,如果分行 3 可以在不减少产出的情况下将生产单位产出的投入降至如下数量,那么它就可以变得有效率:

$x_1^* = \theta_0^* x_1 - s_1^{-*} = 0.857143 \times 0.4 - 0 = 0.3428572 \cong 0.34$ 美元(每笔业务)

或者　　　　　　　$70\,000 \times 0.3428572 = 24\,000$ 美元(每年租金)

$x_2^* = \theta_0^* x_2 - s_2^{-*} = 0.857143 \times 0.03 - 0 = 0.02571429 \cong 0.026$ 小时每笔业务

或者　　　　　　　$70\,000 \times 0.02571429 = 1\,800$ 小时(每年)

注意,(0.34 和 0.026)是图 13-2 中 D_3' 的坐标。换言之,D_3' 表示无效率的分行 3 在效率前沿上的投影。由于产出的松弛是 0,产出的投影公式 $y_{r0}^* = y_{r0} + s_r^{+*}$ 将变成 $y_{r0}^* = y_{r0}$,同样的产出值使得 DMU3 变得有效率。同样注意,分行 3 的效率可以用原点和前沿上 D_3' 之间的距离与原点和 D_3 之间的距离的比率来计算。

$$\theta_0^* = OD_3'/OD_3$$

同样的结果也可以通过将同类组中各分行的投入进行线性组合后得到。具体来说,如果分行 3 将分行 2 投入量的 0.2857 倍和分行 4 投入量的 0.7143 倍组合在一起,作为它新的投入量:

$x_{13}^* = x_{12}\lambda_2^* + x_{14}\lambda_4^* = 0.2 \times 0.2857 + 0.4 \times 0.7143 = 0.05714 + 0.28572 = 0.34286$

$x_{23}^* = x_{22}\lambda_2^* + x_{24}\lambda_4^* = 0.04 \times 0.2857 + 0.02 \times 0.7143 = 0.011428 + 0.014246 = 0.025714$

换言之,D_3' 是点 D_2 和 D_4 的一个凸组合,D_2 和 D_4 分别代表分行 2 和分行 4。

可以建立相似的线性规划模型并求解,以确定其他分行的效率。结果在表 13-3 中给出。正如可以从表中看到的那样,分行 1 没有效率。尽管它的效率评级是 1.0,并非全部松弛量都为 0,因此分行 1 并不满足有效率的全部条件。松弛量为 1.0 意味着,分行 1 应该将它对投入 2(租金)的使用量减少 1 单位,才能变得有效率。

表 13-3 哥谭市第一银行的分行效率

分行(DMU)	最优解中的变量	θ^*	是否有效	同类组(若非完全有效率)
1	$\lambda_2^* = 1.00$	1.00	否	分行 2
	$s_2^{-*} = 0.01$			
2	$\lambda_2^* = 1.00$	1.00	是	
3	$\lambda_2^* = 0.285\,7$	0.86	否	分行 2
	$\lambda_4^* = 0.714\,3$			分行 4
4	$\lambda_4^* = 1.00$	1.00	是	
5	$\lambda_4^* = 0.60$	0.80	否	分行 4
	$\lambda_6^* = 0.40$			分行 6
6	$\lambda_6^* = 1.00$	1.00	是	

最优解为正值的 λ 表示包含每个无效率的决策单元对等组的决策单元。如果一个决策单元是有效率的,它就是自己的同类。在给无效率的决策单元提供指导时,识别同类组是很有用的,因为同类组中的决策单元最像被评估的分行,可以作为那个分行学习的榜样。

对数据包络分析和度量服务效率的其他方法的综述

数据包络分析并不是度量经济体效率的唯一技术。正如之前提到的,很多组织使用比率作为生产率和效率的度量。比率分析对于判断一个决策单元的绩效是否偏离标准(例如行业标准)太远或许是有用的。然而,当涉及多产出和多投入时,单产出对单投入的简单比率并非很有助于比较。当一个决策单元在一些比率上得高分,而在其他比率上得低分时,一个普遍性的问题就产生了。除非某些提前设定好的权重被赋予不同的比率,否则不可能进行比较。此外,权重的选择通常是一个令人烦恼的任务,因为赋予权重通常没有客观的方法。换言之,专家或管理者也许会在相对权重上产生意见分歧。处理多产出和多投入的另一种可能的方法是,将多种比率加总得到一个总比率。这一方法同样要求权重反映不同比率的相对重要性,因此也会遇到同样的问题。

另一个常用的方法是回归分析。回归分析可以容许多个产出和多个投入。但它也有一些缺点。首先,回归分析使用最小平方法找出产出和投入之间的一种平均意义上的关系,但其基于的数据既包括有效率的决策单元也包括无效率的决策单元。例如,一个简单的线性回归所发现的直线经过自变量(例如投入)和因变量(例如产出)的均值点。这种平均意义上的关系不太可能体现效率关系。回归的另一缺点是,它对规模效率并没有揭示太多。[27]

数据包络分析是一种吸引人的可以替代比率分析和回归分析的方法,它不仅没有那两种方法的缺点,反而有额外的优势。我们可以把数据包络分析的优点总结如下:[28]

1. 数据包络分析可以包含多种产出和多种投入,每种投入或产出的数量可以用它的自然单位表示。
2. 数据包络分析提供了一个综合性的并站得住脚的统一绩效度量。

3. 如果一个决策单元不够有效率,那么数据包络分析就提供了如何使它变得有效率的宝贵信息,它指出哪些产出应该增加或者哪些投入应该减少,并且增加或减少多少,才能使一个无效率的决策单元变得有效率。

4. 数据包络分析用一种公平的方法确定效率。比率模型[见公式(13.1)]中的权重被目标函数的最大化所决定,目标函数即被度量的决策单元的效率。换言之,每个决策单元都被给予可能的最高效率评级。

5. 对每个无效率的决策单元,数据包络分析还提供了一个同类组(或最佳实践组),这个组里包含用于比较参照的有效率的决策单元。换言之,数据包络分析在度量效率的同时,也完成了对标杆值的研究。那么一个决策者可以仅仅参考这个相对小的效率完全的决策单元群组,以确定有效率单元的重要特征。

6. 数据包络分析并不对生产关系的方程形式做任何特定假设,比如柯布-道格拉斯生产函数。

7. 数据包络分析假设所有的产出和投入都"有些"价值,但并不要求事先确定投入的权重或价格,或产出的价值。

8. 在效率度量中,数据包络分析可以包含一些外部因素,例如天气或人口因素。

9. 如果需要,数据包络分析允许包含判断和专家意见。

10. 不像回归分析,数据包络分析专注于单个决策单元,它不假定生产效率只有唯一最好的方法。它允许在投入和产出的不同组合下达到有效率。

和其他定量工具一样,数据包络分析也有它的局限性。一个重要问题是如何选择分析中要使用的产出和投入。关于哪些投入和产出应该包含在数据包络分析模型中是一个重要决策,这至少有两个方面的原因。[29]第一,当数据包络分析模型增加一个新的投入或产出的度量时,效率评级不会下降,一些决策单元的效率评级可能会保持不变,而另一些的效率评级则可能会上升。因此,太多的度量可能会降低一个模型的判别能力。避免这一问题的一个经验法则是,保证决策单元的数量大于或等于投入与产出种类之和的三倍。第二,不能从结果来判断一个投入产出是不是理论上正确的度量。换言之,和回归分析中一样,可能得到伪相关。

作为优点之一,我们提到数据包络分析允许决策单元在投入产出的不同组合下达到有效率。当一个不重要的投入或产出被包含在度量中时,这有可能变成一个劣势。一个决策单元使用这种投入的量可能超其最小值,或者成功生产出大量这种产出,并被宣称是有效率的。这也许和组织目标不相符,并且可能导致组织采取更加偏离目标的行动。

另一个潜在问题与同样的特征有关。正如之前所暗示的,数据包络分析模型选择产出和投入的权重,使得每个决策单元的效率评级被最大化。这有可能导致与组织价值系统不一致的权重。但是,这个问题可以通过对权重的适当限制得到解决。[30]

数据包络分析度量的效率就数据误差而言并不稳健。换言之,数据包络分析中数据的准确性是至关重要的,数据误差可能导致无效率的决策单元被认定为有效率,有效率的决策单元被认定为无效率,这有可能降低这一度量所公认的公平性。[31]

其他数据包络分析模型

自从 CCR 模型被提出之后,多种数据包络分析模型已经被开发出来。所有数据包络分析模型都以构造一个实证效率前沿为目标,效率前沿代表数据集中所有决策单元的最佳实践。每个模型都努力识别定义这一前沿的那些决策单元。一个效率前沿将数据集中所有决策单元包络起来,并且所有决策单元的效率相对这一前沿被确定下来。对不同的数据包络分析模型,这一效率前沿可能不同,有些或许是分段线性形式、分段对数形式或分段柯布-道格拉斯形式。这些模型也根据它们是假设不变规模报酬还是假设可变规模报酬而有所不同。本章展现的 CCR 模型假定规模报酬不变。数据包络分析模型可能有所区别的另一个方面是它们是否随着度量单位的变化而变化。最后,一些模型可能有两个版本:一个投入导向版本和一个产出导向版本。例如,我们案例中使用的模型(13.2)是投入导向版本的 CCR 模型。投入导向版本关注以减少投入作为有效运营的方法。相反,产出导向模型关注通过产出增加来引导无效率的决策单元变得有效率。一个特定的数据包络分析模型所构造的效率前沿,对投入导向和产出导向的版本都将是一样的。两个版本的区别仅在于无效率的决策单元被投影到效率前沿上的点。产出导向版本的 CCR 模型如下:[32]

$$\text{Max } b_0 = \phi_0 + \varepsilon \left(\sum_{i=1}^{m} s_i^- + \sum_{r=1}^{s} s_r^+ \right) \quad (13.3)$$

满足条件:

$$\phi_0 y_{r0} - \sum_{j=1}^{n} y_{rj} \lambda_j + s_r^+ = 0$$

$$\sum_{j=1}^{n} x_{ij} \lambda_j + s_i^- = x_{i0}$$

$$\lambda_j, s_i^-, s_r^+ \geqslant 0 \quad i = 1, 2, \cdots, m; r = 1, 2, \cdots, s; j = 1, 2, \cdots, n$$

投影公式给出的形式为:$y_{r0}^* = \phi_0 y_{r0} + s_r^{+*}$ 和 $x_{i0}^* = x_{i0} - s_i^{-*}$。

13.8 总结

本章关注服务运营的生产率和效率。首先,我们讨论了与生产率相关的基本概念,并把生产率定义为产出与投入之比。生产率可以计算单产出和单投入,也可以计算多产出和多投入。大多数组织生产的产出超过一种,并使用多种投入。在国家层面上,劳动生产率是最频繁使用的生产率度量。劳动生产率的增长被当作一国生活标准改善的指标。除了作为生活标准的指标,生产率增长也影响其他重要的经济变量,例如竞争力、失业、通货膨胀、社会事业和资源节约。

提高生产率在国家层面和组织层面上都是一个重要目标。在长期,提高生产率的首要因素是技术发展,它能在产品和服务生产中降低对劳动力的要求。另一个对生产率增长既有长期也有短期意义的因素是生产活动的组织和管理。企业层面上的生产率改进自然决定了国家层面会发生什么。组织在长期可以通过对已有技术进行创新和引入新技术来提高生产率。它们也能通过实行更好的工作方法和更好的管理实践,在短期取得生产率的显著提高。

服务业对生产率提出了特殊挑战。不仅很难提高服务生产率,同样也很难度量和精确度量它。我们阐述了度量问题的一些原因,并讨论了为何一些服务的生产率增长比制造业要慢。一些被称作不断进步的服务对提高生产率的努力做出响应,然而另一些服务没有响应。主要原因在于,后一类服务中的劳动力需求通常难以在质量不出现显著下降的情况下被改变,这些被称为停滞不前的服务。我们接着提出一些提高服务生产率的建议。提高生产率是管理的责任,生产率的提高在很大程度上是管理行为的结果。德鲁克提出"更聪明地工作"作为提高服务生产率的方式。他尤其推荐:(1)定义任务;(2)以任务作为工作中心;(3)定义绩效;(4)与员工形成合作关系;(5)使持续学习成为组织文化的一部分。

本章最后一部分展现了数据包络分析这个度量经济单元效率的强有力的管理科学技术,这些经济单元使用相同类型的投入生产相同类型的产出。最常用的模型之一是比率模型,我们介绍了这个模型并用它来探讨与数据包络分析应用有关的问题。我们提供了案例,以更好地洞察数据包络分析的概念和优势。

问题讨论

1. 什么是生产率?讨论不同类型的生产率。
2. 为什么生产率对一个国家很重要?
3. 为什么生产率对一个服务组织很重要?
4. 在服务组织中谁对生产率负主要责任?
5. 决定服务生产率的主要因素有哪些?
6. 服务对提高生产率的努力是否没有响应?请解释。
7. 什么是不断进步的服务?请举例说明。
8. 什么是停滞不前的服务?请举例说明。
9. 什么是渐近停滞的服务?请举例说明。
10. 停滞不前和渐近停滞的服务有什么区别?
11. 如何提高服务工作的生产率?
12. 简要解释数据包络分析是干什么的。
13. 数据包络分析对服务组织的管理者有何帮助?
14. 讨论数据包络分析的优点。
15. 数据包络分析有哪些缺点?
16. 还有哪些不同于数据包络分析的方法可以用来度量经济单元的效率?讨论其优缺点。

习题

注意

以下问题要求计算数据包络分析模型的答案。如果你没有访问专用数据包络分析软件的权限,则使用适当的 LP 包。ε 值最有可能影响目标函数的值。为了避免这一问题,建议采取二阶段求解法。首先,设定松弛变量的目标函数系数为零,并在目标函数中采用 θ(或 Φ)求解该问题。然后,对第一阶段得出的结果设定 θ(或 Φ)值(例如,如果你的软件允许,可以对第一阶段的最优值设置 θ 的上下界),在目标函数中引入松弛变量后,再次求解问题。

13.1 使用原始数据设置哥谭市第一银行的 CCR 模型的投入导向版本,即模型(13.2)。求解所有决策单元的模型。

a. 将你的结果与表 13-3 中给出的结果进行比较。二者之间是否有什么不同?为什么?

b. 解释分支银行 3 的结果。分支银行 3 应该提高多少投入以变得更有效率?在问题模型中代入新的投入量并再次求解该问题。分支银行 3 是否变得有效率了?为什么?

13.2 使用原始数据设置哥谭市第一银行的 CCR 模型的产出导向版本,即模型(13.3)。求解所有决策单元的模型。

a. 解释分支银行 3 的结果。

b. 分支银行 3 应该提高多少产出以变得有效率?

c. 在问题模型中代入新的产出量并再次求解该问题。分支银行 3 是否变得有效率?为什么?

13.3* 医疗服务效率影响每个人的医疗成本,因此是大多数雇员和雇主关心的问题。医疗费用的一部分是由医生收取的费用决定的。因此,医生的效率影响医疗保健提供者的整体效率。该问题涉及 1987 年一家医院 12 位外科医生三个月内的效率的测量。选择两个投入和两个产出来测量外科医生的效率。投入指标之一是逗留时间的长度,另一个指标是辅助服务的总金额。逗留时间的长度是用于治疗病人的投入量

---

* 该问题改编自 Jon A. Chilingerian, "Exploring Why Some Physicians' Hospital Practices are More Efficient: Taking DEA Inside the Hospital," in A. Charnes, W. W. Cooper, A. Y. Lewin, and L. M. Seiford(eds.), *Data Envelopment Analysis: Theory, Methodology, and Applications*(Boston, Kluwer Academic Publishers,1994), pp. 167-193.

或资源的良好指标,如入院、医疗记录、出院、饮食、洗衣、医疗用品和护理。医院存在各种辅助服务,它们有着不同水平的技术成熟度,在本应用中加总成一个投入变量。医生产出的一个衡量指标是病例数或者医生治疗的病人数量。

然而,由于每个病人提出不同的挑战并要求不同类型和不同数量的资源,因此按照惯例,评估医生的产出时应考虑病例的组合或复杂性。本问题中外科医生的产出分为"严重性低"和"严重性高"。本研究所包括的 12 名外科医生的投入和产出如表 13-4 所示。

a. 使用投入导向 CCR 模型确定所有外科医生的效率。

b. 考虑外科医生 4。他必须在其所使用的投入中实现什么变化才能变得有效率? 讨论这些变化的可行性。

c. 考虑外科医生 11。确定在所使用的投入量和所获得的产出量上最接近外科医生 11 的那些外科医生。这对使外科医生 11 变得有效率有什么帮助? 她需要在她的实践中实施什么变化才能变得有效率?

13.4 参考问题 13.3 和表 13-4。

a. 使用产出导向 CCR 模型确定所有外科医生的效率。

b. 考虑外科医生 4。他必须对其所使用的产出做出什么改变才能变得有效率? 讨论这些变化的可行性。

c. 考虑外科医生 11。确定在所使用的投入量和所获得的产出量中最接近外科医生 11 的那些外科医生。该组是否不同于问题 13.3(c)中确定的那一组? 外科医生 11 需要在她的实践中做出什么改变才能变得更有效率?

表 13-4 外科医生所使用的投入和所获得的产出

外科医生	产出		投入	
	严重性低	严重性高	总逗留时间长度(天)	总辅助服务(美元)
S1	47	11	232	126 244
S2	36	5	264	126 971
S3	45	9	307	289 560
S4	44	13	329	238 421

续表

外科医生	产出		投入	
	严重性低	严重性高	总逗留时间长度(天)	总辅助服务(美元)
S5	76	21	433	304 763
S6	22	7	148	110 228
S7	30	9	240	187 134
S8	19	11	220	185 882
S9	70	16	497	357 646
S10	88	18	691	632 603
S11	33	15	342	234 394
S12	45	21	430	290 343

资料来源:Jon A. Chilingerian, "Exploring Why Some Physicians' Hospital Practices are More Efficient: Taking DEA Inside the Hospital," in A. Charnes, W. W. Cooper, A. Y. Lewin, and L. M. Seiford (eds.), *Data Envelopment Analysis: Theory, Methodology, and Applications* (Boston, Kluwer Academic Publishers, 1994), pp. 167-193.

13.5* 在一项医院效率的研究中,研究人员关注位于马萨诸塞州的 7 所教学医院的医疗手术服务。医疗手术区很重要,因为它代表该州医院报告的最大单独成本区。研究人员使用了 3 个投入和 4 个产出指标来评估 7 所教学医院的效率,如表 13-5 所示。

a. 使用投入导向 CCR 模型以及将"65 岁及以上病人住院天数"作为产出、将"具备同等能力的全职非医生护理人员"和"床位数"作为投入指标来确定所有 7 所教学医院的效率。有多少所医院是有效率的?

b. 添加"受训中的实习生和住院医生数量"到模型中作为产出指标,并确定所有 7 所教学医院的效率。有多少所医院是有效率的?

c. 添加"供应金额"到模型中作为投入指标,并确定所有 7 所教学医院的效率。有多少所医院是有效率的?

d. 添加"65 岁以下病人住院天数"到模型中作为产出指标,并确定所有 7 所教学医院的效率。有多少所医院是有效率的?

e. 你能从上面的实验中得出什么结论?

f. 现在使用表 13-5 中给出的所有投入和产出指标确定 7 所教学医院的效率。现在有多少所医院是有

---

* 该问题改编自 H. David Sherman, "Managing Productivity of Health Care Organizations," in R. H. Silkman (ed.), *Measuring Efficiency: An Assessment of Data Envelopment Analysis*, New Directions for Program Evaluation, no. 32 (San Francisco, Jossey-Bass, winter 1986), pp. 31-46.

效率的？你从问题(e)中得出的结论被证实了还是被否定了？请解释。

表13-5 7所教学医院内外科区域数据包络分析评估的投入和产出数据

医院	具备同等能力的全职非医生护理人员	供应金额	可用的床位数	65岁及以上病人住院天数	65岁以下病人住院天数	护士学生数量	受训中的实习生和住院医生数量
A	310.0	134 600	116 000	55 310	49 520	291	47
B	278.5	114 300	106 800	37 640	55 630	156	3
C	165.6	131 300	65 520	32 910	25 770	141	26
D	250.0	316 000	94 400	33 530	41 990	160	21
E	206.4	151 200	102 100	32 480	55 300	157	82
F	384.6	217 000	153 700	48 780	81 920	285	92
G	530.4	770 800	215 000	58 410	119 700	144	89

资料来源：H. David Sherman, "Managing Productivity of Health Care Organizations," in R. H. Silkman (ed.), *Measuring Efficiency: An Assessment of Data Envelopment Analysis*, *New Directions for Program Evaluation*, no.32 (San Francisco, Jossey-Bass, winter 1986), pp. 31–46.

尾注

1. P. F. Drucker, "The New Productivity Challenge," *Harvard Business Review*, (November–December 1991), pp. 69–79.

2. 美国劳工部劳动统计局计算并发布美国生产率指标，并研究其变化。关于生产率的数据收集和各种指标计算的更多信息可以在它们的出版物上找到，例如，可参见："Technical Information About the BLS Major Sector Productivity and Costs Measures," March 11, 2008, http://www.bls.gov/lpc/lpcmethods.pdf; "New Service Industry Productivity Measures," February 2006, Report 993, http://www.bls.gov/lpc/iprsr06.pdf, "Chapter 11. Industry Productivity Measures," http://www.bls.gov/opub/hom/pdf/homch11.pdf (accessed on 9/12/2012).or their periodical, Monthly Labor Review.

3. J. Jurison, "Reevaluating Productivity Measures," *Information Systems Management* (Winter 1997), pp. 30–34.

4. C. A. Knox Lovell, "Production Frontiers and Productive Efficiency," in Harold O. Fried, C. A. Knox Lovell, and Shelton S. Schmidt (Eds.), *The Measurement of Productive Efficiency: Techniques and Applications* (New York, NY, Oxford University Press, 1993), p. 4.

5. 该部分取自以下两个来源：Committee for Economic Development, "Productivity Policy: Key to the Nation's Economic Future," (New York, NY, Committee for Economic Development, 1983), pp. 23–29; and W. J. Baumol, S. A. B. Blackman, and E. N. Wolff, *Productivity and American Leadership: The Long View* (Cambridge, MA, The MIT Press, 1989), pp. 9–27.

6. 例如，可参见以下讨论：Baumol, Blackman and Wolff, *Productivity and American Lead-*

ership: The Long View, especially Chapters 1 and 4.

7. E. N. Wolff, "The Magnitude and Causes of the Recent Productivity Slowdown in the United States: A Survey of Recent Studies," in W. J. Baumol and K. McLennan (Eds.), *Productivity Growth and U.S. Competitiveness* (New York, Oxford University Press, 1985), pp. 29–57.

8. Committee for Economic Development, *Productivity Policy: Key to the Nation's Economic Future* (New York, NY, Committee for Economic Development, 1983), p. 31.

9. J. W. Kendrick, *Improving Company Productivity* (Baltimore, The Johns Hopkins University Press, 1984), p. 13.

10. Kendrick, *Improving Company Productivity*, p. 15.

11. M. K. Sherwood, "Difficulties in the Measurement of Service Outputs," *Monthly Labor Review* (March 1994), pp. 11–19.

12. D. I. Riddle, *Service-Led Growth: The Role of the Service Sector in World Development* (New York, NY, Praeger Publishers, 1986), p. 81.

13. 该部分取自：William J. Baumol "Productivity Policy and the Service Sector," in Inman, R. P. (Ed.), *Managing the Service Economy: Prospect and Problems* (New York, Cambridge University Press, 1985), pp. 301–317.

14. M. van Biema and B. Greenwald, "Managing Our Way to Higher Service-Sector Productivity," *Harvard Business Review* (July–August 1997), pp. 87–95.

15. Drucker, "The New Productivity Challenge."

16. A. Charnes, W. W. Cooper, and E. Rhodes, "Measuring the Efficiency of Decision Making Units," *European Journal of Operational Research*, Vol. 2, No. 6 (1978), pp. 429–444.

17. A. Charnes, W. W. Cooper, and E. Rhodes, "Evaluating Program and Managerial Efficiency: An Application of Data Envelopment Analysis to Program Follow Through," *Management Science*, Vol. 27 (1981), pp. 668–697.

18. C. Haksever and Y. Muragishi, "Measuring Value in MBA Programmes," *Education Economics*, Vol. 6, No. 1 (1998), pp. 11–25.

19. R. Banker, A. Charnes, W. W. Cooper, J. Swarts, and D. A. Thomas, "An Introduction to Data Envelopment Analysis With Some of its Models and Their Uses," *Research in Governmental and Nonprofit Accounting*, Vol. 5 (1989), pp. 125–163.

20. M. J. Farrell, "The Measurement of Productive Efficiency," *Journal of the Royal Statistical Society*, Series A, Part III, Vol. 120, No. 3 (1957), pp. 253–290.

21. Charnes, Cooper, and Rhodes, "Measuring the Efficiency of Decision Making Units," and A. Charnes, Z. M. Huang, J. Semple, T. Song, and D. Thomas "Origins and Research in Data Envelopment Analysis," *The Arabian Journal for Science and Engineering*, Vol. 19 (1990), pp. 617–625.

22. 需要注意的是：在数据包络分析中使用最优化分析并不是出于计划目的（例如进行生产计划以达到利润最大化），而是为了基于决策单元的可观察投入和产出来获得其过去的绩效。

23. 可以在 Charnes, Cooper, and Rhodes, "Measuring the Efficiency of Decision Making Units" 中获得转换的细节。

24. For large scale applications of DEA in banking see the following two sources: C. Parkan, "Measuring the Efficiency of Service Operations: An Application to Bank Branches," *Engineering Costs and Production Economics*, Vol. 12 (1984), pp. 237–242, and M. Oral and R. Yolalan, "An Empirical Study on Measuring Operating Efficiency and Profitability of Bank Branches," *European Journal of Operational Research*, Vol. 46 (1990), pp. 282–294.

25. 我们在本案例中使用的数据包络分析模型具有单位不变性，即对所有同类数据乘以或除以一个正的常数，效率评估都不会变。

26. 在求解该模型时，ε 使用了确切值 10^{-6}。这个常数必须"足够小"以获得准确的结果。然而，什么是"足够小"取决于问题中的数据。一般来说，在大型问题中使用任何确切值都可能带来结果不准确的风险，因此并不推荐，对于其他可替代方法的讨论，可参见：I. A. Ali, "Data Envelopment Analysis: Computational Issues," *Computers, Environment, and Urban Systems*, Vol. 14 (1990), pp. 157–165, and I. A. Ali and L. M. Seiford, "Computational Accuracy and Infinitesimals in Data Envelopment Analysis," *INFOR*, Vol. 31, No. 4 (1993), pp. 290–297.

27. See H. D. Sherman "Hospital Efficiency Measurement and Evaluation: Empirical Test of a New Technique," *Medical Care*, Vol. 22, No. 10 (October 1984), pp. 922–938, for a discussion of the use of ratio and regression techniques in measuring the efficiency of hospitals.

28. A. Charnes, W. W. Cooper, A. Y. Lewin, and L. M. Seiford,(Eds.), *Data Envelopment Analysis: Theory, Methodology, and Applications* (Boston, MA, Kluwer Academic Publishers, 1994), pp. 7–10, and M. K. Epstein and J. C. Henderson "Data Envelopment Analysis for Managerial Control and Diagnosis," *Decision Sciences*, Vol. 20 (1989), pp. 90–119.

29. 对于数据包络分析应用的正规流程可参见：B. Golany and Y. Roll "An Application Procedure for DEA," *Omega*, Vol. 17 (1989), pp. 237–250.

30. 例如：可参见：R. G. Dyson, and E. Thanassoulis "Reducing Weight Flexibility in Data E-

nvelopment Analysis," *Journal of the Operational Research Society*, Vol. 39, No. 6 (1988), pp. 563–576.

31. 对于数据包络分析研究中重要议题的讨论，例如模型选取和实施以及结果解读，可参见：A. Charnes, W. W. Cooper, A. Y. Lewin, and L. M. Seiford,(Eds.), *Data Envelopment Analysis: Theory, Methodology, and Applications*, Chapter 21, pp. 425–435.

32. 对地基本数据包络分析模型的讨论可参见：A. Charnes, W. W. Cooper, A. Y. Lewin, and L. M. Seiford (Eds.), *Data Envelopment Analysis: Theory, Methodology, and Applications*, Chapter 2, pp. 23–47. 从规模报酬角度讨论不同数据包络分析模型的讨论可参见：A. I. Ali and L. M. Seiford, "The Mathematical Programming Approach to Efficiency Analysis," in Harold O. Fried, C. A. Knox Lovell, and Shelton S. Schmidt (Eds.), *The Measurement of Productive Efficiency: Techniques and Applications*, pp. 120–159.

第 14 章　公立与私立非营利服务组织管理

14.1　引言

  所有年龄、地位和性情的美国人一直不断地形成各种社团。这些社团中不只有普遍参与的商业和行业社团,还有成千上万的各类社团,例如宗教的、道德的、严肃的、随意的,非常一般性的和非常有局限性的,超大型的和迷你型的。如果美国人想要宣扬一个真理或者通过树立一个好榜样来传播某种情感,那么他们会成立社团,并且组织集会、成立研讨会、建立教会、发放书籍等。但凡一切事业的领衔主角,不难发现在法国是政府,在英国则是英国本土的大资本家,而在美国一定是社团。[1]

  1831 年,法国社会哲学家阿列克西·德·托克维尔曾在美国视察了 9 个月。上面所引用的文字来自他的著作《论美国的民主》,这本著作正是基于他那次访问的观察所得。托克维尔一个半世纪前的观察结果至今仍然适用,美国人还是会为各种各样的意图成立、运营社团,但是大多数情况下社团都是以公共服务为目标的。

  这些组织构成了**非营利**部门。非营利组织的多样性非常惊人。他们包含了从社区教堂、本地家长-教师社团,到美国全国步枪协会、塞拉俱乐部、美国律师协会等各类组织。非营利组织在美国的经济和社会生活中扮演着非常重要的角色,因此它也被认为是除了私营和公共部门外的**第三部门**。

  联邦政府、州政府或地方政府设立及运营的组织构成了**公共**部门。严格意义上来说,它们全部是非营利服务组织。因此有时我们称这些组织为**公立非营利组织**,称其余的为**私立非营利组织**(见图 14-1)。在本书中"公立非营利组织"一词用来指代由各级政府设立和管理的非营利组织,而私立非营利组织就简称为"非营利组织"。私立非营利组织享有税收豁免,因此一些学者主张这些私立非营利组织实质上是公共组织。他们提出豁免私立非营利组织的税收意味着公共资金流向私立非营利组织,而这些税收本是州政府可以正当收取的。[2]

  本章集中介绍公、私两种非营利服务组织,旨在概要描述公立和私立的非营利组织,以及这些组织的管理者所面临的挑战。你很快就会发现,这两种非营利组织所面临的管理任务和挑战其实很相似,然而它们都与私营部门有很大的不同。同私营公司一样,公立及私立非营利组织机构也

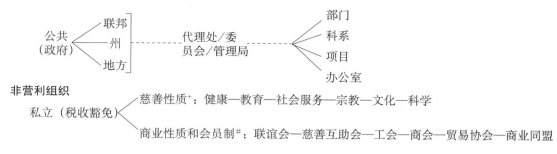

图 14-1　非营利组织的类型

+赞助者捐款可享受税收减免。
#赞助者捐款不享受税收减免。
资料来源：改编自 Robert N. Anthony and David W. Young, *Management Control in Nonprofit Organizations*, 4th ed.（McGraw-Hill，1988）。

需要管理者和管理技能。尽管大多数公立和私立非营利组织的管理者的教育背景都与商业管理无关，但还是有一些商学院的毕业生在这些服务机构中工作。因此，对于服务管理者来说，理解美国经济中这两大重要部分是非常有必要的。

14.2　公立和私立非营利组织的定义

正如上述所言，联邦政府、州政府或地方政府设立及运营的组织构成了公共部门。它们在一定的立法基础上成立，基本上一直以税收款项作为经费，偶尔以收费作为补充。大多数的公立组织都享有垄断地位。换句话说，通常并没有其他竞争者提供类似的服务。显而易见，它们并不是创造利润的实体，其实在公立组织中甚至没有利润的概念。[3]这些公立组织或许会有盈余，但这些盈余并非利润，在每个财政年末，这些盈余通常会被返还到国库中。

私立非营利组织最显著的特征是它们并不以营利为目的而设立，因此他们有时会被称作"不为盈利的组织"。[4]也许我们的分类过于简化，但我们假定私营组织设立的主要目的就是为了营利。当然，它们的存在也许还有其他的目的，但如果私营公司不营利的话便无法存活太久。从另一个方面来说，区分非营利组织的一个重要标准就是它的设立并无营利目的，但这并不意味着在该组织运营期间不产生利润。非营利组织确实会产生利润并且也允许持有该利润。事实上，有些非营利组织至少是部分地依赖它们的营利而延续的（例如非营利医院）。

也许界定非营利组织的第二个重要特征就是禁止分配的约束。**禁止分配**意味着任何非营利性收益、利润或资产都不得分配给其组织成员、主管或职员。

第三个重要的特征是非营利性组织生产公共物品——有益于整个社会的产品和服务。第四个重要特征是，由于非营利性组织服务于公众，因此许多组织免征联邦企业所得税，有些免征其他种类的联邦、州以及地方税，例如不动产税。美国税法规定有三十多种组织免于征收税款（见表14-1）。在非营利组织中只有符合美国税法501(c)(3)条款的慈善机构享有额外的优待，即对其捐款可获得个人和企业征税减免。公立慈善机构占非营利组织最大的一部分，美国有多于一百万家慈善机构。[5]除了以提供公共服务为目的，这些慈善机构设立之初就被归类为非营利组织且不得向其成员、职员或管理人员分配利润或者资产。如果非营利组织所从事的营利活动符合税收减免政策的目的，或者虽然不符合但涉及的金额微乎其微，就可以从事营利活动并保持享有免税特权。[6]

表 14-1 免税组织

1986 年美国 IRS 章节	组织描述	在 IRS 登记的实体
501(c)(1)	依国会法令成立的公司	100
501(c)(2)	免税组织的控股公司	5 850
501(c)(3)	宗教、慈善及类似的组织	984 386
501(c)(4)	市民社团和社会福利组织	116 890
501(c)(5)	劳工、农业和园艺组织	56 819
501(c)(6)	商业联盟、商会、房地产协会和贸易协会	71 878
501(c)(7)	社交俱乐部、娱乐俱乐部	5 639
501(c)(8)	信托受益社团和协会	63 318
501(c)(9)	雇员利益自愿协会	10 088
501(c)(10)	对内兄弟社团和联合会	20 944
501(c)(11)	教师退休基金协会	14
501(c)(12)	慈善人寿保险协会、联合灌溉公司、联合或合作电话公司等	5 901
501(c)(13)	坟墓管理公司	9 808
501(c)(14)	州授权的信用社和共同储备基金	3 565
501(c)(15)	互助保险公司或协会	1 646
501(c)(16)	农作物资助合作组织	16
501(c)(17)	补充失业信托	300
501(c)(18)	员工出资年金信托(1959 年 6 月 25 日前设立)	1
501(c)(19)	老兵组织	35 113
501(c)(20)	法律服务组织	9
501(c)(21)	黑肺病患者受益信托	28
501(c)(22)	允许自由退款的支付基金	0
501(c)(23)	老兵协会(1880 年前建立)	2
501(c)(24)	1974 年《雇员退休保障法案》第 4049 项所描述的信托	1
501(c)(25)	多头控股公司或信托	1 133
501(c)(26)	州资助的为高危人群提供医疗保障的组织	10
501(c)(27)	州资助的职工赔偿再保险组织	12
501(d)	宗教及使徒组织	160
501(e)	合作医院服务组织	18
501(f)	合作教育服务组织	1
其他	包括慈善性质风险联盟在内的其他尚未列举的组织	4 105
	总计	1 448 485

资料来源:Urban Institute, National Center for Charitable Statistics, Core Files (2005) and IRS Business Master Files (2006). Notes: Not all Internal Revenue Code Section 501(c)(3) organizations and included because certain organizations, such as churches (and their integrated auxiliaries or subordinate units) and conventions or associations of churches, need not apply for recognition of tax exemption unless they specifically request a ruling. Private foundations are included among 501(c)(3) organizations. Adapted from Kennard T. Wing, Thomas H. Pollak, & Amy Blackwood, *The Nonprofit Almanac*, The Urban Institute Press, Washington, DC, (2008), pp. 2-3.

非营利组织的另外一个重要特征是它们依赖于志愿者的志愿服务。一些非营利组织只依赖于志愿者。[7] 许多个人把他们的时间和精力贡献给了非营利组织，尤其是慈善组织。据估计，2010年，约占美国成年人数总数26%的人，即约有2 680万个人志愿服务于非营利性组织长达150亿小时。假设一个全职雇员每年工作1 700小时，那么这些志愿者提供的工作时间相当于880万个全职雇员每年所提供的工作时间，约价值2 838.5亿美元。[8]

14.3　公立和私立非营利组织的意义

公立和私立非营利组织的本质都是提供服务，总的来说，是向公众提供服务，但是大多数是向公众中的某个小群体提供服务。公立非营利组织或者私立非营利组织，即使有也只有很少一部分从事制造业。回顾一些非常有名的联邦政府下的机构，例如美国海岸警卫队、美国特工处、美国疾病与预防控制中心、美国国家气象局、美国联邦航空管理局、美国林务局、美国联邦公路管理局、美国国家公园管理局、美国社会保障署。这些机构只是美国政府组织中的一小部分，但它们同其他成千上万的联邦、州和地方政府组织一样都是服务机构。

现在我们列举几个非营利部门的例子，例如美国网球协会、红十字会、救世军、女童子军、男童子军、私立院校、校园兄弟会和姐妹会、专业人员协会、宗教组织（教会、犹太教会、清真寺等）、联合劝募会、美国心脏协会、美国癌症协会、博物馆和交响乐团。很明显，这些私立非营利性组织和公立组织一样，都是向社会提供一系列服务。因此，毫无疑问公立及私立非营利部门都是**服务**部门。

显而易见的是政府组织在三个层面上提供至关重要的服务，例如国防、法律和秩序的维护、教育、医疗保健、银行业（例如联邦储备系统、联邦存款保险公司）、运输安全，包括航空、铁路、公路和海事运输。因此，即使我们再怎么抱怨政府机构臃肿、服务质量差，我们也还是要清楚地认识到没有公立组织的服务，社会和经济生活根本不可能存在。在美国有超过8.7万个公立组织。它们所从事的活动为私营部门提供了很多商业机会，也为人们提供了很多就业就会。人们大多就职于私营部门；以2012年为例，1.114亿人（约84%的非农业劳动力）受雇于私营部门，公共部门在受雇佣人数方面占第二位。联邦政府是唯一一个最大的雇主；除了军事人员外，联邦政府雇用了近300万的居民（其中258万人为全职），约占非农村劳动力的1.9%。州政府大约雇用了750万人，地方政府雇用了1 200万人（其中1 078万人为全职）。因此，总体来说公共部门为超过2 200万人提供了就业岗位，几乎占了全部劳动力的17%。[9]

在美国，私立非营利部门也是劳动机会的主要来源。美国有超过144万个私立非营利组织，有超过1 000万人在这些组织中工作，约占劳动力的9%。志愿者为非营利组织的运营提供了大约37%的劳动投入。志愿者和带薪劳动力的数目加在一起约为1 600万人，他们服务于私立非营利组织。

14.4　公立部门组织的性质

如前所述，美国经济由三部分组成：私营、公共以及私立非营利，其中当属私营部门经济活动最多。然而，正如前文列举的数据所证明的，不单单从经济层面上，从政治、社会及文化角度上来讲,其他两个部门对美国也是十分重要的。这两个部门在某些方面与私营部门还是有很大区别的。本节将讨论公立组织有必要存在的原因,也会分析使公立组织同私营企业如此不同的特征。

公立组织存在的原因

公立组织存在的四个主要原因是[10]:

提供公共物品——公共产品和公共服务具备以下两个重要特征:(1)每个个体对公共物品的消耗并不阻碍其他人消费或减少其他人从公共物品中所获得的利益;(2)通常不可能排除潜在消费者从公共物品中获取利益。例如国防、新鲜空气、灯塔、公园、铺设的道路和公路以及广播、电视。尽管经济学家称之为**公共物品**,但是很明显大多数的公共物品是以服务的形式呈现的。

私有物品是指需要先付款才能去消费的产品。例如,如果你想要听一个音乐广播,那么你必须先购买一个可供私人使用的收音机。因为资源具有限制性,所以你购买及使用该收音机的行为至少在短期内防止了其他人享受由该收音机产生的利益。然而,广播是公共物品,你享有广播时并未降低它对其他人的可利用性。同样,当播放广播时,任何想听它的人都可以去收听,并不会受到阻碍。

但是由谁为广播付费呢?如果是商业性电台,那么基本上由广告商而非听众买单,因为所有购买了收音机的人都可以收听到广播,听众无法被强制付费。因此,有一部分人为广播付费,大多数听众免费收听。换句话说,在公共物品的消费中,有好多"搭便车者"是免费享用的;当然,也有一些广播站、电视台收到了听众或电视观众自愿的资金支援(例如,美国公共电视网和美国国家公共广播电台)。然而,这个例子也说明了公共物品存在的一个基本问题:对于一些不想支付服务费的人既不能强制收费也无法阻止他们使用这些服务。另外,如果不会获得收益,那么私营企业将失去制造公共物品的动力。大多数人需要这些公共物品,但是如果没有人为其买单,那么私营部门将不会供应这些产品。因此,政府介入并提供大部分的公共物品,例如国防、警察和铺设道路。政府提供这些服务并通过税收来负担这些服务所需的经费。我们称私营企业不供应大部分公共物品的现象为**市场失灵**,市场机制使制造、分配、销售私有物品成为可能,但却无法供应大部分的公共物品。

控制外部性——经济活动的副作用称为外部性。外部性是对第三方产生影响的结果,它有可能是积极影响,也可能是消极影响。消极的外部性称为**社会成本**,积极的外部性称为**社会收益**。污染就是一种为大家所熟知的消极外部性。例如工厂在生产中造成空气污染,与该经济活动毫无关系的人(即除了公司所有权人、公司雇员或者消费者之外的人)也会遭受该污染导致的后果。一栋在街区中维护良好的住宅可能是积极外部性的好例子。因为住在附近的人即使没有为维护付费,但他们还是会从中受益,维护良好的住宅提供了一个不错的景观,从而提升了它周围房子的价值,房价也会随之上涨。外部性也被认为是市场失灵的一种形式,因为市场机制没有从经济活动的受益者那里提取相应的费用去补偿消极外部性带来的全部损失。同样,市场机制也不能从积极外部性受益者那里收取款项。通常最有效的办法就是政府向消极外部性的创造者征税,向积极外部性的创造者提供补贴。美国环保署和核管理委员会这样的公立组织的设立就是为了处理消极外部性。

公平性——政府和公立组织存在的另一个原因是对公平性的渴求,这种渴求建立在人类须享有平等的权利这种信念之上。毫无控制和约束的市场机制会导致各种形式的不公平现象。例如,由于采取事前安全防护措施会降低企业利润,因此私营企业可能会无视员工的健康和安全。或者,有的企业会倾向于只雇用白种男性作为职员。当缺乏法律约束时,一些私营企业会由于在交易中能够处于优越的经济地位而采取这些行为。当今这种行为会激怒很多美国民众,他们将会要求美国政府采取措施制止这类行为。显然,政府职能是根据民众的价值体系而确定的。例如,1964年设立美国平等就业机会委员会(Equal Employment Opportunity Commission)以追求就业机会的平等。具体来说,委员会促进平等的就业机会,防止组织由于种族、肤色、宗教信仰、性别、国籍、年龄、残疾或遗传基因导致的歧视。

为法律秩序和经济稳定提供框架——维护法律秩序和保障居民安全是政府的一项重要职能。建立和维持稳定的经济环境也是同等重要的,这是保证自由市场运作的基础。美国宪法赋予联邦政府发行货币和管理贸易的权力。为实现这一目标,建立了包括联邦储备委员会、美国联邦贸易委员会和美国证券交易委员会在内的一些公立组织。以联邦贸易委员会为例,它负责保障商业的自由、公平竞争,阻止传播虚假广告、管理商品的分类及包装、加强反垄断法的实施。此外,证券交易委员会负责监督公司证券的发行和买卖,管理美国股票交易(纽约证交所及12个地区交易所)。

公立组织的特征及其管理者面临的挑战

监管公立组织的雇员与活动的个体称为公共管理者。有的公共管理者是选举产生的,有的是任命的。在联邦政府内,美国总统是由选举产生的最高级别的官员;在州级政府内,是其州长;在市政府内,是市长。当选官员通常会任命他们熟知和信任的人担任高级政务官。他们是出于政治考虑而被任命的人员,其中一些任命行为需要法律批准。如果当选官员失去了他的职位,那么这些政务官可能不会被再度任命。这些公共管理者可能来自公立组织内部也可能来自其外部。在他们之下是高层管理者、中层管理者和监察员,这些通常从公立组织的雇员中任命产生。本章主要探讨包括政务官在内的管理者,但是不讨论选举产生的官员。

公共管理者面临巨大的挑战。大多数公共管理者需要承担的职责比在私营部门相似岗位上的管理者要多。他们不得不面临由公立组织的性质和外部环境所形成的额外挑战,这些挑战通常与管理无关。为了更好地理解这些挑战,下面我们将讨论公立组织的性质及其所处的外部环境,也将对比公共管理者和私营管理者所面临的挑战。公立组织的特征可以从以下几方面来理解:

存在的原因——私营服务企业创立的目的是为其所有人创造利润。公立组织,相对而言,是由正当的立法主体通过的法律创立的。总的说来,公立组织试图实现政府设立的四个目的中的一个或多个。换句话说,公立组织的任务是由立法主体决定的,它最终应该对公众或对创立它的立法主体负责。

资金来源——私营企业是由其所有者出资成立的。额外的投资或者运营资金可以从金融机构那里贷款得到。同样,从出售产品和/或提供服务中所得的收益构成了私营企业资金的重要来源。对于公立企业来说,企业资本(例如,建筑物、家具和设备)以及运营资金、员工工资等由政府从其所得的税收收益支付。大多数公立组织没有收益可言。有一些公立组织会收一些费用,但这些费用通常并不构成公立组织主要的收入来源。每一财政年末的剩余资金不能留到下一个年度,它们必须返还给适当的财政部门。

环境——私营企业追逐利润目标和其他目标,在市场环境下必须遵守市场规律。市场机制决定了三大基本经济问题的答案:该生产何种产品和服务的组合,怎样生产以及为什么样的人群生产。市场机制在产品或服务的买家和卖家相互作用的情况下发挥作用从而决定其价格和数量。而这种市场环境并不适用于公立组织；公立组织并不以盈利为目的，因此它们不受大多数市场规则和市场力量的制约。它们不需要根据价格来决定为哪一类群体服务和提供何种服务，所有这些决策都由立法者来确定。简而言之，公立组织不属于市场体系，而是属于政府和政治体系。政治体系包括法律法规以及当选官员和立法者的需求。

目标[11]——私营组织的利润目标清晰易懂。由于这个明确的目标，因此衡量私营部门的效率相对来说就容易一些。经营的效率为实现公司营利做出很大的贡献。因此，除效益之外，效率是私营组织的重大目标。效率和效益对公立组织来说也很重要，但公立组织有更重要的目标，比如说对大众的响应性，对受影响的委托人的响应性，以及对立法机构和执行机构的政治回报。这些目标之间经常会存在冲突。不难想象公共管理者试图平衡有冲突的目标以及试图满足各种利益相关者的需求时所面临的困难。

公众压力——由于公立组织时常需处理有争议性的问题，因此经常在强大的公众压力下运作。私营企业可能也会受到来自公众、政客以及新闻媒体的压力。然而，公立组织所需面对的通常更复杂、更紧迫。一些公共管理者觉得他们一直处于毫无隐私的状态中。因为公立组织是属于大众的，它们应该为了公共利益而服务，所以它们一直处于公众的监督之下。

内部组织——公立组织有正规的等级结构。然而，它们的管理者却在各自为政的权力结构下运作。这主要是因为联邦政府和州政府采取行政、立法和司法机构三权分立的形式。在私立部门，管理者通常只有一个上司。在公共部门，管理者有多个上司：他们的顶头上司、他们的辅助利益集团，以及立法监管委员会的成员。

公共组织的管理者的背景——公共组织的管理者通常都不是专业的管理者。换句话说，他们的教育背景通常是不同于商业管理的其他领域。因此，律师经营法律机构，医生经营与健康相关的机构，职业政客担任其他各种组织的领导人，见到这些一点都不足为奇。缺乏专业管理训练使公共管理者在处理一些常规管理任务时比起与他们面临同样任务的私营部门的管理者处于不利地位。

法律限制——公立组织在进行对外活动时受到很多法律限制的制约。它们只可以做法律和法规允许它们做的事情，通常禁止它们超越这些限制以追求更高的效率或效益。公立组织的内部运行受到大量程序和形式规范的约束，这些程序和规范确保公立组织对纳税人履行其所承担的责任并保证符合法律法规的要求。因此，在内部运行的时候公共组织的管理者会比私营部门的管理者受到更多的制约。私营部门的管理者对其雇员实施雇用、解雇、提拔和降职等行为都相对容易。他们可以为增加产出而新增一些员工或为削减产出而解散一些员工。通常来说，公立组织的管理者没有这种选择权。公立组织的管理者通常受到绩效考核制度的制约，严格限制其对雇员的管理。他们的一些行为有可能会需要高层权力机关甚至立法机关的批准。简而言之，公共组织的管理者在制定决策方面的弹性和权力相对要小得多。

14.5 私立非营利组织的性质

本节将讨论美国经济组成部分中的第三类：私立非营利组织。我们首先需要解答如何对这些非营利组织进行分类。然后，我们会讨论这一部门存在的经济原因。最后，将会概括非营利组织所具备的不同于私营企业和公立组织的重要特征。在本节的最后还会指出这些特征为管理者带来的艰巨挑战。

私立非营利组织的类型

私立非营利组织设立的目的、供职的事业、资金的来源、提供的服务、志愿服务的使用、规模及其顾客的性质都是各种各样的。对这些组织进行恰当的分类对于我们理解为何私立非营利组织如此多样会很有帮助。然而,这并非一件容易的事,因为这些组织类别的各个方面都是有连续性的,并不是清晰区分的不同类别。美国政府由于税收原因而对非营利组织进行了分类(参见表14-1)。还有一种尝试是从以下两个方面进行分类:(1)收入来源;(2)管理模式。[12] 从收入来源方面说,有两种非营利组织:捐赠型组织和商业型组织(见表14-2)。

表14-2　从四个层面归类非营利组织

	共同型	企业型
捐赠型	公共事业组织	美国援外合作署
	全美奥杜邦学会	美国畸形儿基金会
	政治俱乐部	艺术博物馆
商业型	美国汽车协会	美国国家地理学会[b]
	消费者协会[a]	教育考试服务中心
	乡间俱乐部	医院/私人疗养院

a.《消费者报告》(*Consumer Reports*)的发布者
b.《美国国家地理》(*National Geographic*)的发布者
资料来源:Henry Hansmann, "The Role of Nonprofit Enterprise," Yale Law Journal, vol. 89. (1980), pp. 835-901.

"捐赠型"非营利组织收入来源中的很大一部分是接受的捐赠,"商业型"非营利组织的收入来源主要或全部是销售产品和提供服务所获得的资金。就管理层面来说,存在共同型和企业型这两种类型。如果非营利组织的终极管理权掌握在赞助人(即捐款人、会员或顾客)手中,则该组织属于第一类组织。如果董事会是自主永存的,则该组织属于第二类组织。当然,这四种类型的组织之间并没有那么清晰的界限,有一些是介于两类组织之间的。例如,许多私立大学的存续主要依赖于捐款和学费,一些大学的董事会不仅包含了由校友选出的成员,还包含了一些自主永存的成员。

另一种有用的方式是从以下四个方面来对非营利组织分类:产品的性质、市场的性质、对顾客的使命焦点,以及志愿者的使用。[13]

私立非营利组织存在的原因

前面的小节讲述了为大众广泛接受的公立组织存在的四个主要原因。然而当问及私立非营利组织存在的原因时,却没有统一的答案。经济学家已对这个问题探讨了一阵子并且得出了若干种理论,这些理论可以被分为以下四类。[14]

公共物品理论——第一种理论将私立非营利组织的存在归因于政府和市场在提供公共物品方面同时失灵。[15]正如之前所探讨过的,当私营部门不能从其所提供的产品中得到收益时,私营部门便不会生产公共产品,此时,政府会介入并提供一些服务并且向纳税人征税以支付其花费的款项。然而,作为服务的提供者,政府面临着诸多限制,其中最主要的是有限的预算。因而,政府必须谨慎地选择其所要提供的公共服务的种类和数量。在一个民主化国家,政府通常会选择提供能够获得绝大多数选民支持的服务。这意味着有一部分公共需求由于无法使政府获得绝大多数选民的支持而无法被满足。理论上说,私立非营利组织是为了满足这些服务需求而成立的。

合同失灵理论——消费者在评估一些服务项目的质量上会遇到一些困难,特别是那些由专业人士提供的需要技术知识和特殊技能的服务。这些服务的**信用品质**较高。[16]当服务的接受者和购买者不是同一人时,对服务质量和数量的评估就会变得更难了。例如医疗保健服务、照料老年人服务和儿童日间照看服务等,都属于这种情况。经济学家将这种情况称为服务提供者和消费者间的**信息不对称性**。换句话说,比起消费者来说,服务提供者对服务的质量和数量都更为了解。因此,对于以营利为目的的私营企业来说,这种情况有可能会促使它们产生欺诈行为。该理论认为,由于非营利组织具有不分配资产的特征,并且营利并非非营利组织的主要目的,因此在消费者眼中这些组织更可信。出于类似的原因,捐赠者向这些组织提供时间和/或资金是因为他们认为这些组织应该会将这些捐赠物用作特定的目的。

消费者控制理论——有些私立非营利组织,例如互惠性组织,只向其特定的成员或支持者提供服务,比如城郊俱乐部,似乎并非合同失灵所导致的。[17]该理论认为,这些组织的成立是为了给予其成员更强的控制服务的质量和成本的能力,这种控制力有助于消费者避免私营企业所有者对他们的垄断性剥削。加入高级俱乐部的一个主要原因是能够获得机会结识那些品质高、联络广的理想共事者,甚至与他们合作。因此,这类高级俱乐部的所有者会向会员收取会费,这些会费不仅能够涵盖组织的运营成本,还能够体现会员间交往的价值。[18]该理论也说明了当社会服务的品质而非社会服务的价格是主要考虑因素,或当捐赠者也是消费者时,私立非营利组织的形式更受青睐的原因。例如,一些人作为歌剧团、交响乐团以及美术馆的董事会成员为组织工作,但他们也是这些服务项目的消费者,还会对产出的质量进行监督。[19]

补贴理论——三个层级的政府为私立非营利组织提供的资金占后者收入的31%。政府出资的形式有补助和合同,以便提供政府同意承担一定责任的服务产品。贷款和贷款担保是政府的另一种出资形式。除这些之外,大多数私立非营利组织享有的免税待遇,其实是政府的隐性补贴。因此,补贴是私立非营利组织资金的主要来源。也有人提出[20]这些政府补贴鼓励了私立非营利组织的成立,尤其鼓励了那些以盈利为目的的私营企业存在竞争关系的产业中设立的私立非营利组织。此时我们会提出一个重要的问题:为何政府不提供这些服务而是将这些服务业务委派给私立非营利组织?有一种观点认为主要原因是私立非营利组织可以向所提供的服务收取费用,从而可以降低政府的总花销。次要原因是私立组织的成本会低于公立组织的成本,尤其是劳动力成本。其他相关的问题是:"鉴于存在很多同私立非营利组织有同等能力的私营企业,为何政府更希望私立非营利组织提供所需的服务?"当然,政府有时也会利用私营部门提供一些服务。例如,私营企业从政府那里获得了大型的国防合约,一些私营企业现在提供监狱管理服务。在某些情形下,私立非营利组织或许是唯一的选择,或者如果成本能够更低的话,政府会倾向于选择私立非营利组织。例如,私立非营利组织或许会为理想的服务带来相匹配的捐款。[21]

这些理论从经济角度呈现了私立非营利组织存在的原因。[22]然而,私立非营利组织的存在实际上还有其他重要的非经济原因。正如托克维尔的引文里讲述的那样,除了经济原因,美国人设立私立非营利组织来表达他们的宗教、政治、社会、艺术观点,或者来推进一个也许会受欢迎的事业。换句话说,美国人通过设立私立非营利组织来行使《美国宪法第一修正案》赋予他们的自由。私立非营利组织也限制了美国多样性的宗教、道德和意识形态所带来的政治影响,协助缓解多样性所带来的紧张局势。[23]

私立非营利组织的特征和管理者面临的挑战

私立非营利组织不仅仅是美国经济的第三个组成部门,而且呈现出介于私立和公共部分之间的角色和一系列特征。从一些方面来说,它们有着同私营部分相似的特征:私立非营利组织是由公民设立和运营的并且受到大部分市场规则和市场力量的约束。另一方面,它们同公共部门也很相似,因为它们的任务是提供公共服务。本节探讨私立非营利组织的一些特征和私立非营利组织为其管理者带来的挑战。

目的/使命——私立非营利组织有两大重要特征:利润并不是其主要目的,资产受到禁止分配的限制,不能向其成员、管理人员或职员分配它所得的收入、利润或资产的任何一部分。这些组织在其设立之初就要在它们的章程里明确指出其非营利性质。[24]私立非营利组织可提供广泛的服务,这些服务大致可被分为六类:医疗保健、教育和研究、社会服务、文化和艺术、社区发展和宗教信仰。由于各种原因,一个私立非营利组织倾向于累积多种目的或使命。为增加对现有的募捐系统和服务交付系统的利用,私立非营利组织往往会增加额外的目的;只需要对它现存的系统做一点更改便可以满足这些需求。[25]目的和使命的多样性增加了管理任务的难度,尤其是如果这些目的缺乏相容性。

意识形态——意识形态可能是许多私立非营利组织设立的一个主要原因。许多组织是由拥有强烈信念的人所建立的。他们的理念激励着他们,而且他们会花费很多时间和金钱去宣传其理念。意识形态可能源自宗教信仰或哲学思想、政治信仰、不同的艺术手法,或对某一领域(比如教育、科学或儿童发展)的某个理论的认同。[26]

所有权——私立非营利组织没有所有者。私营企业归其股东所有,公立组织归政府或归公共所有,但是私立非营利组织没有所有者。这是由于所有权暗指对企业(组织)资产宣告合法权利,这显然同非营利组织的禁止分配的限制相矛盾。一旦私立非营利组织终止,其资产将会转给其他非营利组织或政府,或者它运营所在地的州或市,但永远不会转给私人。[27]

资金/资本来源——所有者或股东向私营企业提供资本和运营资金,因此他们对企业的资产和利润享有权利。因为私立非营利组织不可能有所有权人,所以它的资产和一部分的运营资金一定是来自捐赠。对许多私立非营利组织来说,资金募集是一项至关重要的活动。然而,捐赠者捐款并不是私立非营利组织资金的唯一来源,它有可能就其所提供的服务收取费用。即使这些费用不足以补足全部的成本,但它们可能是私立非营利组织收益的重要来源。例如,私立非营利医院的收益来自病人和捐款。与之相似,私立大学可能主要依靠它从学生那里所收取的学费维护运营。政府拨款和服务合同是私立非营利组织的第三大资金来源。如前所述,大部分私立非营利组织的免税待遇是政府对这些组织的隐性补贴。

管理结构——私营企业由董事会管理,其代表着股东们的权益。非营利组织由理事会管理,但由于私立非营利组织不存在所有权人,因此理事会的主要职责是监督非营利组织的使命是否完成。理事会的其他职责包括决定组织的使命和目的、制定政策和长远计划、规划财务政策和计划、任命首席执行官、发展组织的法规细则。[28]大部分私立非营利组织的理事并未因为其提供的服务得到补偿;此外,这些理事中有许多也是捐赠者。他们往往是因为政治或财务原因被选为理事,而并不是因为他们具有管理才能或对组织有深入的了解。

志愿者——志愿者是私立非营利组织劳动力的主要来源，约占37%。因此，这也给管理者带来了巨大的挑战。志愿者并不获取任何金钱补偿，他们在资金上不依赖于私立非营利组织。其中一些志愿者有可能是主要的捐赠人，因此在管理和控制志愿者时会有一定的困难。除志愿者外，私立非营利组织也可能会有付薪雇员。两种不同类型的劳动者的存在加大了管理任务的难度。

内部组织——在私立非营利组织内不会看到有像公立组织那样正式的等级分明的组织结构，也没有像私营企业内部那样明确的职权界限。尤其是大型私立非营利组织的内部组织结构更加复杂而且更少刚性。像综合大学、医院、歌剧院和社会福利机构这样的大型非营利组织往往没有明确的等级界限。[29]例如，综合大学可能存在分等级的组织结构：理事会、董事长、校长、院长、系主任，但每个院系成员（尤其是终身教授）拥有广泛的自由权，并不会像私营企业的员工那样能够被管控。大多数私立非营利组织的另一个独特特征是它们由两个职责全然不同的体系构成。其中一个系统负责资源的开发，另一个负责提供服务项目（见图14-2）。而在私营企业里这两项任务的运营只有一个体系负责。[30]例如，假设一家私立非营利组织运营一个防止艾滋病传播的针头交换方案。尽管为该方案募集资金的任务由机构的一个分支来执行，但另外一个分支负责向吸毒者分发干净的针头。采取双系统的主要原因是为了通过专业化职责来提高效率。我们可以清晰地发现，采取这种组织结构的私立非营利组织有两类外部消费者：一类是提供资金的个人、私营企业或政府，另一类是接受服务的人。私立非营利组织的这一特征增加了组织的复杂性，使管理者的工作难度加大。

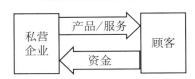

图14-2　私营企业和私立非营利企业的内部系统

资料来源：改编自David E. Mason, *Voluntary Nonprofit Enterprise Management* (New York, Plenum Press, 1984), p.65.

目标——私立非营利组织的目标通常数目繁多、含糊不明，有时甚至自相矛盾。原因之一是一些非营利组织追求的多元的目标或使命会导致多种的、很可能是自相矛盾的目标。例如，目的是帮助那些患有不治之症的受灾群众的私立非营利组织可能会面临彼此冲突的目标，即分配资源去照料那些受疾病困扰的患者和捐献资金去进行治疗方法的研究。多种目标的存在可能会导致管理层精力和能力的分散，以至于导致不理想的结果。此外，目标的含糊不清可能导致下面提到的度量问题。

度量问题——私营企业的绩效或其管理通过观察其账本就能相对简单地进行评估。换句话说,在私营部门,利润总体来说是度量效率和效益的一个可靠指标。在私营企业,利润作为一种度量被用于多个目的,例如,可以用定量分析来评价某些被提议的备选行动方案;可以用来评估管理的绩效;还可以用来比较相异单元的绩效。[31]这样一种可靠的评估方法通常不适用于私立非营利组织,因此,对这些组织来说,很难去开发出一种有效的评估和控制方法。鉴于组织的目标通常并不表现在货币方面,因此很难对它们的组织或管理绩效进行评估。除此之外还包括服务的内在本质所决定的度量困难,因为私立非营利组织几乎绝对不是制造业组织。

复杂性——复杂性是私立非营利组织管理的一个主要困难,因此需要特别强调。正如我们已经讨论的那样,许多私立非营利组织内部含有双重体系,并且可能有两类雇员和两类顾客。除此之外,私立非营利组织通常具有多种目标,这些目标很抽象并且有时自相矛盾。以上这些都增加了私立非营利组织内部和外部关系的复杂性,同时意味着控制或管理上的不稳定性。加上度量成果或绩效的重重困难,需持续地奋斗以保证得到维系组织生存的资金——我们越来越清晰地发现私立非营利组织的管理者面临巨大的挑战。

14.6 总结

美国经济由三部分组成:私营部门、公共部门和私立非营利部门。本章回顾了公立和私立的非营利组织的性质以及这些组织的管理者所面临的挑战。私营部门无疑是最重要的部门,它的雇员占全部劳动人口的绝大多数,并且它产出大部分的产品和服务。然而,其他两个部门也同样重要,这不仅出于经济原因,还出于社会和政治原因。例如,如果没有公立组织的话,将不会有任何国防措施、安全的生活区、安全的航空旅行、铺设平整的街道、公立教育、州立大学和学院、国家公园、干净的环境、对抗自然灾害(如飓风和洪水)的预警和保护机制、免受流行疾病及其他健康危险侵扰的保护,以及好多我们认为理所当然的服务。同样,如果没有私立非营利组织,博物馆、交响乐团或其他古典音乐团体、私立大学和学院、研究组织、宗教组织、慈善机构、兄弟会、专业社团和与不可治愈的疾病相抗争的组织将不会存在。简而言之,没有公立和私立非营利组织,我们所生存的社会便不会如此方便和舒适。

公立和私立非营利组织有很多共同的特征:它们都不以营利为目的;它们都服务于社会大众或某个子群;它们都是服务组织。公立服务组织是根据立法设立的联邦政府组织、州政府组织或地方政府组织。它们的主要目标是提供公共物品、管控外部性、确保公正以及公民的公平待遇、为法律秩序和经济稳定提供框架。公立服务组织由相关政府收取的税收收入来提供资金。它们在政治环境中运作,受到许多根据法律法规制定的内部及外部约束的限制,大多数情况下需接受大众的监督。这些特征给公立组织管理者带来了挑战。高级别的公共管理者通常由选举产生;其他受其管理的管理者通常是在组织内任命的。大多数公立组织的管理者通常并未受过商业经营培训,这更加大了他们面临的任务的困难。

私立非营利组织部门是介于公共部门和私营部门之间的一个部门。私立非营利组织并非由政府创建,因此它们不是公立组织。然而,总的来说,它们的目标是向公众提供服务。它们不仅提供多种服务项目,而且为多种信念和意识形态的传达提供了平台。私立非营利组织由私人公民建立,但它并没有所有权人。私立非营利组织可以从运营中取得利润,但是这些利润或资产不得分配给其职员、成员或管理者。捐款、收取的服务费和政府补助、服务合同是私立非营利组织的主要资金来源。许多私立非营利组织实行双重内部系统:一个系统负责获得资源,另一个系统负责提供服务。它们也有两类外部顾客:捐赠者和非营利组织服务的消费者。此外,许多私立非营利组织存在两类雇员：志愿者和需向其支付工资的雇员。这些特征都增加了私立非营利组织内部和外部关系的复杂性。私立非营利组织通常会追寻那些很抽象的甚至有时自相矛盾的目标。这类特征使得衡量个体或组织的绩效十分困难。最后，大多数非营利组织一直为取得足够的资金以保证组织的存续而奋斗。我们很容易看到，私立非营利管理者面临艰巨的任务。

问题讨论

1. 解释"非营利组织"的含义。
2. 解释"分配不均"的约束条件，其是否适用于公共组织？
3. 比较、对比私营企业和公立组织。
4. 比较、对比私营企业和私立非营利组织。
5. 公立非营利组织和私立非营利组织间最大的相似点是什么？
6. 公立非营利组织和私立非营利组织间最显著的差异是什么？
7. 为什么公立组织会存在？
8. 什么是"公共物品"？举例解释。
9. 什么是"外部性"？举例解释。
10. 简要阐述关于解释非营利组织为什么会出现的理论。
11. 我们需要公立组织吗？解释之。
12. 我们需要私立非营利组织吗？解释之。
13. 探讨公立组织管理者面临的最重要的挑战。
14. 探讨私立非营利组织管理者面临的最重要的挑战。

尾注

1. Alexis de Tocqueville, *Democracy in America*, edited by J. P. Mayer and Max Lerner, translated by George Lawrence, Harper & Row, New York, 1966, p. 485.

2. 关于支持或反对私立非营利组织的税收豁免资格使它们成为"公立"组织的争论有很多，更详细的讨论可参见：Andrew Stark, "The Distinction between Public, Nonprofit, and For-Profit: Revisiting the 'Core Legal' Approach," *Journal of Public Administration Research and Theory*, Vol. 21:1 (2011), pp. 3–36.

3. A few exceptions exist. For example, the U.S. Postal Service and Amtrak are quasigovernmental agencies that appear to be neither profit-making nor nonprofit.

4. 有些人可能认为"nonprofit"和"not-for-profit"有细微的差别，事实上，"not-for-profit"更准确地描述了这些组织，因为它们成立的初衷是盈利之外的原因，"nonfor-profit"可能包含一个组织没有能力盈利的含义。然而，在文献中，这两个术语的使用没有区别。

5. Katie L. Roeger, Amy Blackwood, and Sarah L. Pettijohn, *The Nonprofit Sector in Brief: Public Charities, Giving, and Volunteering* (The Urban Institute, 2011), http://www.urban.org/publications/412434.html.

6. Robert N. Anthony and David W. Young, "Characteristics of Nonprofit Organizations." in David L. Gies, J. Steven Ott and Jay M. Shafritz (Eds.), *The Nonprofit Organization:*

Essential Readings (Pacific Grove, California, Brooks/Cole Publishing Company, 1990), pp. 216–235.

7. Lester M. Salamon, "Putting the Civil Society Sector on the Economic Map of the World," *Annals of Public and Cooperative Economics*, Vol. 81:2 (2010), pp. 167–210.

8. Katie L. Roeger, Amy Blackwood, and Sarah L. Pettijohn, *The Nonprofit Sector in Brief: Public Charities, Giving, and Volunteering.*

9. 除非特别提到，本章使用的统计数据来自：U.S. Department of Labor, Bureau of Labor Statistics website, http://www.bls.gov/ (accessed 09/19/2012).

10. Michael L. Vasu, Debra W. Stewart, and G. David Garson, *Organizational Behavior and Public Management*, Second Edition (New York, Marcel Dekker, 1990), pp. 8–11; W. Glen Rowe and Mary Conway Dato-On, *Introduction to Nonprofit Management* (Los Angeles, Sage Publications, Inc., 2013), p.8.

11. 这个特征和以下四个特征改编自：James E. Swiss, *Public Management Systems: Monitoring and Managing Government Performance* (Englewood Cliffs, NJ, Prentice Hall, 1991), pp. 6–8.

12. Henry Hansmann, "Economic Theories of Nonprofit Organization," in Walter W. Powell, (Ed.), *The Nonprofit Sector: A Research Handbook* (New Haven, CT, Yale University Press, 1987), pp. 27–42.

13. Robert D. Hay, *Strategic Management in Nonprofit Organizations* (New York, Quorum Books, 1990).

14. 关于这些理论更详细的讨论可参见以下资源：Henry Hansmann, "Economic Theories of Nonprofit Organization"; Estelle James and Susan Rose-Ackerman, The Nonprofit Enterprise in Market Economics, (London, Harwood Academic Publishers, 1986); Lester M. Salamon, *Partners in Public Service: Government- Nonprofit Relations in the Modern Welfare State* (Baltimore, The Johns Hopkins University Press, 1995).

15. Burton Weisbrod, "Toward a Theory of the Voluntary Nonprofit Sector in a Three-Sector Economy," in Burton Weisbrod (Ed.), *The Voluntary Nonprofit Sector* (Lexington, MA, D.C. Heath, 1977), pp. 51–76.

16. 参见：Chapter 3, "Customers: The Focus of Service Management," for a discussion of credence qualities as well as search and experience qualities.

17. Henry Hansmann, "The Role of Nonprofit Enterprise," *Yale Law Journal*, Vol. 89 (1980), pp. 835–901.

18. Hansmann, "Economic Theories of Nonprofit Organization."

19. James and Rose-Ackerman, *The Nonprofit Enterprise in Market Economics*, p. 23.

20. 例如参见：Eugene Fama and Michael Jensen "Agency Problems and Residual Claims," *Journal of Law and Economics*, Vol. 26 (June 1983), pp. 327–350.

21. James and Rose-Ackerman, *The Nonprofit Enterprise in Market Economics*, p. 30.

22. 还有一些其他理论解释了私立非营利组织存在的原因，关于其中一些的讨论，可参见：Vladislav Valentinov, "The Economics of Nonprofit Organization: In Search of an Integrative Theory," *Journal of Economic Issues*, Vol. XLII No. 3 (September 2008), pp. 745–761.

23. David C. Hammack and Dennis R. Young "Perspectives on Nonprofits in the Marketplace," in David C. Hammack and Dennis R. Young, (Eds.), *Nonprofit Organizations in a Market Economy* (San Francisco, Jossey-Bass Publishers, 1993), 1–19.

24. L. Howard Oleck, *Nonprofit Corporations, Organizations, and Associations*, Fifth Edition (Englewood Cliffs, NJ, Prentice Hall, 1988), p. 5.

25. David E. Mason, *Voluntary Nonprofit Enterprise Management* (New York, Plenum Press, 1984), p. 128.

26. James and Rose-Ackerman, *The Nonprofit Enterprise in Market Economics*, p. 51.

27. Anthony and Young, "Characteristics of Nonprofit Organizations."

28. Thomas Wolf, *Managing a Nonprofit Organization* (New York, Fireside, Simon and Schuster, 1990), p. 29.

29. James and Rose-Ackerman, *The Nonprofit Enterprise in Market Economics*, p. 75.

30. Mason, *Voluntary Nonprofit Enterprise Management*, p. 63.

31. Anthony and Young, "Characteristics of Nonprofit Organizations."

第 15 章 服务的需求预测分析
第 16 章 车辆路径规划和调度
第 17 章 项目管理
第 18 章 线性规划与目标规划在服务中的应用
第 19 章 服务库存系统

第15章 服务的需求预测分析

15.1 引言

每天,管理者在不知道未来会发生什么的情况下做决策。

预测的主要目的是做出良好的估计。这一章解释了为何预测对于服务运营如此重要、预测哪种服务产出,以及影响预测方法选择的因素有哪些。同时,本章提出了一系列的预测模型,例如指数平滑法、移动平均法、时间序列外推法和线性回归。

好的预测对所有种类的生产体系来说都是一种重要的输入,因为它是计划的基础。服务种类繁多,如果缺乏谨慎的需求预测分析,那么它们将会非常混乱。在这一章里,我们将简要描述一些与制造业企业非常不同的情况。

产能固定而需求却大幅波动

如果一个服务组织拥有范围相对固定的产能,而对其服务的需求却大幅波动,那么它必须制定相应的策略来防止当需求低的时候产能被闲置浪费。同时,当需求超出产能的时候,组织也要寻求一种妥善对待顾客的方法。例如,南佛罗里达州的网球俱乐部通常在夏季的时候只有很低的活动量,所以网球场的利用率通常只有25%,这时,可以建立低价的夏季会员制度、网球"夏令营"、竞赛派对、公司竞赛,以及其他的短期活动班来保证网球场的使用率。而在冬天当需求过量时,可以利用高价策略来缩减需求。另外,安排一些派对、巡回比赛,或者与有网球场地可用的俱乐部进行比赛等活动,将需求转移到其他的场地设施,会有助于减少顾客的流失。

不能持有库存的服务系统

使制造业易于对需求波动做出调节的特性之一就是在较长时期内持有库存的能力。虽然许多"物化"的服务(比如录音带、书籍、地图以及输血所需的血液等)能够以库存的形式保存,但大部分的服务是无形的,是在产出的过程中被消费的。对于无形的服务来说,产能必须与需求密切匹配。延迟提供服务将会带来销售额的损失或者顾客的不满。

15.2 作为运营计划基础的需求预测分析

需求预测是一切计划的起点。如果产品或服务对一个组织来说是新的,那么必须对是否应该生产该产品进行评估。在初步的需求预测中,产品设计不是一个必要的步骤。该组织需要一开始就决定对这个新产品是否有潜在的需求,或者合理地估计这个产品在市场中大致能够占据多少份额。因此,需求预测时仅仅需要产品的概念。在产品或服务已经仔细设计出来之后,需求预测可以在与同类产品的比较中得出的产品优势或差异的基础上进行修正。

需求预测提供了组织所能出售的服务数量的估计,这个估计受限于服务的需求和该组织的潜在产能。可出售的服务数量的预测必须基于一个大致的价格。因此,**总的年度收益**能够由需求预测推导出来。收益的预测对于决定一项服务是否应该投入市场来说是非常重要的。这样就可以进行年度预算和分解分析。

初步的年度预算主要基于产出量和营销计划来制定。图 15-1 展示了作为盈利计划的组成部分的各项收入和费用,其中一个是制造业企业,另一个是服务业企业——一家航空公司。

15.3 预测哪种服务产出?

对于制造业产品,预测显然是针对产品单位数而言的。制造中间产品时,需求预测分析的单位可能是吨(钢铁行业)、磅(化工行业)、平方英尺(纺织品、墙板),或者其他类似的物理单位和产出单位(汽车、齿轮等)。所有这些产品都被定义为"可数的"。但是服务呢?医院可能可以数出车祸受害者的紧急手术次数,但这些手术在性质和时间上的差别可能非常大。咨询公司可能很想对服务进行需求预测,但是不同的项目在时间和复杂性上差别可能很大。尽管服务管理者也许可以对顾客数量进行相当准确的预测,但服务的组成和服务性质之间的差异可能相当大。因此,服务预测的单位有:

- 顾客数量;
- 服务时长;
- 服务种类和每一种的数量(餐饮、手术、缝纫、房地产交易、银行服务、金融项目、修理工作,等等);
- 服务提供的产品单位(汽油的"加仑"、拨号电话的数量、售出报纸的数量)。

在制造业和服务业的预测中有一个有趣的区别,那就是,制造业的净需求等于销售额减去退货额,在大部分的服务业(除了零售和批发)中,服务消失了或者被消费完了,以至于"双向"的交易只发生在顾客拒绝为不满意的服务付费的时候。

15.4 选择预测方法的影响因素

预测方法的选择,就像大多数运营决策一样,是一种经济选择行为。因此,必须从成本—收益的角度来考虑各种方法。选择预测方法应该考虑的因素有:

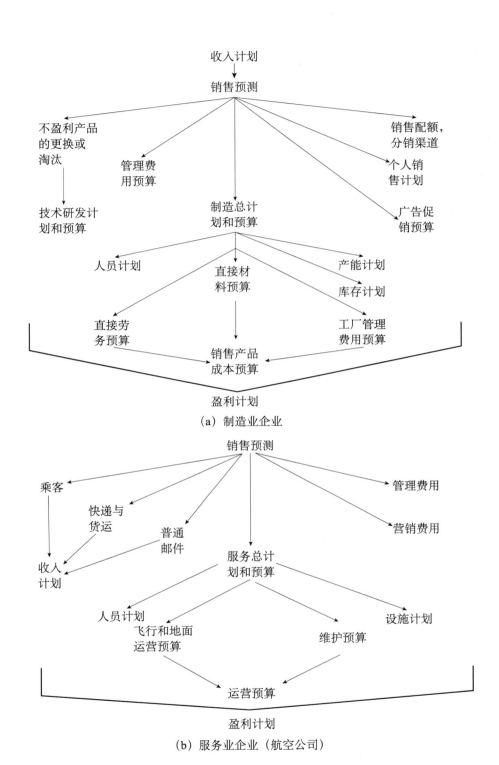

图 15-1 销售预测作为运营计划的基础

1. 时间
   a. 预测的跨度
   b. 需要预测的紧迫性
   c. 需要更新的频率
2. 资源需求
   a. 企业用的数学处理水准
   b. 计算机资源
   c. 财力资源
3. 输入特点
   a. 历史数据的可用性
   b. 变化和波动的范围与频率
   c. 外部稳定性
4. 输出特点要求
   a. 分解的细节和程度
   b. 准确性

选择一种预测方法

许多服务的产出数量会基于每日的某时、每周的某日、每月的某周，或者每年的某月，而发生较大的波动。影响服务需求的其他特定的随机因素有：天气、特殊新闻、热卖物品、经济形势、名人效应、医学研究报告、法律解释的改变，比如税收会计服务。假期和假期的前后几天往往都会造成惊人的效应。

在许多情况下，服务预测要求一小时一小时地或者一天一天地预测，以及这些预测的加总。而在制造业中，一周一周地、一月一月地预测，以及它们的加总则更加常见。这意味着，在服务业中必须更频繁地给出短期预测。基本上，所有的预测技术可以分为以下四类：

- 判断
- 计数
- 时间序列
- 关联或因果

使用**判断**的方法来预测时，管理者会综合利用经验、对市场的心理评估、直觉、个人价值体系、猜想以及专家的观点来进行预测。

计数——意味着数出人们将要购买或者声称要购买的数量，可以通过对目标人群（即潜在顾客群体）的随机样本来获取。通过这样的调查，预测可能会出现错误，因为人们在调查之后可能会改变心意，或者没有或者不能真实地填写问卷。

时间序列——一个时间序列就是对感兴趣的变量（例如，对一项服务的需求或者原油的价格）的一组数字观测，这一观测在有规则的时间间隔内获得（例如，每天、每周、每月等）。基于时间序列的技术运用数学模型对感兴趣的变量的未来数值做出定量估计，需要假设未来的数值是历史数据的函数。换言之，这些模型考察一段时间内已经发生的情况，并基于以往的数据进行预测。这种方法的一个弱点就是未来的新的因素可能推翻这个预测结果。

关联或因果——这种方法试图找到感兴趣的变量(因变量)和另一个或多个变量(独立的或者解释变量,能够影响或者导致因变量发生改变)之间的关系。线性回归方法、简单或多重回归,是最常使用的技术。割草机销售的因果模型可能包含一些因素,如新房的建立、广告预算和竞争对手的价格。

尽管许多定量和数学预测包含一定的主观性,一些研究者仍然相信预测分析应该更多地基于定量预测的输出数据而不是我们的主观判断。Ashton已经得出结论,在许多案例中,即使最简单的定量分析也优于专家们无结构的主观判断。另外,用主观判断的方法来调整定量的预测往往会降低预测的精确度。[1] 这是因为主观判断的方法更容易形成偏见,而管理者在收集信息和维持变量之间关系的一致性的能力上是有限的。[2]

尽管每种预测技术都有优缺点,但每种预测的情境也会受到时间、资金、能力或者数据的限制。根据每种预测情境所受到的限制和要求来平衡每种技术的优缺点,是一项重要且艰难的管理任务。这个任务就是找到最适合某种特定情境的预测技术。

15.5 时间序列预测模型

时间序列是一系列时间间隔均匀(每小时、每天、每周、每月等)的数据点。例如:笔记本的周销售量,航线的季度收益,医院每月接收的病患数量,都市地铁的每日乘客量。用时间序列数据进行预测意味着未来的数值完全可以根据过去的数值来估计,而其他变量的影响已经都被纳入时间序列中的过去行为中。

时间序列的分解

分析时间序列表明需要将过去的数据拆解成不同的组成部分,然后再将它们向未来推演。典型的时间序列有四个成分:长期趋势、季节性、周期性和随机变动。

1. **长期趋势**是数据随时间逐渐向上或向下的变动(见图15-2)。

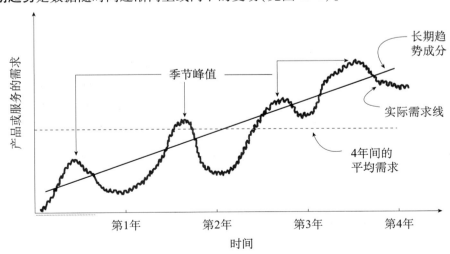

图15-2 为期4年带长期趋势和季节变动的需求变化图

资料来源:Jay Heizer and Barry Render, *Operations Management*, 10th Edition (Upper Saddle River. NJ, Prentice Hall, 2011), p.109.

2. **季节性**是在一年或更短的时间内高于或低于趋势线的一种有规律的波动,季节变动可能是也可能不是由于季节变化引起的。例如,玩具的销售额由于假期礼物的购买而在11月或12月达到峰值。然而,快餐店顾客的数量却在一天中特定的时间(即早餐、午餐和晚餐时间)达到顶峰,但在一年中的任何一天我们都可以观察到这种变化模式。

3. **周期性**是以若干年为周期的变动模式,它经常和经济周期相关联。

4. **随机变动**是偶然机会和特殊情况引起的数据扰动,它们不遵循任何可识别的模式。在大多数模型中,预测者会假定这种随机扰动可以通过时间平均来抹平。然后,他们集中关注季节变动因素以及由长期趋势和周期性组合在一起的因素。

移动平均数

如果我们可以假定在一段时间内服务需求相当稳定,**移动平均数**就会变得很有用。通过将过去4个月的需求总和除以4,我们得出了4个月的移动平均数。每过一个月,就将最近的一个月的数据加入进来,而把最早的那个月的数据去掉,这样做会平滑掉数据中的短期不规则扰动。简单的移动平均数(作为下一期需求的估计值)可以用数学公式表达为:

$$\text{移动平均数} = \frac{\sum \text{前 } n \text{ 期的需求}}{n} \tag{15.1}$$

这里 n 是移动平均的期数,比如4、5、6个月,相应地,就会得出4、5、6个月的移动平均数。

例如,Donna园艺店的顾客需求如下表所示,一个3个月的移动平均数预测在右边显示出来。

月	实际棚屋销量	3个月的移动平均数
1月	10	
2月	12	
3月	13	
4月	16	$(10+12+13)/3 = 11\frac{2}{3}$
5月	19	$(12+13+16)/3 = 13\frac{2}{3}$
6月	23	$(13+16+19)/3 = 16$
7月	26	$(16+19+23)/3 = 19\frac{1}{3}$
8月	30	$(19+23+26)/3 = 22\frac{2}{3}$
9月	28	$(23+26+30)/3 = 26\frac{1}{3}$
10月	18	$(26+30+28)/3 = 28$
11月	16	$(30+28+18)/3 = 25\frac{1}{3}$
12月	14	$(28+18+16)/3 = 20\frac{2}{3}$

加权移动平均数

如果有长期趋势或模式,加权可以更多(或更少)地关注最近的数值。这一技术可以更好地反映变化,因为越近的时期,加权的分量可以相对越重(或越轻)。决定权重大小需要较为丰富的经验以及一点运气。加权的选择在某种程度上是有随意性的,因为没有固定的公式来确定它们。如果最近的月份或时期加权太重的话,预测可能在需求或销售模式上很快呈现出不同寻常的改变。

加权移动平均数可以用以下数学公式来表达：

$$\text{加权移动平均数} = \frac{\sum(\text{第}i\text{期的权重}) \times (\text{第}i\text{期的需求})}{\sum \text{权重}} \quad (15.2)$$

例如，使用上表所示的需求，Donna 园艺店决定计算出最近 3 个月的加权移动平均数来预测需求：

权重	时期
3	上一个月
2	上两个月
1	上三个月

加权移动平均的预测结果如下表所示：

月	实际棚屋销量	3 个月的加权移动平均数
1 月	10	
2 月	12	
3 月	13	
4 月	16	$[(3 \times 13) + (2 \times 12) + (10)]/6 = 12\frac{1}{6}$
5 月	19	$[(3 \times 16) + (2 \times 13) + (12)]/6 = 14\frac{1}{3}$
6 月	23	$[(3 \times 19) + (2 \times 16) + (13)]/6 = 17$
7 月	26	$[(3 \times 23) + (2 \times 19) + (16)]/6 = 20\frac{1}{2}$
8 月	30	$[(3 \times 26) + (2 \times 23) + (19)]/6 = 23\frac{5}{6}$
9 月	28	$[(3 \times 30) + (2 \times 26) + (23)]/6 = 27\frac{1}{2}$
10 月	18	$[(3 \times 28) + (2 \times 30) + (26)]/6 = 28\frac{1}{3}$
11 月	16	$[(3 \times 18) + (2 \times 28) + (30)]/6 = 23\frac{1}{3}$
12 月	14	$[(3 \times 16) + (2 \times 18) + (28)]/6 = 18\frac{2}{3}$

在这个特定的预测情境中，将最近月份的加权数增加，将会使预测的结果更加准确一些。

简单的和加权的移动平均数都有助于对需求模式的突然变动得出较为稳定的分析。然而，移动平均数不是没有问题。随着 N（平均的期数）的增加，确实会使波动更为平滑，但是这会使这种方法对数据的实际变化不敏感。另外，简单的移动平均数不能很好地找出长期趋势。因为它们是平均数，它们总是处于过去的阶段，而不会预测一个变化是处于更高还是更低的水平。

图 15-3 描绘的是前面例子所得出的数据，显示出了移动平均数模型的滞后性。

指数平滑法

指数平滑法是一种预测移动平均数的方法，这种方法使用起来很简单，并且可以在电脑上高效处理。基本的指数平滑方程可以表示为：

$$\text{新的预测} = \text{上期的预测} + \alpha(\text{上期的实际需求} - \text{上期的预测}) \quad (15.3)$$

α 是一个权重，或一个**平滑常数**，它的值介于 0 到 1 之间，包含 0 和 1。方程(15.3)也可以用数学公式写成：

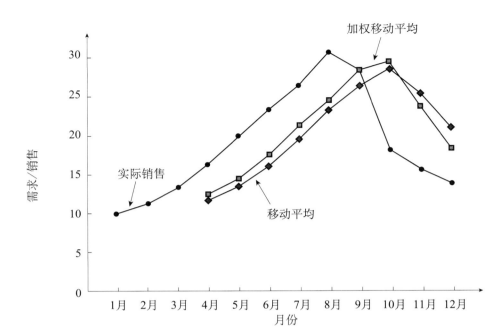

图15-3　Donna 园艺店的实际需求、移动平均需求和加权移动平均需求

资料来源：Jay Heizer and Barry Render, *Operations Management*, 10th Edition,（Upper Saddle River. NJ, Prentice Hall, 2011), p. 112.

$$F_t = F_{t-1} + \alpha(A_{t-1} - F_{t-1})$$

这里：

F_t = 新的预测；

F_{t-1} = 上期的预测；

α = 平滑常数；

A_{t-1} = 上期的实际需求。 (15.4)

这个概念并不复杂，最近的需求预测是上期的预测结合一部分预测误差的调整。这个误差是上期的实际需求和上期的预测之间的差值：($A_{t-1} - F_{t-1}$)。

举个例子来说，在 1 月，一个汽车经销商预测福特野马 2 月的需求是 142 辆，实际上 2 月的需求是 153 辆。令平滑常数 α 为 0.20，我们可以用指数平滑模型对 3 月的需求进行预测，带入方程，我们可以得到：

$$3\text{ 月需求的新的预测} = 142 + 0.20 \times (153 - 142) = 144.2$$

因此，对福特野马 3 月需求的最新预测大约是 144 辆。

平滑常数 α 可以改变，增加最近数据的权重（当它较大时），或者增加过去数据的权重（当它较小时）。α 越接近于 0，这一期的预测就越接近于上一期的预测。这和常规的移动平均数不同，常规的方法在进行下期预测时，所有的数据都是相同的权重。

选择平滑常数——指数平滑法易于使用并且已经成功地应用于大量服务企业。然而，合适的平滑常数 α 值却可以使预测变得准确或者不准确。在选择平滑常数的值时，我们的目标就是获得最准确的预测。预测模型的整体准确性可以通过对预测值和实际值或观察值之间的差异来决定。

预测误差可以定义为：

$$预测误差 = 实际需求 - 预测值 \tag{15.5}$$

该模型的整体预测误差的一种衡量方法是**平均绝对误差法**（mean absolute deviation, MAD）。它是通过计算个体预测误差的总和，然后除以期数（n）得出的。

$$\text{MAD} = \frac{\sum |预测误差|}{n} \tag{15.6}$$

现在我们运用这个概念对 α 的两个数值进行尝试和检验。

巴尔的摩港在过去的 8 个季度里通过货船到岸卸载了大量的谷物粮食。这个港口的运营经理想用指数平滑法来考察预测技术在预测到岸卸载吨位上表现如何。他认为第 1 季度的到岸卸载吨位预测为 175 吨。α 的值有两个，$\alpha = 0.10$ 和 $\alpha = 0.50$。表 15-1 显示了实际吨位，给出了两个 α 值下的预测数（整数吨），以及两个预测数的绝对误差。

基于这样的分析，平滑常数 $\alpha = 0.10$ 要优于 $\alpha = 0.50$，因为它的 MAD 的值要更小一些。实际上，典型值应该在 0.10 到 0.30 的范围之内。一个简单的电脑程序有助于预测可能的平滑常数，并找到 α 的最佳值。

表 15-1 巴尔的摩港指数平滑法的 MAD 计算表

季度	实际到岸卸载吨位	预测取整 $\alpha = 0.1$	误差绝对值 $\alpha = 0.1$	预测取整 $\alpha = 0.5$	误差绝对值 $\alpha = 0.5$
1	180	175	5	175	5
2	168	176	8	178	10
3	159	175	16	173	14
4	175	173	2	166	9
5	190	173	17	170	20
6	205	175	30	180	25
7	180	178	2	193	13
8	182	178	4	186	4
		误差绝对值求和	84		100

$$\text{MAD} = \frac{\sum |预测误差|}{n} = 10.5 \quad \text{MAD} = 12.50$$

资料来源：Jay Heizer and Barry Render, *Operations Management*, 10th Edition (Upper Saddle River. NJ, Prentice Hall, 2011), p. 114.

除了 MAD，还有三种可以判断历史预测误差的方法。第一种是**均方误差**（mean squared error, MSE），是指预测值与观察值的差异的平方的平均值。第二种是**平均绝对误差百分比**（mean absolute percent error, MAPE），是指预测值与观察值之间的绝对误差占预测值的百分比的平均值。第三种是**偏误**（bias），说明预测值是过高还是过低，并给出具体数值。实际上，偏误提供了平均总误差以及误差方向。

时间序列外推法和季节调整

时间序列外推法是一种使用历史数据点的趋势线来推测中长期的未来的技术手段。这里只介绍线性（直线）趋势线。

如果我们决定通过精确的统计方法获得一条线性的趋势线,可以使用**最小二乘法**。这种方法在每一本统计学导论书里都有详细描述,给出一条直线,最小化每个点垂直方向上的误差的平方总和。我们可以用以下等式描述这条线。

$$\hat{y} = a + bx \tag{15.7}$$

其中:
$\hat{y}$ = 计算要预测的服务需求量(因变量);
$a = y$ 轴截距;
b = 回归线斜率(或者单位 x 增量下的 y 的变化率);
x = 自变量(本案例中指时间)。

斜率如下所示:

$$b = \frac{\sum xy - n\bar{x}\bar{y}}{\sum x^2 - n\bar{x}^2} \tag{15.8}$$

y 轴截距如下所示:

$$a = \bar{y} - b\bar{x} \tag{15.9}$$

下面的例子显示如何使用这些概念。下面表格中显示的数据是一款热门的财务软件从2006年到2012年每年的需求量。现在让我们来用这些数据来构建一条趋势线,并且预测2013年的需求。

年份	软件销售量
2006	74
2007	79
2008	80
2009	90
2010	105
2011	142
2012	122

由于数据随着时间而变化,我们通过把时间 x 转化成简单的数值来减少计算量。因此,2006 可以标为年份 1,2007 标为年份 2,等等。

年份	时间(x)	软件需求(y)	x^2	xy
2006	1	74	1	74
2007	2	79	4	158
2008	3	80	9	240
2009	4	90	16	360
2010	5	105	25	525
2011	6	142	36	852
2012	7	122	49	854
	$\sum x = 28$	$\sum y = 692$	$\sum x^2 = 140$	$\sum xy = 3\,063$

$$\bar{x} = \frac{\sum x}{n} = \frac{28}{7} = 4$$

$$\bar{y} = \frac{\sum y}{n} = \frac{692}{7} = 98.86$$

$$b = \frac{\sum xy - n\bar{x}\bar{y}}{\sum x^2 - n\bar{x}^2} = \frac{3\,063 - 7 \times 4 \times 98.86}{140 - 7 \times 4^2} = \frac{295}{28} = 10.54$$

$$a = \bar{y} - b\bar{x} = 98.86 - 10.54 \times 4 = 56.70$$

因此,最小二乘法回归线是 $\hat{y} = 56.70 + 10.54x$。为了预测 2013 年的需求,首先确定 2013 年的 $x = 8$,然后代入回归得到的等式中:

预测的 2013 年销量为 $\hat{y} = 56.70 + 10.54 \times 8 = 141.02$,或者 141 份软件销量

我们能通过类似的方法评估其他年份的软件销量。比如,2014 年:

预测的 2014 年销量 $\hat{y} = 56.70 + 10.54 \times 9 = 151.56$,或者 152 份软件销量

为了验证模型的有效性,绘制如图 15-4 所示的历史需求和趋势线。在这个案例中,我们注意到 2011—2012 年的需求扰动并且尝试去解释它。

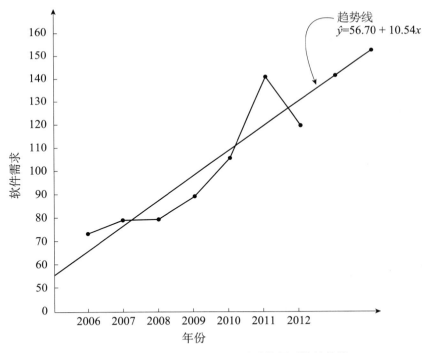

图 15-4　财务软件需求以及通过计算得到的趋势线

资料来源:改编自 Jay Heizer and Barry Render, *Operations Management*, 10th Edition (Upper Saddle River. NJ, Prentice Hall, 2011), p. 121.

从刚才这个例子可见,时间序列预测需要观察时间序列数据随着时间而变化的趋势。然而有时候一年中某些季节反复出现的变化使得在趋势线预测的基础上有必要进行季节性调整。比如,

对煤、石油的需求通常在寒冷的冬季达到高峰。而对高尔夫俱乐部或防晒霜的需求则在夏季最高。按月或者按季度进行数据分析使得季节性模式的识别变得容易。季节性指数能够使用一些常见的方法得到。下面这个例子展示了一种从历史数据中计算季节因子的方法。某品牌的平板电脑 2011—2012 年每个月的销量在表 15-2 中显示。这张表也显示了如何计算季节指数。

表 15-2 某平板电脑从 2011 到 2012 的月销量

月份	销量(台) 2011 年	销量(台) 2012 年	2011—2012 年同月平均销量	月均销量[a]	季节指数[b]
1 月	80	100	90	94	0.957
2 月	75	85	80	94	0.851
3 月	80	90	85	94	0.904
4 月	90	110	100	94	1.064
5 月	115	131	123	94	1.309
6 月	110	120	115	94	1.223
6 月	100	110	105	94	1.117
8 月	90	110	100	94	1.064
9 月	85	95	90	94	0.957
10 月	75	85	80	94	0.851
11 月	75	85	80	94	0.851
12 月	80	80	80	94	0.851
			总平均需求 = 1 128		

a 月均销量 = $\frac{1\,128}{12}$ = 94

b 季节指数 = $\frac{2011—2012 年同月平均销量}{月均销量}$

假设我们使用趋势线方程预测 2013 年度平板电脑的需求是 1 200 台。使用这些季节指标，我们可以预测每个月的需求如下：

1 月：$\frac{1\,200}{12} \times 0.957 = 96$ 7 月：$\frac{1\,200}{12} \times 1.117 = 112$

2 月：$\frac{1\,200}{12} \times 0.851 = 85$ 8 月：$\frac{1\,200}{12} \times 1.064 = 106$

3 月：$\frac{1\,200}{12} \times 0.904 = 90$ 9 月：$\frac{1\,200}{12} \times 0.957 = 96$

4 月：$\frac{1\,200}{12} \times 1.064 = 106$ 10 月：$\frac{1\,200}{12} \times 0.851 = 85$

5 月：$\frac{1\,200}{12} \times 1.309 = 131$ 11 月：$\frac{1\,200}{12} \times 0.851 = 85$

6 月：$\frac{1\,200}{12} \times 1.223 = 122$ 12 月：$\frac{1\,200}{12} \times 0.851 = 85$

为简单起见，在刚才的例子中忽略了趋势计算。下面的例子展示了如何用这些已经计算出来的季节指数来调整趋势线的预测值。

医院预测的例子：作为另一个趋势线估计与季节性调整的例子，我们从一家医院 66 个月的成人住院天数的数据得到下面这个方程：

$$\hat{y} = 8\,091 + 21.5x$$

其中：

y = 住院病人天数；

x = 时间（月）。

基于这个模型，医院预测接下来的第 67 个月的住院病人天数 = $8\,091 + 21.5 \times 67 = 9\,532$。

在这个模型中，我们看到在住院服务需求上轻微的向上趋势，季节性因素被忽视了，虽然管理员知道它的存在。表 15-3 提供了一些国内典型的医院季节性住院天数指标。1 月、3 月、7 月和 8 月的平均住院天数明显更高，然而 2 月、9 月、11 月和 12 月显示出比较低的住院天数。

为了修正季节性时间序列外推，医院应该将每月的预测乘以一个合适的季节指数。因此，对于第 67 个月，也就是 1 月：

$$住院病人天数 = 9\,532 \times 1.04 = 9\,913（趋势与季节性预测）$$

使用这种方法，可以预测从 1 月到 6 月的住院天数（第 67—72 个月）为 9 913、9 266、9 766、9 596、9 618、9 639 天。把季节性影响考虑进去可以给出一个更好的住院病人天数的预测和更精确的预算。

表 15-3　住院病人天数的典型季节指数

月份	季节指数
1 月	1.04
2 月	0.97
3 月	1.02
4 月	1.00
5 月	1.00
6 月	1.00
7 月	1.03
8 月	1.04
9 月	0.96
10 月	1.00
11 月	0.96
12 月	0.98

15.6　因果（关联性）预测、回归分析

在**因果或关联性预测模型**中，通常需要考虑几个与预测变量有关的变量。在发现这些相关变量之后，可以创建统计模型，并将其用于相关变量的预测。

在因果分析中可以考虑多种因素。比如，产品的销量可能会受到企业广告预算、产品定价、竞争产品的价格、促销策略，乃至经济形势和失业率等因素的影响。在这种情况下，销量可以被称为**因变量**，其他变量可以被称为**自变量**。管理者的职责在于确立销量与自变量之间的最佳统计关系。最常见的定量因果预测模型是**线性回归分析**。

我们可以使用之前用最小二乘法在时间序列外推预测中用过的那种数学模型，进行简单的线性回归分析。

我们仍然把想要预测的因变量设为 y。但现在自变量 x 不再表示时间。[3]

$$\hat{y} = a + bx$$

其中：
$\hat{y}$ = 因变量的值，这里为销量；
a = y 轴的截距；
b = 回归线斜率；
x = 自变量。

举例来说，在沙茨建筑公司翻修佛罗里达州冬季公园（Winter Park）旧房的案例中，公司发现翻修工程的费用取决于冬季公园员工的薪水。以下表格列出了沙茨建筑公司的项目收入和过去六年里冬季公园员工的薪水总额。

沙茨建筑公司的收入（十万美元）	员工薪水总额（亿美元）
y	x
2.0	1
3.0	3
2.5	4
2.0	2
2.0	1
3.5	7

通过最小二乘法回归分析，我们可以发现：

$$\hat{y} = 1.75 + 0.25x$$

或

$$项目收入 = 1.75 + 0.25 \text{ 倍的薪水总额}$$

假设当地商会估计冬季公园员工明年的薪水总额是 6 亿美元，我们可以使用回归方程预测沙茨建筑公司的项目收入。

$$项目收入预测 \hat{y} = 1.75 + 0.25 \times 6 = 1.75 + 1.50 = 3.25（十万美元）$$

或

$$项目收入 = 3\,250\,000（美元）$$

本案例的最后一部分表明了因果预测法（如回归分析法）的一个突出弱点。即便我们已经进行了回归方程计算，在预测下期的因变量 y 之前，还是必须对自变量 x（本案例中指的是薪水总额）做出预测。我们可以想象出预测一些常见自变量（如失业率、GNP、物价指数等）未来数值的困难程度，虽然并非所有的预测都会遇到这些困难。

15.7　常用预测方略

预测服务需求时，有三种常用方略，可以用到上面讨论过的各种技巧。

从系统到子系统的基础方略

需求预测的基础方法可能涉及本章所述各种技巧的组合应用。它包括对经济形势的预测，然后是对行业销量的预测（取决于经济形势），最终是对企业销量的预测（取决于行业销量）。

经济形势预测→行业需求预测→企业需求预测

举例来说,如果下一年度行业需求预测值为 12 220 万美元,公司的市场份额预测值为 2%,那么需求预测值就是 2 444 万美元。

大部分企业无力供养经济学家,所以它们的市场部可以在有需求时购买经济形势和行业预测报告,也可以使用《商业周刊》(*Business Week*)、《华尔街日报》(*The Wall Street Journal*)、《福布斯》(*Forbes*)、政府出版物或预测机构出版物中的经济形势和行业预测报告。

在预测行业需求时,经济学家可能会使用上年度的需求数据,并根据下一年度经济形势的预测调整行业需求的预测值。我们可以从美国商务部每年公布的《美国行业概览》(*U. S. Industrial Outlook*)或其他商业出版物中看到对行业需求的预测。而且大多数行业都有同业公会[参见圣智学习出版公司旗下 Gale 出版的《协会百科全书》(*Encyclopedia of Associations*)],它们也可能会对行业需求做出预测。位于俄亥俄州克利夫兰市的 Predicasts 公司也会发表独立的行业研究报告。

对于新企业来说,需求预测取决于对企业开业第一年可能取得的市场份额的预测。这取决于产品或服务的使用价值、产品或服务的差异度、新企业的竞争优势和新企业的营销方案。新企业在已经健全的市场上的起始份额通常都很小,应作保守估计。

从总体到局部的预测方略

饭店经理也许会先预测总的顾客数量,然后预测晚餐、午餐和早餐的数量。汽修店也许会先预测每年总的工作岗位数量,然后预测各种岗位的数量。涂装公司也许会先预测下个月的工作总量,然后预测住宅数量和商业工作数量。如果人们可以先预测出服务的总体数量,那么就可以预测出局部数量的大致范围,对局部的预测也就变得更加容易。

从总体到局部的预测可以建立在以下基础上:
1. 服务分解
    a. 服务种类或类型
    b. 服务时间(按照一天中的时间或一周中的天数)
2. 市场分解
    a. 地域分解
    b. 产业、政府、消费部门
    c. 整个市场的产业分类
3. 按服务提供者分解:对提供服务的每个人或每个店的预测

从局部到总体的预测方略

在进行总体预测时,如果每个局部都可以预测,那么把这些预测加在一起,总体预测结果可能就会更精确。在上一小节中,我们已经讨论了组成总体的各个局部。

在预测中使用 POM for Windows 软件包

本章中讨论的所有预测技巧都可以应用于 POM for Windows 预测模型。图 15-5 显示了 Donna 园艺店供给案例中的加权移动平均预测和相关统计数据。图 15-6 显示了误差与预测的详细信息。图 15-7 和图 15-8 显示了在财务软件案例中应用所有相关统计数据时 POM for Windows 的时间序列趋势线输出。

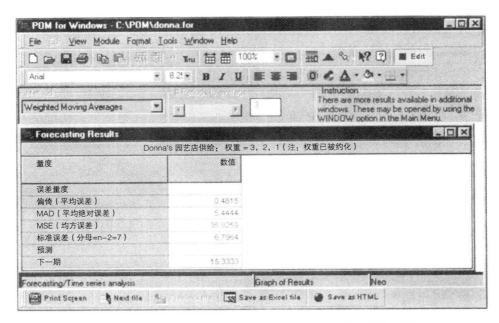

图 15-5　运用 POM for Windows 解决 Donna 园艺店供给问题

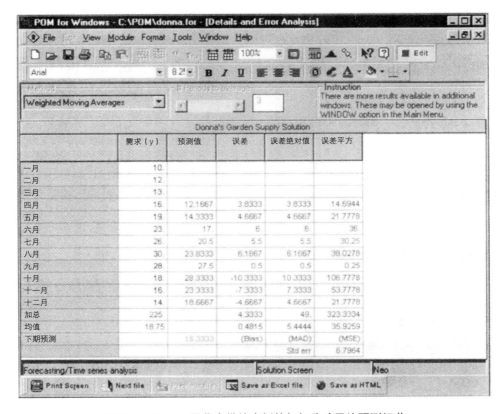

图 15-6　Donna 园艺店供给案例的加权移动平均预测细节

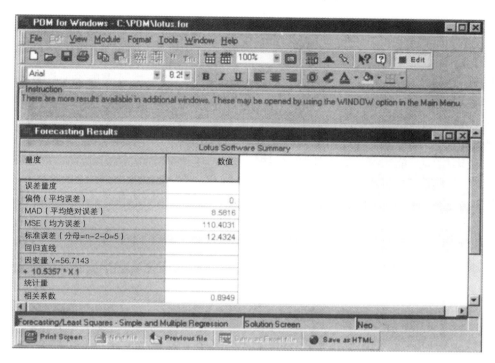

图 15-7　财务软件案例的 POM for Windows 解决方案

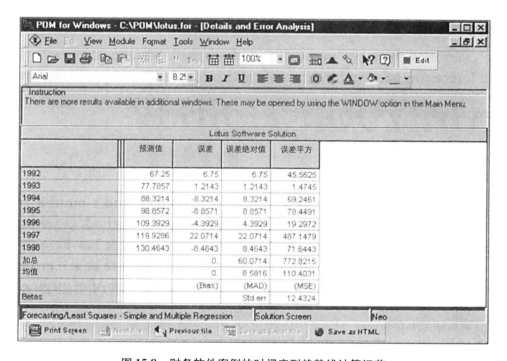

图 15-8　财务软件案例的时间序列趋势线计算细节

15.8　总结

对于大多数服务而言，对服务需求做出预测是很重要的，因为通常不能依靠库存来妥善应对需求的波动。当服务可以"嵌入"实物产品（即"物化"的服务）时，预测和应对需求波动都与制造业中类似。在两种情况下，需求预测都是制订计划的基础。

在制造业中，可以以实物产品的数量作为预测需求的基本单位。在服务业中，我们并不总能弄清应该预测什么，又能预测什么。比如，一些服务机构的服务产出类型几乎是无限的。但基本上来说，服务需求都与顾客量、服务量，以及每种预期服务的需求数量有关。

对预测方法的选择取决于四个基本因素：

1. 时间要求
2. 资源要求
3. 可用的或所需的输入特性
4. 所需的输出特性

有四种基本的预测方法：

1. 判断
2. 计数
3. 时间序列
4. 关联或因果

在上述各类别的多种方法中，每种技巧都可以有所变化。预测方略可以组合运用各种方法，这些预测方略包括：

- 经济形势预测→行业需求预测→企业需求预测
- 从总体到局部的预测方略
- 从局部到总体的预测方略

实际预测时涉及的技术层面非常复杂，有不少书籍和期刊探讨过这个题目。从本章可知，没有任何一种预测方法可以完美地应用于所有场合。即便管理层找到了一种令人满意的预测方法，他们也必须对预测进行监控，以确保预测误差不会失控。预测工作通常都是极具挑战性的，但它是管理工作的一部分，通常也会带来丰厚的回报。

问题讨论

1. 什么是时间序列外推模型？解释为什么该模型广泛用于服务组织中。列举对于哪些服务而言时间序列将会是最好的预测模型。

2. 因果模型和时间序列模型的区别是什么？

3. 什么是判断预测模型？举出一些服务组织适合采用判断预测的例子。

4. 回归模型中的最小平方指的是什么？可能被用于服务例子中的独立变量有哪些？

5. 移动平均预测模型的问题和缺点是什么？

6. 平滑常数如何影响过去预测值和过去观测值的权重？

7. 什么是平均绝对误差（MAD），为什么它对选择和使用预测模型非常重要？

8. 为什么预测精度在服务组织中如此重要？

习题

15.1 朱迪·史密斯开发了以下预测模型：
$$\hat{y} = 36 + 4.3x$$
其中，$\hat{y}$ = K10 空调的需求量，x = 室外温度（°F）。

  a. 当温度是 70°F 时预测 K10 的需求量。
  b. 当温度是 80°F 时情况如何？
  c. 当温度为 90°F 时需求量是多少？

15.2 收集的有关 Rhonda's Garden Supply 对于 50 磅重袋装化肥的每年需求量数据如下表所示。求出 3 年移动平均值以预测销量。然后，再采用加权移动平均值来预测需求量，计算时使最近一年的销售权重为 2，其他两年的权重为 1。你认为哪种方法最好？

年	化肥需求量（千袋）
1	4
2	6
3	4
4	5
5	10
6	8
7	7
8	9
9	12
10	14
11	15

15.3 求出问题 15.2 中化肥需求量的 2 年期和 4 年期移动平均值。

15.4 在问题 15.2 和 15.3 中，制定了化肥需求量的四种不同预测。这四种预测为 2 年期移动平均值、3 年期移动平均值、加权移动平均值和 4 年期移动平均值。你会使用哪一种？解释你的答案。

15.5 使用平滑常数为 0.3 的指数平滑来预测问题 15.2 中给出的化肥需求量。假设上一期第 1 年的预测值为 5 000 袋来开始该过程。你更喜欢使用指数平滑模型还是问题 15.2 中建立的加权平均模型？解释你的答案。

15.6 Cool-Man 空调的销量在过去 5 年稳定增长（见下表）。销售经理在 2007 年曾预测 2008 年销量将达到 410 台。使用权重 α = 0.30 的指数平滑法建立 2009 年到 2013 年的预测。

年	销量	预测
2008	450	410
2009	495	
2010	518	
2011	563	
2012	584	
2013	?	

15.7 华盛顿总医院病人手术的需求量在过去几年中稳步增长，如下表所示。

年	病人手术量
1	450
2	495
3	518
4	563
5	584
6	?

内科服务主任 6 年前预测需求量在第 1 年将会是 410 台手术。

  a. 使用指数平滑法，首先采用平滑常数 0.6，然后采用 0.9，建立第 2 年到第 6 年的预测。
  b. 使用 3 年期移动平均值预测第 4、5、6 年的需求量。
  c. 使用外推法预测第 1 年到第 6 年的需求量。
  d. 以平均绝对误差为标准，上述四种预测方法中哪一种最好？

15.8 R. Lowenthal 供应公司在过去 13 个月内的工业吸尘器销量如下表所示。

销量（千）	月
11	1 月
14	2 月
16	3 月
10	4 月

销量(千)	月
15	5月
17	6月
11	7月
14	8月
17	9月
12	10月
14	11月
16	12月
11	1月

a. 使用三个时期的移动平均值,确定明年2月吸尘器的需求量。

b. 使用三个时期的加权移动平均值,确定明年2月吸尘器的需求量。使用3、2和1分别作为最近、第二最近和第三最近时期的权重。举个例子,如果你预测的是2月的需求量,则11月的权重为1,12月的权重为2,1月的权重则为3。

c. 评估这些方法的准确性。

d. R. Lowenthal 在预测销量时可能还会考虑到其他哪些因素?

15.9 过去9年多伦多塔广场酒店的房间登记都留有记录。管理人员想确定客人登记的数量趋势为未来入住率做准备。该预估将帮助酒店决定是否需要在未来进行扩张。使用以下时间序列数据,建立房间登记数量与时间之间的最小平方方程式。然后,预测2014年的房间登记数量。房间登记数量以千为单位:

2004:17 2007:21 2010:23
2005:16 2008:20 2011:25
2006:16 2009:20 2012:24

15.10 纽约一家汽车经销商的捷豹 XJ6s 的季度需求量采用以下方程预测:

$$\hat{y} = 10 + 3x$$

其中:
x = 季度数——2011年的第Ⅰ季度 = 0
    2011年的第Ⅱ季度 = 1
    2011年的第Ⅲ季度 = 2
    2011年的第Ⅳ季度 = 3
    2012年的第Ⅰ季度 = 4
    ……

$\hat{y}$ = 季度需求量

运动轿车的需求量发生季节性变化,第Ⅰ、Ⅱ、Ⅲ和Ⅳ季度的指数分别为0.80、1.00、1.30和0.90。预测2013年每个季度的需求量。然后,季节化每个预测以调节季度变化。

15.11 乐器经销商的业务经理认为低音鼓的需求量可能与上个月人气很高的摇滚乐队 Green Shades 上电视节目的次数有关。该经理已收集如下表所示的数据。

低音鼓的需求量	Green Shades 上电视节目的次数
3	3
6	4
7	7
5	6
10	8
8	5

a. 将该数据用图形的形式绘制出来,看看线性方程是否可以描述该乐队在电视上出现的次数与低音鼓销量之间的关系。

b. 使用最小平方回归方法得出预测方程。

c. 如果上个月 Green Shades 在电视上出现9次,你估计低音鼓的销量会是多少?

15.12 Jerilyn Ross 医生是一位在纽约的心理医生,专门治疗恐惧和害怕离开家的病人。下表显示 Ross 医生在过去十年内每年所看病人的数量。它还显示了同一年纽约市的抢劫率。

年	病人数量	犯罪率(每1 000人中的抢劫率)
2003	36	58.3
2004	33	61.1
2005	40	73.4
2006	41	75.7
2007	40	81.1
2008	55	89.0
2009	60	101.1
2010	54	94.8
2011	58	103.3
2012	61	116.2

使用趋势分析,你认为 Ross 医生在2013年、2014年和2015年分别将看多少病人?该模型有多适合该

数据?

15.13 使用问题 15.12 中的数据,运用线性回归研究犯罪率与 Ross 医生病人数量之间的关系。如果抢劫率在 2013 年提高到 131.2%, Ross 医生将治疗多少恐惧症病人?如果犯罪率下降至 90.6%,病人的数量将会是多少?

15.14 戴维斯百货商店的管理人员利用时间序列外推法预测未来四个季度的零售销量。各个季度的销量估计分别为 100 000 美元、120 000 美元、140 000 美元和 160 000 美元。发现四个季度的季节性指数分别为 1.30、0.90、0.70 和 1.10。计算季节化或调节后的销量预测。

15.15 服务于波士顿枢纽的一家通勤公司——东北航空公司在过去 12 周的客运里程情况显示如下。

周	实际客运里程(千英里)
1	17
2	21
3	19
4	23
5	18
6	16
7	20
8	18
9	22
10	20
11	15
12	22

a. 假设第 1 周的初始预测量为 17 000 英里,利用指数平滑法计算第 2 周到第 12 周的里程数。假设 $\alpha = 0.2$。

b. 该模型的 MAD 是多少?

15.16 华盛顿特区的公交车和地铁客流量在夏季被认为在很大程度上依赖于该城市的游客数量。在过去的 12 年里,取得了以下数据。

年	游客的数量(百万人)	客流量(十万人)
2001	7	15
2002	2	10
2003	6	13
2004	4	15

续表

年	游客的数量(百万人)	客流量(十万人)
2005	14	25
2006	15	27
2007	16	24
2008	12	20
2009	14	27
2010	20	44
2011	15	34
2012	7	17

a. 描绘该数据,并确定线性模型是否合理。

b. 建立回归关系。

c. 如果 1 000 万游客参观该城市,客流量预期会是多少?

d. 如果没有游客,解释预测的客流量。

15.17 佛罗里达州冬季公园 911 系统在过去 24 周接到的紧急呼叫电话如下表所示。

周	电话数量	周	电话数量
1	50	13	55
2	35	14	35
3	25	15	25
4	40	16	55
5	45	17	55
6	35	18	40
7	20	19	35
8	30	20	60
9	35	21	75
10	20	22	50
11	15	23	40
12	40	24	65

a. 计算每周指数平滑预测的电话数量。假设第一周的初始预测量为 50 个电话,假设 $\alpha = 0.1$,第 25 周的预测量是多少?

b. 假设 $\alpha = 0.6$,再预测各个时期的电话数量。

c. 第 25 周的实际电话数为 85 个,哪一平滑常数提供了更好的预测?解释你的判断并说明所使用的误差指标的合理性。

尾注

1. 对这一问题的概述文章可参见：Essam Mahmoud, "Accuracy in Forecasting: A Survey," *Journal of Forecasting*, vol. 3, no. 2 (April–June 1984), p. 139; Robin M. Hogarth and Spyros Makridakis, "Forecasting and Planning: An Evaluation," Management Science, vol. 27, no. 2 (February 1981), p. 115; and A. H. Ashton and R. H. Ashton, "Aggregating Subjective Forecasts," Management Science, vol. 31, no. 12 (December 1985), pp. 1499–1508.

2. Leonard Sjoberg, "Aided and Unaided Decision Making Improved Intuitive Judgment," *Journal of Forecasting*, Vol. 1, no. 4 (October–December 1982), p. 349.

3. 如果引入的自变量多于一个，则多元回归的一般形式是：

   $\hat{y} = a + b_1 x_1 + b_2 x_2 + b_3 x_3 + \ldots + b_n x_n$

   其中 b_i 代表相应自变量 x 的斜率参数。

第 16 章 车辆路径规划和调度

16.1 引言

对顾客服务的调度和服务车辆的路径规划是很多服务运营的中心问题。对于一些服务,例如校车、公共健康护理和许多安装、修理业务,服务的配送对于服务系统的整体表现极为重要。对于像公共交通、出租车、卡车运输公司和美国邮政服务这样的服务机构而言,及时的配送就是服务本身。同样,在其他情形下,服务车辆的路径规划和调度对于所提供服务的质量都有重要影响。

本章介绍了一些路径规划和调度的专业术语,对路径规划和调度问题进行了分类,然后给出了各种解决方法。尽管我们已经做出了极大的努力使得路径规划和调度的介绍更加简单和直观,但仍需注意,这是一个技术层面的话题,而且有很多数学问题。本章开头通过一个配送服务的案例来说明车辆路径规划和调度中实际遇到的一些问题。

一个配送服务的案例:Meals-for-ME

一个为老人送餐的私立非营利送餐项目自从 20 世纪 70 年代中期就在缅因州运营了。[1] 这个项目为那些出行不便的 60 岁以上的老人配送热饭,配送时间是周一到周五。对于那些符合条件的人,该项目也提供"集体"项目,每天接送顾客到集体就餐的地方。在一个县,一个工作日会有几百位老人接受这种服务。另外,由于一些人暂时得病或者养病,也会接受短期的服务。因此,对于任意指定的一天,服务的需求可能很难预测。每个地区需要根据当地管理人员制订的周到月计划对配送志愿者和车辆进行调度并对路径进行规划。地区管理人员需要做的是协调餐饮准备,以及决定送达顾客的顺序。另外,地区管理人员还要为集体项目规划路径。

尽管这些任务看起来很明确,但是在送餐路径规划和调度时存在很多实际问题。第一,开配送车辆(或接送车辆)的司机是志愿者,其中有很多是学生,他们在需求高峰期可能无法过来工作(例如圣诞节)。因此,人员的变动使得配送路径也频繁变动。第二,因为这个项目配送的是热餐,配送路径通常不能超过 90 分钟。通常情况下,根据顾客的邻近情况,一个路线会配送 20—25 份餐。第三,所有的饭菜都要在每天上午 11:30 到下午 1:00 之间配送完。对于那些集体项目中接送顾客的车辆也存在类似的问题。面对这些实际问题，给出解决方案看起来就没那么简单了。很显然，决策者需要适当的方法和技术来解决这种包含许多变量的问题，而且还需要及时调整模型并有效求解。

16.2 路径规划和调度问题的目标

大多数路径规划和调度问题的目标是提供服务的成本最小化。其中包括车辆的资本成本、里程数和人力成本。但是也可能需要考虑一些其他目标，特别是在公共部门中。例如，对校车进行路径规划和调度时，主要的目标就是最小化学生乘坐校车的时间，这项标准与安全问题紧密相关，而且也关系到学生家长对学校的赞许。[2] 对于残疾人或老年人的叫车服务，最重要的目标是最小化所有顾客的不方便之处。对于 Meals-for-ME 项目，餐食需要在当天一定的时间段内配送完。而对于紧急服务，例如救护车、警察或者火警，最小化对一个事件的反应时间则是最重要的。一些公司承诺在第二天上午 10:30 之前将包裹送达。因此，对于公立和私立的服务机构，除了考虑服务配送成本外，更要保证达到一个合适的目标。无法为顾客提供有效服务而造成的"主观"成本也必须要考虑。

16.3 路径规划和调度问题的特点

路径规划和调度问题经常以**网络**(network)的形式描绘。使用网络能够让决策者更直观地看到需要考虑的问题。图 16-1 包含的 5 个圆叫做**节点**(node)。其中 4 个节点(节点 2 到节点 5)表示接/送地点，第 5 个节点(节点 1)表示**库站节点**(depot node)，车辆从该点出发并最终回到该点。库站节点是车辆或者提供者的"总部"。

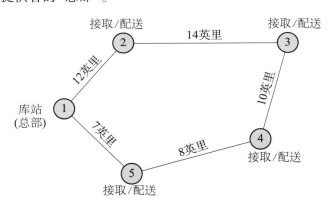

图 16-1 配送路线网络图示例

连接这些节点的线段称作**弧线**(arcs)。弧线可以描述从一个节点到另一个节点花费的时间、成本或者距离。图 16-1 中弧线旁边的数字表示以英里为单位的距离。如果给定车辆的平均行驶速度或者行驶时间的分布，我们可以很容易地将距离转换为时间。但是，这种转换忽略了道路上的物理障碍，例如大山、交通不便或者交通拥堵。如果路径规划和调度的主要目标是最小化时间长度，那么根据历史行程时间数据计算时间比根据距离要好一些。

弧线可以是有向的也可以是无向的。**无向弧线**仅仅用线段就可以表示，**有向弧线**用箭头表示。这些箭头表示车辆行驶的方向(例如单向街道)或者调度时的先后关系(例如某项的接取或配送必须在另一项的前面)。

图 16-1 所示的简单网络可以视为一个车辆的路径图。车辆的路径(route)也叫作**路线**(tour),可以是 1→2→3→4→5→1,因为是无向弧线,所以也可以是 1→5→4→3→2→1。整个路线的距离是 51 英里。

图 16-1 所示的路线是一个简单路径规划问题的解,这个问题的目标是找到成本最小的路径,或者其他一些合适的标准(例如距离或时间)。然而,最小的成本受到**可行**路线的约束。对于不同的问题,可行性可能不同,但是一般有以下约束:

1. 一条路线必须通过所有的节点。
2. 每个节点只能被通过一次。
3. 路线的起点和终点必须是库站。

所有路径规划和调度系统的解决方案本质上是相同的,即为每辆车或者服务提供者提供一张路径或调度时刻表。一般地,**路径**确定了节点(或者弧线)访问顺序,并且**时刻表**给出了每个节点什么时候被访问。

路径规划和调度问题的分类

路径规划和调度问题的类型取决于服务配送系统的具体特点,例如运输车队的车辆数量、车队出发的位置、车辆的装载能力和路径规划的目标等。在最简单的情况下,我们让单一辆车通过一些节点,通过的顺序可以是任意的,节点之间没有优先关系,两个节点之间的通行费用是相同的,与通行的方向无关,最后,没有运输上的时间约束,另外,也没有考虑车辆的装载能力。这个单车辆问题的结果是给出一个路径,使得每个节点都被访问一次且最后回到出发库站(参看图 16-1)。该路线规划的目标是最小化路线成本。这种简单的案例可以叫作**旅行商问题**(traveling salesman problem,TSP)。

当一个车队从同一个库站出发,要为每辆车进行路径规划时,我们就从旅行商问题扩展到**多旅行商问题**(multiple traveling salesman problem,MTSP)。这种问题的目标是提供一组路线,车队中每辆车有一条路线。这种问题的特点是,一个节点可能只有一辆车通过,但是每辆车通过不止一个节点。此时,还没有约束每辆车的装载能力或能够承载的乘客数量。这个问题最终会给出每辆车需要通过哪些节点和通过节点的顺序。与单车辆时一样,这个问题的目标是找到成本最小的路线,此处的成本可以是金钱上的,也可以是距离或者时间上的。

如果现在我们约束这些车辆的承载能力,并加上每个节点都有需求变动的可能,那么这种问题被称为**车辆路径问题**(vehicle routing problem,VRP)。

另外一种情况是,如果服务的需求不是发生在节点上,而是在弧线上,或者需求者很多,存在大量需求节点以至于无法一一列举,那么这就是**中国邮递员问题**(Chinese postman problem,CPP)。这类问题的例子诸如清扫街道、除雪、垃圾收集、送信和送报纸等。中国邮递员问题很难求解,求解的步骤超出了本章的考虑范围。[3] 表 16-1 对以上四类路径规划问题进行了总结。

最后,我们来区分一下**路径规划**问题和**调度**问题。如果需要被服务的顾客没有时间约束,也没有优先次序,这就是一个纯粹的路径规划问题。如果对一些服务有时间限制,那么这就是调度问题。其他情况下我们就是在处理路径规划和调度问题的混合问题。

表 16-1 四种路径问题的特征

类型	需求	弧线	库站数	车辆数	车辆装载能力
旅行商问题（TSP）	节点上	有向或无向	1	=1	无限
多旅行商问题（MTSP）	节点上	有向或无向	1	>1	无限
车辆路径问题（VRP）	节点上	有向或无向	1	>1	有限
中国邮递员问题（CPP）	弧线上	有向或无向	1	≥1	有限或无限

求解路径规划和调度问题

考虑现实中的具体情况在求解路径规划与调度问题时十分重要。可以考虑一个例子，从印刷厂运送一批报纸到一个区域的卸货点，这些卸货点再为当地的报摊配送员提供报纸。每个卸货点的需求不同，并且车辆的装载能力也不同。每个车辆的运送路径都是从印刷厂（库站）出发最后回到印刷厂。当报纸有 10 个卸货点时，就存在 2^{10} 或者 1 024 个可能的路径。当有 50 个卸货点时，就有 2^{50} 或者多于 1 万亿个可能的路径。现实中，可能会有 1 000 多个卸货点！很显然，即使使用超级计算机，求解这种问题也变得很困难。幸运的是，我们可以通过使用一些优秀的启发式算法或者经验法则求解出满意解（不一定是最优解）。一些常用的启发式算法也会在本章进行介绍。

16.4 服务车辆路径规划

旅行商问题

旅行商问题是管理科学中最受关注的问题之一。解决这类问题的最好方法是数学规划（参考第 18 章）。但是现实中，大多数旅行商问题没有求出最优解。当问题的规模很大而不可能求出最优解或者当近似解足够好的时候，可以采用启发式算法。两种求解旅行商问题常用的启发式算法有**最邻近法**（nearest neighbor procedure, NNP）和 **Clark-Wright 节约启发式算法**（Clark and Wright savings heuristic）。[4]

最邻近法——最邻近法从刚访问过的节点出发在相邻的节点中选择成本最小或者距离最短的节点，逐步构造出整个路线。这种算法的思想很简单，但是会有短视的缺点，在后面的举例中会表现出来。这种启发式算法最终从一个距离矩阵中给出一个近似最优解。这种算法的步骤如下：

1. 在起点从一个节点出发（库站节点）。
2. 把离当前节点最近的节点加入路线，成为下一个到达的节点。
3. 返回步骤 2，直到所有的节点都加入路线里。
4. 连接第一个节点和最后一个节点，最终形成一个完整的路线。[5]

最邻近法举例——首先从网络中每两个节点之间的距离或者成本数据开始，当弧线是无向时，从 i 到 j 的距离等于从 j 到 i 的距离。这种无向弧线的网络被称作是**对称的**。表 16-2 给出了图 16-2 所示的具有 6 个节点的对称网络完整的距离矩阵。

表 16-2 对称距离矩阵

起始节点	终止节点（距离单位：英里）					
	1	2	3	4	5	6
1	—	5.4	2.8	10.5	8.2	4.1
2	5.4	—	5.0	9.5	5.0	8.5
3	2.8	5.0	—	7.8	6.0	3.6
4	10.5	9.5	7.8	—	5.0	9.5
5	8.2	5.0	6.0	5.0	—	9.2
6	4.1	8.5	3.6	9.5	9.2	—

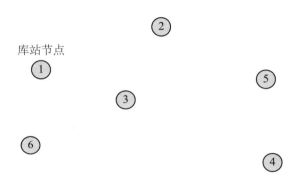

图 16-2 旅行商问题

参考图 16-3，该问题的结果通过以下步骤得出：

1. 从第一个库站节点出发，查看节点 1 与其他所有节点的距离。距离节点 1 最近的是节点 3，因此可以得到**部分路线或路径**是 1→3（如图 16-3（a）所示，其中→表示节点之间的连接，并不是指弧线有向）。

2. 找到不在当前路径上，且与上个节点（节点 3）最近的点。节点 6 与节点 3 的距离是 3.6 英里，因此将其加入路径中，进而得到有三个节点的路径 1→3→6（如图 16-3（b）所示）。

3. 找到不在当前路径上，且与节点 6 最近的点，即节点 2，与节点 6 的距离为 8.5 英里。将节点 2 加入路径中，形成路径 1→3→6→2（如图 16-3（c）所示）。

4. 距节点 2 最近的点是节点 5，可以得到部分路线 1→3→6→2→5（如图 16-3（d）所示）。

5. 把最后一个节点（节点 4）与库站节点连起来，加入路径当中。最终完整的路线是 1→3→6→2→5→4→1。这条路线的总长度是 35.4 英里（如图 16-3（e）所示）。

但这是最好的可能路径吗？再检查一下网络，尝试找出一个更好的路线。1→2→5→4→3→6→1 怎么样？这条路线的总长度是 30.9 英里，比最邻近法的结果 35.4 英里短。这个结果指出了启发式算法的局限性，即无法保证最优。对于这种比较小规模的网络，可以枚举出所有可能的路线，但是对于一些有 100—200 个节点的大规模问题，枚举出所有的组合是不可能的。

在结束对最邻近法的介绍之前，我们需要注意的是，这种启发式算法在实际应用时可以每次以一个不同的节点为库站节点来反复求解，然后再选择成本最小的路线。例如，如果把节点 6 当作库站节点，重复上面的步骤，最终的路线将是 6→3→1→2→5→4→6，总长度为 31.3 英里。

Clark-Wright 节约启发式算法——Clark-Wright 节约启发式算法是解决旅行商问题最著名的方法之一。这种启发式算法首先选择一个节点作为库站节点，并标为节点 1。然后我们假设现在有 $n-$

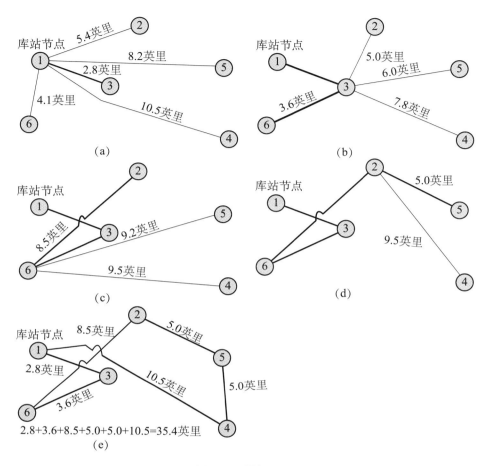

图 16-3 最邻近法

1 辆车,其中 n 是节点的数量。举例来说,如果一共有 6 个节点,那么我们现在就有 5 辆车。每辆车直接驶向一个节点并返回库站节点。图 16-4 显示了拥有 3 个节点网络的例子,弧线旁边标出了距离。节点 2 到节点 3 的距离是 5 英里。图 16-4 所示的两辆车行驶的距离为 36 英里:20 英里是从库站到节点 2 然后再返回的距离,16 英里是从库站到节点 3 再返回的距离。

但这并不是个可行的结果,因为旅行商问题的目标是要找到一条路线由一辆车而不是两辆车行驶并通过所有节点(如图 16-4 所示)。为了减少车的数量,我们需要将最初指定的 $n-1$ 条路线进行合并。

Clark-Wright 节约启发式算法的关键是计算节约量。**节约量**(savings)是指通过连接两个点(如图 16-4 的节点 2 和 3)能够减少的行程距离或者成本,并最终得到路线 1→2→3→1,可以由一辆车通行。节约量的计算方法是,通过连接节点 2 和 3,我们增加了 5 英里距离(从节点 2 到节点 3 的距离),但是我们节省了从节点 2 到节点 1 的 10 英里距离和从节点 3 到节点 1 的 8 英里距离。最终的线路 1→2→3→1 长度是 23 英里,即比图 16-4 所示的路线节约了 13 英里。对于有 n 个节点的网络,我们通过连接每两个可能的节点来计算节约量,并从大到小排序,然后通过连接成对的节点逐步得出一条完整的路线。

Clark-Wright 节约启发式算法的简要步骤如下:

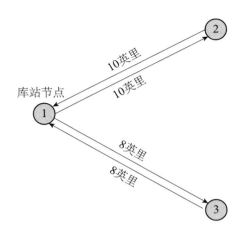

图 16-4　三节点问题：Clark-Wright 节约启发式算法初始网络配置

1. 选择任意一个节点作为库站节点（节点 1）；
2. 连接节点 i 和 j，计算节约量 S_{ij}：$S_{ij} = c_{1i} + c_{1j} - c_{ij}$，$i, j = $ 节点 $2, 3, \cdots, n$，c_{ij} 是从节点 i 行至节点 j 的成本；　　　　　　　　　　　　　　　　　　　　　　　　　　　　　　　　（16.1）
3. 把节约量按从大到小的顺序排列；
4. 从排序列表的顶端开始，通过适当连接节点 i 和 j，逐步扩大子路线（subtour）直到形成一条完整的路线。[6]

Clark-Wright 节约启发式算法举例——通过图 16-5 所示的网络来说明如何使用 Clark-Wright 节约启发式算法来解决旅行商问题。此时我们假设，除了库站，在网络上的所有点都有一辆车。图中的实线表示我们目前需要用到的弧线。虚线是我们一会儿可能用到的弧线，但目前还用不到。以英里为单位的距离标在弧线旁边。连接节点 2 和 3 节约的距离是 13 英里，计算方法是（10 英里 +8 英里）-（5 英里）。10 英里和 8 英里分别代表从节点 2 和 3 返回到库站的距离，5 英里表示节点 2 和 3 之间的距离。类似地，连接节点 2 和 4 的节约量是 12 英里：（5 英里 +10 英里）-（3 英里）。最后一对需要连接的点是节点 4 和 3，得到的节约量是 6 英里：（5 英里 +8 英里）-（7 英里）。

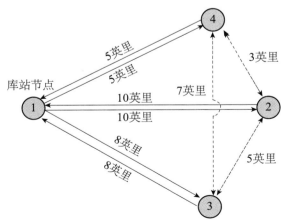

图 16-5　四节点问题：Clark-Wright 节约启发式算法初始网络

接下来，我们对未连接节点对的节约量进行排序，得到的点对序列是[2,3]，[2,4]和[3,4]。根据算法，首先将具有最大节约量的节点 2 和 3 连起来，得到的结果如图 16-6(a)所示。接下来考虑下一个节约量最大的点对[2,4]，连接这两个点的结果如图 16-6(b)所示。现在整个路线已经完成了，最后一对节点 3 和 4 不能连接起来，否则会破坏路线的完整性。最终的路线是 1→4→2→3→1，总长度为 21 英里。与图 16-5 所示的"一个节点一辆车"的结构相比，共节省了 25 英里。

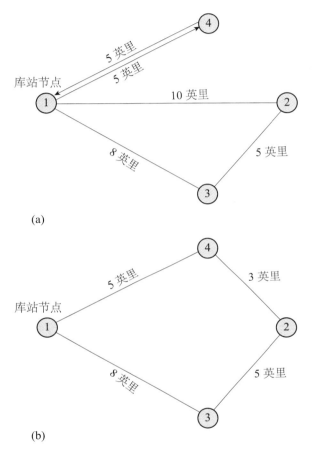

图 16-6 第一个和第二个节点连接：Clark-Wright 节约启发式算法

一般情况下，因为 Clark-Wright 节约启发式算法在构建路线时会考虑成本，所以得出的结果一般比最邻近法要好。这两种方法经过简单调整后也都可以用于有向弧线的问题。

多旅行商问题

多旅行商是旅行商问题的一般化，具有多辆车和一个库站节点。在这个问题中，不是为一辆车规划路径，而是为所有 M 辆车规划路线。路线的要求是从库站出发并最终回到库站。解决程序是首先将库站"复制" M 次，这样问题就变成了 M 个旅行商问题，可以用最邻近法和 Clark-Wright 节约启发式算法解决。

车辆路径问题

经典的车辆路径问题是多旅行商问题的扩展,包括每个节点上有不同的服务要求,车队里的车辆承载能力也会不同。这类问题的目标是最小化通过所有路线的总成本或总距离。属于车辆路径问题的服务案例有邮递包裹、接送残疾人的公共交通服务和之前提到的报纸运送问题。

使用多旅行商问题的解法不能解决车辆调度问题。考虑图 16-7 所示的简单例子,假设我们现在有一个库站和两辆车:1 和 2。车辆 1 的承载能力是 20 人,车辆 2 的承载能力是 10 人。两辆车需要到 3 个节点接人。每个节点需要被接的人数已经在图中标出。

先忽略车辆承载力和每个节点的需求,采用 Clark-Wright 节约启发式算法可以构建两辆车的路线如下:
- 车辆 1 的路线:1→2→3→1
- 车辆 2 的路线:1→4→1

但是这种分配结果需要让车辆 1 装载 21 个人,超出了车辆 1 的能力限制,所以这种问题不能当作多旅行商问题来解决。车辆路径问题的特点使得其最优解很难找到。但是,可以采用一种很好的先进行聚类再进行路径规划的启发式算法。[7]

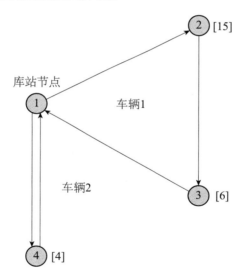

图 16-7　四节点车辆路径问题

先聚类再规划路径的方法

先聚类再规划路径的方法最好通过一个例子来说明。图 16-8 显示了一个带有 12 个节点的问题。在该问题中共有两辆车需要将货物运到 11 个节点并返回库站。每个节点的货物需求量在方括号中标出,每两个节点之间的距离,以英里为单位,在弧线上标出。首先把这些节点聚类成两类,每辆车对应一类。节点 2 到节点 6 分配给车辆 1,节点 7 到节点 12 分配给车辆 2。节点 1 是库站节点。在实际进行聚类时,需要考虑很多物理障碍,例如河流、大山或者州际公路等,也会考虑地理区域,例如镇、城市等天然组成一类的地方。在进行聚类时,也要考虑车辆的承载能力约束。

对于该问题,车辆 1 和 2 的承载能力分别是 45 吨和 35 吨。

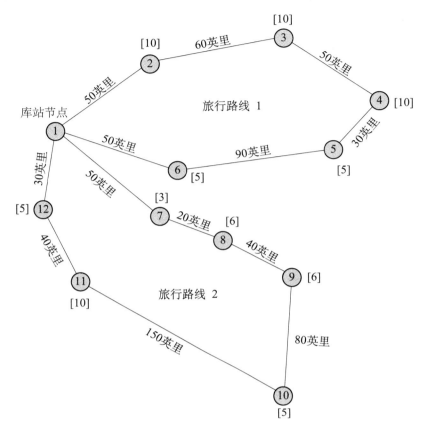

图 16-8　车辆路径问题:初始方案

根据初始的聚类,车辆 1 需要携带 40 吨的货物,车辆 2 需要携带 34 吨。两种分配都是可行的(即节点的需求没有超出车辆的承载能力)。采用 Clark-Wright 节约启发式算法,为车辆 1 构建的路线是 1→2→3→4→5→6→1,总长度为 330 英里。车辆 2 的路线是 1→7→8→9→10→11→12→1,总长度为 410 英里。

下一步是决定节点是否可以从最长的路线(路线 2)转换到路线 1 中,以使得不超出车辆 1 的承载能力,并使得两条路线的总长度变短。这一步称为**路线优化**(tour improvement)。我们首先查看路线 2 中距离路线 1 最近的节点。这些节点有 7 和 8。节点 8 的需求量是 6 吨,不能分配到路线 1,否则会超过车辆 1 的承载能力。节点 7 的需求量是 3 吨,可以分配到路线 1。假如我们考虑把节点 7 分派到路线 1,那么就需要评估节点 7 应该插在路线 1 的哪里,以及这样是否能够减少总距离。这些问题都可以通过**最小插入成本法**(minimum cost of insertion technique)解决。

最小插入成本法与 Clark-Wright 节约启发式算法的计算方法一样,当所有的距离都对称时,插入成本 I_{ij} 计算方式如下:

$$I_{ij} = c_{ik} + c_{jk} - c_{ij} \qquad 对于所有的 i 和 j, i \neq j \tag{16.2}$$

其中 c_{ij} = 从节点 i 到节点 j 的成本

节点 i 和 j 是已经在路线中的节点,节点 k 是我们尝试插入路线中的节点。根据图 16-9,节点

7 是一个插入路线 1 的备选节点,因为它距离路线 1 比较近。节点 7 可以插入节点 6 和 1 之间,也可以在节点 5 和 6 之间。两种情况都需要进行计算。为了计算将节点 7 插入路线 1 的成本,我们需要下表中的一些附加的距离信息。实际中,每对节点之间的距离信息都可以得到。

起点	终点	距离
1	7	50 英里
6	7	30 英里
5	7	60 英里
1	5	130 英里
1	8	60 英里

将节点 7 插入节点 1 和 6 之间的成本是 30 英里:(30 + 50 − 50)。将节点 7 插入节点 5 和 6 之间的成本是 0:(60 + 30 − 90)。通过将节点 7 插入节点 5 和 6 之间我们可以发现成本是最小的,最终形成车辆 1 的完整路线是 1→2→3→4→5→7→6→1。图 16-9 显示了经过修改后的结果。现在,路线 1 的总距离是 330 英里,路线 2 的总距离是 400 英里。两辆车行驶的总距离从 740 英里降到 730 英里。

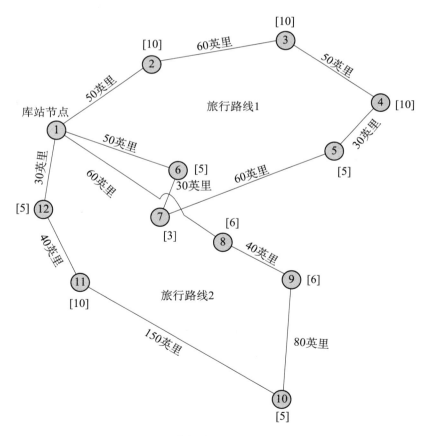

图 16-9　车辆路径问题:改进方案

16.5 服务车辆调度

调度问题的特点是配送时间的约束。对于一项服务，其开始时间和结束时间可能是事先确定的。地铁的调度就是这类问题，因为到达每站的时间都是提前知道的，并且车辆必须按照调度表行驶。时间窗将服务时间限定在一个特定的时间区间内。回想在前面讨论过的 Meals-for-ME 项目，热餐必须在上午 11:30 到下午 1:00 之间配送。这是一个**双边窗口**(two-side window)的例子。**单边时间窗**(one-side time window)或者限定了服务时间必须在给定时间之前，或者必须在给定时间之后。例如，大多数报纸都尽量在早上 7:00 之前配送。家具配送一般在上午 9:00 之后，或者下午 4:30 之前。还有一些其他特点，使得问题变得更为复杂，包括在一周之内为相同的顾客多次配送东西。

调度问题一般给定的输入包括任务集、每个任务要求的开始及结束时间，以及一些有向弧线集及弧线对应的起点和终点。车辆可能从一个库站出发也可能从多个库站出发。

图 16-10 所示的网络为一个具有五个任务的调度问题，且只有一个库站。每个节点可以看成一个任务，每个任务都有对应的开始和结束时间。有向弧线表示相连的两个节点分配给了同一辆车。而虚弧线则表示其他可行的连接，但是在目前的调度中没有用到。当任务 j 的开始时间晚于任务 i 的结束时间时，一条弧线可以将节点 i 和节点 j 连起来。另外一项约束是任务 j 的开始时间必须距任务 i 的结束时间有一个特定的时间长度，在本例中，这个时间长度是 45 分钟。这可以被称为**空驶时间**(deadhead time)，这段非生产性时间是车辆空载着从一个任务节点行驶到另一个节点或者返回库站所需的行驶时间。同样，路径的长度没有限制。最后，每辆车必须从库站出发并最终回到库站。

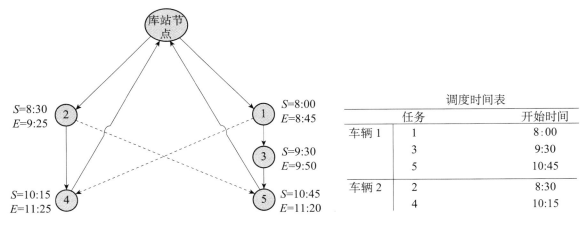

图 16-10　调度五项任务的网络(S = 开始时间，E = 结束时间)

为了解决这个问题，必须把网络中的节点划分到不同的路径中，并将每辆车分配给每个路径。如果我们可以确定路径的最少个数，就可以最小化车辆的个数，并节省资产成本。下一步，如果我们能以弧线所需的行驶时间(即空驶时间)为每个弧线赋予相应的权重，就能最小化员工和车辆的运行成本及时间。

并行调度法

这种问题可以看作网络问题中的一种特殊问题,叫作**最小费用流问题**(minimal cost-flow problem)。[8] 这种问题也可以使用启发式算法求解。易于使用的一种方法是**并行调度法**(concurrent scheduler approach)。并行调度法的步骤如下:

1. 根据开始时间对所有任务排序。把第一个任务分配给车辆1。
2. 按照下面的步骤对剩下的任务进行处理。如果下一个任务可以分配给当前的某辆车,就将它分配给处理该任务的空驶时间最短的车辆。否则就新加一辆车,并将该任务分配给这辆车。[9]

表16-3 给出了 12 个任务的开始和结束时间。空驶时间是 15 分钟。我们采用并行调度法解决该问题。首先,把车辆 1 分配给任务 1。因为当任务 2 开始时车辆 1 还在服务任务 1,所以需要增加第二辆车完成这个任务。车辆 2 完成任务 2 后接着进行任务 3。同时,车辆 1 完成任务 1 后,在任务 4 开始时是可用的,因此安排车辆 1 来完成任务 4。当任务 5 开始时,因为车辆 1 和 2 分别在忙于任务 4 和 3,所以需要第三辆车。后面以此类推,最终车辆 1 的调度是 1→4→7→10→12,车辆 2 的调度是 2→3→6→9,车辆 3 的调度是 5→8→11。

表 16-3 并行调度案例的任务时间和调度时间表

任务	开始	结束	分配车辆
1	上午 8:10	上午 9:30	1
2	上午 8:15	上午 9:15	2
3	上午 9:30	上午 10:40	2
4	上午 9:45	上午 10:45	1
5	上午 10:00	上午 11:30	3
6	上午 11:00	上午 11:45	2
7	下午 1:00	下午 1:45	1
8	下午 1:15	下午 2:45	3
9	下午 1:45	下午 3:00	2
10	下午 2:00	下午 2:45	1
11	下午 3:00	下午 3:40	3
12	下午 3:30	下午 4:00	1

	调度时间表	
	任务	开始时间
车辆 1	1	上午 8:10
	4	上午 9:45
	7	下午 1:00
车辆 2	2	上午 8:15
	3	上午 9:30
	6	上午 11:00
车辆 3	5	上午 10:00
	8	下午 1:15

16.6 其他路径规划和调度问题

人员调度通常关系到为理想的车辆运行计划配备人员。二者必然相互联系在一起,因为车辆调度表常常会限制员工配备的选项,反过来也是如此。一般情况下,我们是先完成车辆调度,然后才是为员工确定调度方案。这种方法比较适用于航空业等人力成本远远小于飞机运行成本的情况。但是,对于那些公共客运系统是不适用的,这种系统的人力成本可以占到总运营成本的80%。这时就应该先安排好人员调度,然后再对车辆进行调度或者两者同时考虑。

现实中有很多问题同时具有路径规划与调度的元素。这样的例子包括校车的路径规划和调度、拨号叫车服务、市政交通运输、Meals-for-ME 项目和其他流动供餐的问题等。有的路径规划问题也会同时具备调度问题的特点,例如铲雪车需要先清理繁忙街道上的雪,再清理车辆不太多的街道,另外,根据雪下得大小,还会涉及重复访问的问题。这些因素都使得路径规划问题具有了调度问题的特点。如果在这类问题中我们需要考虑几千个变量,很显然我们不可能算出最优解。现实中为了解决这些问题,管理科学建立了一些简练的方法。鲜有例外,这些方法都采用启发式算法得出满意方案而不是最优的路径和调度方案。

对于紧急服务的运送,例如救护车、警察或者火警,常常不把它们考虑为路径规划或者调度问题,而是更多考虑为资源分配问题(需要多少个站点)和设施选址问题(这些站点应该位于哪里)。[10]

16.7 总结

服务车辆有效的路径规划和调度对于服务管理者是很困难的问题。如果规划不好,会造成大量的成本浪费,而且决策者必须经常对系统进行微调,以保证顾客能够及时接受服务并且成本低廉。对服务配送的效益评估标准根据服务类型的不同而不同。虽然最小化成本是个非常重要的指标,但是对于一些服务,最小化顾客的不便和最小化反应时间也是同等或者更加重要的。

在解决路径规划和调度问题时,需要首先仔细分析和研究服务的特点。需要根据问题的类型考虑不同的特点,例如需求是在节点上发生还是在弧线上发生,是否有运送时间的限制,是否需要考虑运送车辆的承载能力等。问题的类型决定了决策者能够使用的工具方法。

本章讨论了路径规划和调度问题的特点,并将两类问题结合起来进行了讨论。对这类问题的最优求解方案的方法主要是数学规划。但是,在现实中,一个不一定最优但是足够好的方案往往可以满足要求。为了得到一个好的方案,我们也讨论了几种启发式算法,包括解决旅行商问题的两种常用启发式算法:最邻近法和 Clark-Wright 节约启发式算法。对于车辆路径问题,我们也讨论了最小插入成本法。

问题讨论

1. 比较以下各类问题的特点:
   a. 路径规划问题
   b. 调度问题
   c. 路径规划与调度相结合的问题
2. 讨论以下各类问题的不同之处,并各举一个例子。
   a. 旅行商问题
   b. 中国邮递员问题
   c. 车辆路径问题
3. 一个邮递员需要向 300 户居民投送邮件,同时还要在沿途的 5 个邮箱收集邮件。邮箱每天固定的开箱时间是早上 10:00、中午 12:00、下午 1:00、下午 1:30 和下午 3:00。根据图 16-1 提供的信息,描述这个问题的特点,并判断适用于哪种类型的服务时间限制。

4. 讨论以下名词的定义:
   a. 空驶时间
   b. 库站节点
   c. 无向弧线

5. 讨论下述问题的含义:
   a. 车辆路径问题的可行路线
   b. 旅行商问题的可行路线
   c. 双边窗口
   d. 节点优先关系

6. 讨论最邻近法和 Clark-Wright 节约启发式算法在规划路线时步骤上的不同。

7. 讨论在什么情况下,一个路径规划问题的距离或者成本矩阵是对称的。

8. 对于以下问题,在进行路径规划和车辆调度时,需要考虑哪些目标?
   a. 校车
   b. 家具运输车辆
   c. 救护车

9. 对于以下问题,现实中有哪些因素会影响其路径规划和调度?
   a. 一个城市的公共交通系统
   b. 一个国家的运输车队
   c. 铲雪

10. 在 Clark-Wright 节约启发式算法中,"节约"是指什么?

习题

16.1 采用 Clark-Wright 节约启发式算法和以下给出的数据,计算连接以下节点得到的节约量:
   a. 2 和 3
   b. 3 和 4
   c. 2 和 5

出发节点	到达节点(距离单位:英里)			
	2	3	4	5
1	10	14	12	16
2	—	5		18
3	5	—	6	—

16.2 假设有一条路线 1→3→5→1,总长度为 23 英里。给定以下距离信息,采用最小插入成本法计算节点 2 应该插入哪里。

出发节点	到达节点	距离
1	3	6
1	5	9
3	5	8
1	2	5
2	3	7
2	5	6
2	5	8

16.3 一个车辆路径问题中有 20 个节点和 2 辆车。对于这个问题,能够构造多少条不同的路线?

16.4 如表 16-4 给出的旅行商问题的距离矩阵:

a. 假设节点 1 是库站节点,采用最邻近法构造一条路线。

b. 假设节点 4 是库站节点,采用最邻近法构造一条路线。

表 16-4 旅行商问题的数据

从节点	到节点的距离(单位:英里)							
	1	2	3	4	5	6	7	8
1	—	2.2	5.8	4.0	5.0	8.5	3.6	3.6
2	2.2	—	4.1	3.6	5.8	9.4	5.0	5.8
3	5.8	4.1	—	3.2	6.1	9.0	6.7	9.2
4	4.0	3.6	3.2	—	3.0	6.3	3.6	6.7
5	5.0	5.8	6.1	3.0	—	3.6	2.0	6.0
6	8.5	9.4	9.0	6.3	3.6	—	3.6	8.5
7	3.6	5.0	6.7	3.6	2.0	3.6	—	4.0
8	3.6	5.8	9.2	6.7	6.0	8.5	4.0	—

16.5 使用问题 16.4 给出的距离矩阵数据,采用 Clark-Wright 节约启发式算法计算出一条路线,假设出发节点是节点 1。

16.6 请你为两辆车安排跨越 10 个节点网络的路线。节点 1 是出发节点;节点 2 到 5 被分配给车辆 1,节点 6 到 10 被分配给车辆 2。这个网络的成本矩阵由表 16-5 给出。

a. 采用最邻近法构造两条路线,计算总的路线成本。

b. 采用 Clark-Wright 节约启发算法构造两条路线,计算总的路线成本。

表 16-5　成本矩阵(美元)

从节点	1	2	3	4	5	6	7	8	9	10
1	—	22	22	32	32	14	45	56	51	35
2	22	—	32	22	54	36	67	78	67	41
3	22	32	—	22	36	41	42	67	70	64
4	32	22	22	—	56	51	71	86	83	63
5	32	54	36	56	—	32	10	32	45	54
6	14	36	41	51	32	—	40	45	32	32
7	45	67	42	71	10	40	—	20	42	71
8	56	78	67	86	32	45	20	—	32	71
9	51	67	70	83	45	32	42	32	—	45
10	35	41	64	63	54	32	71	71	45	—

16.7　参考问题 16.6,假设车辆 1 能够承载 35 名人员,车辆 2 能够承载 55 名人员。每个节点需要上车的乘客数量如下:

结点	乘客数量
2	10
3	10
4	5
5	5
6	5
7	5
8	20
9	10
10	5

在问题 16.6 构造出的路线基础上,使用最小插入成本法尝试减少两个路线的总成本。

16.8　根据以下信息,将问题 16.4 给出的距离矩阵转换为成本矩阵。一辆车从任意一个节点 i 行驶到任意一个节点 j 的成本是 100 美元。这是连接两点的固定成本。连线(或者弧线)的变动成本是前 5 英里范围内,每英里 3.30 美元,剩余的距离是每英里 2 美元。在计算好成本矩阵后,用 Clark-Wright 节约启发式算法重新解决这个问题。

16.9　根据下表给出的任务时间,采用并行调度法计算需要几辆车和每辆车进行任务的顺序。空驶时间是 30 分钟。

任务	开始时间	结束时间
1	上午 8:00	上午 8:30
2	上午 8:15	上午 9:15
3	上午 9:00	上午 9:30
4	上午 9:40	上午 10:20
5	上午 10:10	上午 11:00
6	上午 10:45	上午 11:30
7	下午 12:15	下午 12:40
8	下午 1:30	下午 1:50
9	下午 2:00	下午 2:40
10	下午 2:15	下午 3:30

尾注

1. Gail Ward of Meals-for-ME 提供了本部分包含的信息,也可参见:Carol Higgins Taylor, "Meals for ME looks to bring people together," *Bangor Daily News* (December 31, 2008)(accessed 09/28/2012).

2. 参见:Lawrence Bodin, Bruce Golden, Arjang Assad, and Michael Ball, "Routing and Scheduling of Vehicles and Crews: The State of the Art," *Computers and Operations Research*, vol. 10, no. 2 (1983), pp. 70–71.

3. 关于中国邮递员问题的更多信息可参见:Lawrence Bodin et al., "Routing and Scheduling of Vehicles and Crews: The State of the Art," *Computers and Operations Research*, vol. 10, no. 2 (1983), pp. 111–112. The problem name derives from the fact the original

paper was published in the *Chinese Journal of Operations Research*.

4. 关于旅行商问题解决方法的全面介绍可参见：David L. Applegate, Robert E. Bixby, Vas[ic]ek Chvátal, William J. Cook, *The Traveling Salesman Problem: A Computational Study*, Princeton University Press, Princeton, NJ (2007).

5. 最邻近法的大体介绍取自：Lawrence Bodin et al, "Routing and Scheduling of Vehicles and Crews: The State of the Art," p. 87.

6. Clark-Wright节约启发式算法的大体介绍取自：Lawrence Bodin et al., "Routing and Scheduling of Vehicles and Crews: The State of the Art," p. 87.

7. 先聚类再路径规划的方法适用于需求点成簇孤立分布的情况。还有一种启发式算法是先路径规划再聚类，适用于需求点在一个区域内均匀分布的情况。步骤是先构建一条单一的长的路线，比如使用Clark-Wright节约启发式算法来规划，但这条路线并不可行，因为不没有安排车辆。下一步是把这条单一路线划分成短的可行的路线，并把所有车辆安排进去，如果可能的话，可以按节点的天然特征进行分组来构建路线。关于该方法的描述由以下文章给出：Lawrence Bodin et al., "Routing and Scheduling of Vehicles and Crews: The State of the Art," p. 98.

8. 最小费用流问题是一种特殊类型的网络问题，其包括库站节点、一系列中间节点和一系列需求节点。库站节点给需求节点供应其需要运送的材料，每个需求节点的需求量已知，中间节点没有需求，例如，中间节点可能是火车站因而不需要从汽车上卸货。网络中还包括一系列弧线，弧线可能有运力限制，也可能没有。例如，某条弧线可能只能承载0—20吨的材料。而且，在弧线上运输材料的单位成本是已知的。该问题的目标是找到将材料从库站节点运送到需求节点的最便宜的方法（路径）。关于该方法的描述可以在以下文章中找到：S. P. Bradley, A. C Hax, and T. L. Magnanti, *Applied Mathematical Programming* (Reading, MA, Addison-Wesley, 1977).

9. 并行调度法的大体介绍取自：Lawrence Bodin et al., "Routing and Scheduling of Vehicles and Crews: The State of the Art," p. 133.

10. 对于紧急服务运送的更完整讨论可参见：R. C. Larson and A. R. Odoni, *Urban Operations Research* (Upper Saddle River, NJ, Prentice Hall, 1981).

第 17 章 项目管理

17.1 引言

大部分服务组织必须不时地处理大型的、复杂的项目。例如,一家航空公司开通新航线或者对某一架大型客机进行维护时,一旦这些任务因为任何原因发生延迟,航空公司都会面临巨大的额外费用。再如,一家引进新库存管理系统的商店如果不能正常维持其时间表,那么它就将面临销售收入减少和订货成本损失。政府机构为其计算机硬件顺畅升级往往会进行长时间的安装和调试。医院在实现手术室现代化的过程中,由于未能正确操作一些技术步骤,不仅可能带来不方便甚至可能致使病患丧失生命。

大型(经常是一次性)的项目对于服务管理者是巨大的挑战。其得失难料,而且风险很高,不良的项目管理计划会带来上百万美元的成本浪费。不必要的拖延来自错误的计划。公司甚至会因为不良的控制导致破产。

需要数月甚至数年来完成的项目一般会在正常的运营系统之外独立进行。企业内的项目组织会因此而成立,而一旦项目完结,该组织也常常被解散。一般来说,管理大型项目需要3个阶段(参见图17-1):

1. 项目计划
2. 项目调度
3. 项目控制

本章将首先简单介绍上述功能,然后详细讨论两种项目管理技术来帮助项目经理进行计划、调度和控制,这两种项目管理技术是:项目评审技术(program evaluation and review technique,PERT)和关键路径法(critical path method,CPM)。

17.2 项目计划

项目通常可以定义为为完成某项产出而进行的一系列相关的任务。一种新的组织形式,用来确保每天的工作能够正常进行和新项目顺利完成,被称为**项目组织**。

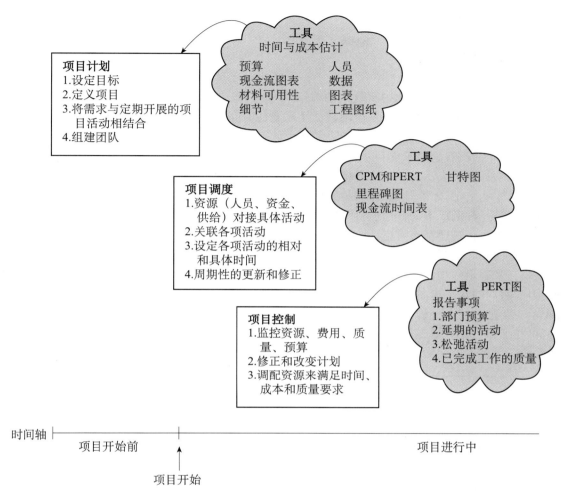

图 17-1 项目计划、调度与控制

项目组织能够在有限的时间内有效组织人力和物质资源来完成一个具体的项目或目标。一般来说,项目组织是临时的组织结构,利用来自公司各部门的专业人员来完成相应的目标。多年来,NASA 成功利用项目管理方法达到其项目目标,例如 Gemini 和 Apollo 项目,这些名字用来描述在 NSNA 达到探索宇宙的目标的过程中的各个团队。项目组织的工作能够顺利进行,有赖于以下项目管理条件:

1. 工作能够被定义并具有特定目标和截止期限。
2. 工作对于现有组织而言具有独特性和新意。
3. 工作包含复杂的相互关联的任务,并需要特殊的技能来完成。
4. 项目工作是暂时的,但是对于组织却至关重要。

一个项目组织也可以按照一个更加持久的形式存在,这被称为**矩阵型组织**。这种组织结构能够帮助企业快速响应外部压力。企业能够通过矩阵型的组织结构快速响应外部环境,并在功能领域保持连续性和竞争性。目前,很多化工、银行以及电子行业的企业都应用矩阵型结构进行项目管理。

项目管理团队在项目开始前早就着手工作,先完成项目计划。进行项目工作的首要步骤之一是认真设定项目目标,然后把项目分解成彼此关联的多项活动和相关成本,并在计划阶段考虑人、供给与设备等方面的大致要求。

17.3 项目调度

项目调度保证了项目活动按照既定的时间顺序进行。在每个项目阶段所需要的物力和人力在这个阶段被计算出来,同时,每一个项目活动需要的时间也要在此时确定下来。

甘特图(Gantt chart,以 亨利·甘特的名字命名)是一种应用广泛的项目调度方法。如图17-2所示,甘特图能够反映出对于项目执行时间的预测,并且具有易于理解的特点。任何一个项目活动在甘特图中都会被表示为一个水平横向条。同时,甘特图还能够表示出在某一个项目活动之前需要先完成哪些活动,才能开始该项目活动。

甘特图是一种低成本的方法,可以帮助项目经理确定:(1)所有的项目活动都被安排了;(2)每个项目活动的执行顺序都被考虑了;(3)项目活动时间被估计了;(4)项目总时间被计算了。

在项目的实际执行过程中,为了表明项目的活动进展,可以通过对甘特图上的水平横向条进行阴影填充来表示一项活动部分完成或者全部完成。例如,如图17-2所示,a、b、c和d都符合计划要求,因为它们的水平横向进度条在垂直的日期线之前都被阴影填充了。这个日期线画在7月1日,表示一个进度状态报告日期,可以让所有项目参与者很清晰地看到哪些工作是恰好按计划进行的,哪些工作是比计划提前的,哪些工作是比计划延迟的。项目活动e、f和g是有延迟的,它们的水平横向条没有被阴影填满或者被填充到日期线处。

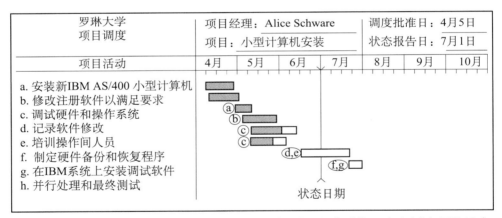

图 17-2 甘特图示例

这样的调度图能够在一些简单的项目中被很好地应用。它们能够帮助项目经理观察每个活动的完成进度,并且能够及时察觉和处理出现问题的地方。但是甘特图并不容易更新,更重要的是,它们不能完全表示出项目资源和项目活动之间的关系。

PERT 和 CPM 方法,是两种被广泛应用的项目网络管理技术,能够考虑到项目活动之间的先后次序和相互依赖关系。在复杂的项目管理中几乎都是利用计算机运算,PERT 和 CPM 方法就能够体现出它们相较于简单的甘特图的优势。但是在一般的大型项目中,甘特图可以作为一种对项目进度状态总结的方法,可以用作对其他网络方法进行补充和完善。

总体来说,无论项目经理使用什么样的方法,项目调度的目标如下:
1. 表示出每个项目活动与项目总体以及其他项目活动之间的关系。
2. 定义出项目活动之间的先后顺序。
3. 鼓励项目经理对项目活动的实际执行时间和成本进行合理设定。
4. 通过识别项目中关键的瓶颈来帮助更好地利用人员、资金和材料等资源。

17.4 项目控制

控制大型项目,正如对管理系统的一切控制,包括对资源、成本、质量和预算的密切监控。同时还包括利用项目跟踪反馈来不断修正和更新项目计划与调度,同时把项目资源调配到最需要的地方。如今在大型主机和个人电脑上随处都可以运用 PERT/CPM 技术生成报告和图表。

进行项目控制的很多不同的报表都可以由项目管理软件生成。这里总结和简单描述了个人电脑软件通常可以提供的 8 种功能。
1. 分析每项任务的详细成本构成。
2. 项目总人力资源曲线,能显示各部门的人力资源贡献。
3. 按照任务分类的年度或者季度成本构成报告(它就像每个项目活动的现金流总结)。
4. 反映每个部门的资金和人力小时使用情况的成本和人力小时汇总报告。
5. 原材料和费用的预测,根据供应商提前期、支付计划和承诺来展示现金流。
6. 利用每项活动完成的百分比生成的差异报告,包括计划和实际成本的对比、估计的当前已发生成本、项目完成的总成本、在途作业的既得价值,以及成本绩效指标等。
7. 和 PERT/CPM 调度相关的时间分析报告,给出估计的完成时间、松弛和浮动时间,以及项目日历。
8. 为项目经理提供的工作状态报告,提供每周的任务分析以便进行归总。

17.5 项目管理技术:PERT 和 CPM

项目评审技术(PERT)和**关键路径法**(CPM)都开始于 20 世纪 50 年代,帮助项目经理对大型的复杂项目进行计划、监督以及控制。先有的是 CPM,它始于 1957 年,由 Remington Rand 的 J. E. Kelly 和 DuPont 的 M. R. Walker 开发出来,当时开发 CPM 的原因是要帮助 DuPont 建造和维护化工厂。而 PERT 技术是由美国海军特殊项目办公室(Special Projects Office of the U. S. Navy)在 1958 年创建的,当时 PERT 的开发主要由 Booz、Allen 和 Hamilton 等专家负责,目的是管理北极星导弹项目。这个项目涉及数以千计的承包商,而 PERT 技术的引入帮助项目缩短了 18 个月的工期。如今,PERT 技术仍然被广泛应用于很多政府管理项目。如果你进入一个管理国防部合同项目经理的办公室,在墙上看到一张 20 英尺长的 PERT 表并不难。

PERT 和 CPM 的架构

PERT 和 CPM 有如下 6 个共同的步骤:
1. 定义项目和全部的重要项目活动或任务。
2. 确定项目活动之间的关系,并决定哪些项目活动要率先完成,哪些活动需要随后完成。

3. 绘制所有项目活动的网络关系图。
4. 设定每个项目活动的预计完成时间和/或成本。
5. 通过网络关系图计算出项目的**关键路径**,即其中时间最长的路径。
6. 使用网络关系图帮助进行项目的计划、调度、监督和控制。

在第五个步骤中,找到关键路径是进行项目控制的关键。在关键路径上的项目活动代表着那些一旦出现延迟就势必会使得整个项目出现延迟的项目活动。项目经理通过确定非关键项目活动以及对项目进行重新计划、重新调度或者是重新分配项目资源,例如项目的人力与资金资源,获得一定的灵活性。

虽然 PERT 和 CPM 在命名及网络关系图设计方法上有所区别,但是它们的目标是一致的。更进一步,这两种方法所采用的分析方法是相似的。最重要的区别是 PERT 技术需要对每个项目活动都进行三个时间估计。这些项目活动的时间估计被应用于计算项目活动需要耗费的时间的期望或者标准差。而 CPM 技术则假设项目活动时间是确定可知的,因此每个项目活动只需要一个确定的项目时间估计。

为了进一步说明,接下来我们将针对 PERT 和 PERT/成本进行讨论。**PERT/成本**技术是将 PERT 和 CPM 的优势进行结合的一种改进方法。但是,讨论的很多评论和步骤也适用于 CPM。

PERT、PERT/成本和 CPM 是重要的项目管理技术,因为它们能够在拥有数以千计的项目活动的大型项目面前帮助项目经理回答下列问题:

1. 整个项目何时完成?
2. 那些一旦延迟就会导致整个项目延迟的关键活动有哪些?
3. 项目的非关键(即可以稍微延迟而不耽误整个项目的)活动有哪些?
4. 整个项目在给定时间内完成的概率是多少?
5. 在任意日期,项目是比计划提前、符合计划、还是比计划落后?
6. 在任何一天,项目的花费是等于、少于还是多于计划的预算?
7. 是否有足够的资源来完成项目?
8. 如果项目需要提前完成,如何以最小的成本提前完成?

活动、事件和网络

PERT 的第一步是把整个项目分解成许多事件和活动。一个项目**事件**标志着某个特定的项目活动(有时叫任务)的开始和完成。一个项目**活动**,从另一个方面来说是两个项目事件之间的任务或者子项目。如表 17-1 所示,项目事件和项目活动被分别重新定义并用符号表示出来。

任何可以用活动和事件描述的项目都能够通过 PERT **网络**进行分析。一旦提供所需信息,项目就能够通过网络表示出来(见下面的示例)。

活动	前导活动
A	—
B	—
C	A
D	B

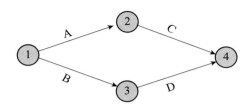

在网络中,每个事件都会被分配一个序号,而每个活动都会有一个开始事件和一个结束事件。例如,活动 A 是在事件 1 时开始,于事件 2 时结束(图中事件表示为节点)。通常来说,节点序号会从左至右分配。项目起始节点或事件会被标注为 1,项目结束节点或事件会被标注为最大的序号。最后一个节点的序号为 4。

表 17-1　项目的事件和活动

名称	符号	描述
事件	○(节点)	一个时间点,通常是一个开始或完成日期
活动	→(箭头)	一个时间过程,通常是一个任务或子项目

项目网络也可以表示为事件和事件间的活动。下图所示的例子展示了如何根据这样的规范来构建网络。给定这个表,可以构建下面的网络。

开始事件	结束事件	活动
1	2	1—2
1	3	1—3
2	4	2—4
3	4	3—4
3	5	3—5
4	6	4—6
5	6	5—6

这里不用字母来表示活动和它们的前导活动,而是用项目活动的起始事件和结束事件来标识。从始于事件 1 止于事件 2 的活动开始,以此类推则可以建立整个项目网络。我们建立整个网络所需要的只是每个活动的起始事件和结束事件。

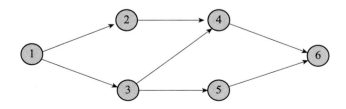

虚拟活动与虚拟事件

可能会遇到网络图中具有相同的开始事件和结束事件的两个活动。这时可以在网络图中加入**虚拟的活动和事件**来解决这个问题。在项目管理过程中使用计算机来确定项目关键路径、计算项目完成时间、获取项目进度差异等的过程中,应用虚拟活动和虚拟事件会变得格外重要。虚拟活动和虚拟事件能够保证项目网络有效地反映所考虑的项目。为了说明这一点,一个项目网络建立在以下信息之上:

活动	前导活动	活动	前导活动
A	—	E	C,D
B	—	F	D
C	A	G	E
D	B	H	F

给定这些数据,就可以构造下面的项目网络:

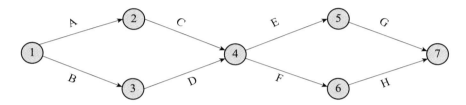

注意项目活动 F。根据项目网络图,活动 C、D 都应当在活动 F 开始之前完成,但是实际上只有项目活动 D 需要在项目活动 F 之前完成(见数据表),所以,这个项目网络图是有问题的。这时就应当引入虚拟项目活动和事件来解决这个问题,如下面的图所示。

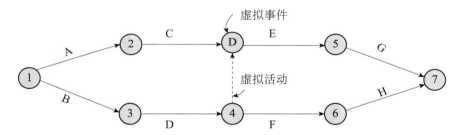

现在新的项目网络图展示出了所有正确的活动关系,并且可以照常分析。虚拟活动应当将其完成时间设定为 0。

PERT 和项目时间估计

前文提及,PERT 和 CPM 的一个主要区别在于 PERT 使用三个**活动时间估计**,而 CPM 则只用估计一个时间。

在 PERT 中,每个活动的完成时间有一个**乐观估计**、一个**最可能估计**和一个**悲观估计**。利用三个项目时间,可以计算出每个活动的完成时间的期望和方差。如果我们像许多研究者那样假设活动时间服从 **beta 分布**,那么我们就能够利用以下公式[1]:

$$t = (a + 4m + b)/6, \sigma^2 = [(b-a)/6]^2 \tag{17.1}$$

这里有:

t = 活动的期望完成时间;

a = 活动完成时间的乐观估计;

b = 活动完成时间的悲观估计；
m = 活动完成时间的最可能估计；
σ^2 = 活动完成时间的方差。

在 PERT 技术中，项目网络图确定下来后，就会计算每个活动的期望时间和方差。例如，考虑下面的时间估计：

活动	a	m	b
1—2	3	4	5
1—3	1	3	5
2—4	5	6	7
3—4	6	7	8

在下面的表中，每个活动的期望时间和方差都被计算出来：

活动	$a+4m+b$	t	$(b-a)/6$	σ^2
1—2	24	4	2/6	4/36
1—3	18	3	4/6	16/36
2—4	36	6	2/6	4/36
3—4	42	7	2/6	4/36

关键路径分析

关键路径分析的目的是决定每个活动的下述数量特性：

ES = 活动最早开始时间。所有**事先要完成的活动**都必须完成之后才可以开始这项活动。这是这项活动最早开始时间。

LS = 活动最晚开始时间。所有**接下来的活动**都要完成且不能耽误整个项目。这是这项活动在不耽误整个项目的前提下最晚开始时间。

EF = 活动最早结束时间。

LF = 活动最晚结束时间。

S = 活动的松弛时间，等于(LS − ES)或(LF − EF)。

对于任何一个活动，如果 ES 和 LS 可以被计算，那么其他三个值也可以计算出来。

$$EF = ES + t \tag{17.2}$$

$$LF = LS + t \tag{17.3}$$

$$S = LS - ES \quad 或 \quad S = LF - EF \tag{17.4}$$

知道了每个活动的这些数量以后，就可以着手分析整个项目了。典型的分析包括：

1. **关键路径**：该路径上的活动的松弛时间都为零。这条路径是**关键**的是因为这些活动中任何的拖延都会导致整个项目的耽搁。

2. T：整体项目的完成时间，可以把关键路径上的期望活动时间 t 加总得到。

3. σ^2：关键路径的方差，可以把关键路径上每个活动的方差加总得到。

关键路径分析的过程一般首先计算最早开始时间和最早结束时间。以下例子阐述了这个过程。

简单计算——根据下面的图例,每个活动的最早开始时间和最早结束时间都可以计算出来。

活动	t
1—2	2
1—3	7
2—3	4
2—4	3
3—4	2

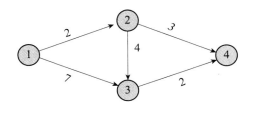

最早开始时间的确定是从项目开始活动逐步向项目结束活动推移。对于项目开始处的活动,最早开始时间是零或者真正的起始日期,比如说 8 月 1 日。对于活动 1—2 和 1—3,最早开始时间的值为零。约定俗成地,所有项目的开始时间都为零。

这里有一个基本规律。在一个活动开始之前,它的所有前导活动必须被完成。换句话说,找到到达这个活动前的最长路径就可以确定活动的最早开始时间。活动 2—3 的最早开始时间是 2。它唯一的前导活动是 1—2,其中 $t=2$。同样的原因,活动 2—4 的最早开始时间也是 2。对于活动 3—4,它的最早开始时间是 7。这项活动之前有两条路径,对于活动 1—3,$t=7$,活动 1—2 和 2—3 的总共期望时间是 6(或 2 +4)。因此,对于活动 3—4,最早开始时间为 7,因为必须在活动 1—3 完成后,活动 3—4 才能进行。最早结束时间由项目时间加上每个活动的时间 t 计算出来。详见如下表格。

活动	ES	EF
1—2	0	2
1—3	0	7
2—3	2	6
2—4	2	5
3—4	7	9

下一步是计算最晚开始时间,也就是每个活动的最晚开始时间。计算的方法是从最后一个活动开始,倒推计算出第一个活动的最晚开始时间。这个过程是倒序的,从最后一个活动向前推算,确定每项活动的最晚开始时间,使得整个项目的最早结束时间不会被推迟。这个过程其实操作起来并不复杂。

举一个例子,我们基于如下的数据来确定每项活动的最晚开始时间、最晚结束时间和松弛时间。

活动	t	ES	EF
1—2	2	0	2
1—3	7	0	7
2—3	4	2	6
2—4	3	2	5
3—4	2	7	9

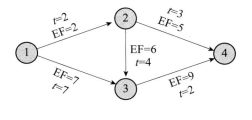

整个项目的最早结束时间是 9,因为活动 2—4(EF = 5)和 3—4(EF = 9)都需要被完成。用 9 作为基准,从 9 中减去相应的 t,以此倒推计算。

活动 3—4 的最晚开始时间是 7(或 9—2),从而使得整个项目完成的时间仍然为 9,因此活动 3—4 的最晚开始时间为 7。同样的原因,活动 2—4 的最晚开始时间是 6(或 9—3)。如果活动 2—4 从 6 开始,用 3 个单位的时间完成,整个项目同样可以在 9 个单位的时间内完成。活动 2—3 的最晚开始时间是 3(或 9—2—4)。如果活动 2—3 在 3 时开始,活动 2—3、3—4 分别用 2 个单位和 4 个单位时间,整个项目仍然可以在 9 个单位的时间内完成。

因此,活动 2—3 的最晚开始时间是 3。同样的原因,活动 1—3 的最晚开始时间是 0(或 9—2—7)。分析活动 1—2 更加复杂,原因是自后向前这里有两条路线通向它。这两条路线都要在 9 个单位的时间内完成。

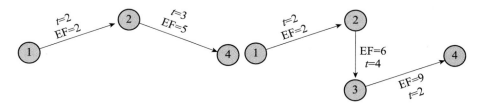

因为上图中的两条路径都必须完成,所以活动 1—2 需要用最慢的路径来计算,其最晚开始时间是 1(或 9—2—4—2),而不是 4(或 9—3—2)。请见如下关系,你可以构造一个表格总结所有结果。

$$LF = LS + t$$
$$S = LF - EF \text{ or } S = LS - ES$$

活动	ES	EF	LS	LF	S
1—2	0	2	1	3	1
1—3	0	7	0	7	0
2—3	2	6	3	7	1
2—4	2	5	6	9	4
3—4	7	9	7	9	0

在 ES、EF、LS、LF 和 S 计算完成后,就可以着手分析整个项目了。整个分析包括确认关键路径、项目完成时间和项目完成时间的方差。请见如下的例子。

项目分析——对于如下的项目网络,我们希望找到关键路径、总的完成时间 T 和项目完成时间的方差 σ^2。

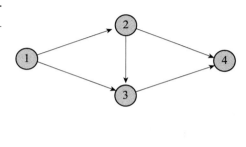

活动	t	v	ES	EF	LS	LF	S
1—2	2	$\frac{2}{6}$	0	2	1	3	1
1—3	7	$\frac{3}{6}$	0	7	0	7	0
2—3	4	$\frac{1}{6}$	2	6	3	7	1
2—4	3	$\frac{2}{6}$	2	5	6	9	4
3—4	2	$\frac{4}{6}$	7	9	7	9	0

关键路径由零松弛时间的活动组成，也就是活动1—3和3—4。

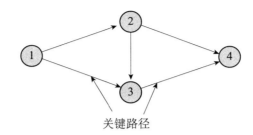

关键路径

总的项目完成时间是9(或2+7)。项目的方差是在关键路径上各个活动的方差的总和，也就是7/6(或3/6+4/6)。

有了项目网络以及各项活动的时间和方差(t和σ^2)，就可以做一个完整的关键路径分析了，包括每个活动的ES、EF、LS、LF和S，以及关键路径、整个项目的T和V。

项目完成的概率

分析出期望的完成时间T和完成时间的方差σ^2，我们可以确定项目在某个特定日期完成的概率。如果我们假设项目完成时间的分布满足一个正态分布，就可以计算出项目完成的概率，比如下面的例子。

我们说项目完成时间T是20周，项目的方差σ^2是100，那么项目在第25周或之前完成的概率是多大？

$T = 20$

$\sigma^2 = 100$

σ = 关键路径的标准差 = $\sqrt{\text{关键路径的方差}}$ = $\sqrt{\sigma^2}$ = $\sqrt{100}$ = 10

C = 希望的完成时间 = 25周

正态分布的曲线如下图所示：

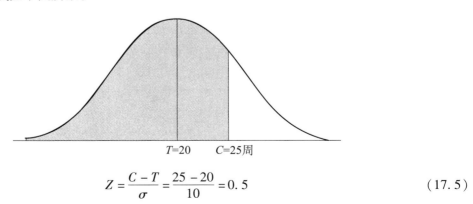

$$Z = \frac{C - T}{\sigma} = \frac{25 - 20}{10} = 0.5 \quad (17.5)$$

其中，Z是此值与平均值所距离的标准差的个数，对于$Z = 0.5$，这个弧线下的面积为0.6915(可参见附录A标准正态曲线下的面积)。因此，在25周内完成项目的概率为0.69，也就是69%。[2]

17.6　PERT/成本

直到现在,我们都假设活动的时间是无法缩短的,然而这通常并不符合实际。事实上,投入更多的资源可以减少项目内某些活动所需要的时间。这些资源可能是额外的劳动力、更多的设备,或者其他。即使缩短活动的时间可能很贵,有时候却还是值得的。如果一个企业延误项目便会面临昂贵的处罚,那么增加额外的资源使项目按时完成在经济上就可能是划算的。而且项目每日的运营可能都会有固定的开销,因此,增加投入使得项目提前完成可能会节省每日的固定成本。但是应该缩短哪一个活动呢?这个行动需要多少成本?减少一个活动的时间会缩短整个项目的时间吗?最理想的是,我们能够找到减少整个项目的工期的最节省的方式,这就是PERT/成本的目的。

在时间以外,服务管理者也会关注项目的成本。而增加额外的资源投入以缩短活动时间通常是可能的。图17-3 显示了两个活动的成本与时间的关系图。对于活动5—6,花费300 美元能够使活动在8 周内完成,400 美元能够使活动在7 周内完成,600 美元能够使活动在6 周内完成。活动3—4 如果在12 周内完成需要增加3000 美元的额外投入;如果需要在14 周内完成,需要增加1000 美元的额外投入。可以为项目中的每一个活动找到类似的成本与时间曲线或关系。

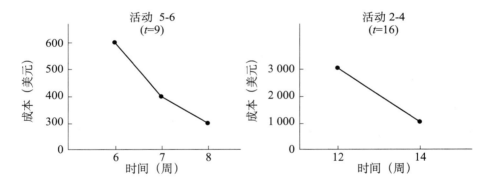

图17-3　用于PERT/成本分析的成本与时间曲线

PERT/成本方法的目的是在成本最低的基础上,减少整个项目的完成时间(也叫项目压缩或项目赶工)。虽然目前已经存在几种软件可以完成 PERT/成本,但理解如何手动完成这些过程也是很重要的。为了达到这个目标,一些新的变量必须被提及。对每一种活动而言,都会有活动时间减少,以及由活动时间减少引起的成本。

M_i = 活动 i 的最大时间减少;
C_i = 活动 i 的活动时间减少引起的额外成本;
K_i = 活动 i 的活动时间减少引起的单位额外成本;
$K_i = C_i/M_i$。

有了以上信息,我们就有可能决定减少项目完成时间的最低成本。

减少项目完成时间的例子——作为示例,下面这些信息用来确定减少项目完成时间一周的最低成本。

活动	t(周)	M(周)	C(美元)	活动	ES	EF	LS	LF	S
1—2	2	1	300	1—2	0	2	1	3	1
1—3	7	4	2 000	1—3	0	7	0	7	0
2—3	4	2	2 000	2—3	2	6	3	7	1
2—4	3	2	4 000	2—4	2	5	6	9	4
3—4	2	1	2 000	3—4	7	9	7	9	0

第一步是计算每一种活动的 K 值。

活动	M	C(美元)	K(美元)	关键路径
1—2	1	300	300	否
1—3	4	2 000	500	是
2—3	2	2 000	1 000	否
2—4	2	4 000	2 000	否
3—4	1	2 000	2 000	是

第二步是在关键路径上针对 K_i 的最小值标出活动。关键路径包含活动 1—3 和 3—4。因为活动 1—3 有更低的 K_i 值,通过增加 500 美元成本,项目完成时间可以减少 1 周,变成 6 周。

我们在使用这一方法的时候必须小心。任何在关键路径上活动时间的进一步减少都会使关键路径包含活动 1—2、2—3、3—4。换句话说,会出现两条关键路径,每一条关键路径上的活动都需要被"压缩"以减少项目完成时间。[3]

17.7 PERT 的其他服务应用

为了进一步阐述项目管理技术在服务领域的前景,本节给出了一个更大的例子。这个例子考虑的是一个医院的迁址。

基于项目网络图的医院迁址

当圣文森特医院与药物中心从位于俄勒冈的波特兰、有 373 个床位的一个地方迁出,搬到一个 5 英里外的有 403 个床位的郊区建筑中时,需要考虑很多的问题。军用车辆与私用救护车必须被用来运送病人,还要有警察护送,迁移会对当地商店产生影响,还有许多别的问题都需要考虑。为了协调这些活动,人们完成了一个项目网络图,并以此为基本规划工具花了 8 个月的时间完成方案。虽然真正的网络包含几十项活动,它的一部分以图 17-4 的形式展示出来,以显示项目管理工具在计划和实施复杂项目时的价值。

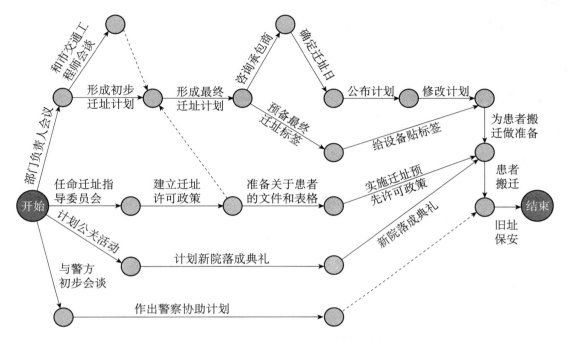

图17-4 圣文森特医院项目网络：关键活动（部分）

资料来源：改编自 R. S. Hanson，"Moving the Hospital to a New Location," *Industrial Engineering*（November 1982）. Copyright Institute of Engineers，25 Technology Park/Atlanta，Norcross，GA 30092.

17.8 PERT 和 CPM 的评价

PERT 和 CPM 作为项目管理的工具已经使用了超过 50 年的时间。现在是时候让我们回头来客观地分析一下这两种方法的长处和短处——也有助于我们明白关键路径法在今天的意义。

由于美国国防部（Department of Defense，DoD）采用 PERT，并要求防务合同商使用，这使得 PERT 在前十年达到巅峰状态。许多管理者、教授、计算机从业人员和杂志期刊编辑也陆续使用并成为这方面的"专家"。出于高涨的热情和兴趣，PERT 甚至作为一个动词使用，其被广泛应用并在许多项目中取得了成功。这带来一幅幅占据整个墙面的由电脑生成和更新的打印图表，并且大家都倾向于相信 PERT 可以解决所有的项目管理问题。

1970 年后 PERT 不再流行，这也许是无法避免的。一些拥护者开始提出质疑，其他向来就反感由于强制使用 PERT 和 CPM 而带来繁重负担的反对者们也纷纷毫不掩饰他们对这种工具的轻蔑。[4]

如今关键路径法失宠的趋势逐渐缓和，甚至开始再次受到人们的欢迎。项目经理们能更好地把握住 PERT 的优势和劣势，并容易获得在微型电脑上运行的易于使用的软件包的协助。作为对 PERT 讨论的总结，以下是运营经理们应该了解的 PERT 的一些特点：

优势

1. PERT 在项目管理的若干阶段都适用,特别是调度和控制大型项目。
2. 概念直观易懂,运算不复杂。拥有成百上千个活动的大型项目需要计算机辅助,小型项目可以轻松手算。
3. 使用网络图可以快速展示各个项目活动之间的联系。
4. 关键路径和松弛时间的分析有助于确定需要紧密关注的活动。这在需要缩短项目时间时,提供了资源优化配置的线索。
5. 网络图作为项目存档记录,直观地表述出谁负责哪些项目活动。
6. PERT 可广泛应用于多种服务项目和行业。
7. 此方法不仅适用于项目调度,同时还可以监测项目成本。这有利于规避超出成本预算带来的惩罚性后果,同时也容易实施提早完成任务的奖励。

局限性

1. 项目活动需要明确定义,并保持独立和稳定的关系。尽管项目管理的技术本身是关注焦点,这一步通常是最困难的。
2. 必须给出活动之间的先后次序关系并用网络完整地描述出来。有时次序关系很难被清晰识别和正确描绘。
3. PERT 中的时间活动是遵循 beta 分布的。用户很难分辨出这个假设是否对每个活动都适用。现在对此假设的有效性存在一些疑问。
4. 时间估计多是主观的,管理者可能会随意进行调整,比如管理者害怕过于乐观或者不够谨慎。
5. 管理者可能会过于关注最长的路径,即关键路径,其实那些与关键路径长度接近的也需要密切关注。

用 POM for Windows 进行项目管理

POM for Windows 项目调度模块可以用于确定 CPM 或 PERT 网络的项目期望完成时间,其中每个活动的时间估计可以是一个也可以是三个。软件计算每个活动的最早开始、最早结束、最晚开始和最晚结束时间,以及它们的松弛时间。图 17-5 显示了 POM for Windows 解决方案的输出结果。

17.9　总　结

PERT、CPM 和其他调度技术被实践证明是管理大型复杂项目的宝贵工具。在这些工具的帮助下,管理者可以了解每个活动的进程,知道哪些活动是关键的,哪些有松弛时间,以及如何合理地缩短工期。项目被分割成离散的活动,这些活动的先后顺序被确定后,特定的资源可以被识别出来。这可以帮助项目经理合理地应对管理大型复杂项目时的挑战。有效的项目管理也使企业可以在国际市场上开发产品和服务。有丰富的管理软件包来帮助管理者们建立和求解网络模型

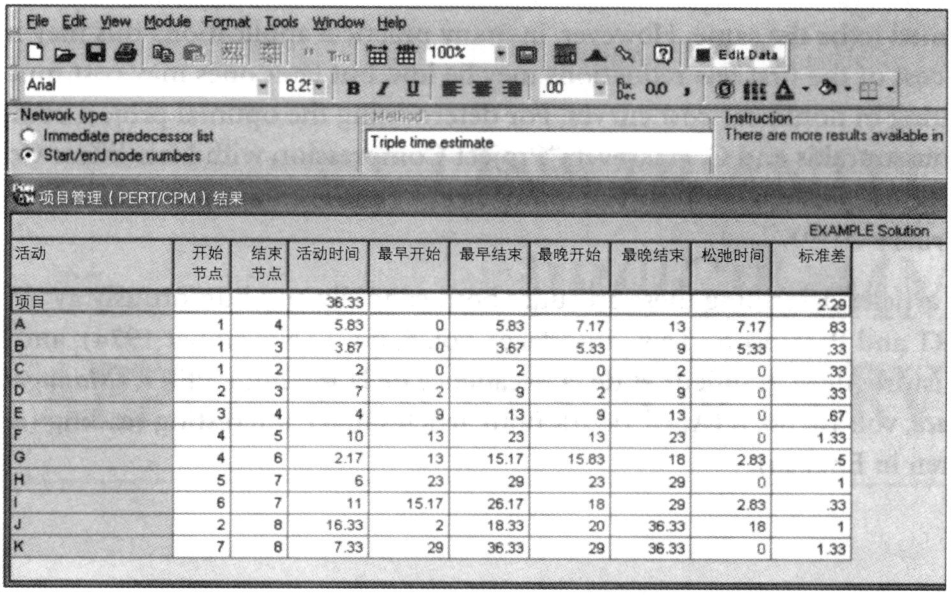

图 17-5 POM for Windows 解决方案的例子

问题。

PERT 和 CPM 不能解决服务组织的全部项目调度和其他的管理问题。好的管理实践、清晰的任务职责，以及直接及时的报告系统也是管理的关键。记住，本章描述的这些模型只是帮助管理者做出更好决策的工具而已。

问题讨论

1. PERT 技术和 CPM 技术能够回答什么样的问题？

2. 项目活动的定义是什么？事件如何定义？前导活动指的是什么？

3. 在 PERT 网络中如何计算项目的期望时间和标准差？

4. 关键路径分析是什么样的方法？什么是关键路径活动以及它们为什么重要？

5. 项目的最早开始时间和最晚结束时间是怎样计算出来的？

6. 项目中的松弛时间是什么？它是如何决定的？

7. 我们如何能知晓一个项目在某一时刻结束的可能性？我们需要提出什么假设才能帮助我们进行计算？

8. 请叙述 PERT/成本是什么以及怎样运用到项目管理活动中。

9. 什么是赶工期以及该如何手算进行？

10. 试选择一个熟悉的行业，并描述如何使用甘特图和 PERT 技术来进行运营分析和管理。

习题

17.1 Sally Rider 是 B&W 公司的人力资源总监，该公司专注于提供研究和咨询服务。公司决定对其中层领导进行领导力培训。而进行领导力培训就必须对一系列的培训活动进行管理和排序。活动之间的先后关系如下图所示,请利用项目管理网络技术进行分析。

活动	前导活动	活动	前导活动
A	—	E	A,D
B	—	F	C
C	—	G	E,F
D	B		

17.2 Sally Rider 能够决定领导力培训项目每个活动的具体时间,而她希望能够利用项目管理技术来得到项目的总执行时间和关键路径。项目活动时间如下表所示(参见问题 17.1):

活动	时间(天)
A	2
B	5
C	1
D	10
E	3
F	6
G	8
总计	35 天

17.3 请在下图所示的项目网络中插入虚拟活动和事件来修正。

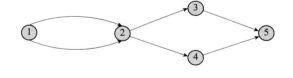

17.4 请计算下面的网络图的关键路径、项目完成时间 T 和项目完成时间的标准差 V。

活动	t	v
1—2	2	2/6
1—3	3	2/6
2—4	2	4/6
3—5	4	4/6
4—5	4	2/6
4—6	3	1/6
5—6	5	1/6

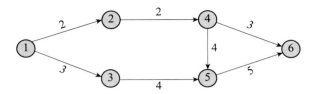

17.5 依照下图所示的项目管理网络,计算关键路径。

活动	t	v	活动	t	v
1—2	2	1/6	4—5	4	4/6
1—3	2	1/6	4—6	3	2/6
2—4	1	2/6	5—7	5	1/6
3—4	3	2/6	6—7	2	2/6

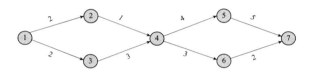

17.6 Zuckerman 公司为企业和政府提供计算机服务。该公司正在竞标一项大型主机系统重构的项目并确定以下的活动和时间来完成项目,请根据该图计算每个活动的期望完成时间和方差。

活动	a	m	b	前导活动
A	3	6	8	—
B	2	4	4	—
C	1	2	3	—
D	6	7	8	C
E	2	4	6	B,D
F	6	10	14	A,E
G	1	2	4	A,E
H	3	6	9	F
I	10	11	12	G
J	14	16	20	C
K	2	8	10	H,I

17.7 Jane Zuckerman 希望利用项目管理手段来替代老式的计算系统,并希望计算项目的期望完成时间和关键路径。请根据问题 17.6 来计算每个项目活动的 ES、EF、LS、LF 和松弛时间。

17.8 Zuckerman 完成问题 17.6 和 17.7 中的项目的时间小于 40 小时的概率是多少?

17.9 Jan Ross 希望通过使用 PERT 技术来计算出

彻底检查游艇项目的完成时间。如果项目的期望完成时间是 21 周，而项目完成时间的标准差为 4 周，那么：

（1）项目在 17 周完成的概率是多少？
（2）项目在 20 周完成的概率是多少？
（3）项目在 23 周完成的概率是多少？
（4）项目在 25 周完成的概率是多少？

17.10　某项目的期望完成时间是 62 周，标准差是 81，请求出项目比期望完成时间提前 18 周完成的概率。

17.11　请利用下图所示的项目网络来计算项目提前 3 个月完成的最小成本。

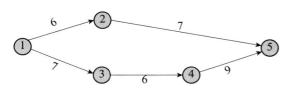

活动	t（月数）	M（月数）	C（美元）
1—2	6	2	400
1—3	7	2	500
2—5	7	1	300
3—4	6	2	600
4—5	9	1	200

17.12　从大学获得学位是个漫长而且艰难的任务。一些课程必须在某些课程已经被完成的情况下才能够修读。建立一个学位完成的网络图，在网络图中标注哪些课程是必须率先被完成的，哪些课程是必须在那之后被完成的，不要忘记将学校、学院和所学专业的所有课程要求包括在内。然后将课程按照学期进行分组。你认为需要花费多长时间才能毕业？同时查看哪些课程的顺序必须被充分注意，否则就会拖延你的毕业时间。

17.13　Bender 建筑公司正在进行市政大楼建设。在建设大楼的过程中，必须需要准备好相应的法律文件、初步的可行性研究、公司债券评级等。最近，Bender 公司需要就项目的实施过程提交一份计划。第一步是拿到相应的法律文件和其他需要在开工之前拿到的各种文件。这就需要完成大约 20 项活动。这些活动，以及它们的前导活动、时间要求都在表 17-2 中给出，其中包括活动完成时间的乐观估计（a）、最可能估计（m）和悲观估计（b）。请根据下图数据来计算这个前期准备的总项目完成时间以及每个活动的关键路径和松弛时间。

表 17-2　Bender 建筑公司制定的文档

| 活动 | 所需时间（周数） | | | 描述 | 前导活动 |
	a	m	b		
1	1	4	5	起草法律文件	—
2	2	3	4	编制财务报表	—
3	3	4	5	准备历史记录	—
4	7	8	9	起草可行性研究的需求部分	—
5	4	4	5	审查和批准法律文件	1
6	1	2	4	审查和批准历史记录	3
7	4	5	6	审查可行性研究	4
8	1	2	4	起草可行性研究的最终财务部分	7
9	3	4	4	起草与债券交易相关的事实	5
10	1	1	2	审查和批准财务报表	2
11	18	20	26	确定接收到的项目的报价	—
12	1	2	3	审核并完成可行性研究的财务部分	8
13	1	1	2	完成声明草稿	6,9,10,11
14	0.1	0.14	0.16	所有材料发送到债券评级服务公司	13

活动	所需时间(周数)			描述	前导活动
	a	m	b		
15	0.2	0.3	0.4	打印声明并分发给所有感兴趣的组织	14
16	1	1	2	向债券评级服务公司演示	14
17	1	2	3	收到债券评级	16
18	3	5	7	债券的营销	15,17
19	0.1	0.90	0.2	执行购货合同	16
20	0.1	0.14	0.16	授权和完成最终声明	19
21	2	3	6	购货合同	19
22	0.1	0.1	0.2	可用的债券收益	20
23	0.0	0.2	0.2	签订施工合同	21,22

尾注

1. 尽管beta分布已经在PERT分析中广泛应用了多年，但其适用性已经受到质疑，可参见：M. W. Sasieni, "A Note on PERT Times," *Management Science*, vol. 32, no. 12 (December 1986), pp. 1662–1663.

2. 这里做了一个简单假设：在25周内完成该项目的概率等于在25周内完成关键路径的概率。

3. 在这个例子中，我们假设成本/时间曲线是线性的（即斜率不变），换言之，每减少单位时间（如每周或每天）的成本是相同的。然而，在实际中，这可能并不适用。刚开始减少时间的成本可能是低的，而后来一些可能成本较高，形成非线性成本曲线，关于如何决定项目的最优压缩，可参见：J. Moussourakis and C. Haksever, "Project Compression with Non-linear Cost Functions," *Journal of Construction Engineering and Management*, Vol. 136, No. 2 (February 2010).

4. 有两篇文章直率而幽默地谈论了这种态度：M. Krakowski, "PERT and Parkinson's Law," *Interfaces*, vol. 5, no. 1 (November 1974); and A. Vazsonyi, "L'Historie de la grandeur et de la decadence de la methode PERT," *Management Science*, vol. 16, no. 8 (April 1970)，这两篇文章读起来都很有趣，并且是用英文写的。

第18章 线性规划与目标规划在服务中的应用

18.1 引言

许多服务运营管理决策的目的都是最高效地利用组织的资源,例如人力、金钱、库存空间、材料等。这些资源可以用于货运和生产计划、广告策略、投资决策或医院膳食计划等多种服务中。为了在计划和决策过程中更有效率地分配资源,运营管理者经常使用**线性规划**和**目标规划**这两种数学方法以实现权衡取舍。

在服务管理中成功应用线性规划与目标规划的案例包括:
1. 美国红十字协会绩效管理与评估[1];
2. 高犯罪率区域的巡警分配[2];
3. 印度铁路部门运力管理[3];
4. 德克萨斯州西部天主教区的长期规划[4];
5. 哈拉斯切诺基赌场酒店的收入管理[5];
6. 智利足球联赛排程[6]。

本章重点介绍如何构建线性规划问题,不涉及解决问题的数学步骤,具体的数学解题过程在管理科学的教材中有更多介绍。[7]之所以在本章避免介绍数学解题过程是考虑到现有的计算机程序软件(本章中有介绍)已经可以解答线性规划中的数学问题,大部分的运营管理者无需掌握线性规划与目标规划问题的复杂的数学计算过程。本章大部分内容是针对常见的单一目标线性规划问题的构建(例如劳动成本最小化或利润最大化),本章最后介绍了线性规划的扩展——**目标规划**。目标规划可用于多目标决策问题,以及目标之间相互矛盾的决策问题。

18.2 线性规划概述

所有的线性规划问题都有4个共同属性:
1. 所有的线性规划问题都是为了寻求最大化或最小化某一数量(通常是利润或成本),我们将这一数量称为线性规划问题的**目标函数**。对于一个典型的企业来说,最主要的目标就是实现长期的利润最大化,而对于卡车或航空分配系统来说,最主要的目标则是实现运输成本的最小化。

2. 现实中的**约束条件**在某种程度上约束了目标的实现。例如,管理者在决定企业库存中的不同产品应各分配多少到零售卖场时将遇到空间、劳动力、预算等的约束。因此,我们的目标是在有限资源的约束下(约束条件)实现某个数量(目标函数)的最大化或最小化。

3. 问题包含多种选择。例如,某商店销售三种不同的产品,管理者可以使用线性规划来决定如何将有限的展示空间和广告预算分配给这三种产品,如果没有不同的选项则不需要使用线性规划来解决。

4. 线性规划问题中的目标和约束都必须用线性方程或线性不等式来表示。

下面,我们将用一个小型家具零售店的案例来更好地阐明这些属性,并具体说明现实中应如何将一个决策问题构建为线性规划问题。

Dixon 家具店

Dixon 家具店正在安排劳动节周末的特别促销计划。它挑选了折叠桌和折叠椅这两种产品进行促销,因为这两种产品在劳动节的时候最适合家庭在院子里聚餐时使用。Dixon 家具店内有 100 平方英尺的空间可用于摆设和储存这两种产品。每张折叠桌的批发成本是 4 美元,占用 2 平方英尺的空间,销售单价为 11 美元。每张折叠椅的批发成本是 3 美元,占用 1 平方英尺的空间,销售单价为 8 美元。家具店经理认为折叠椅的销量不可能超过 60 把,而折叠桌的销量可能没有限制。最后,Dixon 家具店对于采购这两种产品的预算一共是 240 美元。家具店经理面临的问题是应该储存多少把折叠椅和多少张折叠桌以实现利润最大化。

在构建线性规划问题之前,我们先设定几个目标函数和约束条件中将要使用到的变量:

X_1 = 订购的桌子数;

X_2 = 订购的椅子数。

现在可以用 X_1 和 X_2 来构建线性规划的目标函数:

$$\text{最大化净利润} = 零售收入 - 批发成本$$
$$= (11 X_1 + 8 X_2) - (4 X_1 + 3 X_2) = 7 X_1 + 5 X_2$$

下一步是使用数学关系来描述问题中的三个约束条件。基本的数学关系是所使用的资源应少于或等于可用的资源。

第一个约束:使用资金≤资金预算

$4 X_1 + 3 X_2 \leq 240$ 可用于采购的资金

第二个约束:占用空间≤可用空间

$2 X_1 + X_2 \leq 100$ 平方英尺的店铺面积

第三个约束:采购的椅子数≤预计的椅子需求

$X_2 \leq 60$ 把椅子(能卖出的上限)

所有的约束条件都代表了资源的约束并且会影响到总利润。例如,Dixon 家具店不能订购 70 张桌子,因为这将违反前两个约束条件。同理,它也不能订购 50 张桌子和 10 把椅子。因此,线性规划中一个很重要的问题是,变量之间将会相互影响,在 Dixon 问题中,采购决策中对某一产品的订购数量越多则可订购的另一产品的数量将越少。

18.3　线性规划问题的图解法

对于类似 Dixon 家具店这种小型的线性规划问题来说,图解法是最简便的解决方法。图解法仅适用于包含两个决策变量的问题(例如 Dixon 家具店的折叠桌订购数量和折叠椅订购数量)。当决策变量超过两个时,我们将无法通过二维图来寻求最优解,在这种情况下我们需要使用更复杂的方法或使用计算机来帮助我们找到最优解(在本章的后续部分我们会有介绍)。但是掌握图解法对于理解其他方法也非常有价值。

约束条件的图形表达

要找到线性规划问题的最优解,我们首先要确定可行解的解集或**区域**。因此,图解法的第一步就是画出问题的每一个约束条件。X_1 通常用来表示横轴,X_2 通常用来表示纵轴。完整的问题可以重新表述如下:

$$最大化利润 = 7X_1 + 5X_2$$

约束条件:

$4X_1 + 3X_2 \leqslant 240$（预算约束）

$2X_1 + X_2 \leqslant 100$　（空间约束）

$X_2 \leqslant 60$　（椅子需求约束）

$X_1, X_2 \geqslant 0$（对桌椅采购数量的非负约束）

图形化表达约束的第一步是将所有的约束不等式转换为等式,即:

约束 1:$4X_1 + 3X_2 = 240$

约束 2:$2X_1 + X_2 = 100$

约束 3:$X_2 = 60$

约束 1 中的等式在图 18-1 中描绘出来。

为了得到图 18-1 中的直线,我们首先要找到直线 $4X_1 + 3X_2 = 240$ 分别与横轴和纵轴的交点。当 $X_1 = 0$ 时(直线与纵轴的交点),意味着 $3X_2 = 240$,即 $X_2 = 80$。同理,当 $X_2 = 0$ 时(直线与横轴的交点),意味着 $4X_1 = 240$,即 $X_1 = 60$。因此,约束 1 的边界可以表示为经过 $(X_1 = 0, X_2 = 80)$ 和 $(X_1 = 60, X_2 = 0)$ 的直线。图中的灰色区域表示符合约束 1 原**不等式**的所有可行解。同理,我们可以通过类似的步骤得到约束 2 和约束 3 的图形化表达。图 18-2 表示了三个约束条件。注意,第三个约束仅是一条直线,与 X_1 值无关。

图 18-2 中的灰色区域代表了满足所有三个约束条件的范围,这个灰色区域称为**可行解区域**,简称**可行域**。这个区域必须满足问题涉及的所有约束条件,因此,该区域为所有约束条件的重叠部分。可行域内的任意一个解都是 Dixon 家具店采购问题中的**可行解**。可行域外的任意解都是**不可行解**。因此,通过将对应的点表示在图 18-2 中,我们可以发现订购 30 张桌子和 20 把椅子 $(X_1 = 30, X_2 = 20)$ 是可行的,但订购 70 张桌子和 40 把椅子则会违反约束条件。

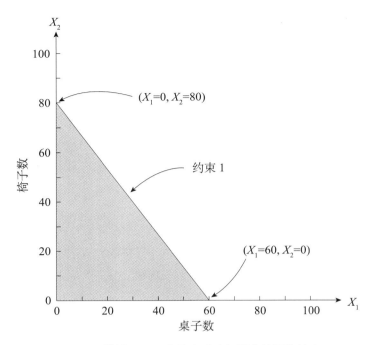

图 18-1　描绘 Dixon 家具店采购问题中的预算约束

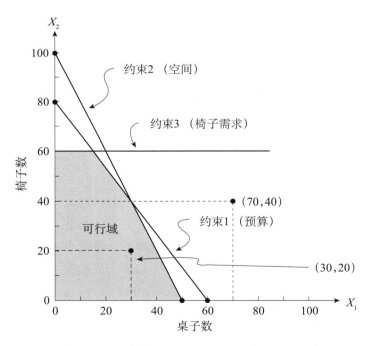

图 18-2　描绘所有约束条件得到 Dixon 家具店采购问题的可行域

等利润线求最优解

现在我们已经找到了问题的可行域，下一步我们将从可行域中找到最优解。用数学方法可以证明任何线性规划问题的最优解都是可行域的**角点**或**顶点**。因此,最优解将是可行域的所有角点或顶点中利润最高的那个点。

在可行域中寻求最优解的方法有很多种,**等利润线求解法**是最快速的一种。

首先,将利润设定为某一任意但较小的金额。在 Dixon 案例中,我们可以将利润定为 210 美元。这个数值可以在满足约束条件的情况下很容易实现。目标函数则可以修改为 $210 = 7X_1 + 5X_2$。

这个表达式在图中可以表示为一条直线,我们将其称为**等利润线**。它代表了图中所有可以产生 210 美元总利润的解 (X_1, X_2)。画出这条等利润线的方法和之前我们画约束条件直线的方法一样。首先,我们假设 $X_1 = 0$,从而找到纵轴截距:

$$210 = 7 \times 0 + 5 X_2 \quad 解得 X_2 = 42 \text{ 把椅子}$$

然后,我们假设 $X_2 = 0$,从而找到横轴截距:

$$210 = 7 X_1 + 5 \times 0 \quad 解得 X_1 = 30 \text{ 张桌子}$$

这两个点可以用一条直线相连。等利润线在图 18-3 中表示出来,线上的每一个点都代表可以产生 210 美元利润的可行解。

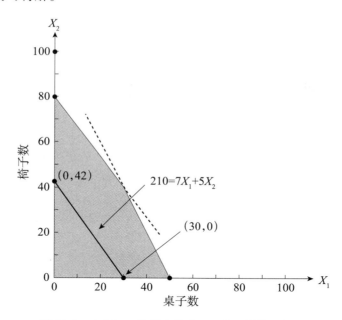

图 18-3　在 Dixon 问题中值为 210 美元的等利润线

显而易见,代表 210 美元的等利润线上的解并不能为 Dixon 产生最高利润。在图 18-4 中,我们试图画出一条新的直线——一条代表更高利润的解的直线。值得注意的是,新画的直线离原点越远,其所代表的利润越高。另外值得注意的一点是,所有的等利润线都是平行的。通过朝远离原点的方向平行移动第一条等利润线,我们可以画出一系列的等利润线。与可行域保持接触的最高的那一条等利润线将帮助我们找到最优解。

在图 18-4 中,我们可以看到与可行域始终保持接触的最高的那条等利润线与可行域的交点 $(X_1 = 30, X_2 = 40)$ 即是最优解,其所产生的利润为 410 美元。

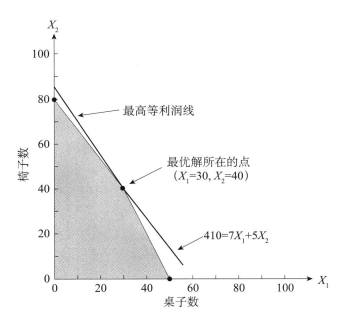

图 18-4 Dixon 家具店采购问题的最优解

18.4 线性规划问题的计算机解法

如前文所提到的,当线性规划问题的变量超过两个时图解法便不再适用了。幸运的是,现在有许多软件都可以被用来解决更复杂的线性规划问题。本小节将要介绍如何解读 POM for Windows 软件的输出结果。和许多其他的线性规划相关的商业软件类似,POM 也是使用**单纯形法**求解。

单纯形法系统地检验了可行域中的角点并不断搜寻目标函数值更大的角点。它不仅能够求解出任意线性规划问题的最优解,还能够提供**影子价格**和**灵敏度分析**以供决策者参考。在利用单纯形法求解的初始阶段要将约束条件中的不等式转化为等式,实现方式是在每一个含有小于或等于($\leq$)的约束条件的不等式左边添加一个松弛变量,在每一个含有大于或等于($\geq$)的约束条件的不等式左边减去一个**松弛变量**(或剩余变量)。松弛变量和剩余变量代表了约束条件不等式左右两边的差值。将不等式转化为等式后,Dixon 家具店的采购问题将表示为:

$$X_1 + 3X_2 + S_1 = 240（预算约束）$$
$$X_1 + X_2 + S_2 = 100（店铺空间约束）$$
$$X_2 + S_3 = 60（椅子需求约束）$$

对于某一资源约束,例如 Dixon 案例中的预算约束,松弛变量 S_1 表示这一资源(即预算)**未被使用**的部分。空间约束条件的松弛变量 S_2 则表示未使用的空间,第三个约束条件的松弛变量 S_3 则表示未被满足的折叠椅需求。

图 18-5 展示了 Dixon 家具店采购问题的解答,这只是 POM for Windows 计算线性规划问题输出结果的一种,对于有两个变量的线性规划问题,POM for Windows 也可以提供图解法(如图 18-6 所示)。从图 18-5 中的最优解我们可以看到,松弛变量 S_1 和 S_2 都等于 0,这意味着如果采用最优解

所提供的采购 30 把椅子和 40 张桌子的方案,则 Dixon 家具店的预算和空间资源都正好用尽。松弛变量 $S_3 = 20$ 意味着消费者对椅子的需求将不会被完全满足,即部分消费者在 Dixon 家具店将无法购买到该折叠椅。

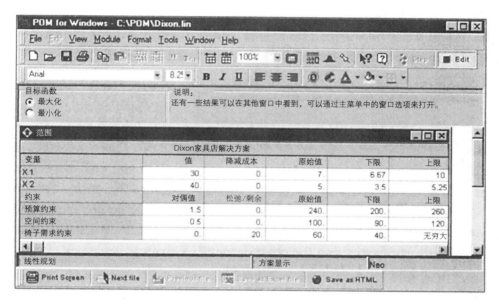

图 18-5　POM for Windows 给出的 Dixon 家具店采购问题的解

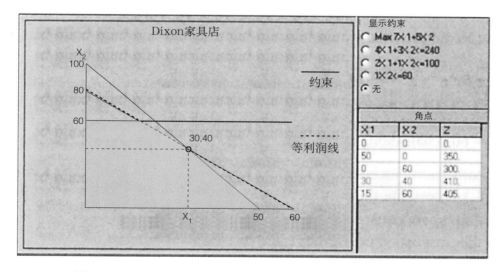

图 18-6　POM for Windows 给出的 Dixon 家具店采购问题的图解法

影子价格

在图 18-5 中展示的计算机输出结果中的**对偶值**(dual value)表示了影子价格这一重要概念。**影子价格**(或对偶值)的含义是当约束条件的右端每发生一单位的变化时目标函数值的**变动**大小(在 Dixon 案例中即利润的变动)。比如在前文提到的 Dixon 家具店采购问题中,该店会愿意花多少钱来购买一个单位的额外资源(即每个约束条件右端增加一个单位)？对于 Dixon 来说,增加 1 平方英尺的租赁空间应值多少钱？是 1 美元、5 美元还是 25 美分？每增加 1 美元的预算是否能带来超过 1 美元的利润增长,抑或公司不值得再在这项促销活动中增加预算？公司是否有必要做广告以增加消费者对折叠椅的需求？

图 18-5 中展示的输出结果中显示,Dixon 每增加一个单位的第一个约束条件中的资源(即预算)将会使家具店的利润提升 1.5 美元,这个**影子价格**所代表的信息对决策者来说具有重要的参考价值。同时,在最优解的情况下,当家具店 100 平方英尺的展示空间全部被占用时,Dixon 每增加一平方英尺的展示空间将会增加 0.5 美元的利润。而对于第三个约束条件中的折叠椅需求则没有增加的必要,在输出结果中我们可以看到当折叠椅的需求从 60 增加到 61 时利润不会产生任何变化,影子价格为 0。这是因为最优解中并没有满足所有消费者对折叠椅的需求,再继续增加消费者的需求对 Dixon 没有意义。松弛变量 $S_3 = 20$ 意味着采纳最优解时,将有 20 把折叠椅的购买需求尚未被满足。当一个约束条件对应的松弛变量不为 0 时,它所对应的影子价格将等于 0,即在现有资源未被充分使用的条件下,额外增加该资源对目标函数值不会有影响。

灵敏度分析

灵敏度分析是指线性规划问题的输入参数存在误差或变动时最优解的灵敏程度。影子价格实际上也是灵敏度分析的一种。例如,假设 Dixon 家具店的管理人员在设定折叠桌的利润时减少 10%,即设定为 7 美元,这是否会显著影响到最优解的变化？如果将预算从 240 美元增加到 265 美元会带来什么影响？

图 18-5 提供的信息可以帮助决策者判断线性规划问题中最优解对于一个或多个参数在合理范围内发生变化的灵敏程度。首先,我们来考虑约束条件右端的变动情况。假设每次只有一个约束条件发生变化,其他两个约束条件保持不变。**下限值**和**上限值**中间的区域则是该约束条件右端发生变化时能保持该约束条件的影子价格不变的范围。例如在 Dixon 案例中,我们可以看到当现在的预算从 240 美元下降到 200 美元或增加到 260 美元时,这一约束条件的影子价格 1.5 美元都会保持不变。

约束条件右端的变化范围将会影响影子价格这一概念在灵敏度分析中非常重要。假设 Dixon 家具店可以以低于影子价格的成本获取额外的预算,那么 Dixon 应该增加多少预算的答案即是输出结果中的上限值 260 美元。

现在让我们来考虑目标函数中的系数发生变化的影响(在 Dixon 案例中即每张折叠桌和每把折叠椅的利润)。灵敏度分析可以计算出保持当前最优解不变时所允许的目标函数的系数变化范围。例如,在当前的目标函数中,每张折叠桌的净利润 7 美元可以在 6.67 美元到 10 美元的范围内变化而不会对现在的最优解(30 张折叠桌,40 把折叠椅)产生影响。当然,当利润系数发生变化时,尽管当前最优解中采购桌椅的数量不变,其所带来的总利润 410 美元也将会随之发生变化。

18.5 构造线性规划模型

本节介绍了如何用线性规划解决现实生活中的许多问题,并展示了不同领域的案例,包括成分混合、运输计划、职员调度、人力安排和媒体营销筹划。尽管在案例中使用的数据相对较小,但在解答过程中所使用的规则都是通用的,可以延伸到更大的问题中使用。

成分混合实例：膳食计划问题

膳食计划问题是最早应用线性规划的领域之一，最初的使用目的是为医院设计对患者而言最经济的膳食计划。在农业领域的应用中，这类问题通常是**饲料混合问题**，即设计出能满足规定的营养要求并且成本最低的饲料组合。

天然食品营养中心使用三种谷物成分混合制成一种天然谷物产品，再论磅销售给消费者。商店广告宣传每 2 盎司的该混合谷物产品与半杯全脂牛奶一起食用时可以满足一个成年人每天的最低营养需要，包括蛋白质、核黄素、磷、镁四种营养物质。三种谷物成分的成本和每磅所含的营养物质在表 18-1 中展示。

表 18-1 天然谷物产品的要求

谷物	每磅成本(美分)	蛋白质(单位/磅)	核黄素(单位/磅)	磷(单位/磅)	镁(单位/磅)
A	33	22	16	8	5
B	47	28	14	7	0
C	38	21	25	9	6

成年人每日所需最低营养量(美国每日营养推荐摄入量)包括 3 单位的蛋白质、2 单位的核黄素、1 单位的磷和 0.425 单位的镁。天然食品营养中心希望通过调配三种谷物的成分来设计出成本最低并满足成年人每日所需最低营养量的谷物产品。设：

X_A = 在 2 盎司混合谷物中谷物 A 的磅数；
X_B = 在 2 盎司混合谷物中谷物 B 的磅数；
X_C = 在 2 盎司混合谷物中谷物 C 的磅数。

目标函数为：

$$\text{最小化 2 盎司混合谷物的总成本} = 0.33X_A + 0.47X_B + 0.38X_C$$

约束条件为：

$22X_A + 28X_B + 21X_C \geq 3$ (单位蛋白质)
$16X_A + 14X_B + 25X_C \geq 2$ (单位核黄素)
$8X_A + 7X_B + 9X_C \geq 1$ (单位磷)
$5X_A + 0X_B + 6X_C \geq 0.425$ (单位镁)
$X_A + X_B + X_C = 1/8$ (总混合量为 2 盎司或 1/8 磅)
$X_A, X_B, X_C \geq 0$

此线性规划问题的最优解为混合 0.025 磅的谷物 A、0.050 磅的谷物 B 和 0.050 磅的谷物 C，即能以最低成本满足成人每日所需营养量。另一种表达方式是在每 2 盎司的混合谷物中，包含 2/5 盎司的谷物 A、4/5 盎司的谷物 B、4/5 盎司的谷物 C。最优解所提供的混合谷物成本为 0.050 75 美元，比 0.05 美元稍微多一点。

运输计划实例：运输问题

运输问题通常涉及如何从若干出发点运输多少货物到不同目的地的问题。这类问题的目标通常是使运输成本或距离最小化，约束条件包括每个出发点的发货量以及每个目的地的货物需求数量。运输问题是一类特殊的线性规划问题。

极速自行车公司向全国推广该公司推出的一款 10 速自行车。该公司在新奥尔良和奥马哈两个城市有仓储点,公司的三个零售店分别分布在纽约、芝加哥和洛杉矶的大卖场附近。

公司对这款 10 速自行车制订的下一年的销售计划为纽约店 10 000 辆、芝加哥店 8 000 辆、洛杉矶店 15 000 辆。两个仓储点的库存量是有限的,新奥尔良市的仓储点可以储存 20 000 辆自行车,奥马哈市可以储存 15 000 辆。

公司从每个仓储点运送自行车到不同零售店的成本都不一样,分别如下表所示:

单位:美元

从	到		
	纽约	芝加哥	洛杉矶
新奥尔良	2	3	5
奥马哈	3	1	4

公司的目的是制订出一种运输成本最小的货运计划。

为了使用线性规划方法解决这个问题,我们引入双下标变量以便构建线性规划方程。例如,我们用 X_{11} 表示从新奥尔良运送到纽约的自行车数量,变量的第一个下标代表运输起点(仓储点),第二个下标代表运输目的地(零售店)。因此,X_{ij} 表示从起点 i 运输到目的地 j 的自行车数量。我们也可以按照以前的方法使用 X_6 来表示从起点 2 运送到目的地 3 的自行车数量,但双下标变量在表达和使用上更加方便。因此,我们设立以下变量:

X_{11} = 从新奥尔良运送到纽约的自行车数量;
X_{12} = 从新奥尔良运送到芝加哥的自行车数量;
X_{13} = 从新奥尔良运送到洛杉矶的自行车数量;
X_{21} = 从奥马哈运送到纽约的自行车数量;
X_{22} = 从奥马哈运送到芝加哥的自行车数量;
X_{23} = 从奥马哈运送到洛杉矶的自行车数量。

这时目标函数和约束条件就变为:

$$\text{最小化总运输成本} = 2X_{11} + 3X_{12} + 5X_{13} + 3X_{21} + 1X_{22} + 4X_{23}$$

约束条件:

$X_{11} + X_{21} = 10\,000$(纽约的需求);
$X_{12} + X_{22} = 8\,000$(芝加哥的需求);
$X_{13} + X_{23} = 15\,000$(洛杉矶的需求);
$X_{11} + X_{12} + X_{13} \leq 20\,000$(新奥尔良的供给);
$X_{21} + X_{22} + X_{23} \leq 15\,000$(奥马哈的供给)。

为什么说运输问题是一类特殊的线性规划问题呢?这是因为在每个约束条件中变量的系数都为 1。这一特点在另一类特殊的线性规划问题——分配问题——中也有体现。

计算机给出的极速自行车问题的最优解如下,总运输成本为 9 600 美元。

单位:美元

从	到		
	纽约	芝加哥	洛杉矶
新奥尔良	10 000	0	8 000
奥马哈	0	8 000	7 000

职员调度实例：分配问题

分配问题通常需要决策者最有效率地把人员分配到职位上、把机器分配到任务上、把警车分配到不同的城市区域、把销售人员分配到不同的地区，等等。分配问题的目标常常是要使运输时间或成本最小化，或者是使分配效率最大化。分配问题有两个特点，一是线性规划方程组中每个约束条件中的变量系数都为1，二是约束条件的右边部分也为1。使用线性规划求解此类问题的结果是，每个变量的值为0或1。下面我们将通过一个案例来介绍应用线性规划求解分配问题的过程。

伊凡律师事务所里有许多头衔为初级合伙人的年轻律师，伊凡希望能更高效地将律师分配到不同的客户案件中从而更有效地利用律所的人力资源。3月1日这天，四位新客户来找伊凡寻求法律咨询。虽然当时律所所有的律师都已经在超负荷工作，伊凡仍然希望能够招待这四位新客户并满足他们的需求。他查阅了一下每位律师的工作量，从中确定了四位他认为尽管很忙但应该能够同时处理这些新案件的初级合伙人。每位年轻律师最多再接受一个新案件，另外，每位律师所专长的领域也不一样。

为了使这四位新客户的案件能最有效地分配给这四位律师，伊凡对每位律师在各个新案件上的效率做了一个评估，记录在下面的表格中：

律师	客户的案件			
	离婚	公司合并	窃取财物	内部交易
亚当斯	6	2	8	5
布鲁克斯	9	3	5	8
卡特尔	4	8	3	4
达尔文	6	7	6	4

在利用线性规划求解的过程中，我们仍然采用双下标变量计算，设

$$X_{ij} = \begin{cases} 1 & \text{如果律师 } i \text{ 被分配给案件 } j \\ 0 & \text{其他情况} \end{cases}$$

这里 $i = 1, 2, 3, 4$ 分别代表亚当斯、布鲁克斯、卡特尔和达尔文；而 $j = 1, 2, 3, 4$ 分别代表离婚、公司合并、窃取财物和内部交易。可建立线性规划模型如下：

$$\begin{aligned}
\text{最大化效率} = & 6X_{11} + 2X_{12} + 8X_{13} + 5X_{14} \\
& + 9X_{21} + 3X_{22} + 5X_{23} + 8X_{24} \\
& + 4X_{31} + 8X_{32} + 3X_{33} + 4X_{34} \\
& + 6X_{41} + 7X_{42} + 6X_{43} + 4X_{44}
\end{aligned}$$

约束条件：

$X_{11} + X_{21} + X_{31} + X_{41} = 1$（离婚案件）

$X_{12} + X_{22} + X_{32} + X_{42} = 1$（合并案件）

$X_{13} + X_{23} + X_{33} + X_{43} = 1$（窃取财物案件）

$X_{14} + X_{24} + X_{34} + X_{44} = 1$（内部交易案件）

$$X_{11} + X_{12} + X_{13} + X_{14} = 1(分配给亚当)$$
$$X_{21} + X_{22} + X_{23} + X_{24} = 1(分配给布鲁克斯)$$
$$X_{31} + X_{32} + X_{33} + X_{34} = 1(分配给卡特)$$
$$X_{41} + X_{42} + X_{43} + X_{44} = 1(分配给达尔文)$$

通过计算得出律所的最优方案为 $X_{13}=1, X_{24}=1, X_{32}=1, X_{41}=1$，其他变量均为0，总效率评分为30。

人力安排

人力安排问题通常是指在特定时间段内如何进行人力调配，尤其是当管理者给职员分配任务有一定的灵活性，并且不同任务需要相同或可互相替代的技能时。大型银行通常使用线性规划来解决其人力安排问题。

阿灵顿工商银行是一家业务十分繁忙的银行，一天的不同时段通常需要10名到18名出纳。中午12点到下午2点间的午餐时间是银行业务最繁忙的时间段，表18-2中是该银行每天营业时间的不同时间段内要求的出纳数量。

阿灵顿工商银行现在共有12名全职的工作人员，但银行的职员花名册上有许多兼职工作人员。兼职人员每天必须工作4个小时，可以从上午9点到下午1点的任意时间点开始。兼职工作人员对于银行来说成本较低，因为不需要向他们提供退休金或餐补等福利。全职工作人员每天的工作时间为上午9点到下午5点，中午可以有一个小时的午饭休息时间，其中一半的全职工作人员上午11点开始吃午饭，另一半正午12点开始，每名全职工作人员一周的有效工作时间为35个小时。

根据银行的管理规定，全部兼职人员的工作时间最多不能超过全体人员工作时间的一半。

兼职工作人员的薪酬为平均每小时4美元（每天16美元），全职工作人员的薪酬和福利为平均每天50美元。银行希望能合理安排这两种工作人员的工作时间从而使银行的人力成本最低，有必要时可以解雇一名或更多数量的全职人员以保证更高的利润。

表18-2 阿灵顿工商银行

时间段	需要的出纳
上午9点—上午10点	10
上午10点—上午11点	12
上午11点—正午12点	14
正午12点—下午1点	16
下午1点—下午2点	18
下午2点—下午3点	17
下午3点—下午4点	15
下午4点—下午5点	10

我们先设定以下变量：

F = 全职出纳的数量；

P_1 = 上午9点开始工作的兼职人员数量（下午1点离开）；

P_2 = 上午 10 点开始工作的兼职人员数量(下午 2 点离开);
P_3 = 上午 11 点开始工作的兼职人员数量(下午 3 点离开);
P_4 = 正午 12 点开始工作的兼职人员数量(下午 4 点离开);
P_5 = 下午 1 点开始工作的兼职人员数量(下午 5 点离开)。

目标函数:

$$\text{最小化每天的总劳务成本} = 50F + 16(P_1 + P_2 + P_3 + P_4 + P_5)$$

约束条件:

在每个时间段内工作人员数量不能少于银行该时间段内要求的工作人员数量。

$$F + P_1 \geq 10 \text{(上午 9 点到 10 点的要求)}$$
$$F + P_1 + P_2 \geq 12 \text{(上午 10 点到 11 点的要求)}$$
$$F/2 + P_1 + P_2 + P_3 \geq 14 \text{(上午 11 点到正午 12 点的要求)}$$
$$F/2 + P_1 + P_2 + P_3 + P_4 \geq 16 \text{(正午 12 点到下午 1 点的要求)}$$
$$F + P_2 + P_3 + P_4 + P_5 \geq 18 \text{(下午 1 点到 2 点的要求)}$$
$$F + P_3 + P_4 + P_5 \geq 17 \text{(下午 2 点到 3 点的要求)}$$
$$F + P_4 + P_5 \geq 15 \text{(下午 3 点到 4 点的要求)}$$
$$F + P_5 \geq 10 \text{(下午 4 点到 5 点的要求)}$$

全职工作人员共有 12 名,所以:

$$F \leq 12$$

由于每天全部兼职人员的工作时间最多不能超过全体人员工作时间的一半,而全体人员的工作时间就是所有时间段要求的出纳的总和,所以:

$$4(P_1 + P_2 + P_3 + P_4 + P_5) \leq 0.50 \times (10 + 12 + 14 + 16 + 18 + 17 + 15 + 10)$$

或者:

$$4P_1 + 4P_2 + 4P_3 + 4P_4 + 4P_5 \leq 0.50 \times 112$$
$$F, P_1, P_2, P_3, P_4, P_5 \geq 0$$

阿灵顿工商银行有两个最优方案可以选择:一是雇用 10 名全职工作人员($F = 10$)、2 名兼职工作人员从上午 10 点开始工作($P_2 = 10$)、7 名兼职工作人员从上午 11 点开始工作($P_3 = 7$),以及 5 名兼职工作人员从正午 12 点开始工作($P_4 = 5$)。没有兼职工作人员从上午 9 点或下午 1 点开始工作。

二是雇用 10 名全职工作人员、6 名兼职工作人员从上午 9 点开始工作($P_1 = 6$)、1 名兼职工作人员从上午 10 点开始工作($P_2 = 1$)、2 名兼职工作人员从上午 11 点开始工作($P_3 = 2$)、2 名兼职工作人员从正午 12 点开始工作($P_4 = 2$),以及 3 名兼职工作人员从下午 1 点开始工作($P_5 = 3$)。以上两种方案的总成本均为每天 724 美元。

市场营销应用:媒体筹划

线性规划模型在营销广告策划中也经常被用来作为合理选择不同媒体搭配的辅助决策工具。在营销计划中,通常有固定的预算约束和不同的媒体可供选择,例如广播或电视广告、报纸广告、直接邮寄、杂志广告,等等,线性规划方法可以用来对如何分配有限的预算进行决策。在有些情况下,营销的目的包括使受众曝光最大化,决策的约束条件包括合约要求、媒体的有限供应、企业政策等。下面我们详细介绍一个案例。

大盈赌博俱乐部正在推广一个针对赌民的游览计划,从中西部大城市一路到巴哈马群岛。俱乐部的广告预算为每周 8000 美元,可供选择的广告形式有 4 种,分别是电视宣传片、报纸广告,以及两种类型的广播广告。俱乐部的目的是要使最多的潜在受众看到其广告。下面的表格展示了每种形式的广告可以接触到的潜在受众数量、广告成本和每周可购买上限。

媒体	每次受众数量(人)	每次广告成本(美元)	每周次数上限(次)
电视广告(一分钟)	5 000	800	12
新闻日报(整版)	8 500	925	5
广播(黄金半分钟)	2 400	290	25
广播(下午一分钟)	2 800	380	20

俱乐部的合约中规定每周至少播放 5 个广播广告,同时为了确保俱乐部的广告能接触到更广泛的群体,俱乐部的管理层规定每周花费在广播广告上的预算不得超过 1 800 美元。

现在可以来建立问题的数学模型。首先设立以下变量:

X_1 = 每周时长为一分钟的电视广告次数;
X_2 = 每周整版新闻日报广告次数;
X_3 = 每周黄金半分钟广播广告次数;
X_4 = 每周下午一分钟广播广告次数。

目标函数:
$$\text{最大化覆盖受众} = 5\,000X_1 + 8\,500X_2 + 2\,400X_3 + 2\,800X_4$$

约束条件:

$X_1 \leqslant 12$(电视广告次数上限);
$X_2 \leqslant 5$(新闻日报广告次数上限);
$X_3 \leqslant 25$(黄金半分钟广告次数上限);
$X_4 \leqslant 20$(下午一分钟广告次数上限)。
$800X_1 + 925X_2 + 290X_3 + 380X_4 \leqslant 8\,000$(每周广告预算)
$X_3 + X_4 \geqslant 5$(合同要求最少广播广告次数)
$290X_3 + 380X_4 \leqslant 1\,800$(广播广告最高花费)

利用计算机软件对本线性规划问题求解,我们可以得到俱乐部的最优广告策略为:

$$X_1 = 1.9 \text{ 次电视广告}$$
$$X_2 = 5 \text{ 次新闻日报广告}$$
$$X_3 = 6.2 \text{ 次黄金半分钟广告}$$
$$X_4 = 0 \text{ 次下午一分钟广告}$$

该最优策略的受众曝光共为 67 240 人次。由于 X_1 和 X_3 都是小数,俱乐部将其四舍五入分别化为 2 和 6。许多管理科学相关的教材都会讨论到这类必须为整数解的问题的处理细节。

18.6 目标规划

在现在的商业竞争环境中,利润最大化或成本最小化已经不再是服务组织的唯一目标。例如，企业的目标通常包括利润最大化、市场份额最大化、保持员工充分就业、高质量的生态管理、噪声污染最小化，以及其他非经济目标，等等，这其中有些目标甚至是互相矛盾的。

线性规划方法由于只能有一个目标函数的局限性而无法解决这类多目标决策问题。我们通常也无法将这类问题的多个目标转化为统一的维度（如金钱）以适用于线性规划的求解限制。因此，**目标规划**作为线性的补充，可以用来方便地解决这类多目标问题。

在一个典型的决策过程中，决策者为了某一目标做出的决定通常会以牺牲其他目标为代价。因此，决策者有必要对不同目标的重要性优先级进行排序，决策者应先满足优先级高的目标再满足优先级低的目标。通常情况下在多目标决策问题中要想满足每一个目标是不可能的，因此目标规划的功能是帮助决策者找到一个满意解，而非像单一目标的线性规划问题那样找到最优解。

目标规划与线性规划到底有什么具体的区别呢？主要区别在于两者的目标函数不同。线性规划是直接把目标函数最大化或最小化，而目标规划是为了使理想目标和现实条件下可以实现的结果之间的偏差最小。在线性规划问题中，这种偏差用松弛变量表示，是虚拟变量。而在目标规划中，偏差项是值为正数或负数的真实变量，并且它们也是目标函数中唯一出现的变量，目标规划就是要使这些偏差变量最小。

目标规划的模型一旦建立，求解计算的算法和线性规划的单纯形法几乎一样。

目标规划案例：重访 Dixon 家具店

我们仍然使用 Dixon 家具店的案例来解释目标规划的建模过程。在之前的 Dixon 案例中，我们使用线性规划求解的目标函数为：

$$最大化净利润 = 7X_1 + 5X_2$$

约束条件：

$4X_1 + 3X_2 \leq 240$（预算约束）；

$2X_1 + 1X_2 \leq 100$（空间约束）；

$X_2 \leq 60$（椅子需求约束）；

$X_1, X_2 \geq 0$。

其中：

X_1 = 订购的椅子数；

X_2 = 订购的桌子数。

在之前的案例中，Dixon 家具店只有利润最大化这一单一目标，因此可以用线性规划求出最优解。假设 Dixon 家具店计划安排参与劳动节周末促销的销售人员仍在培训中，管理层意识到要使利润最大化是一个不太现实的目标，因此把目标改为设定了一个满意的利润水平——380 美元，这个利润水平对于还在训练阶段的新销售人员来说比较合理。现在 Dixon 家具店的采购问题转变为一个目标规划问题，家具店的目标是使得在预算和空间的约束下最后的利润能与目标满意水平尽可能地接近。这个简单的目标规划问题可以作为我们日后解决更复杂的目标规划问题的基础。

首先我们定义两个偏差变量：

d_1^- = 不足利润目标的部分；

d_1^+ = 超过利润目标的部分。

现在我们可以将 Dixon 家具店的目标函数定义为具有单个目标的函数：

$$\text{最小化不足或超过利润目标的部分} = d_1^- + d_1^+$$

约束条件：

$7X_1 + 5X_2 + d_1^- - d_1^+ = 380$（利润目标约束）；

$4X_1 + 3X_2 \leq 240$（预算约束）；

$2X_1 + 1X_2 \leq 100$（空间约束）；

$X_2 \leq 60$（椅子需求约束）；

$X_1, X_2, d_1^-, d_1^+ \geq 0$。

注意，第一个约束条件中，Dixon 家具店所赚取的总利润 $7X_1 + 5X_2$ 加上不足利润目标部分的偏差变量再减去超过利润目标部分的偏差变量的总和应等于目标利润水平 380 美元。例如，当 $X_1 = 10$（折叠桌）、$X_2 = 60$（折叠椅）时，共实现 370 美元的利润，离目标水平差 10 美元，因此 d_1^- 必须等于 10。由于 Dixon 家具店并没有超额完成利润，因此 d_1^+ 等于 0。现在我们用目标规划算法来计算这个问题。

如果 380 美元的利润目标恰好能实现，则 d_1^- 和 d_1^+ 都等于 0，目标函数也为最小值 0。如果 Dixon 家具店的经理只关注未能完成目标利润的部分，那目标函数应该如何修改呢？它应改为：

$$\text{最小化不足利润目标部分} = d_1^-$$

对于 Dixon 家具店来说这也是一个合理的目标，因为超额完成目标利润应该不会使大家沮丧。

总的来说，当一个问题所有的目标和约束条件都确定之后，决策者应该分析每一个目标以确定究竟是超额完成目标还是未能完成目标是可接受的情形。如果超额完成目标是可接受的情形，则相对应的变量 d_i^+ 可以从目标函数中删去。如果未完成目标是可接受的情形，则相对应的变量 d_i^- 可以从目标函数中删去。如果决策者是希望实现某一确切的目标，既不想超过也不想不足，则目标函数必须同时包括 d_i^+ 和 d_i^- 这两个变量。

拓展至重要性相等的多目标规划

现在我们设想一种新的情景：Dixon 家具店希望实现四个不同的目标，并且每一个目标对于它来说都具有同样的重要性和优先级。

目标一：在劳动节促销中实现 380 美元以上的利润，利润越多越好；

目标二：充分使用 240 美元的预算资金；

目标三：不要超量使用分配的展示空间；

目标四：不要使折叠椅库存过剩。

偏差变量定义如下：

d_1^- = 不足利润目标的部分；

d_1^+ = 超过利润目标的部分；

d_2^- = 花费少于预算的部分（未充分利用）；

d_2^+ = 花费超过预算的部分（过度使用）；

d_3^- = 实际占用空间少于店铺空间的部分（未充分利用）；

d_3^+ = 实际占用空间超过店铺空间的部分(过度使用);

d_4^- = 销售量少于椅子需求的部分;

d_4^+ = 销售量大于椅子需求的部分。

注意,Dixon 家具店不在乎超过目标利润,或花费超过预算,或实际占用空间少于店铺空间,或者椅子销售量少于需求,于是我们可以从目标函数中忽略 d_1^+, d_2^+, d_3^-, d_4^-。新的目标函数和约束如下:

$$最小化总偏差 = d_1^- + d_2^- + d_3^+ + d_4^+$$

约束条件:

$7 X_1 + 5 X_2 + d_1^- - d_1^+ = 380$(利润约束);

$4 X_1 + 3 X_2 + d_2^- - d_2^+ = 240$(预算约束);

$2X_1 + 1 X_2 + d_3^- - d_3^+ = 100$(空间约束);

$X_2 + d_4^- - d_4^+ = 60$(椅子需求约束);

所有 X_i, $d_i \geq 0$。

这个目标规划的设置和求解结果展示在图 18-7 中,而它的敏感性分析结果如图 18-8 所示。如图所示,15 个桌子和 60 把椅子是最优解。这个解决方案将使得 Dixon 家具店超过最低利润目标 $d_1^+ = 25$ 美元,并且使用的空间少于店铺空间,为 $d_3^- = 10$ 平方英尺。其他两个目标将会精确达到($d_2^+ = d_2^- = d_4^+ = d_4^- = 0$)。

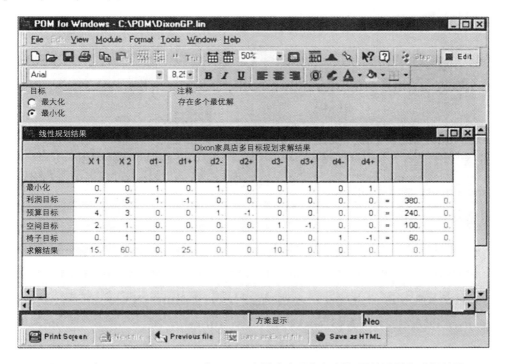

图 18-7 在 POM of Windows 中 Dixon 家具店多目标规划问题的设置和求解结果

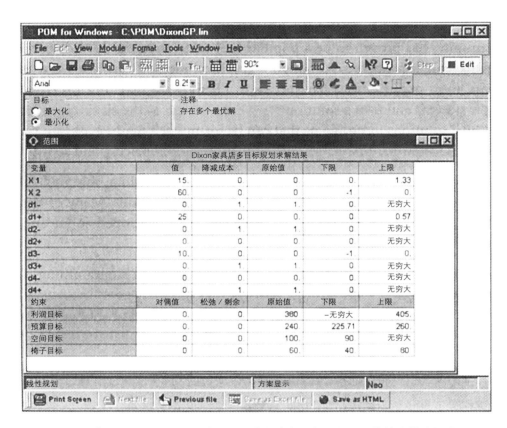

图 18-8　在 POM of Windows 中 Dixon 家具店多目标规划问题的敏感性分析结果

目标优先级——在大多数目标规划问题中,一个目标会比另一个目标更重要,而另一个目标又比第三个目标更重要。这种想法是从管理者的角度考虑不同目标的相对重要性以对其进行优先级排序。优先级较低的目标只有在优先级较高的目标实现之后才给予考虑。优先级(用 P_i 表示)会被分配给每个偏差变量——次序标示方式是让 P_1 表示优先级最高的目标,让 P_2 表示优先级次高的目标,然后 P_3 再低一级,以此类推。

比如说 Dixon 家具店按照下表设置目标的优先级。

目标	优先级
尽可能超过利润目标 380 美元	P_1
充分利用预算	P_2
避免超过可用店铺空间	P_3
椅子的订购量不超过 60 把	P_4

这个优先级安排意味着,满足利润目标(P_1)比预算目标(P_2)重要无穷倍,预算目标(P_2)又比空间目标(P_3)重要无穷倍,最后,空间目标(P_3)又比椅子数量目标(P_4)重要无穷倍。

考虑目标优先级后,新的目标函数变为:

$$\text{最小化总偏差} = P_1 d_1^- + P_2 d_2^- + P_3 d_3^+ + P_4 d_4^+$$

至于约束条件,则和前面一样。

18.7 总结

线性规划能够帮助解决各类服务运营管理问题。虽然图形方法能够帮助我们解决一些简单的问题,然而大部分组织在微型计算机或更大的系统上使用线性规划的求解软件和单纯形法。在实际问题的求解过程中,线性规划不仅能够通过数学建模找到问题的最优解,还可以通过影子价格和敏感性分析的方法提供很多重要的管理信息。

在本章中我们学习了如何分别为市场营销、运输问题、人力计划、分配问题、配料混合和零售采购问题建立线性规划模型。本章末的许多问题能够帮助扩展技能,并为未来解决更复杂的服务问题打好基础。

本章最后的部分是关于线性规划的扩展,即目标规划。在面对多目标时,目标规划能够帮助服务管理者进行相关问题的求解。目标规划按照目标的优先级次序来逐步考虑目标要求,而不是单纯最大化或最小化某个单独的目标。求解线性规划的单纯形法稍作变化后就能够处理目标规划问题,不过有专门求解目标规划的计算机软件可用。

问题讨论

1. 据说每一个具有可行域的线性规划问题均有无穷多个解,请解释。

2. 敏感性分析是否仅限用于线性规划领域？或是还可以用它来分析其他技术？请举例证明你的观点。

3. 什么是影子价格？

4. 以下数学关系是由 Smith-Lawton 化学品公司的运营分析人员列出的,请指出在线性规划问题中哪一个是无效的。

$$\text{最小化成本} = 4X_1 + 3X_1 X_2 + 8X_2 + 5X_3$$

约束条件如下:

$$2X_1 + X_2 + 2X_3 \leq 50$$
$$8X_1 - 4X_2 \geq 6$$
$$1.5X_1 + 6X_2 + 3X_3 \geq 21$$
$$19X_2 - 1/3X_3 = 17$$
$$5X_1 + 4X_2 + 3\sqrt{X_3} \leq 80$$
$$-X_1 - X_2 + X_3 = 5$$

5. 请解释用计算机求解线性规划问题在今天的作用。

6. 请解释目标规划、线性规划的相同点和不同点。

7. 请解释什么是偏差变量,并比较它们与一般线性规划变量有什么区别。

8. 如果你是某个学校的校长,在进行目标规划时,你的目标都包括什么？你将考虑什么样的约束条件？

9. 在面对多目标规划问题时,如何对目标进行排序,这对问题的解有什么影响？

习题

18.1 使用图形化方法求解下列线性规划问题。

$$\text{最大化利润} = 4X_1 + 4X_2$$

约束条件如下:

$$3X_1 + 5X_2 \leq 150$$
$$X_1 - 2X_2 \leq 10$$
$$5X_1 + 3X_2 \leq 150$$
$$X_1, X_2 \geq 0$$

18.2 考虑以下线性规划:

$$\text{最小化成本} = 1X_1 + 2X_2$$

约束条件如下:

$$X_1 + 3X_2 \geq 90$$
$$8X_1 + 2X_2 \geq 160$$

$$3X_1 + 2X_2 \geq 120$$
$$X_2 \leq 70$$

用图形说明可行性区域。指出得到最优解的角点。该解的成本是多少?

18.3 著名的 Y.S.Chang 餐馆一天开放 24 小时。服务员和餐馆勤杂工每天凌晨 3 点、上午 7 点、上午 11 点、下午 3 点、晚上 7 点或晚上 11 点打卡上班,且每个人按 8 小时轮班工作。下表显示了一天被分成的 6 个时间段所需的最少工人数。

时间段	时间	所需的服务员和餐馆勤杂工数量
1	凌晨 3 点—上午 7 点	3
2	上午 7 点—上午 11 点	12
3	上午 11 点—下午 3 点	16
4	上午 3 点—晚上 7 点	9
5	晚上 7 点—晚上 11 点	11
6	晚上 11 点—凌晨 3 点	4

Chang 的调度问题是确定在各时间段开始时需要多少服务员和餐馆勤杂工上班,以最小化一天运营所需的总员工数量。(提示:设变量 X_i 为时间段 i 开始工作时所需的服务员和餐馆勤杂工数量,其中 $i = 1,2,3,4,5,6$)

18.4 位于芝加哥北边的四大零售连锁店 Diversey Paint and Supply 的广告主管正在考虑两种媒体的可能性。一个计划是在星期日的《芝加哥论坛报》上刊登一系列半页版面的广告,另一个是在芝加哥电视台播放广告。商店正在扩大其 DIY 工具产品线,而且广告主管有兴趣达到至少 40% 的城市社区和 60% 的西北部郊区收视率。

考虑中的电视观看时间内每个广告可以获得 5% 的城市家庭和 3% 的西北部郊区收视率。星期日的报纸每个广告在相应的地区有 4% 和 3% 的覆盖率。《芝加哥论坛报》半页版面的广告成本为 925 美元;电视广告的成本为 2 000 美元。

Diversey Paint 想选择成本最低的广告策略以满足预期的收视率。试给出一个线性规划模型。

18.5 Krampf Lines 铁路公司专门从事煤炭运输业务。

周五时,Krampf 在以下城镇有给定数量的空车。

城镇	汽车供应量
摩根敦	36
扬斯敦	60
匹兹堡	25

到周一,以下城镇需要煤炭汽车:

城镇	汽车需求量
煤谷	30
煤镇	45
煤巷口	25
煤兹堡	20

调度员使用铁路跨城距离图制定了上述城镇的里程表,结果如表 18-3 所示。

a. 建立线性规划模型,最小化汽车被运输到新地点的总里程数。

b. 使用线性规划计算机程序计算最佳的煤炭车装运安排。

表 18-3 Krampf Lines 铁路公司跨城距离图

从	到			
	煤谷	煤镇	煤巷口	煤兹堡
摩根敦	50	30	60	70
扬斯敦	20	80	10	90
匹兹堡	100	40	80	30

18.6 密苏里州有三个主要的发电公司(A、B 和 C)。在需求高峰月份中,密苏里州电力局授权这些公司合并它们剩余的电力供应,来分配给那些较小的独立电力公司,这些小公司没有足够大的发电机组来满足需求。

剩余的电力供应要根据传输每千瓦时的成本进行分配。表 18-4 显示了百万千瓦小时的供需情况以及传输电力给 W、X、Y、Z 城市的四个小公司的每千瓦时成本。

a. 为该问题建立线性规划模型。

b. 使用计算机线性规划程序找出最小成本的分配系统。

表 18-4 电力需求、供给和成本数据

从	到				剩余供应
	W	X	Y	Z	
A	12 美分	4 美分	9 美分	5 美分	55
B	8 美分	1 美分	6 美分	6 美分	45
C	1 美分	12 美分	4 美分	7 美分	30
未满足的电力需求	40	20	50	20	

18.7 St. Charles General 医院的主管必须为四个新成立的部门任命护士长：泌尿科、心脏科、整形外科和妇产科。预期到这一人力资源问题，他已雇用了四位护士：Hawkins、Condriac、Bardot 和 Hoolihan。医院主管认为定量分析法能解决该问题，他面试了每一位护士，考虑其背景、性格和特长，并制定了 0 到 100 的成本分数范围以帮助进行分配。如果 Bardot 护士被分配到心脏科单位的分值为 0，意味着她完全胜任这项任务。而另一方面，如果她的分值接近 100，则意味着她不适合负责该部门。表 18-5 给出了医院主管认为代表了所有可能的任务分配的完整成本数据。哪位护士应该分配给哪个部门呢？

表 18-5 护士分配到医院各部门的成本数据

护士	泌尿科	心脏科	整形外科	妇产科
Hawkins	28	18	15	75
Condriac	32	48	23	38
Bardot	51	36	24	36
Hoolihan	25	38	55	12

18.8 Gleaming 公司刚刚开发了一种新的洗碗液，目前正准备进行全国范围的电视宣传活动。该公司决定在下午 1 点到 5 点的家庭主妇观看电视的高峰时间段安排一系列 1 分钟的广告。为获得最多的观众，Gleaming 希望在四个网络中均安排一个广告，并在四个 1 小时时间段的每一个时间段播放一次广告。下表中显示的每小时收视率代表每花费 1 000 美元所获得的观众数量。各小时内应该在哪一个网络中安排广告才能获得最高的收视率？

	网络			
	A	B	C	独立
下午 1 点—2 点	27.1	18.1	11.3	9.5
下午 2 点—3 点	18.9	15.5	17.1	10.6
下午 3 点—4 点	19.2	18.5	9.9	7.7
下午 4 点—5 点	11.5	21.4	16.8	12.8

18.9 马里兰州雅顿县的教育主管负责将学生分配给该县的三所高中。他意识到需要为某些学生安排公交车，因为该县的几个分区离学校的距离比较远。主管将该县划分为五个地理分区，因为他想制订一个计划来最小化学生乘车上学的里程数。他还意识到，如果某个学生碰巧住在某个分区同时也被分配到该分区的高中，则不需要为他安排公交车，因为他可以从家步行到学校。这三所学校位于分区 B、C 和 E。

表 18-6 反映了住在各分区的高中生的数量以及从各分区到各学校的英里数。

每所高中都可以接纳 900 名学生。使用线性规划设定该问题的目标函数和约束，使得学生乘车上学的总英里数最小化。

表 18-6 学校公交数据

	到学校的距离			
分区	B 分区的学校	C 分区的学校	E 分区的学校	学生的数量
A	5	8	6	700
B	0	4	12	500
C	4	0	7	100
D	7	2	5	800
E	12	7	0	400
			总计	2 500

18.10 North-Central Power and Light 的营销总监哈里斯·西格尔即将推出一场促进节能的广告宣传活动。为了平衡电视和报纸广告之间的预算，他按照重要性顺序设置了以下目标：

1. 广告预算总额不应超过 120 000 美元。
2. 应该采取电视和报纸广告组合，至少有 10 个电视广告（每个花费 5 000 美元）和至少 20 个报纸广告（每个花费 2 000 美元）。
3. 读到或听到广告的人数应该至少为 900 万人。

每次电视广告触及的观众大约为 300 000 人，而每份报纸广告触及的读者大约为 150 000 人。建立西格尔的目标规划模型，以求出各类广告可以投放的个数。

18.11 少校比尔·布莱是陆军军事学院负责最近 6 个月专员培训计划的主任，他正在考虑如何使他所管理的 20 位军官把宝贵的时间安排在课程上。少校布莱意识到每周有 168 个小时，而他的学生未能充分利用这些时间。布莱假定：

X_1 = 每周所需的睡眠小时数；

X_2 = 个人时间小时数（饮食、个人卫生、洗衣，等等）；

X_3 = 上课和学习小时数；

X_4 = 离开军队的社交时间（约会、运动、家庭探视，等等）。

他认为每周30个小时应该足够学生学习/上课以吸收知识，且这是他最重要的目标。布莱觉得学生们平均每晚最多需要7个小时的睡眠，而这是他第二重要的目标。他认为第三个目标是每周至少提供20个小时的社交时间。为该问题建立模型以进行目标规划问题分析。

18.12 新奥尔良西奈山医院是一家大型的私人医院，配置实验室、手术室和X射线设备且有600个床位。为了增加收入，西奈山医院的管理人员决定在邻近的当前用于员工停车的一部分土地上增加90个床位。管理人员认为实验室、手术室和X射线部门目前没有被充分利用，不需要扩大规模来应对额外的病人。然而，增加90个床位涉及决定多少张床位应该分配给内科（内科病人）以及多少张床位应该分配给外科（外科病人）。

医院的会计和医疗记录部门提供了以下相关信息。内科病人的平均住院时间为8天，且内科病人平均产生2 280美元的收入。外科病人的平均住院时间为5天，产生1 515美元的收入。实验室每年可以处理15 000次测试，超过其过去的处理量。内科病人平均需要3.1次实验室测试，而外科病人平均需要2.6次实验室测试。此外，内科病人平均使用1次X射线，而外科病人平均需要2次X射线。如果医院扩展90个床位，则X射线部门可以在不显著增加额外成本的情况下提供多达7 000次X射线照射服务。最后，管理人员估计，现在的手术室设施可以进行多达2 800台额外的手术。当然，内科病人不需要手术，而每位外科病人通常只做1次手术。

为该问题建立规划模型，以确定应该增加多少个内科床位和外科床位来最大化收入。假设医院一年365天开放。

18.13 South Central Utilities 刚刚宣布在8月1日启动其位于路易斯安那州巴吞鲁日核电站的第二个核发电机。其人事部门接到任务，要确定在这一年的余下时间里需要雇用和培训多少名核技术人员。

核电站目前雇用了350名经过充分培训的技术人员，并预测以下的人力需求量：

月份	人力需求量（单位：小时）
8月	40 000
9月	45 000
10月	35 000
11月	50 000
12月	45 000

根据路易斯安那州的法律，核反应堆的员工每月实际工作时间不应超过130小时（每天稍微超过1小时用于签到和签出记录以及日常辐射健康扫描）。South Central Utilities 的政策还规定，核电站超员的那几个月不可以裁员。所以，如果某月培训的员工比需要的员工多时，仍需要完全支付该工人的工资，即使她不需要工作130个小时。培训新员工是重要且昂贵的过程。在新员工允许单独在核反应设施工作之前，需要1个月的一对一课堂教学式培训。因此，South Central Utilities 必须在实际需要之前的1个月雇用实习生。每名实习生跟随一名熟练的核技术人员，需要90个小时的员工时间，这意味着技术人员在那一个月损失了90个小时实际在核反应堆设施工作的时间。

人事部门的记录表明每个月有5%的受训技术人员流失。换句话说，大约5%的月初在职熟练员工会在月底辞职。已接受培训的技术人员收入为平均月薪2 000美元（无论工作的时间长短，如前所述）。实习生在接受培训的那个月的工资为900美元。

a. 为该人力资源问题建立线性规划模型。

b. 解决该问题。每个月的月初必须培训多少名实习生？

尾注

1. Kalyan S. Pasupathy and Alexandra Medina-Borja, "Integrating Excel, Access, and Visual Basic to Deploy Performance Measurement and Evaluation at the American Red Cross," *Interfaces*, vol. 38, no. 4 (July–August 2008), pp. 324–337.

2. K. Chelst, "An Algorithm for Deploying a Crime Directed Patrol Force," *Management Science*, vol. 24, no. 12 (August 1978), pp. 1314–1327.

3. Raja Gopalakrishnan and Narayan Rangaraj, "Capacity Management on Long-Distance Passenger Trains of Indian Railways," *Interfaces*, Vol. 40, No. 4 (July–August 2010), pp. 291–302.

4. John C. Butler, Leon S. Lasdon, James S. Dyer, and Leslie T. Maiman Jr., "Long-Range Planning for a West Texas Catholic Diocese," *Interfaces*, vol. 39, no. 2 (March–April 2009), pp. 133–144.

5. Richard Metters, Carrie Queenan, Mark Ferguson, Laura Harrison, Jon Higbie, Stan Ward, Bruce Barfield, Tammy Farley, H. Ahmet Kuyumcu, and Amar Duggasani, "The 'Killer Application' of Revenue Management: Harrah's Cherokee Casino & Hotel," *Interfaces*, Vol. 38, No. 3 (May–June 2008), pp. 161–175.

6. Guillermo Duran, Mario Guajardo, Jaime Miranda, Denis Saure, Sebastian Souyris, Andres Weintraub, and Rodrigo Wolf "Scheduling the Chilean Soccer League by Integer Programming," *Interfaces*, Vol. 37, No. 6 (November–December 2007), pp. 539–552.

7. 参见：B. Render, R. M. Stair, and M. E. Hanna, *Quantitative Analysis for Management*, 11th ed. (Upper Saddle River, NJ, Prentice Hall, 2012).

第 19 章 服务库存系统

19.1 引言

迄今为止，运营管理者，无论是从业者还是学者，关注的都是发展制造业运营库存控制系统的理论和规划方法。这一章将这一理论延伸到了服务库存管理领域。

如果服务是一种行为、表现或者努力，正如一些作者所定义的，那为何我们还要关心服务的库存问题呢？下面给出几个应该将库存纳入服务业考虑的理由。

首先，实际上几乎所有服务都会使用某些投入材料，它们是可以存储起来的。其次，许多服务除了行为表现之外还会提供产品作为附属产出。最后，合格的服务水平往往意味着服务表现不可以因为材料或相关产品的缺失而延迟。

服务投入材料的库存对于满足服务的需求是必要的。与制造业一样，这也是系统的运营成本。然而，由于顾客对及时服务的预期，对服务业而言库存耗尽的成本会高得多。在制造业中，库存把生产与顾客分离开来。而在服务业中，库存的投入材料是用于顾客的，在服务表现期间提供给顾客或是被消耗以用于产生服务。

许多服务属于**知识产业**的范畴。这些服务通常提供的是储存在媒介上的信息而不是口头信息。这些存储信息的设备（书、磁盘、磁带或者报告）作为单份出售，而服务则被嵌入低价值的存储设备中。其他服务，诸如零售、批发和餐饮，必须经常持有产出产品的库存。表 19-1 列举了服务投入材料和产出产品的例子。

表 19-1 服务中的投入材料和产出产品

服务类型	投入材料 （耗费物）	产出产品 （出售品）
零售商，批发商	日用消费品，备用零件	日用消费品，备用零件
餐饮	生食，熟食，饮料	预备好的食品，饮料
出版社	纸张，墨水	书籍，杂志，报纸
银行	货币，黄金	货币，黄金，硬币，法律文件

续表

服务类型	投入材料 （耗费物）	产出产品 （出售品）
咨询和报告	表单,纸张,墨水或丝带	报告
法律机构	表单,纸张	法律文件,报告
航空,公交,铁路	汽油或石油,食品和饮料,票	票,食品和饮料
电影院	票,小吃	票,食品
房地产	表单,地产	法律文件,报告,地产

19.2 服务库存的特性

投入材料和产出材料

制造业所涉及的是改变投入材料的形式,然而对许多服务而言,投入材料的形式是保持不变的。例如在零售和批发业中,物品的形式通常没有改变。房地产服务常常把所有者提供的地产直接进行销售。就连餐厅所提供的某些食物也是它们被买来时原封未动的形式。而处理货币的银行,投入和产出当然也是相同的。

在服务业中,投入材料一般只是整个业务的很小一部分成本。也就是说,很多服务仅仅利用空白的纸张或表单作为业务流程的投入材料。这些材料的库存一般只是整个运营成本的很小一部分。

产出材料可能是直接用于顾客的,就像专卖店的化妆品、手术线、麻药以及准备好的食物。顾客不能把这些产出材料储存起来以备长远之需。而在制造业中,顾客总是可以储存其所需的物品,并且不影响连续生产。然而,如果服务提供商的材料用尽了,服务的提供就会中断,顾客也就可能随之流失。

易逝性

零售商流行款式的商品、餐厅投入和产出的食品,以及报纸,都是服务易逝库存的例子。表 19-2 展示了具有不同**易逝性**的投入和产出的物品。

表 19-2 服务库存中的易逝品

生命期	物品
非常短	某些移植器官,当天的活动门票
短	新鲜水果,某些移植器官,用于零售的短期活动纪念品
中等	某些零售物品,医院药品,零售中的季节性商品,信用卡
长	邮票,书籍,某些零售和批发物品

有时一类物品的投入库存可能有很长的生命期,但其产出库存可能只有很短的生命期。例如,报纸保留着关于当代名流的记录,相应的数据可以保存很长的时间。然而,当来自这些记录的数据被一篇报纸的文章所使用时,这一产出物品(报纸)只有很短的库存生命期。与此相反,演员

们在一部电影中所投入的表演是短暂的,但完成的电影作品却有非常长的库存生命期。

这些易逝性的例子说明,服务中的库存变化非常大,而且经常与制造业大为不同。对许多服务而言,购买库存的数量需要着重考虑易逝性的因素。这意味着持有易逝品超过一定时间后成本会很高。

投入材料的批量性

批量性是指需要批量购买或"整块"购买,这是由投入材料的性质、提前期,以及从卖家那里获得小批量货物的难度或者高成本所决定的。与制造业相比,服务业中通常具有较低程度的批量性和更平稳的投入材料流。许多小的服务企业直接从本地随需要获取投入材料。表 19-3 给出了不同批量水平的材料的例子。服务的这一特性意味着投入库存的持有成本几乎可以忽略不计。

表 19-3 服务中投入材料的批量性

批量性	例子
平稳的	天然气服务企业向顾客供应顾客做饭/加热用的天然气
较小批量性	办公用品,绘画,食品供应,其他可从本地获得的物品
中等批量性	办公表单,邮购材料,纺织材料,按订单要求砍伐的木材
较大批量性	办公表单,服装,化妆品,要求提前数月订货的化学制品

19.3 投入材料的决策问题

库存订单的时间和订单规模之间存在紧密的关系。订单频率越高,订单规模越小。

还需要做出的决策有:可变规模的订单是否应该定期下单,固定规模的订单是否应该不定期下单,或者是否可能将规模一致的订单按固定的周期下单。

由于服务需求和投入材料交付的提前期的随机变化,订单规模和下单时间这两个变量的确定可能比较困难。数量或时间错误带来的负面影响包括过高的持有成本、较差的顾客服务以及过高的订单处理或采购成本。

投入材料决策问题必须考虑一系列的在材料流动过程中形成的库存。图 19-1 展示了服务本身拥有的库存。为了补货,服务需要向其卖方或供应商发出请求。卖方向工厂仓库发出请求,接下来再向制造商请求补货。如果这条供应链上的任一环节中断,服务商的库存补货就会被额外延误。目前可以用配送请求计划模型来模拟这种带有信息环的系统。

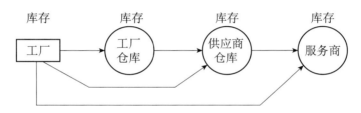

图 19-1 材料供应备选渠道的存储点

19.4 服务库存控制系统

服务运营管理者可以建立管理库存的控制系统。这种系统的第一步是用 ABC 方法对库存物品进行分类。

ABC 分析根据每年的货币价值将现有库存分成三类。ABC 分析是**帕累托原理**在库存上的一种应用。帕累托原理指出关键的东西往往很少而不重要的东西却很多。[1] 这一观点旨在关注较少的关键资源而不是许多不重要的资源。

为了确定 ABC 分析中物品每年的货币价值,我们用库存物品的年需求量乘以单位成本。A 类物品是年货币价值很高的物品。这类物品可能只占全部库存品种的 15%,但却占整个库存成本的 70% 至 80%。

B 类物品的年货币价值居中。这类物品可能占库存品种的 30%,占库存价值的 15%。年货币价值低的物品属于 C 类,可能只占每年货币价值的 5%,却占整个库存品种的 55%。

许多组织的库存可以用如图 19-2 所示的图形来表示。

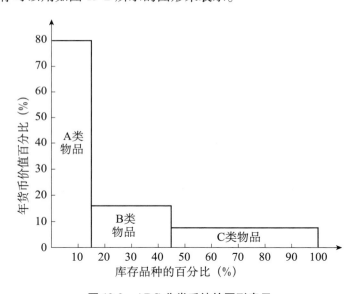

图 19-2　ABC 分类系统的图形表示

19.5 独立需求物品的库存控制系统

本部分所讨论的库存模型都是基于需求独立的假设,即一项服务/服务物品的需求独立于另外的服务/服务物品的需求。这些服务(或服务物品)的需求直接来自顾客,通常是完成的服务(或服务物品),也叫作**最终服务**或**最终物品**。例如,对牙医的服务需求可能独立于对心脏外科医生的服务需求;你的杂货店对《今日美国》(*USA Today*)这份报纸的需求可能独立于对《个人计算机世界》(*PC World*)这本杂志的需求。本节涉及的是将经典库存模型和系统应用到独立服务需求的情形。第 19.7 节将讨论服务需求彼此相关的情形下的模型,即一种服务的需求和另外的服务的需求彼此依赖。这意味着这种服务的需求直接与其他最终服务的需求相关或者可以从中推衍出来。

当独立的服务需求直接来自顾客时,必将面临需求的不确定性,因此需要进行预测。所以,预测需要某位牙医服务的病人的数量,以及一个报亭订购的日报数量,变得很有必要。

库存控制系统有一组程序可以指出需要给库存增添的材料数量以及这样做的时间。独立需求服务库存的控制系统可以大致分为两类:固定数量系统和固定周期系统。

固定数量系统

固定数量系统,又叫作**连续盘存系统**,每次为某个品种再订货时都会补充相同数量的库存。下达订单的时机是当现有的库存水平下降到**再订货点**时。因此,这是事件触发的系统,到达再订货点这一事件可能在任何时候发生,这取决于对特定库存物品的需求。每次销售导致库存消耗时,都要将现有库存量与再订货点相比较。如果现有库存量降到了再订货点,就要下达新的订单(按预先确定好的批量)。如果没有降到再订货点,直到下一次销售发生之前库存系统都不会采取任何行动(见图19-3)。

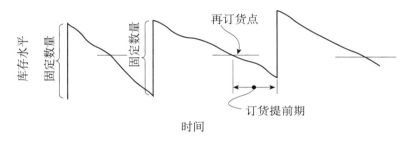

图 19-3 固定数量系统的库存水平

固定数量系统的优点在于某些时候固定订货量是合意的,比如当订单必须超过某个数量时才能享有数量折扣的情形。这一方法在订单受到某些物理限制时也是适用的。例如,某个订单可能要求用卡车运输,那么卡车的容量就限制了订单的规模。固定数量系统的另一个优点在于,与固定周期系统相比,其安全库存水平较低。这是因为固定数量系统只需要防备从新订单下达到订单完成这一时期内的需求不确定性。

固定周期系统

固定周期系统是指在相同的时间间隔检查库存水平。这是时间触发的系统,即库存补货发生在预定的时间间隔。因此,当库存消耗发生时不需要盘点现有库存,只有在下单日期才会盘点现有库存。订货量是目标库存水平与现有库存水平的差值。图19-4用图形阐释这个概念。

固定周期系统的优点是在库存消耗时不需要实地盘点库存物品,盘点只发生在下一次检查出现的时间。这一步骤也使得管理更加方便,特别是在库存控制只是一个雇员负责的多个任务之一时。

这类库存控制系统和按照固定周期下达订单的方式适用于当卖方例行(即固定时间间隔)拜访客户获取新订单或者当购买者希望合并订单来降低订购和运输成本的情形(因此,他们对相似库存物品会有相同的检查周期)。杂货店就是这类系统的一个例子,因为供应商会在固定周期来检查物品的库存,如牙膏、洗发液、护发素、维生素、止痛药,等等。如果一种物品的库存低于某个预定水平,就需要发出订单将该物品库存补充到目标水平值。

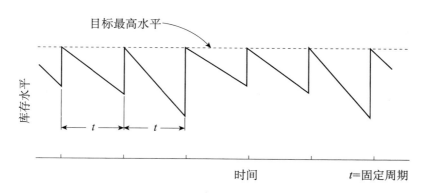

图19-4　固定周期系统的库存水平

这一系统的缺点在于，由于是定期检查，所以可能出现缺货。当一个大订单将库存降至零点之后就有可能发生缺货。因此，无论是在检查期还是在等待新订单到来的时期，系统都需要保持较高的库存水平（与固定数量系统相比）来防备出现缺货。

19.6　库存计划

经济订货批量模型

服务商可能需要购买和储存各种各样的物品，如印刷品、不同的办公用品、化妆品（在美容院）、药品、消费品（在零售和批发企业）、食品（在餐厅）以及体育用品（在度假区商店）。服务企业的库存控制的目标是最小化投入材料的成本。

我们将建立一个固定数量模型，利用经济订货批量（economic order quantity，EOQ）来管理业务表单库存。这样的表单可以零散购买，或成包购买，或成箱购买。无论何时盘点计算，我们都必须能识别这些单位。在本例中，假定库存形式为每箱装 24 包。

库存成本系统由两个部分构成：持有成本和采购成本。**持有成本**是指持有一箱一年的成本。这些成本具体包括库存空间的租金、保险、折旧、水电费和被库存占用资金的机会成本。（时间周期是任意的，例如可以是每天、每周或者每月。）**采购成本**包括每次处理订单、接收货物、将货物转移至库存以及付款手续等成本。

为了建立库存模型，令：

Q = 一次采购的单位数量；
D = 印好的表单的年需求（使用）率；
LT = 提前期，即下达订单到订单收货之间的时间；
ROP = 再订货点。

模型的第一部分如图 19-5 所示。一个规模为 Q 的订单以速率 D 被消耗。当库存降至零时，新的订单到达。这就是为什么我们需要在库存到达 ROP 时发出订单，因为这样才能保证在提前期内可以收到下单货物。假定使用率是恒定的，且提前期是一个固定的天数或周数。

模型的第二部分展示的是成本。在选择订单规模时，规模越大，一年的平均库存也越大，相应的总库存成本也越大。当订单规模 Q 扩大时，一年中发出的订单数会减少，也就是说，当订单规模

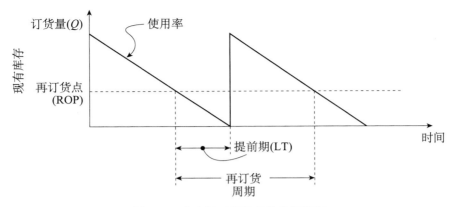

图 19-5　库存随时间推移的使用情况

扩大时,采购成本会减少。令:

H = 一箱表单库存一年的持有成本;

S = 处理一次订单的成本。

则有:

$Q/2$ = 平均库存(假定固定需求);

D/Q = 每年采购次数。

系统总成本 TC 为:

$$\text{TC} = S(D/Q) + H\frac{Q}{2} \qquad (19.1)$$

图 19-6 为部分成本与总成本的示意图。经济订货量 Q^* 发生在两个部分成本相等时。

$$S(D/Q) = H\frac{Q}{2}$$

因此,

$$Q^* = \sqrt{\frac{2DS}{H}} \qquad (19.2)$$

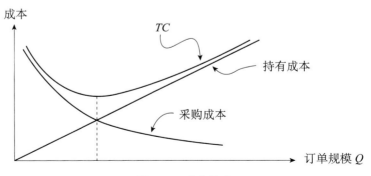

图 19-6　成本构成

现在举一个例子来加以说明。假设处理一次订单的成本 S = 20 美元,一箱表单库存一年的持有成本 H = 3.6 美元/年,表单需求 D = 36 箱/年。则有,

$$Q^* = \sqrt{\frac{2 \times 20 \times 36}{3.6}} = 20 \text{ 箱}$$

如果从下达订单到业务表单进入库存需要 2 个月的时间,那么再订货点为

ROP =（每月的需求 × 提前期）= 3 × 2 = 6 箱   (19.3)

为了安全起见,可能需要持有额外的 2 箱或 3 箱的**缓冲库存**,这样当补货延误时也可能避免发生缺货。

易逝品模型

用一个简单的例子可以阐释订购易逝品的模型。假设一个学生俱乐部被授权为一场高中足球比赛销售宣传册。这些手册描述了比赛双方的球员、学校的特点和有趣的照片。通过打一些本地广告的收入可以用来支付出版成本。

宣传册的售价为 3 美元,可以按 1 美元一册的成本从当地的一个印刷商那里订购。俱乐部面临的问题是他们需要从印刷商那里订购多少本,因为未销售完的宣传册是没有价值的。未售出的宣传册的成本必须从已销售的宣传册获得的利润中扣除。

一开始,学生们需要:
- 估计宣传册的需求量的几种可能;
- 估计每一种需求量发生的概率;
- 计算库存等于每一潜在需求下的条件利润。

表 19-4 列出了相应的数据。为了理解计算过程,考虑宣传册的需求为 2 100 本、库存为 2 300 本的情形。这样俱乐部在获得 2 × 2 100 美元的利润时必须减去 200 本未售出的宣传册的成本(每本 1 美元)。对应的净利润 4 000 美元列在了最右边一列的第二行中。

表 19-4 不同需求和订货量的组合下的条件利润

可能的需求量	概率	订货量(本)			
		2 000	2 100	2 200	2 300
2 000	0.10	4 000	3 900	3 800	3 700
2 100	0.30	4 000	4 200	4 100	4 000*
2 200	0.40	4 000	4 200	4 400	4 300
2 300	0.20	4 000	4 200	4 400	4 600

* (2 × 2 100) − [1 × (2 300 − 2 100)] = 4 000 美元

表 19-5 展示的是每一备选的订购数量下的期望价值计算。期望价值(或利润)是在特定的订货量下,用表 19-5 中每一需求的概率分别乘以其对应的期望利润,再将所有可能的需求水平下的值加总得到的。如表 19-5 所示,当订货量为 2200 册时,期望利润最高,为 4 425 美元。因此,俱乐部应该订购 2 200 本,并希望可以如数卖出。

表 19-5 订购不同数量的期望价值

可能的需求量	订货量(本)			
	2 000	2 100	2 200	2 300
2 000	400	390	380	370

续表

可能的需求量	订货量(本)			
	2 000	2 100	2 200	2 300
2 100	1 200	1 260	1 230	1 200
2 200	1 600	1 680	1 760	1 720
2 300	800	840	880	920
期望利润	4 000	4 170	4 225	4 210

19.7　需求相关时的需求计划

许多服务或服务用品的需求可能归属于相关需求,这类库存控制系统有别于先前讨论的独立需求系统。**相关**的服务需求是指一种服务的需求直接与其他最终服务的需求相关或者可以从中推衍出来。例如,在一家餐厅里每桌的订单都包含了面包和蔬菜,那么面包和蔬菜的需求与用餐需求就是相关的。

用餐的需求数可以预测。对面包和蔬菜的需求则可以从用餐的需求中推衍出来。其中,用餐是最终服务,面包和蔬菜是服务的用品。

可以对最终产品或最终服务创建**材料清单**(bill of material,BOM),例如对用餐而言,需要按顺序列出提供最终服务所需的材料和相应的数量。表 19-6 显示了一家叫做顽石咖啡山胡桃 BBQ 餐厅的材料清单。

表 19-6　BBQ 餐厅材料清单

类别	数量
小圆面包	1
汉堡肉饼	8 盎司
英式干酪	2 片
咸肉	2 条
BBQ 洋葱	1/2 杯
山胡桃 BBQ 酱	1 盎司
汉堡包套装	
生菜	1 叶
番茄	1 片
红皮洋葱	4 圈
咸菜	5 盎司
薯条	5 盎司
调味盐	1 茶匙
11 英寸的盘子	1
本餐厅的旗帜	1

资料来源:Jay Heizer and Barry Render,*Operations Management*,10th Edition(Upper Saddle River. Nj,Prentice Hall,2011),p. 172.

大致说来，**需求计划**系统根据最终产品或最终服务的时间表或预测，通过材料清单和劳动清单，来决定所需要的组成产品或服务以及何时需要它们。这个系统还要指出各项操作的开始时间或者产品的购买时间，以保证在需求发生时操作完成或者产品到达。因此，需求计划系统既是库存控制系统（它决定了何时订购材料以及订购的数量），又是调度系统（它决定了各项操作应该何时开始）。

制造业企业的需求计划系统最初叫作材料需求计划（material requirements planning，MRP）。正如其名称所示，这些系统是用来计划制造产品所需的材料的可得性。其后，当系统发展到包含除材料之外的资源的计划与控制时，例如劳动小时数、机器小时数、工具运用、现金，系统升级为MRP-Ⅱ，即制造资源计划。表 19-7 定义了一些常见于 MRP 系统的术语。可以看出，当中的许多术语可以通用于服务业和制造业。下一节将给出服务业中 MRP-Ⅱ 系统使用的更多细节。

表 19-7　MRP 环境中使用的术语定义

总生产计划	设定制造产出总体水平的计划功能。常常用较宽泛的术语表述（例如，产品群和产品族），它的主要目标是确立生产速度来实现管理目标（如库存水平、积压需求、劳动力水平，等等）。
劳动清单（BOL）或资源清单	生产产品或服务所需的关键资源的清单。可以预计在主服务计划（或主生产计划）中的服务或产品的影响。
材料清单（BOM）	该清单列举最终产品或父组件所需的所有部件、成分、原材料以及对应的数量。
相关需求	指一种服务的需求直接与其他物品或服务需求相关或者可以从中推衍出来。相关需求需要从父项目的生产计划中计算。
最终产品	作为完成品或维修备件的可销售品。任何可以订购或进行销售预测的都是最终产品。
最终服务	可以购买或进行销售预测的服务。通常为直接提供给顾客的服务。
独立需求	一种产品或服务的需求与其他产品或服务的需求不相关。独立需求直接产生于顾客，而且需要预测。
MRP（材料需求计划）	利用材料清单、库存数据和主生产计划来计算材料需求的一组技术。它可以使彼此需求相关的库存产品的订购和调度的安排更有效率。
MRP-Ⅱ（制造资源计划）	对制造业企业所有的资源（和产能）进行有效计划的一组技术。它包含并衔接各种功能：企业规划、总生产计划、主生产计划、材料需求计划、产能需求计划、工作现场和生产活动控制，等等。MRP-Ⅱ 系统的输出可以和财务报告、运输预算和库存价值的预测集成在一起。
主生产计划（master production schedule，MPS）	表达出企业期望制造的最终产品和服务组件。它提供了需要生产的具体数量以及生产的日期。

服务环境中的 MRP-Ⅱ

企业规划——长期资源（如设备需求）和短期资源（如营运资本需求、库存成本和工资）都需要在这一层面结合相应的预算加以考虑。把服务件数转换成货币价值可以使企业规划保持更新，并且可以和财务报告整合起来。行业动态、竞争者行为和服务组合的营销战略也应当纳入企业规划中来。

总服务计划——总服务计划是服务组织期望如何应对需求预测的总体计划。它是在财务、营销、运营之间的整体契约，回答了提供何种服务、提供多少以及何时提供的问题。这一功能应该按月度或季度执行，而且应该同时考虑现有商业条件和企业最近的业绩表现。总服务计划包括确定资源和服务率，在与企业整体目标保持一致的情况下来支持企业规划。这些整体目标包括如何缓解需求变化。表 19-8 展示了通过调节需求和/或控制供应来处理需求变化的一些备选方案。

表 19-8 缓解需求变化的方案

调节需求	控制供应
改变价格——季节性定价	在需求高峰期进行任务专业化
在峰谷期改变服务提供	改变顾客参与方式
开发替代服务来转移高峰	改变可用的人力
通过预定来平滑需求	工作时间不足/延长
	招聘/解雇
	分包

资源需求计划——资源需求计划包括建立长期的整体产能水平。它的目的是在实施之前评估总服务计划。为了检验总服务计划对关键资源的影响，可以利用服务负荷简报和资源清单，将总服务计划转换成标准的成本金额、工时和/或设备小时。产能水平或上限被确立、度量和调整，以便可以与总服务计划保持一致。

主服务计划——主服务计划(master service schedule, MSS)是服务企业希望提供给顾客的服务(提供什么，何时提供，提供多少)的一份实际而详细的说明。在时间(小时数或天数)和服务类型(特别是顾客具体的要求)上，它比总服务计划更详细。

根据服务类型的不同，主服务计划也会不同。如果能够提前准备服务，则主服务计划是基于顾客订单的。但是，如果服务需求是即时的，则必须将预测纳入主计划中。例如，内科医生用预约日历作为主计划。这一主计划包括了顾客订单的数量(如常规检查和非急诊的提前预约)以及需求预测(为无预约病人和急诊病人预留的一块时间)。美容师的主计划同样采用预约日历的形式。餐厅的主计划可能单独从顾客订单获得(有预约)、单独从需求预测获得(无预约)，或者两者相结合。

粗产能计划——粗产能计划(rough-cut capacity planning, RCCP)是受需求的不规律影响的短期产能计划。它确立了合理利用人力、机器和轮班的标杆。

关键服务或资源的产能清单和劳动清单是确定粗产能的原始输入。根据这些清单可以逐个列出并评估所有关键工作中心的产能需求。任何由于产能的限制而不能在给定时间范围内实现期望产出的工作中心都会被醒目标示出来进行调整。这样的调整可能包括增加产能、重新给其他工作中心分配服务，以及/或重新调度计划中的服务。如果粗产能计划显示产能够用，那么主服务计划中的那些数字就成了驱动服务需求计划的数字集合。

服务需求计划——服务需求计划(service requirements planning, SRP)决定了各项服务的相对重要性：应该实施何种服务以及何时实施。服务需求计划利用劳动清单、材料清单以及现有订单数据将主服务计划转换成组件服务的需求。和材料需求计划相似，服务需求计划会提出服务发布时间的建议，并且对到期日不能完成的服务提出重新予以安排的建议。具体地，服务需求计划利用材料清单来决定用什么材料来满足主计划中的需求，利用劳动清单来决定用何种类型的劳动力以及用多少来满足主计划中的需求。服务需求计划将考虑材料在什么时候需要以及收到材料需要的时间有多长，从而生成购买订单。它还会考察操作必须在什么时间完成以及完成操作需要多长时间，从而为给定的服务操作生成工作时间表。

产能需求计划——服务需求计划生成的购买订单和工作时间表足以满足主计划中的需求，但是它没有考虑企业是否有足够的产能(如员工、空间、资金)来执行这些计划。产能需求计划

（capacity requirement plan，CRP）确定企业现有的劳动力和其他资源可以实现的服务需求计划。它确立、衡量并调整与服务计划相匹配的产能水平。对服务而言，用预约日历来安排工作时，产能是被日历上的时间段划分数来预先定义的，而且一般不允许超负荷。紧急情况下可以用加班或重新安排现有预约来应付。

提前期在产能需求计划中扮演了主要角色。在服务提前期的五个基本要素（准备、启动、处理、移动和排队时间）中，排队时间是差异最大的。与制造业相比，服务对漫长的等待敏感得多。因此，大多数服务商确定了一个最长等待时间。像多技能员工这样的柔性产能使得资源可以转移以缩短等待队列。

工作现场控制——包括工作现场控制维护、评估和交换数据（例如有关在制品的信息），以及实际的与计划的服务需求对比。好的工作现场控制的基础是让更高层级的计划（如主服务计划）切合实际。

工作现场控制基于一种与在制品有关的文件。当计划中的服务开始时，就要创建这个文件。它说明了顾客要求的所有服务的详细计划，具体到顾客逐一接受各项服务时的每一项操作。所计划的完成时间是根据服务需求计划得出的。预约日历就像发货清单一样，展示了顾客、所提供的服务、所需的准备时间、服务时间、优先级和预期完成时间。不满意的服务可以要求重新提供（即重新服务）。如果在计划过程中没有考虑重新提供的时间，会导致额外的产能问题。

不确定性和 MRP-II

服务商经常会面对不确定的提前期和不确定的材料清单。尽管有些服务可以基于一个时间标准（如每小时服务率），但许多服务的完成时间还是很难预测。一个原因是服务可能包含了不确定的子服务。服务提供商根据顾客所描述的症状来确定需要用服务（即最终产品）解决的问题。如果顾客描述的症状是不完整的或错误的，或者如果服务提供商没有意识到针对这类问题的所有可能的备选方案，那么就可能产生错误的劳动清单和错误的服务最终结果。例如，如果对一个病人有了错误的诊断，或者直到给出一个正确的诊断，对病人的治疗提供支持的材料清单或者劳动清单都将是不确定的。万一这个病人有了其他并发症，相应的材料清单或劳动清单就必须改变。

减轻这一问题的方式是将需要的服务分割成常规的和可选的服务。常规服务包含那些总是出现在最终服务配置中的服务，这些服务可以轻易通过需求计划过程来分解。可选服务会随着顾客需求的改变而改变，并且必须进行预测。例如，汽车修理店会提供调试服务，所有基本的调试程序就是常规服务。更换在调试过程中发现的问题零件（需要零件和人员）将是一种可选服务，因为不可能事先知道什么零件需要更换。

MRP-II 的应用

无论一种服务多么缺乏结构性，对服务需求的计划都会提高效率和增强可计量性。需求计划系统越来越多地被应用到服务业中，包括医疗保健行业、教育行业和食品行业。

用 POM for Windows 来解决库存问题

POM for Windows 的库存模块能够解决本章前面所讨论的 ABC 分类问题和经济订货批量模型以及其他一些未讨论到的问题。图 19-7 给出了应用这一软件处理之前讨论过的业务表单问题的例子。

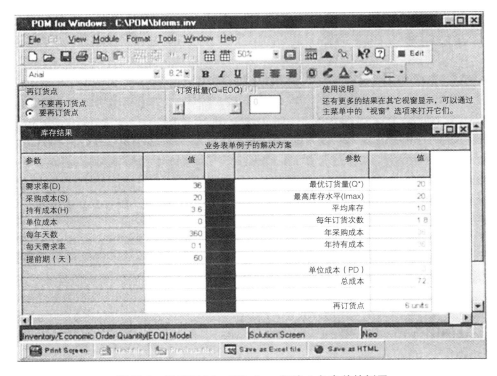

图 19-7　用 POM for Windows 解决业务表单的例子

19.8　总结

库存在整个服务中所起的作用通常是很小的,理由有三点:

1. 可能不存在产成品的库存。
2. 投入库存可能是很少的,例如办公用品。
3. 投入材料有可能从当地供应商那里立即获得,因此提前期很短(例如汽车修理的零部件、食品和汽油)。

在其他情形下可能要求较大的投入库存。

服务系统用投入和产出库存来满足事前确定的服务水平。这些库存代表了必须管理和控制的成本系统。服务库存控制系统分为两类:独立需求和相关需求系统。

本章讨论了两种独立需求库存控制系统:固定周期和固定数量(也叫连续盘存)系统。其他涉及的主题包括 ABC 分析法、经济订货批量模型和易逝品模型。

相关需求库存控制在服务环境中尤为困难,因为涉及需求变动、现场生产、间歇的流程、少量的需求、不确定的提前期以及不确定的劳动清单等诸多因素。从制造资源计划(MRP-Ⅱ)系统那里借鉴过来的概念可以用来控制需求彼此相关的库存物品。在服务行业中有效应用 MRP-Ⅱ 的理念,能够减少库存并提升对顾客提供的服务水平。

问题讨论

1. 随着计算成本的降低，你是否看好选用服务库存产品的 ABC 分类法？
2. 服务组织拥有库存的主要原因是什么？
3. 独立需求和相关需求的区别是什么？
4. 请给出与采购和持有库存相关的成本。
5. MRP-Ⅱ 是如何被应用到服务库存管理中的？
6. 主服务计划的各种不同功能有哪些？
7. 服务环境中与库存计划有关的问题有哪些？

习题

19.1 请推导出每年最优订货次数的表达式。用本章中的符号表示并采用以下步骤。

    a. 确定每年的持有成本。
    b. 确定每年的采购成本。
    c. 令每年的采购成本等于每年的持有成本。
    d. 求解每年的最优订货次数。

19.2 请写出最优订货间隔天数的表达式。用本章中的符号表示并采用以下步骤。

    a. 确定每年的持有成本。
    b. 确定每年的采购成本。
    c. 令每年的采购成本等于每年的持有成本。
    d. 求解每年的最优订货间隔天数。

19.3 Lila Battle 确定了 6 号螺丝钉每年的需求为 100 000 个。Lila 在她弟弟的五金店工作，负责采购业务。她估计每次下单成本为 10 美元。这一成本包括了她的工资、下单所用的表单的成本等。另外，持有 1 个螺丝钉每年的成本为 0.5 美分。试问，Lila 每次应该订购多少单位的 6 号螺丝钉？

19.4 在 19.3 的问题中，从下单到螺丝钉送达需要 2 周的时间。对 6 号螺丝钉的需求是相当稳定的，Lila 观察到五金店平均每天售出 500 个这种类型的螺丝钉。由于需求是相当稳定的，因此，如果只采购这一种螺丝钉，Lila 相信只要在正确的时间下单就可以完全避免缺货。请问再订货点是多少？

19.5 Lila 的弟弟认为她每年对螺丝钉的下单次数太多。他认为一年只应该下两次单。如果 Lila 采纳了她弟弟的建议，与问题 19.3 的结果相比，每年的成本会增加多少？如果一年只下两次单，对再订货点会造成什么影响？

19.6 在问题 19.3 中你帮助 Lila 确定了 6 号螺丝钉的最优订货量。那时她估计每次下单的成本为 10 美元。现在，她认为下单成本估计得太低。虽然她不知道确切的下单成本，但她相信最高成本可以到 40 美元。如果下单成本分别为 20、30、40 美元，最优订货量将怎样改变？

19.7 Shoe Shine 是位于森特维尔市北部的一家本地鞋店。店内一款流行凉鞋的需求是每年 500 双，这家店的老板是 John Dirk，他习惯于每次订 100 双凉鞋。John 估计每次下单的成本为 10 美元。每双凉鞋的成本为 5 美元。如果 John 的订购策略是正确的，那么持有成本占每单位成本的百分比是多少？如果持有成本占每单位成本的 10%，最优订货量是多少？

19.8 Pampered Pet 是位于伊斯威特商业中心的一家大型宠物商店。虽然商店主要经营狗类用品，但也销售鱼、乌龟和鸟类用品。Everlast Leader 是针对狗类的一种皮革，每件的成本是 7 美元，每年的需求为 6 000 件。Pampered Pet 的经理确定了每次下单成本为 10 美元，持有成本占单位成本的 15%。Pampered Pet 现在正考虑一家新的 Everlast Leader 的供应商。这家供应商的报价为 6.65 美元，但为了获取这个折扣价，Pampered Pet 必须一次订购 3 000 件。Pampered Pet 应该接受这家新的供应商并实行数量折扣采购吗？

19.9 Eck 文具店每年对笔记本活页夹的需求为 10 000 单位。Eck 文具店每年营业 300 天，从下单到供应商交货需要 5 个工作日。请计算笔记本活页夹的再订货点。

19.10 假设你的服务企业采用的是固定数量系统，每次交易后都要更新每种物品的库存水平。企业每年运行 52 周。其中一种物品有如下特征：

需求 $D = 19\,500$ 单位/年

下单成本 $S = 25$ 美元/单

持有成本 $H = 4$ 美元/单位/年

提前期 $L = 2$ 周

a. 计算该物品的经济订货批量。

b. 每年的周期库存持有成本是多少？下单成本是多少？

19.11　假定你的服务企业改成了固定周期系统，但是其他数据与问题 19.10 的一样。请计算与经济订货批量模型下的每年订货次数相当的订货周期。结果四舍五入到最接近的周数。

19.12　Blank Brothers Funeral Home 公司的仓库里有五种棺材模型。每种物品的数量或库存量单位（stock keeping unit, SKU）、年需求量和每种棺材的成本如下：

SKU	年需求量	成本（美元）
234	50	200
179	10	200
222	100	800
410	50	100
160	15	200

这家公司的主管 Alfred Blank 要求他刚刚获得 MBA 学位的儿子 Reid 完成 ABC 分析。请问 Reid 应该向他父亲报告些什么？

19.13　McKenzie 服务公司正在考虑运用 ABC 分析法来关注其最重要的库存物品。关于 20 类物品的随机样本和对应的资金价值如下表所示。请对这些物品进行排序并将它们分为 A、B、C 三类。基于该样本，是否证明了 ABC 分析法可以帮助管理者识别出少数重要的物品类别？

物品	资金价值（美元）	物品	资金价值（美元）
1	9 200	11	300
2	400	12	10 400
3	33 400	13	70 800
4	8 100	14	6 800
5	1 100	15	57 900
6	600	16	3 900
7	44 000	17	700
8	900	18	4 800
9	100	19	19 000
10	700	20	15 500

尾注

1. 维尔费雷多·帕累托（Vilfredo Pareto，1848-1923），19世纪意大利经济学家。

附录　标准正态曲线下的面积

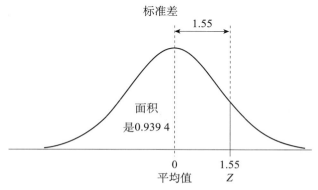

关于获取从负无穷（∞）延伸至平均值右侧点的面积示例——为得到位于正态分布曲线下的面积，必须知道平均值右侧点距离平均值有多少个标准差。这时正态分布曲线下的面积可以直接从正态表中读取。例如，平均值右侧点距离平均值1.55个标准差，此时位于正态分布曲线下的面积为0.939 4。

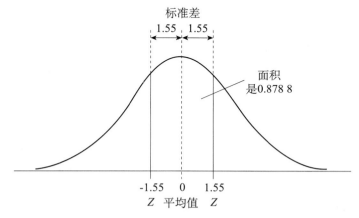

关于获取在平均值两边延伸相同距离的面积——在解决一些问题时，必须获得曲线尾部之间位于正态曲线下的面积（例如，问题说明±标准差的特定数量）。此时需要进行其他计算。譬如，平均值左、右侧点分别为−1.55和1.55的标准差时位于正态分布曲线下的面积为：

$$1.0 - [(1.0 - 0.939\ 4) \times 2] = 0.878\ 8$$

可参见下页的表格。

z	0.00	0.01	0.02	0.03	0.04	0.05	0.06	0.07	0.08	0.09
0.0	0.500 0	0.504 0	0.508 0	0.512 0	0.516 0	0.519 9	0.523 9	0.527 9	0.531 9	0.535 9
0.1	0.539 8	0.543 8	0.547 8	0.551 7	0.555 7	0.559 6	0.563 6	0.567 5	0.571 4	0.575 3
0.2	0.579 3	0.583 2	0.587 1	0.591 0	0.594 8	0.598 7	0.602 6	0.606 4	0.610 3	0.614 1
0.3	0.617 9	0.621 7	0.625 5	0.629 3	0.633 1	0.636 8	0.640 6	0.644 3	0.648 0	0.651 7
0.4	0.655 4	0.659 1	0.662 8	0.666 4	0.670 0	0.673 6	0.677 2	0.680 8	0.684 4	0.687 9
0.5	0.691 5	0.695 0	0.698 5	0.701 9	0.705 4	0.708 8	0.712 3	0.715 7	0.719 0	0.722 4
0.6	0.725 7	0.729 1	0.732 4	0.735 7	0.738 9	0.742 2	0.745 4	0.748 6	0.751 7	0.754 9
0.7	0.758 0	0.761 1	0.764 2	0.767 3	0.770 4	0.773 4	0.776 4	0.779 4	0.782 3	0.785 2
0.8	0.788 1	0.791 0	0.793 9	0.796 7	0.799 5	0.802 3	0.805 1	0.807 8	0.810 6	0.813 3
0.9	0.815 9	0.818 6	0.821 2	0.823 8	0.826 4	0.828 9	0.831 5	0.834 0	0.836 5	0.838 9
1.0	0.841 3	0.843 8	0.846 1	0.848 5	0.850 8	0.853 1	0.855 4	0.857 7	0.859 9	0.862 1
1.1	0.864 3	0.866 5	0.868 6	0.870 8	0.872 9	0.874 9	0.877 0	0.879 0	0.881 0	0.883 0
1.2	0.884 9	0.886 9	0.888 8	0.890 7	0.892 5	0.894 4	0.896 2	0.898 0	0.899 7	0.901 5
1.3	0.903 2	0.904 9	0.906 6	0.908 2	0.909 9	0.911 5	0.913 1	0.914 7	0.916 2	0.917 7
1.4	0.919 2	0.920 7	0.922 2	0.923 6	0.925 1	0.926 5	0.927 9	0.929 2	0.930 6	0.931 9
1.5	0.933 2	0.934 5	0.935 7	0.937 0	0.938 2	0.939 4	0.940 6	0.941 8	0.942 9	0.944 1
1.6	0.945 2	0.946 3	0.947 4	0.948 4	0.949 5	0.950 5	0.951 5	0.952 5	0.953 5	0.954 5
1.7	0.955 4	0.956 4	0.957 3	0.958 2	0.959 1	0.959 9	0.960 8	0.961 6	0.962 5	0.963 3
1.8	0.964 1	0.964 9	0.965 6	0.966 4	0.967 1	0.967 8	0.968 6	0.969 3	0.969 9	0.970 6
1.9	0.971 3	0.971 9	0.972 6	0.973 2	0.973 8	0.974 4	0.975 0	0.975 6	0.976 1	0.976 7
2.0	0.977 2	0.977 8	0.978 3	0.978 8	0.979 3	0.979 8	0.980 3	0.980 8	0.981 2	0.981 7
2.1	0.982 1	0.982 6	0.983 0	0.983 4	0.983 8	0.984 2	0.984 6	0.985 0	0.985 4	0.985 7
2.2	0.986 1	0.986 4	0.986 8	0.987 1	0.987 5	0.987 8	0.988 1	0.988 4	0.988 7	0.989 0
2.3	0.989 3	0.989 6	0.989 8	0.990 1	0.990 4	0.990 6	0.990 9	0.991 1	0.991 3	0.991 6
2.4	0.991 8	0.992 0	0.992 2	0.992 5	0.992 7	0.992 9	0.993 1	0.993 2	0.993 4	0.993 6
2.5	0.993 8	0.994 0	0.994 1	0.994 3	0.994 5	0.994 6	0.994 8	0.994 9	0.995 1	0.995 2
2.6	0.995 3	0.995 5	0.995 6	0.995 7	0.995 9	0.996 0	0.996 1	0.996 2	0.996 3	0.996 4
2.7	0.996 5	0.996 6	0.996 7	0.996 8	0.996 9	0.997 0	0.997 1	0.997 2	0.997 3	0.997 4
2.8	0.997 4	0.997 5	0.997 6	0.997 7	0.997 7	0.997 8	0.997 9	0.997 9	0.998 0	0.998 1
2.9	0.998 1	0.998 2	0.998 2	0.998 3	0.998 4	0.998 4	0.998 5	0.998 5	0.998 6	0.998 6
3.0	0.998 7	0.998 7	0.998 7	0.998 8	0.998 8	0.998 9	0.998 9	0.998 9	0.999 0	0.999 0
3.1	0.999 0	0.999 1	0.999 1	0.999 1	0.999 2	0.999 2	0.999 2	0.999 2	0.999 3	0.999 3
3.2	0.999 3	0.999 3	0.999 4	0.999 4	0.999 4	0.999 4	0.999 4	0.999 5	0.999 5	0.999 5
3.3	0.999 5	0.999 5	0.999 5	0.999 6	0.999 6	0.999 6	0.999 6	0.999 6	0.999 6	0.999 7
3.4	0.999 7	0.999 7	0.999 7	0.999 7	0.999 7	0.999 7	0.999 7	0.999 7	0.999 7	0.999 8

资料来源：改编自 John Neter, William Wasserman, and G. A. Whitmore, *Applied Statistics*, 3rd ed. Copyright © 1988 by Allyn and Bacon.

影印版教材可供书目

经济学精选教材·英文影印版/双语注释版

书号	英文书名	中文书名	版次	编著者	定价
23793	Microeconomic Theory: Basic Principles and Extensions	微观经济理论：基本原理与扩展（双语版）	第11版	Walter Nicholson/著	75.00元
23654	Public Finance: A Contemporary Application of Theory to Policy	财政学：理论、政策与实践（双语版）	第10版	David N. Hyman/著	78.00元
24422	Economics: Principles and Policy	经济学：原理与政策	第11版	William J. Baumol 等/著	88.00元
12633	World Trade and Payments: An Introduction	国际贸易与国际收支	第10版	Richard E. Caves, Jeffrey A. Frankel 等/著	68.00元
09693	Macroeconomics: Theories and Policies	宏观经济学：理论与政策	第8版	Richard T. Froyen/著	48.00元
14529	Econometrics: A Modern Introduction	计量经济学：现代方法（上）	第1版	Michael P. Murray/著	54.00元
14530	Econometrics: A Modern Introduction	计量经济学：现代方法（下）	第1版	Michael P. Murray/著	41.00元

管理学精选教材·英文影印版/双语注释版

书号	英文书名	中文书名	版次	编著者	定价
23303	Communicating at Work: Principles and Practices for Business and the Professions	商务沟通：原理与实践（双语版）	第10版	Ronald B. Adler 等/著	65.00元
24739	Excellence in Business Communication	卓越的商务沟通	第10版	John V. Thill 等/著	85.00元
22511	Management: Skills and Application	管理学：技能与应用（双语版）	第13版	Leslie W. Rue 等著	65.00元
12091	Operations Management: Goods, Services and Value Chains	运营管理：产品、服务和价值链	第2版	David A. Collier 等/著	86.00元
18239	Management Fundamentals: Concepts, Applications, Skill Development	管理学基础：概念、应用与技能提高	第4版	Robert N. Lussier/著	68.00元

金融学精选教材·英文影印版/双语注释版

书号	英文书名	中文书名	版次	编著者	定价
23025	International Corporate Finance	国际财务管理（双语版）	第11版	Jeff Madura/著	75.00元
23024	Financial Markets and Institutions	金融市场和金融机构	第10版	Jeff Madura/著	79.00元
21898	Money, Banking and Financial Markets	货币金融学（双语版）	第3版	Stephen G. Cecchetti/著	86.00元
20606	International Financial Management	国际金融管理（双语版）	第2版	Michael B. Connolly/著	49.00元
26204	Investments: Analysis and Behavior	投资学：分析与行为（双语版）	第2版	Mark Hirschey 等/著	72.00元
12306	Fundamentals of Futures and Options Markets	期货与期权市场导论	第5版	John C. Hull/著	55.00元
12040	Financial Theory and Corporate Policy	金融理论与公司决策	第4版	Thomas E. Copeland 等/著	79.00元

会计学精选教材·英文影印版

书号	英文书名	中文书名	版次	编著者	定价
26762	Auditing: A Risk-based Approach to Conducting a Quality Audit	审计：以风险导向法实施高质量审计	第9版	Karla M. Johnstone 等/著	89.00元

书号	英文书名	中文书名	版次	编著者	定价
17348	Advanced Accounting	高级会计学	第10版	Paul M. Fischer 等/著	79.00元
27583	Advanced Accounting	高级会计学	第11版	Joe Ben Hoyle 等/著	79.00元
17344	Management Decisions and Financial Accounting Reports	中级会计：管理决策与财务会计报告	第2版	Stephen P. Baginski 等/著	56.00元
13200	Financial Accounting: Concepts & Applications	财务会计：概念与应用	第10版	W. Steve Albrecht 等/著	75.00元
13201	Management Accounting: Concepts & Applications	管理会计：概念与应用	第10版	W. Steve Albrecht 等/著	55.00元
13202	Financial Accounting: A Reporting and Analysis Perspective	财务会计：报告与分析	第7版	Earl K. Stice 等/著	85.00元
12309	Financial Statement Analysis and Security Valuation	财务报表分析与证券价值评估	第3版	Stephen H. Penman/著	69.00元
12310	Accounting for Decision Making and Control	决策与控制会计	第5版	Jerold L. Zimmerman/著	69.00元
05416	International Accounting	国际会计学	第4版	Frederick D. S. Choi 等/著	50.00元
14536	Managerial Accounting	管理会计	第8版	Don R. Hansen 等/著	79.00元

营销学精选教材·英文影印版/双语注释版

书号	英文书名	中文书名	版次	编著者	定价
24397	Marketing Strategy: A Decision Focused Approach	营销战略：以决策为导向的方法	第7版	Orville C. Walker, Jr., John W. Mullins/著	55.00元
23015	Essentials of Marketing Management	营销管理精要（双语版）	第1版	Greg W. Marshall/著	56.00元
20285	Marketing for China's Managers: Current and Future	市场营销学	第2版	Noel Capon 等/著	56.00元
16713	Consumer Behavior	消费者行为学	第5版	Wayne D. Hoyer 等/著	64.00元
13203	Basic Marketing Research	营销调研基础	第6版	Gilbert A. Churchill, Jr. 等/著	66.00元
09654	Market-based Management: Strategies for Growing Customer Value and Profitability	营销管理：提升顾客价值和利润增长的战略	第4版	Roger J. Best/著	48.00元
11108	Advertising, Promotion, & Supplemental Aspects of Integrated Marketing Communication	整合营销传播：广告、促销与拓展	第7版	Terence A. Shimp/著	62.00元
11212	Marketing Research: Methodological Foundations	营销调研：方法论基础	第9版	Gilbert A. Churchill, Jr. 等/著	68.00元
26362	Global Marketing: A Decision-oriented Approach	国际营销：以决策为导向的方法	第5版	Svend Hollensen/著	78.00元

人力资源管理精选教材·英文影印版

书号	英文书名	中文书名	版次	编著者	定价
26216	Managerial Communication: Strategies and Applications	管理沟通：策略与应用	第5版	Geraldine E. Hynes/著	55.00元
07408	Human Resource Management	人力资源管理	第10版	Robert L. Mathis 等/著	60.00元
07407	Organizational Behavior	组织行为学	第10版	Don Hellriegel 等/著	48.00元

国际商务精选教材·英文影印版

书号	英文书名	中文书名	版次	编著者	定价
14176	International Business	国际商务	第4版	John J. Wild 等/著	49.00元
12886	International Marketing	国际营销	第8版	Michael R. Czinkota 等/著	65.00元
26254	International Economics: A Policy Approach	国际经济学：政策视角	第2版	Mordechai E. Kreinin/著	49.00元

国际工商管理精选教材·英文影印版

书号	英文书名	中文书名	版次	编著者	定价
25309	Analysis for Financial Management	财务管理分析	第9版	Robert C. Higgins/著	58.00元

MBA 精选教材·英文影印版

书号	英文书名	中文书名	版次	编著者	定价
12838	Quantitative Analysis for Management	面向管理的数量分析	第9版	Barry Render 等/著	65.00元
18426	The Economics of Money, Banking, and Financial Markets	货币、银行和金融市场经济学	第8版	Frederic S. Mishkin/著	85.00元
21243	A Framework for Marketing Management	营销管理架构	第4版	Philip Kotler/著	49.00元
20916	Understanding Financial Statements	财务报表解析	第9版	Lyn M. Fraser 等/著	38.00元
10620	Principles of Operations Management	运作管理原理	第6版	Jay Heizer 等/著	72.00元
21546	Introduction to Financial Accounting	财务会计	第10版	Charles T. Horngren 等/著	79.00元
21781	Introduction to Management Accounting	管理会计	第15版	Charles T. Horngren 等/著	89.00元
11451	Management Communication: A Case-Analysis Approach	管理沟通：案例分析法	第2版	James S. O'Rourke/著	39.00元
10614	Management Information Systems	管理信息系统	第9版	Raymond McLeod 等/著	45.00元
10615	Fundamentals of Management	管理学基础：核心概念与应用	第4版	Stephen P. Robbins 等/著	49.00元
10874	Understanding and Managing Organizational Behavior	组织行为学	第4版	Jennifer M. George 等/著	65.00元
15177	Essentials of Entrepreneurship and Small Business Management	小企业管理与企业家精神精要	第5版	Thomas W. Zimmerer 等/著	68.00元
11224	Business	商务学	第7版	Ricky W. Griffin 等/著	68.00元
13817	Managing Human Resources	人力资源管理	第5版	Luis R. Gomez-Mejia 等/著	60.00元
09663	Financial Statement Analysis	财务报表分析	第8版	John J. Wild 等/著	56.00元

经济学前沿影印丛书

书号	英文书名	中文书名	版次	编著者	定价
09218	Analysis of Panel Data	面板数据分析	第2版	Cheng Hsiao/著	48.00元
09236	Economics, Value and Organization	经济学、价值和组织	第1版	Avner Ben-Ner 等/著	59.00元
09217	A Companion to Theoretical Econometrics	理论计量经济学精粹	第1版	Badi H. Baltagi/著	79.00元
09680	Financial Derivatives: Pricing, Applications, and Mathematics	金融衍生工具：定价、应用与数学	第1版	Jamil Baz 等/著	45.00元

翻译版教材可供书目

重点推荐

书号	英文书名	中文书名	版次	编著者	定价
06693	The World Economy: A Millennial Perspective	世界经济千年史	第1版	安格斯·麦迪森(Angus Maddison)/著	58.00元
14751	The World Economy: Historical Statistics	世界经济千年统计	第1版	安格斯·麦迪森(Angus Maddison)/著	45.00元
14749	A Monetary History of The United States, 1867—1960	美国货币史(1867—1960)	第1版	米尔顿·弗里德曼(Milton Friedman)等/著	78.00元
18236	American Economic History	美国经济史	第7版	Jonathan Hughes 等/著	89.00元
10004	Fundamental Methods of Mathematical Economics	数理经济学的基本方法	第4版	蒋中一(Alpha C. Chiang)等/著	52.00元
23259	Essentials of Economics	经济学基础	第6版	曼昆(N. Gregory Mankiw)/著	68.00元
25690	Principles of Economics	经济学原理(微观经济学分册)	第7版	曼昆(N. Gregory Mankiw)/著	72.00元
25688	Principles of Economics	经济学原理(宏观经济学分册)	第7版	曼昆(N. Gregory Mankiw)/著	56.00元
25768	Study Guide for Principles of Economics	曼昆《经济学原理》学习指南	第7版	大卫·R.哈克斯(David R. Hakes)/著	59.00元

国际经典教材中国版系列

书号	英文书名	中文书名	版次	编著者	定价
23120	Financial Statement Analysis and Security Valuation	财务报表分析与证券定价	第3版	Stephen H. Penman, 林小驰, 王立彦/著	85.00元
22803	Integrated Marketing Communication in Advertising and Promotion	整合营销传播:广告与促销	第8版	Terence A. Shimp, 张红霞/著	82.00元
19263	Public Finance: A Contemporary Application of Theory to U.S. and Chinese Practice	财政学:理论在当代美国和中国的实践应用	第9版	David N. Hyman, 张进昌/著	69.00元
14516	Investments: Analysis and Behavior	投资学:分析与行为	第1版	Mark Hirschey, John Nofsinger, 林海/著	58.00元
11227	International Financial Management	国际金融管理	第1版	Michael B. Connolly, 杨胜刚/著	38.00元

经济学精选教材译丛

书号	英文书名	中文书名	版次	编著者	定价
27639	Economics: Principles and Policy	经济学:原理与政策	第11版	William J. Baumol 等/著	98.00元
27576	Issues in Economics Today	经济学:原理与热点	第6版	Robert C. Guell/著	62.00元
26252	Microeconomic Theory: Basic Principles and Extensions	微观经济理论:基本原理与扩展	第11版	Walter Nicholson/著	89.00元
23322	Introduction to Spatial Econometrics	空间计量经济导论	第1版	James Lesage 等/著	45.00元
26685	Applied Econometrics	应用计量经济学	第2版	Dimitrios Asteriou 等/著	66.00元
15917	Microeconomics	微观经济学	第1版	B. Douglas Bernheim 等/著	89.00元
13812	Macroeconomics: Theories and Policies	宏观经济学:理论与政策	第8版	Richard T. Froyen/著	49.00元
13815	World Trade and Payments: An Introduction	国际贸易与国际收支	第10版	Richard E. Caves 等/著	69.00元

书号	英文书名	中文书名	版次	编著者	定价
13814	Macroeconomics	宏观经济学	第2版	Roger E. A. Farmer/著	46.00元
24787	The History of Economic Thought	经济思想史	第8版	Stanley L. Brue 等/著	68.00元
26068	Urban Economics	城市经济学	第8版	Arthur O'Sullivan/著	66.00元

管理学精选教材译丛

书号	英文书名	中文书名	版次	编著者	定价
27655	Service Management: An Integrated Approach to Supply Chain Management and Operations	服务管理:供应链管理与运营管理整合方法	第1版	Cengiz Haksever 等/著	58.00元
24625	Innovation Management: Context, Strategies, Systems and Processes	创新管理:情境、战略、系统和流程	第1版	Pervaiz Ahmed 等/著	68.00元
25840	Managerial Communication: Strategies and Applications	管理沟通:策略与应用	第5版	Geraldine Hynes/著	48.00元
22968	Management: Skills and Application	管理学:技能与应用	第13版	Leslie W. Rue 等/著	69.00元
14519	Operations Management: Goods, Services and Value Chains	运营管理:产品、服务和价值链	第2版	David A. Collier 等/著	79.00元
11210	Strategic Management of E-business	电子商务战略管理	第2版	Stephen Chen/著	39.00元
10005	Management Fundamentals: Concepts, Applications, Skill Development	管理学基础:概念、应用与技能提高	第4版	Robert N. Lussier/著	82.00元
16772	Applied Multivariate Statistical Analysis	应用多元统计分析	第2版	Wolfgang Härdel 等/著	65.00元

会计学精选教材译丛

书号	英文书名	中文书名	版次	编著者	定价
25288	Financial Accounting: A Business Process Approach	财务会计:企业运营视角	第3版	Jane L. Reimers/著	76.00元
23288	Intermediate Accounting	中级会计学:基础篇	第17版	Earl Stice 等/著	79.00元
24454	Intermediate Accounting	中级会计学:应用篇	第17版	Earl Stice 等/著	78.00元
26762	Auditing: A Risk-based Approach to Conducting a Quality Audit	审计:以风险导向法实施高质量审计	第9版	Karla M. Johnstone 等/著	89.00元
23159	Auditing Cases: An Interactive Learning Approach	审计案例:一种互动学习方法	第5版	Mark S. Beasley 等/著	54.00元
25296	Design of Cost Management Systems	成本管理系统设计	第2版	Robin Cooper 等/著	65.00元
14531	Fundamentals of Financial Accounting	财务会计学原理	第2版	Fred Phillips 等/著	82.00元
14532	Managerial Accounting	管理会计	第8版	Don R. Hansen 等/著	99.00元
16780	Introduction to Management Accounting	管理会计	第14版	Charles T. Horngren 等/著	99.00元
20091	Advanced Accounting	高级会计学	第9版	Joe B. Hoyle 等/著	66.00元

金融学精选教材译丛

书号	英文书名	中文书名	版次	编著者	定价
26829	Money, Banking, and Financial Markets	货币金融学	第3版	Stephen G. Cecchetti/著	85.00元
23074	Corporate Finance: A Focused Approach	公司金融:理论及实务精要	第4版	Michael C. Ehrhardt 等/著	89.00元
24817	International Corporate Finance	国际财务管理	第11版	Jeff Madura/著	89.00元

书号	英文书名	中文书名	版次	编著者	定价
25314	Principles of Finance	金融学原理	第5版	Scott Besley 等/著	82.00元
16314	Investments: Analysis and Behavior	投资学:分析与行为	第1版	Mark Hirschey,林海/著	68.00元
12317	Management of Banking	银行管理	第6版	S. Scott MacDonald 等/著	78.00元
12316	Multinational Business Finance	跨国金融与财务	第11版	David K. Eiteman 等/著	78.00元
10007	Capital Budgeting and Long-Term Financing Decisions	资本预算与长期融资决策	第3版	Neil Seitz 等/著	79.00元
10624	Fundamentals of Futures and Options Markets	期货与期权市场导论	第5版	John C. Hull/著	62.00元
09768	Takeovers, Restructuring and Corporate Governance	接管、重组与公司治理	第4版	J. Fred Weston 等/著	79.00元

营销学精选教材译丛

书号	英文书名	中文书名	版次	编著者	定价
24879	Essentials of Marketing Management	营销管理精要	第1版	Greg W. Marshall 等/著	68.00元
24405	Marketing Strategy: A Decision-Focused Approach	营销战略:以决策为导向的方法	第7版	Orville C. Walker, Jr., John W. Mullins/著	64.00元
19303	Consumer Behavior	消费者行为	第5版	Wayne D. Hoyer 等/著	79.00元
13808	Basic Marketing Research	营销调研基础	第6版	Gilbert A. Churchill, Jr. 等/著	78.00元
12301	Principles of Marketing	市场营销学	第12版	Dave L. Kurtz 等/著	65.00元
15716	Selling Today: Creating Customer Value	销售学:创造顾客价值	第10版	Gerald L. Manning/著	62.00元
13795	Analysis for Marketing Planning	营销策划分析	第6版	Donald R. Lehmann/著	35.00元
13811	Services Marketing: Concepts, Strategies, & Cases	服务营销精要:概念、战略与案例	第2版	K. Douglas Hoffman 等/著	68.00元
12312	Customer Equity Management	顾客资产管理	第1版	Roland T. Rust 等/著	65.00元
16316	Marketing Research: Methodological Foundations	营销调研:方法论基础	第9版	Gilbert A. Churchill, Jr. 等/著	62.00元
11229	Market-based Management: Strategies for Growing Customer Value and Profitability	营销管理:提升顾客价值和利润增长的战略	第4版	Roger J. Best/著	58.00元
11226	Business Market Management: Understanding, Creating and Delivering Value	组织市场管理:理解、创造和传递价值	第2版	James C. Anderson 等/著	52.00元

人力资源管理精选教材译丛

书号	英文书名	中文书名	版次	编著者	定价
16619	Human Relations in Organizations: Applications and Skill Building	组织中的人际关系:技能与应用	第6版	Robert N. Lussier/著	75.00元
10276	Human Resource Management	人力资源管理	第10版	Robert L. Mathis/著	68.00元
15982	Fundamentals of Organizational Behavior	组织行为学	第11版	Don Hellriegel 等/著	56.00元
25840	Managerial Communication: Strategies and Applications	管理沟通:策略与应用	第5版	Geraldine E. Hynes/著	48.00元
10275	Supervision: Key Link to Productivity	员工监管:提高生产力的有效途径	第8版	Leslie W. Rue 等/著	59.00元

国际商务精选教材译丛

书号	英文书名	中文书名	版次	编著者	定价
16334	International Economics: A Policy Approach	国际经济学：政策视角	第10版	Mordechai E. Kreinin/著	45.00元
25306	International Business	国际商务	第7版	John J. Wild 等/著	69.00元
10001	Fundamentals of International Business	国际商务基础	第1版	Michael R. Czinkota 等/著	58.00元

国际工商管理精选教材·翻译版

书号	英文书名	中文书名	版次	编著者	定价
27659	Management: Leading & Collaborating in the Competitive World	管理学：竞争世界中的领导与合作	第10版	Thomas S. Bateman 等/著	88.00元
23993	Analysis for Financial Management	财务管理分析	第10版	Robert C. Higgins/著	49.00元
27461	Managerial Economics: Principles and Applications	管理经济学：原理与应用	第5版	方博亮/著	86.00元
25839	Managerial Economics: A Problem Solving Approach	管理经济学：一种问题解决方式	第3版	Luke M. Froeb 等/著	45.00元
27159	Corporate Treasury and Cash Management	企业司库与现金管理	第1版	Robert Cooper/著	42.00元

全美最新工商管理权威教材译丛

书号	英文书名	中文书名	版次	编著者	定价
24752	Excellence in Business Communication	卓越的商务沟通	第10版	John V. Thill, Courtland L. Bovée/著	89.00元
19036	Managing Human Resources	人力资源管理	第5版	Luis R. Gomez-Mejia 等/著	79.00元
18646	Contemporary Business Statistics with Microsoft Excel	基于Excel的商务与经济统计	第1版	Thomas A. Williams 等/著	76.00元
16318	Essentials of Managerial Finance	财务管理精要	第14版	John V. Thill 等/著	88.00元
16319	Understanding and Managing Organizational Behavior	组织行为学	第5版	Jennifer M. George 等/著	75.00元
13810	Crafting and Executing Strategy: Concepts and Cases	战略管理：概念与案例	第14版	Arthur A. Thompson 等/著	48.00元
14518	Management Communication: A Case-Analysis Approach	管理沟通：案例分析法	第3版	James S. O'Rourke/著	44.00元
13790	Case Problems in Finance	财务案例	第12版	W. Carl Kester 等/著	88.00元
22456	Understanding Financial Statements	财务报表解析	第9版	Lyn M. Fraser 等/著	36.00元
09690	Product Management	产品管理	第4版	Donald R. Lehmann 等/著	58.00元
12885	Entrepreneurial Small Business	小企业创业管理	第1版	Jerome A. Katz 等/著	86.00元
16780	Introduction to Management Accounting	管理会计	第14版	Charles T. Horngren 等/著	99.00元

其他教材

书号	英文书名	中文书名	版次	编著者	定价
21378	International and Comparative Employment Relations	国际与比较雇佣关系	第5版	Greg Bamber, 赵曙明 等/编	59.00元
24364	Management Innovation: A Casebook	管理创新案例集	第1版	Christopher Williams 等/编译	52.00元